Erika Mann

Irmela von der Lühe

Erika Mann

Eine Biographie

Campus Verlag
Frankfurt/New York

Sonderband der Reihe »Geschichte und Geschlechter«
herausgegeben von Gisela Bock, Karin Hausen und Heide Wunder

Die Deutsche Bibliothek – CIP-Einheitsaufnahme

Lühe, Irmela von der:
Erika Mann: eine Biographie / Irmela von der Lühe. – 2. Aufl. –
Frankfurt/Main ; New York : Campus Verlag, 1994
(Geschichte und Geschlechter : Sonderband)
ISBN 3-593-34917-5

2. Auflage 1994

Umschlaggestaltung: Atelier Warminski, Büdingen
Satz: Satzstudio Rolfs, Hillesheim
Druck und Bindung: Druckhaus Pustet, Regensburg
Gedruckt auf chlorfrei gebleichtem und säurefreiem Papier.
Printed in Germany

Inhalt

KAPITEL IV

Neues Heimatland (1937-1939)

KAPITEL V

An allen Fronten (1940-1951)

KAPITEL VI

Rückkehr in die Fremde (1952-1969)

Vorwort

In seinem Buch *Thomas Mann und die Seinen* hat Walter A. Berendsohn schon 1973 die Ansicht geäußert, für die »Geschichte unseres Zeitalters« seien »Bild, Lebenslauf und Werk« Erika Manns »fesselnd und repräsentativ«. Berendsohn hat damals vorgeschlagen, eine »Monographie« über »Die Pfeffermühle« und ein »Buch« über deren Initiatorin zu schreiben sowie eine »Auswahl ihrer besten Werke in einigen Bänden zu vereinigen«.[1]

Es sollten noch mehr als zehn Jahre vergehen, ehe die Öffentlichkeit auf Leben und Werk Erika Manns aufmerksam wurde. Wie berechtigt Walter A. Berendsohns Urteil war, erwies sich, als 1984/85 Anna Zanco Prestel eine Auswahl von Briefen von und an Erika Mann herausgab. Bis dahin kannte man sie »nur« als älteste Tochter Thomas Manns, als Nichte Heinrich Manns, als Schwester des inzwischen wieder entdeckten Klaus Mann. 1986 erschien Erika Manns im Exil geschriebener Bestseller *Zehn Millionen Kinder. Die Erziehung der Jugend im Dritten Reich* als Nachdruck. Eine anschauliche und materialreiche Dokumentation über das von ihr gegründete Kabarett »Die Pfeffermühle« folgte 1990, und auch eines ihrer Kinderbücher erschien noch im gleichen Jahr in der gerade untergehenden DDR in deutscher Übersetzung. Im übrigen aber sucht man auf dem Buchmarkt vergeblich nach ihren Büchern, Essays und Erzählungen. Zwar sind die gemeinsam mit dem Bruder Klaus verfaßten Bücher (*Rundherum, Das Buch von der Riviera, Escape to Life – Deutsche Kultur im Exil*) im Zuge der Klaus Mann-Renaissance wieder aufgelegt worden, aber die umfangreiche Korrespondenz zwischen den Geschwistern ist ebenso unbekannt geblieben wie die zahllosen publizistischen Arbeiten Erika Manns.

Der Nachlaß der Schauspielerin, Journalistin, Kabarettistin, Kinderbuchautorin und politischen Publizistin ist umfangreich, vielfältig, überdies wohl geordnet; bisher ist er jedoch noch nicht systematisch ausgewertet worden. Es gibt dafür gewiß viele Gründe. Einen von ihnen deutet Golo Mann an, der zum sechzigsten Geburtstag seiner Schwester schrieb: »Sie hat sich selber nie so ganz ernst genommen; andere viel ernster«.[2] Nicht zuletzt im Umgang mit ihrer eigenen Arbeit während des Exils bestätigte Erika Mann die Wahrheit dieser Aussage.

Seit 1933 galt ihre alltägliche Arbeit dem satirischen, dem publizistischen Kampf gegen Hitler, nach dem Exil bestimmte die Arbeit für Werk und Nachlaß des Vaters und Bruders ihren Alltag. Von sich selbst erzählte sie gelegentlich in Interviews, ihre Autobiographie ist Fragment geblieben, ein Tagebuch hat sie nicht geführt, und auch ein Buch über sie wurde bisher nicht geschrieben.

Gearbeitet hat sie immer, aber die Spuren dieser Arbeit waren manchmal nur mühsam, in einigen Fällen noch gar nicht zu finden. Trotz des großen Nachlasses in der Handschriftenabteilung der Münchener Stadtbibliothek waren für dieses Buch umfangreiche Recherchen an anderen Orten erforderlich, vieles konnte dabei entdeckt werden: z.B. Erika Manns Glossen aus den zwanziger Jahren für *Tempo*, die Dokumente über ihre Auseinandersetzung mit dem Bergwaldtheater Weissenburg, die Rundfunkreden für BBC, die Akte im Politischen Archiv des Auswärtigen Amtes, das Dossier des FBI. In anderen Fällen blieb die Suche bisher ergebnislos: das gilt für die Theaterstücke *Hotels* und *Plagiat*, ebenso für zahllose andere Manuskripte aus den zwanziger und dreißiger Jahres. Einiges muß endgültig als verloren gelten, vor allem jener berühmte Koffer – vielleicht war es aber auch ein Wäschekorb – mit Material zur »Pfeffermühle«, den Erika Mann im New Yorker Hotel Bedford gelassen hatte und der dort einer Kellerüberflutung zum Opfer fiel. So wie ihr andere wichtiger waren als sie sich selbst, so waren ihr auch die eigenen Manuskripte, Texte und Materialien nicht über den Tag hinaus wichtig. Leben und Arbeit im Exil galten dem Alltag und einer Zukunft jenseits von Diktatur und Dummheit; es war keine Arbeit für den eigenen Ruhm, am wenigsten für den Ruhm als Schriftstellerin. Während der Bruder Klaus alles aufhob und auf diese Weise die Arbeit der Forschung erheblich erleichterte, war Erika Mann an einer derartigen Spurensicherung herzlich desinteressiert.

Fasziniert war sie vom Spiel und von der Bühne; aber das Interesse am großen politischen Welttheater wurde ihr mehr oder weniger aufgezwungen. In ihrer Fragment gebliebenen Autobiographie *I of all people* betont sie ausdrücklich, daß Politik und Einmischung in das politische Weltgeschehen in ihrem Leben eigentlich nicht vorgesehen waren. Zeit und Umstände hätten solche Einmischung verlangt, und der Kampf gegen Gesinnungs- und Gefühlslosigkeit sei keine Frage von Herkunft, Intellektualität oder politischem Standpunkt. Im Kampf gegen Hitler und den Nationalsozialismus sei es um das Überleben der Zivilisation und der Humanität gegangen, um ebenso vernünftige wie elementare Prinzipien. In solchen Prinzipien sah sie die Garanten einer besseren Welt. Eben darin erweist sich die politische Publizistin Erika Mann für die »Geschichte unseres Zeitalters« nicht nur als »fesselnd und repräsentativ«, wie Walter A. Berendsohn vor zwanzig Jahren vermutete, sondern als höchst aktuell. In einem Artikel für die in London erschienene *Zeitung* entwarf Erika Mann im Mai 1943 ihre Vision von einer zukünftigen Welt:

»Eine Welt, – eine einzige, mässig grosse, die Raum hat für alle, doch nicht für alles. Und wofür nun einmal gewiss nicht? Das Wort ist flach und wir vermieden es lieber. Es ist unvermeidlich. Was hinter ihm steht, hat die Erde in Rauch und Flammen gehüllt und muß verfehmt sein, nach den Gesetzen der neuen Welt. Es heisst: *Nationalismus*!«[3]

Wie sehr diese Vision, diese Wunschvorstellung, einmal wieder gefährdet sein könnte, hat Erika Mann selbst wohl kaum geahnt. Der Emigrantin aus Deutschland war damals schlichtweg unvorstellbar, was heute zu beobachten ist: daß der Nationalismus von neuem Teile der Welt in »Rauch und Flammen« hüllen könnte.

Kapitel I

Kindheit und Jugend in München

»Erste Begegnungen mit Berühmtheiten« (1905-1923)

Als er im Frühjahr 1904 Zutritt zu den großen Münchener Salons erhielt, war Thomas Mann mit den *Buddenbrooks*, mit *Tonio Kröger* und zahlreichen anderen Novellen schon zu einiger Berühmtheit gelangt. Ein Jahr vor seiner Heirat betrat er erstmals das Haus Arcisstraße 12 des berühmten Münchener Mathematikprofessors und Kunstliebhabers Alfred Pringsheim und war begeistert von der »kaufmännischen Kultureleganz«, die ihn umfing.[1] Die Atmosphäre des Hauses, die berühmte Majolikasammlung und die Wagner-Verehrung seines künftigen Schwiegervaters hatten es ihm angetan, wieviel mehr noch die einzige Tochter des Hausherrn – Katia, die Mathematik- und Physikstudentin im vierten Semester. Sie war das einzige Mädchen neben vier Brüdern, fühlte sich aber wie die Jungen. Als die fünf Pringsheim-Buben galten sie in München, und durch August von Kaulbachs berühmtes Genre-Bild *Kinderkarneval*, das die Pringsheim-Kinder als kleine Pierrots portraitierte, waren sie auch über München hinaus schon bekannt. Das einzige Mädchen unter ihnen fiel auf: durch seine strahlenden dunklen Augen, durch seine Schönheit. Die allerdings lag in der Familie, denn schon Hedwig Pringsheim, die Mutter, die vor ihrer Ehe eine erfolgreiche Schauspielerin gewesen war, bezauberte ihre Umwelt durch ihre Schönheit, ihren Charme, ihr Temperament. An beidem fehlte es auch der Großmutter nicht, die wirklich berühmt war. Hedwig Dohm, die Großmutter Katias und die Urgroßmutter Erika Manns, hatte nach einer tristen Kindheit und einer unbefriedigenden, schließlich abgebrochenen Ausbildung im Lehrerinnenseminar den Berliner Satiriker und »Kladderadatsch«-Chefredakteur Ernst Dohm geheiratet, einen Mann aus dem Geiste der 48er Bewegung, einen der bedeutendsten politischen Publizisten im Berlin Bismarcks. Sie gehörte neben Fanny Lewald, Lily Braun und Gabriele Reuter zu den Begründerinnen der Frauenbewegung. Hedwig

Dohms journalistische und literarische Arbeiten, die sie seit den 70er Jahren veröffentlichte, zählten zum Scharfsinnigsten, was vor der Jahrhundertwende im Kampf um Frauenwahlrecht und Frauenemanzipation formuliert worden war. Das Temperament, die quirlige, blitzgescheite Energie der Großmutter und der Mutter hatte Katia geerbt, bei ihrer Tochter Erika sollte man beides wiederfinden.

Der achtundzwanzigjährige Thomas Mann war fasziniert; im Sturm hatte Katia sein Herz gewonnen, ohne es – zunächst – recht zu wollen. Noch bevor er das schöne Haus in der Arcisstraße betreten hatte, war sie ihm in der Straßenbahn begegnet.

»Als ich aussteigen wollte, kam der Kontrolleur und sagte: Ihr Billet!
Ich sag: Ich steig hier grad aus.
Ihr Billet muß i ham!
Ich sag: Ich sag Ihnen doch, daß ich aussteige. Ich hab's eben weggeworfen, weil ich hier aussteige.
Ich muß das Billet –. Ihr Billet, hab ich gesagt!
Jetzt lassen Sie mich schon in Ruh! sagte ich und sprang wütend hinunter.
Da rief er mir nach: Mach daß d' weiterkimmst, du Furie!
Das hat meinen Mann so entzückt, daß er gesagt hat, schon immer wollte ich sie kennenlernen, jetzt muß es sein.«

Achtzigjährig hat Katia Mann in ihren *Ungeschriebenen Memoiren*[2] so erzählt und hinzugefügt, daß sie zwar die *Buddenbrooks* gelesen und zu ihrer Überraschung »eigentlich recht gut gefunden«, an der Bekanntschaft mit dem Autor aber kein großes Interesse gehabt habe. Thomas Mann jedoch war entschlossen; er warb um sie – fast ein Jahr lang. Katias Mutter war auf seiner Seite; die Begeisterung für die Musik Richard Wagners, die Thomas Mann mit Alfred Pringsheim teilte,[3] mag dazu beigetragen haben, daß der Professor der Mathematik seine Zweifel am Dichter des »Verfall[s] einer Familie« schließlich überwand. Gemeinsam mit ihren Brüdern spottete Katia über den »leberleidenden Rittmeister«, der immer so schrecklich korrekt, aber auch irgendwie rührend ungelenk war.[4] Trotzdem sagte die Umworbene eines Tages ja, und am 11. Februar 1905 feierte man Hochzeit. Trotz kleiner Gesellschaft im engsten Familienkreis war das Fest in der Arcisstraße ein gesellschaftliches Ereignis. Thomas Mann, der Bürgersohn aus Lübeck, dem das Unstete der Dichterexistenz ein Leben lang Unbehagen bereitete, hatte mit Katia Pringsheim, der Tochter aus Münchens besten Kreisen, nicht nur die »Prinzessin« gefunden; er hatte die Frau gefunden, mit der er verwirklichen konnte, was er als Pflicht empfand: den Willen zum Glück, das strenge Glück. Der erfolgreiche

Dichter und seine acht Jahre jüngere, temperamentvolle, schöne Frau: königliche Hoheiten in gediegener, in standesgemäßer Umgebung, aber ohne Standesdünkel.

Eigentlich sollte sie möglichst noch keine Kinder bekommen, so hatten die Ärzte Katia geraten. Aber es kam anders. Im November kam Erika auf die Welt, schon ein Jahr später Klaus; Golo und Monika folgten 1909 und 1910 und schließlich 1918 und 1919 die beiden »Kleinen«, Elisabeth und Michael.

Das erste Kind hatte eigentlich ein Junge werden sollen; an seinen Bruder Heinrich schrieb Thomas Mann nach Erikas Geburt: »Es ist also ein Mädchen: eine Enttäuschung für mich, wie ich unter uns zugeben will, denn ich hatte mir sehr einen Sohn gewünscht und höre nicht auf, es zu thun. Warum? ist schwer zu sagen. Ich empfinde einen Sohn als poesievoller, mehr als Fortsetzung und Wiederbeginn meinerselbst unter neuen Bedingungen.«[5]

Thomas Mann mit Tochter Erika, 1906

Unübersehbar aber ist der Stolz des Vaters, der sich mit der einjährigen Erika auf dem Arm dem Photographen stellt: wie ein strahlender Held, immer jedoch akkurat und streng gekleidet, blickt der Vater mit seinem damals schon verschmitzt lächelnden Töchterchen ins Auge der Kamera. Unersetzlich sollte sie, die älteste seiner sechs Kinder, dem Vater Thomas Mann seit den dreißiger Jahren und bis zu seinem Lebensende werden.

Nach der Hochzeit hatte das Ehepaar Mann zunächst eine Wohnung ganz in der Nähe der Arcisstraße bezogen. Franz Joseph Straße 2, dritter Stock, sieben Zimmer und ein Bad. Der kunstliebende Schwiegervater hatte es sich nicht nehmen lassen, seiner einzigen Tochter das erste Heim mit ausgewählten alten Stücken aus dem Münchener Antiquitätenhaus Bernheimer einzurichten, selbst an das Interieur des Arbeitszimmers, an einen neuen Schreibtisch und einen mit gold-rosa Samt bezogenen Lehnstuhl hatte er gedacht. Auch der Stutzflügel für den Salon fehlte nicht, und die Bibliothek in Thomas Manns Arbeitszimmer enthielt Klassikerausgaben und bibliophile Kostbarkeiten in Fülle; ein besonderes Regal fand sich in bequemer, greifbarer Nähe über dem Sofa: für die eigenen und die Werke des Bruders.

Die Einrichtung der Zimmer und die Anordnung der Gegenstände auf seinem Schreibtisch – nichts sollte sich in den Häusern, die Thomas Mann und seine Familie bewohnten, je ändern. Immer hing in Thomas Manns Arbeitszimmer Franz von Lenbachs Portrait der achtjährigen Katia Pringsheim, und immer stand auf Katias Schreibtisch eine kleine Bronzeplastik. Sie war ein Geschenk Thomas Manns zu Katias Geburtstag und stellte ein »Reh« dar. Anspielung darauf, daß in frühen Jahren Katia ihren Mann »ein rehartiges Gebilde von großer Sänfte« genannt hatte. Thomas Mann hatte deswegen seinem Geschenk ein Kärtchen beigelegt: »Unfähig, eine Überraschung zu ersinnen, bringt das Reh sich selbst zum Opfer dar«.[6]

Nur geräumiger, großzügiger wurde das Ambiente über die Jahre. Schon 1910 mußte sich die inzwischen sechsköpfige Familie nach etwas Größerem umsehen, in der Mauerkircherstraße 13 mietete man zwei Vierzimmerwohnungen, die miteinander verbunden wurden. Immerhin gab es auf diese Weise zwei Küchen und zwei Badezimmer. Zum Haushalt gehörten schließlich neben Kinderschwester und Gouvernante auch noch zwei Dienstboten.

Aber schon gute drei Jahre später, Anfang 1914, war es wieder soweit. Jetzt bezogen die Manns die »Poschi«, das »Kinderhaus« in der Poschingerstraße, eine große herrschaftliche Villa mit drei Etagen, die Thomas Mann sich nach Plänen des Architekten Ludwig hatte bauen lassen. Hier lebte die Familie bis zur Emigration im Jahr 1933, in Bogenhausen, direkt an der Isar. In einer

Die »Poschi« – Der Wohnsitz der Familie Thomas Mann in München-Bogenhausen

Gegend Münchens, die damals gerade erst erschlossen, die vornehm, aber einsam war, wuchsen sie auf: Erika und Klaus, die anderen Geschwister, die Freunde aus der Nachbarschaft.[7] Es war ein Paradies für Kinder: der wilde Herzogpark in der Nähe des Hauses, das Flußufer, die stillen Straßen in Bogenhausen. Aber es gab noch mehr: den großen Garten rund um die »Poschi« und das »Tölzhaus«; ein Landhaus oberhalb des alten Dorfes von Bad Tölz, mit Blick auf das Karwendelgebirge. 1908 hatte Thomas Mann es bauen lassen. Wie das spätere Münchener Haus war es großzügig, hatte Erker, versteckte Winkel und dunkle Ecken, die zum Spielen geradezu aufforderten. In Tölz gab es den großen Park mit seinen hohen Bäumen, es gab den in der Nähe gelegenen Klammerweiher, in dem Erika sehr schnell, Klaus ängstlich und mühsam schwimmen lernte.

Bis 1917, als die Eltern das Tölzhaus für Kriegsanleihen verkauften und damit verloren, verbrachte man jeden Sommer, bisweilen auch den verschneiten Winter hier draußen.

Thomas und Katia Mann mit Erika, Klaus und Golo

»Immer, wenn ich ›Kindheit‹ denke, denke ich zuerst ›Tölz‹«, hat Klaus später in seiner Autobiographie geschrieben,[8] und immer wenn Erika und Klaus später an ihre Kindheit zurückdachten, von ihr erzählten, über sie schrieben, dann erscheinen das »Tölzhaus« und die »Poschi« als Orte einer behüteten, wenngleich aufregenden Kindheit, als Stätten einer heilen Welt, die vor dem Weltkrieg nur kindliche Katastrophen, aber noch keine Schicksalsschläge kannte.

Zu den Katastrophen der Kindheit gehörten die »Fräuleins«, die Gouvernanten oder Kinderschwestern, die im Hause lebten und vor allem in den Jahren, da Katia Mann an Lungentuberkulose erkrankte und viele Monate in Arosa oder Davos im Sanatorium verbringen mußte, ein schreckliches, ein gleichsam uneingeschränktes Regiment führten. Ob sie Amalie, Hermine oder einfach Betti hießen, ob sie aus Düsseldorf oder aus dem Schwäbischen kamen, immer waren sie verbiestert und humorlos, kreischend um ihre Autorität bemüht und davon überzeugt, daß sie niemals vorher mit derart verzogenen und unmöglichen Kindern zu tun gehabt hatten. Immer waren die

Herrschaften, deren Kinder sie zuvor betreut hatten, ungleich liebenswürdiger, die Kinder wohlerzogener gewesen. Wenn Erika und Klaus daraufhin fragten, wieso sie dann nicht in dieser so viel angenehmeren Stellung geblieben seien, gerieten die Fräuleins vollends außer sich.[9]

Auch ihren späteren Lehrern sollte es ähnlich ergehen: Erika und Klaus waren ungebärdige Kinder. Sie mimten Arroganz mit Bravour, fanden die Schule öde und lästig, und was man von ihnen verlangte, war meist schrecklich komisch, aber niemals ernsthaft zu befolgen. Nachdem sie zunächst ein Jahr lang Privatunterricht erhalten hatten, besuchten sie das »herrschaftliche Extraschülchen« der Schwestern Ebermayer in Schwabing. Auch die anderen Herzogparkkinder gingen dort zur Schule: Bruno Walters Töchter Gretel und Lotte, Ricki Hallgarten, der jüngere Sohn des Germanisten Robert Hallgarten und seiner Frau Constanze, der Vorsitzenden der Münchener Pazifistischen Liga. Die Schule von Fräulein Ebermayer war wie der Zwicker, den sie trug: vornehm, aber muffig und unerträglich langweilig. Wenn es überhaupt etwas gab, was an der Schule Spaß machte, so waren es die skurrilen Gestalten der Lehrer, die man nachäffen und ärgern, deren Lächerlichkeiten man vor den Eltern zu Hause imitieren konnte. Vor allem Erika konnte es; so gut wie sie – als einzige der Familie – bayerisch sprach, so lebendig machte sie die Leute nach.[10]

Vor allem vom Vater – hat sie später erzählt – habe sie die theatralischen Fähigkeiten geerbt, außerdem waren sowohl des Vaters Schwester, die Tante Carla, als auch die Großmutter Schauspielerin gewesen. Es lag also in der Familie, und Erika sollte für Bühnenauftritte aller Art eine wahre Leidenschaft entwickeln. Sie lernte schnell und hatte ein gutes Gedächtnis. Schon als knapp Zweijährige habe sie der Vater auf dem Arm durch seine Bibliothek getragen und versucht, sie mit Hilfe der Bücher das Sprechen und das Unterscheiden zu lehren. Betont langsam und deutlich artikulierend habe er auf den einen oder anderen Titel gezeigt und gesagt: »Das ist das grüne Buch, und das ist das rote Buch«, und dann habe sie wiederholen und nachsprechen müssen »Grünes Buch – rotes Buch«.[11] Früh haben Erika und Klaus nachgeahmt und auf kindliche Weise fortgeführt, was sie bei den Eltern beobachten und hören konnten. Die Eltern nämlich sprachen beide »sehr komisch«, sie pflegten eine ähnliche Art skeptischen Humors. Sie liebten es, »hochgestochen« ironisierend miteinander zu plaudern.[12] Ironie und Sprachspiel gehörten zur Lebensform der Poschingerstraße. Die Kinder sogen es auf. Erika guckte und hörte sich das alles ab und verblüffte und belustigte ihre Umgebung. Einmal allerdings, es war während des Sommers in Tölz, schlug die Verblüffung in Ungläubigkeit

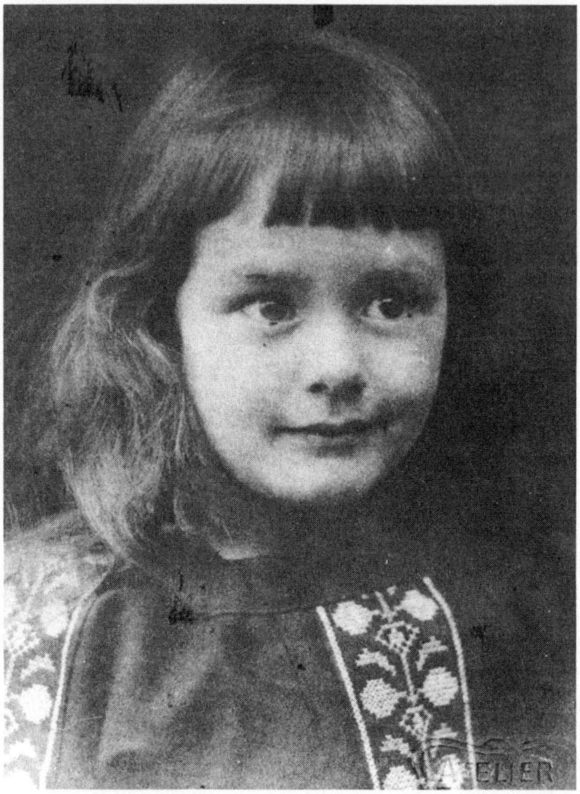

Erika Mann um 1909

um, aus der beabsichtigten Belustigung wurde für Erika eine schwere Enttäuschung. Man saß beim sonntäglichen Mittagessen, zu Gast war Erikas erklärter Lieblingsonkel, Peter Pringsheim, Katia Manns älterer Bruder, der Physiker. Onkel Peter konnte beim Mittagessen Goethes Gedicht »Als ich noch ein Knabe war« vollständig auswendig und so eindrucksvoll vortragen, daß die siebenjährige Erika sich anschließend während der Mittagsruhe den gesamten Wortlaut aus der Erinnerung heraus zu wiederholen versuchte. Mit einigem Erfolg, denn beim Kaffeetrinken trug sie der versammelten Familie den Text frei vor, nur zwei Zeilen fehlten. Der stolzen Deklamation folgte eine herbe Enttäuschung, denn alle waren überzeugt, Erika habe sich heimlich einen Gedichtband besorgt und daraus gelernt. Nur Onkel Peter glaubte ihren trotzigen Beteuerungen; alle anderen, vor allem die Eltern, hatten ihre Erfahrungen.[13]

Erika log nämlich, sie log so beharrlich und erbarmungslos, daß man sich Sorgen zu machen begann, daß eines Tages eine ernste Ansprache des Vaters erforderlich wurde: »›Eri, du bist ja jetzt schon sieben. Du bist ja kein kleines Kind mehr. Und du weißt ja im Grunde, was du tust. Jetzt lügst du die ganze Zeit. Schau! Stell dir bitte einmal vor, was passieren würde, wenn wir alle immerzu lögen. Wir könnten uns ja gegenseitig gar nichts mehr glauben! Wir würden uns gegenseitig gar nicht mehr zuhören, weil es zu langweilig wäre! Ich bin überzeugt davon, daß du das einsiehst und daß du dieses blödsinnige Lügen jetzt läßt.‹ Ich sagte gar nichts, sondern ging, da er nicht fortfuhr zu sprechen, hinaus. Und dachte mir zunächst: ›Ach, was der da redet! Lügen ist eine sehr gute Sache, und ich mache das auch so weiter.‹ Ich habe es aber nicht weitergemacht! Es hat mir den größten Eindruck gemacht, und ich habe von Stund an – zunächst – nicht mehr gelogen! Als wir größer waren, mit vierzehn oder fünfzehn, logen wir wieder lustig...«[14]

Das Arbeitszimmer des Vaters war ein heiliger Ort; abends durften sich die Kinder dort versammeln, wenn der Vater vorlas. Es roch nach Zigarren, nach Bücherstaub und Geheimnis. Wenn dann noch die blauen Samtportieren zugezogen wurden und das Vorlesezeremoniell begann, war das Kinderglück vollkommen. Fast war es, als würden unter den Worten des Vaters die Märchenfiguren der Brüder Grimm oder Andersens »Kleine Seejungfrau« lebendig und als säßen Dostojewskis Dämonen oder Tolstois Heilige den Kindern leibhaftig gegenüber. Niemand konnte so gut vorlesen wie der Vater, dabei war Vorlesen nicht das einzige, was er konnte. Er zeichnete und dachte sich Spiele für sie aus, er mimte den zerstreuten Professor, der sich freudig erregt seinem bequemen Stuhl und seinem weichen Kissen näherte, um scheinbar ahnungslos auf eines seiner Kinder zu geraten, das den Platz bereits okkupiert hatte. Jauchzendes Kindergeschrei und umständlich formuliertes Erstaunen waren die Folge, alles mußte von vorne beginnen und nahm einen ähnlichen Verlauf.[15]

Im Grunde lebte er natürlich in einer anderen Welt. Den Vater, der so berühmt war, durfte man während der Vormittagsstunden und zu bestimmten Nachmittagszeiten unter gar keinen Umständen stören. War er unsichtbar, wußte jeder im Haus, daß er nun arbeitete und Lärm absolut nicht vertrug. Ein bedrohliches Räuspern aus dem Arbeitszimmer war sicheres Indiz eines unmittelbar bevorstehenden Zornesausbruchs, wenn nicht sofort Ruhe einkehrte.[16]

Zutritt zum Allerheiligsten gab es nur auf Aufforderung; wie natürlich also, daß man sich einst heimlich einschlich, als der Vater aus dem Hause war. Klaus war es, der das Verbotene tat, aber Erika fehlte natürlich nicht. Heimlich lasen sie im *Tonio Kröger*, was natürlich ganz besonders streng verboten war. Übers erste Kapitel kam Erika nicht hinaus, aber auch Klaus, der vorgab, auch das

Folgende sei ganz einfach »prachtvoll«, konnte der fragenden Schwester den Inhalt nicht recht erzählen.

Später lasen sie alles, was der Vater schrieb; er selbst las im Familienkreise auch aus den eigenen Werken, und als sie noch größer wurden, schenkte er ihnen Widmungsexemplare. In keines seiner Bücher, die er seinen Ältesten verehrte, schrieb er je, was die Tochter Monika 1947 in ihrer Ausgabe des *Doktor Faustus* las: »Für Mönchen, sie wird es schon verstehen«.[17]

Erika und Klaus verstanden nur allzu schnell und allzu gut, und Erika verstand überdies noch etwas anderes: wie man den Vater nehmen, wie man ihn um den Finger wickeln, vor allem, wie man ihn zum Lachen bringen konnte. Sie war es auch, die irgendwann den Namen »Zauberer« für ihn erfand,[18] und der »Z.« ist er für Katia und für seine Kinder immer geblieben. Klaus, sensibler und vor allem durch den Vater leicht verletzbar, hatte es schwerer. Um so besser, daß er die robuste, temperamentvolle große Schwester hatte. Sie erschien ihm »wie ein magerer, dunkel hübscher Zigeunerjunge«. Sie turnte und raufte wie ein Junge, und wie eine Amazone warf sie sich bisweilen in die kindlichen Schlachten, um ihren »Eissi« zu retten.[19]

Erika hatte meist zerzauste schwarze Haare, heftig zerkratzte Knie und eine unbändige Lust auf das Leben. Klaus wollte schreiben und Schriftsteller werden. Er wollte berühmt werden. Beides wurde er, denn er fing früh an. Sechsundzwanzigjährig veröffentlichte er seine erste Autobiographie *Kind dieser Zeit*. Treuherzig erzählt er darin, daß er schon als Zwölfjähriger serienweise Theaterstücke, Erzählungen, Gedichte geschrieben habe. Seit er es gelernt, habe er eigentlich immer geschrieben, einem »Instinkte«, nicht etwa einem Thema folgend. Aber angefangen habe er mit Erika gemeinsam; zusammen hätten sie ihre ersten Gedichte verfertigt und dem Vater morgens zum Frühstück unter die Serviette geschoben. Bei Tee und Ei durfte Thomas Mann dann lesen:

»Der böse Mörder Gulehuh,
Der jagte eine bunte Kuh.
Die bunte Kuh, die sträubt sich sehr,
Der Gulehuh kriegt das Messer her.
Er haut der Kuh das Köpfchen ab,
Der Bauer kommt daher im Trab.
Er hat den Gulehuh eingefangen,
In drei Tagen soll er am Galgen hangen.
Da weint der Mörder Gulehuh,
Da weint er sehr und schreit huhu –
Ich will's gewiß nicht wieder tun,
Um Gottes will'n, verzeiht mir nun!«[20]

Es blieb nicht bei blutrünstigen Kinderreimen, es blieb auch nicht bei verbotener Lektüre, und Erikas gute Vorsätze, das Lügen betreffend, hielten erst recht nicht lange vor. Sie hat es selbst erzählt, und auch Klaus hat wohl aus gutem Grund das Kapitel seiner Autobiographie, das die Erinnerungen an das Jahr 1921/22 festhält, mit der Überschrift »Triumph der Bösheit« versehen.[21]

»Vorsicht die Mannkinder« soll es bisweilen in Bogenhausens stillen Straßen geklungen haben, wenn Erika und Klaus, mit den Walter-Töchtern und Ricki Hallgarten im Gefolge, erschienen und Bürgerschreck spielten. Die begabten, aber verzogenen Halbwüchsigen, die früher ihre jüngeren Geschwister kommandiert hatten, waren um Einfälle nicht verlegen.

Erika spielte Bürgerschreck und Bohémienne, sie log wie gedruckt und imitierte die Leute so, daß der Vater Tränen lachte. Während der Kriegsjahre lief sie bis spät in den Herbst am liebsten barfuß; zerlumpt, aber vital erregte sie den Neid und die Bewunderung ihrer Mitschülerinnen.

»Sie war ein leibhaftiger kleiner Teufel«, erzählt Friederike Schmitt-Breuninger, die Freundin und Schulkameradin, mit der sie zur Tanzstunde und ins Lyzeum ging.[22] Ihr Lachen war ansteckend, ein wieherndes, nicht enden wollendes Lachen war es – viel haben sie gelacht, damals in München, trotz Krieg und Inflation; so gut war die Erika im Erfinden, im Jux-Ausdenken. Und wenn sie es nachts zu lange und zu toll getrieben hatte, ließ sie sich auch schon mal mit dem Taxi vorfahren, um wenigstens annähernd pünktlich in die verhaßte Schule zu gelangen.

Die Mutter, Katia Mann, für alles Praktische, für Haushalt, Erziehung und die täglichen Belange zuständig, war die erste, die die Schreckensnachrichten über die ausgefallenen Streiche ihrer Kinder erhielt. Bei ihr beklagte man sich, und sie war es auch, die eines Tages meinte, etwas müsse geschehen. Daß Erika bisweilen während des Unterrichts auf die Idee kam, die Ohnmächtige zu spielen, indem sie sich plötzlich aus der Bank fallen ließ und der Rest der gräßlichen Lateinstunde ihr erspart blieb, mochte noch angehen. Auch wenn sie über den Schulkorridor lief und mit Gretel Walter plötzlich vor einer besonders frommen und verklemmten Junglehrerin die Hände gefaltet in tiefsten Knicks versank, so daß die Gegrüßte sich gar nicht genug erstaunen konnte über so viel Wohlerzogenheit, dann wird wohl auch Mutter Katia sich ausgeschüttet haben vor Lachen, wie die Mädchen es hinter dem Rücken der Lehrerin getan hatten.[23]

Aber inzwischen verfiel die Herzogparkbande auf Ladendiebstahl und Telefonterror. Die Eltern kamen überein, daß das zu weit ginge. Denn offenbar kannten diese Kinder weder Maß noch Ziel, vor allem Erikas hemmungslose Nachahmungssucht kannte keine Tabus:

»Auch wie Delia Reinhardt konnte Erika sprechen, das ist die wundervolle Sängerin, für die damals alle Backfische Münchens schwärmten. So bat Erika, mit Delia-Stimme, verschiedene Backfische ans Telephon, um sie sanft und würdevoll zu einem Tee einzuladen, den sie für alle ihre jungen Freundinnen zu geben gedächte. Sämtlich sagten sie zu, mit Stimmen, die vor Freude zitterten. Es muß gräßlich für die arme Delia Reinhardt gewesen sein.«[24]

Fünfundzwanzig Jahre später wird Delia Reinhardt wieder in Erika Manns Leben auftauchen, dann werden die Rollen ganz anders verteilt sein.

Fürs erste blieben kein Pralinengeschäft und keine Berühmtheit verschont. Frei nach Frank Wedekinds »Erdgeist«-Lied [»Greife wacker nach der Sünde. Aus der Sünde wächst Genuß«] betreten drei bis vier exzentrisch, aber herrschaftlich gekleidete junge Leute die Confiserie am Odeonsplatz. Abschätzig sehen sie sich um, ob dies wohl das passende Geschäft sei; Erika – mondän und würdevoll – verlangt »Ingwer«, aber »Ingwer in Blechpackung«. Es sei für ein Hochzeitsgeschenk, einige Bügeleisen und hartes Gerät kämen noch hinzu, und damit die kostbaren Süßigkeiten keinen Schaden nähmen, müßte es unbedingt »Ingwer in Blechpackung« sein. Die irritierte Verkäuferin tut ihr Bestes, der Rest der Bande auch; die Ausbeute an geklauten Süßwaren kann sich sehen lassen. Da die Blechbüchse nicht aufzutreiben ist, läßt sich die brüskierte Baronin Erika wenigstens dazu herab, einen Osterhasen für vierzig Pfennige zu erstehen; was in der Zwischenzeit in die Taschen gewandert ist, hat einen Wert von 4.50 RM.[25]

»Wir waren eine böse und einfallsreiche Horde damals, die Kinder unserer Kolonie, alle bis aufs Blut befreundet miteinander, alle ein bißchen verwahrlost, wie die Zeit es mit sich brachte, alle begeistert für diese Zeit, in der es täglich Neues und Gefährliches zu bestehen gab. Wir mystifizierten, logen, täuschten mit Glanz und mit einer Leichtigkeit, die beneidenswert war, wir waren eingespielt aufeinander, ein tolldreistes Ensemble, nie klaffte ein Riß in unseren Netzen, unsere Scherze hatten hochpolitischen Charakter, wir meldeten Maximilian Harden beim Rektor der Universität zum Tee an und entschuldigten ihn bald darauf mit einem von der Trambahn überfahrenen Arm; um alles auszuhecken, trafen wir uns, aus Gründen der Keßheit, in den Hall's der großen Hotels. Komisch ausgeschaut muß es haben: Viele Kinder in wilden Lodenmänteln, so intensiv diskutierend, in so erwachseneleganter Umgebung«.[26]

»Hochpolitischen Charaker« hatten die »Scherze« der Mann-Clique im Grunde nicht. Auch wenn die Zeiten stürmisch waren, empfanden Erika, Klaus und ihre Freunde das Geschehen doch nicht wirklich als politisches. In politischer Hinsicht seien sie ziemlich ahnungslos gewesen, schrieb Klaus 1931, aber *daß* etwas sich zutrug, hätten sie sehr wohl gespürt. »Was ich aber an dieser Stelle betonen will, ist: daß man keinesfalls glauben darf, der Mangel an Interesse oder das oberflächliche Interesse, welches wir den politischen Zuständen und Begebenheiten widmeten, ließe darauf schließen, diese Zustände hätten uns unberührt und unverändert gelassen. Mir scheint eher, daß sie in einer tieferen Schicht unseres Wesens ihre Spuren ließen, als in der, wo das intellektuelle Interesse entsteht.«[27]

Mit Beginn des Krieges hatte sich der Lebensstil im Hause Mann gewaltig geändert, der Kohlrübenwinter 1917, der Ausfall der Zentralheizung in der Poschingerstraße, das Margarinebrot mit Kunsthonig, all das prägte sich den Kindern ein. Es gab wenig und schlecht zu essen, bisweilen fiel der Schulunterricht aus, weil Hindenburg und Tannenberg gefeiert wurden oder weil man das Gebäude nicht mehr heizen konnte. Natürlich veränderte der Krieg das äußere Leben, aber er bedrohte es nicht. In München wurde erst während der Revolution geschossen, aber nicht in Bogenhausen. Zwar hatten die Eltern das Tölzhaus in Kriegsanleihen veräußert, auch war der Vater in all diesen Jahren oft schwierig und verschlossen. Er schrieb plötzlich nichts rein Literarisches, brütete über den *Gedanken im Kriege*, über *Friedrich und die große Koalition*, über den *Betrachtungen eines Unpolitischen*. Zugleich haderte er mit seinem Bruder Heinrich, dem Kritiker des deutschen Militarismus, dem »Zivilisationsliteraten«. So wie der Briefwechsel zwischen Thomas und Heinrich Mann brach auch der Kontakt zwischen den beiden Familien während der Kriegsjahre ab. Erst Anfang der zwanziger Jahre sollte die Aussöhnung erfolgen, und als Erika und Klaus es wieder einmal besonders toll getrieben hatten, war es offenbar der Onkel, der den »schlimmen, instinktlosen Kindern« den Kopf gewaschen hatte.

»Gott wecke ihnen den Verstand mit der Zeit!« stöhnte damals der geplagte Vater.[28] Man schrieb das Jahr 1923, und schon das Verschiedenste war versucht worden, der »bösen Kinder« Herr zu werden.

Die Revolutions- und Inflationsjahre in München hatten das Treiben der Heranwachsenden begünstigt. Kurz entschlossen hatte Katia Mann schließlich im März 1922 ihre beiden Ältesten im Landschulheim Hochwaldhausen angemeldet. Nachdem Privatunterricht und Töchterschule, staatliche Volksschule und bayerisches Wilhelmsgymnasium nicht den gewünschten erzieherischen Erfolg gebracht, nachdem man Erika und Klaus immer wieder als »Gefahr für die Anstalten« angesehen hatte, blieb nur noch eine Hoffnung – die Reformpädagogik. Eine freie Schule in ländlicher Umgebung, verständnisvolle Lehrer, selbstbestimmter Unterricht, Schülermitbestimmung, Leben in Gemeinschaft und aus dem Geiste der pädagogischen Provinz – es war gut gemeint, vernünftig überlegt, und natürlich war es die einzige Alternative zur verknöcherten Gymnasialtradition. Für Erika und Klaus indes war es ein Fehlschlag, Sie machten sich aus Hochwaldhausen und seinen gütigen Pädagogen einen neuen Jux.[29] Nach Hause schrieben sie, der Unterricht sei schlecht, sie fühlten sich unterfordert und auf das Abitur nicht hinlänglich vorbereitet. Im Mathematik- und Lateinunterricht war Erika zwar des Lehrers ganze Stütze, aber im Grunde interessierte sie das alles nicht.[30] Und so blieben Hochwaldhausen und die Reformpädagogik für Erika eine Episode. Vier Monate später war sie wieder in München, mit knapper Not bestand sie die Aufnahmeprüfung fürs Gymnasium, und mit nicht minder knapper Not schaffte sie im Frühjahr 1924 das Abitur. »Aus purer Liebe zu [meiner Mutter] habe ich das Abitur ›gebaut‹ und mit einem Zeugnis bestanden, das in der Welt einzig sein dürfte: es ist so miserabel, daß ich es mir eingerahmt habe, und jeder, der mich besucht, kann es in der Diele lesen.«[31]

Klaus hingegen besuchte noch für ein Jahr die Odenwaldschule Paul Geheebs; auch hier herrschte der Geist der Reformpädagogik, vor allem aber derjenige des Schulleiters, der in Klaus den außergewöhnlich begabten Jungen erkannte, dem er alle erdenklichen Freiheiten ließ. Klaus wurde zeitweilig vom Pflichtunterricht freigestellt und »durfte den ganzen Tag spazierengehen, lesen, dichten und sinnen«.[32] Nach München zurückgekehrt, sollte er durch Privatunterricht Anschluß an die Oberprima finden. Der Versuch mißlang, Klaus hatte andere Pläne; nach München hatte ihn nicht etwa die Aussicht auf ein staatlich anerkanntes Abitur, sondern die Clique um Erika gezogen.

Trotz ihrer zeitweiligen Abwesenheit hatte sich nämlich der »Mimikbund« in München gehalten, die Theatertruppe der Herzogparkbande, die man einige Jahre zuvor, am Neujahrstag 1919 aus der Taufe gehoben hatte. Die Vierzehn- und Fünfzehnjährigen – Erika, Klaus, Lotte und Gretel Walter, Gerta Marcks, die Tochter des Historikers Erich Marcks, und Ricki Hallgarten – glaubten sich nur dem Theaterspiel verpflichtet und gründeten deswegen den »Laienbund deutscher Mimiker«.[33] Auch jüngere Geschwister, beispielsweise der zehnjährige Golo Mann, wurden ins Ensemble aufgenommen, das von seinem Beginn an genau Buch führte und alle Ereignisse – Inszenierungen, Einnahmen, Intrigen, Streitereien und Kritiken – minutiös vermerkte. Ähnlich wie später Therese Giehse im Pfeffermühlenbuch hielt das »Mimikbuch« alle Theaterereignisse der Truppe genau fest. Schon die erste Aufführung, die am 12. Januar 1919 auf der Diele im Mannschen Hause stattfand, wurde vermerkt. Man gab Theodor Körners *Gouvernante*, und kein geringerer als Thomas Mann selbst schrieb den Premierenbericht: »Die Gouvernante wurde von Fräulein

Titi (= Erika; d. Verf.) mit verständiger Distinktion verkörpert. Nur dem großen Monolog erwies sich die Gestaltungskraft der achtbaren Künstlerin, welche übrigens die in ihrer Rolle enthaltenen französischen Redewendungen mit Exaktheit zu Gehör brachte, als noch nicht völlig gewachsen. Als Luise bewies Herr Klaus viel Biedersinn, doch bleibt der hoffnungsvolle Darsteller aufmerksam zu machen, daß das Sprechen gegen den Hintergrund in Kennerkreisen mit Recht als Unsitte gilt, da es das Verständnis der Dichterworte, von denen ein jedes dem Gebildeten teuer ist, erschwert. Die Rolle der Franziska lag bei Herrn R. Hallgarten in den besten Händen. Der Künstler bewies gute Haltung und fand zu Herzen gehende Betonungen.«[34]

Erika Mann
Anfang der zwanziger Jahre

Im Laufe dieses und der folgenden Jahre gastierte man auch im Hause der Nachbarn, und immer mußten die Hausherrn oder deren Freunde – Bruno Walter oder Josef Ponten – fürs »Mimikbuch« die Kritiken schreiben. Die Kinder kannten keine Furcht, und Ehrfurcht vor den Klassikern schon gar nicht. Also spielten und inszenierten sie lustig drauflos: Lessings *Minna von Barnhelm*, Molières *Der Arzt wider Willen* und schließlich zum Neujahrstag 1921 Shakespeares *Was ihr wollt*.

»Damals, während ich die Viola spielte, erfand ich für mich das Theater als Beruf«, hat Erika Mann später geschrieben.[35] Tatsächlich war das Publikum seinerzeit – die Familie, die Nachbarn, die Freunde des Hauses – von Erika begeistert. Die Fünfzehnjährige, die sonst immer mit aufgeschlagenen Knien und zerzausten Haaren herumlief, die die Hausfrauenpflichten, zu denen sie vor allem während der Zeit, da die Mutter im Lungensanatorium war, herangezogen wurde, nur äußerst widerwillig erledigte, sie hatte offenbar Talent. Ihr Talent für die Bühne hatte seinen Ursprung in einer ausgeprägten Begabung für den Umgang mit Menschen. Diese hatte sich durch die frühe Begegnung mit berühmten und merkwürdigen, mit bedeutenden und skurrilen Persönlichkeiten entwickeln können, die zahlreich im Elternhaus verkehrten. Zu den bestimmenden Kindheitserlebnissen für Erika und Klaus Mann gehörten denn auch die »Begegnungen mit Berühmtheiten«,[36] die man als amüsant oder langweilig, großzügig oder lächerlich empfand und entsprechend imitierte.

Theater als Beruf: Der Doppelsinn ihrer Erfindung wird Erika, wie auch ihrer Familie, nicht mehr allzulange verborgen bleiben. Denn sehr bald schon sollte aus dem Kindertheater Geschwistertheater und aus dem angestrebten Beruf ein sehr zweifelhafter Ruf werden. »Hier können Familien Stücke spielen« schrieb 1926 der Schauspieler Werner Krauß an die Bühnentür der Berliner Kammerspiele,[37] als die Geschwister Erika und Klaus Mann zusammen mit Pamela Wedekind und Mopsa Sternheim zum wiederholten Male mit eigenen Produktionen Theatergeschichte zu machen versuchten.

Kapitel II

Bühne – Schreibtisch – Automobil
(1924-1932)

Kindertheater

Auch Klaus hatte zunächst Schauspieler werden wollen, aber er besann sich rechtzeitig und debütierte stattdessen im September 1924 in Berlin als Theaterkritiker beim *12 Uhr Blatt*. Noch im gleichen Jahr schrieb er sein erstes Theaterstück *Anja und Esther*, das ein Jahr später eine spektakuläre Premiere haben sollte.

Sofort nach dem Abitur war Erika 1924 nach Berlin gezogen, in die politische und kulturelle Metropole der von Inflationswirren, Putschversuchen und politischen Morden schwer erschütterten ersten deutschen Republik. In ihrem letzten Jahr in München, nach dem gescheiterten Erziehungsversuch durch die Reformpädagogik, hatten Erika und Klaus es unverändert toll getrieben. Sie hatten Freundschaften mit zweifelhaften Devisenschiebern und Inflationsgewinnlern geschlossen, wilde Champagnerfeste gefeiert und sich durch die Nächte getanzt. In Bars und kleineren Gaststätten hatten sie sich mit eigenen Auftritten versucht. Zusammen mit dem fünf Jahre älteren Mimikbündler W.E. Süskind schrieb Klaus Chansons, Kabarettlieder und schlüpfrige Couplets; damals machte Klaus den Vorschlag, die »Bonbonniere«, Münchens traditionsreiches Revuetheaterhaus, für eine eigene Kabarettvorstellung zu mieten.[1] Erst zehn Jahre später wurde unter völlig veränderten Bedingungen und mit gänzlich anderen Absichten aus der Idee Wirklichkeit: Am 1. Januar 1933 hatte in der »Bonbonniere« Erika Manns literarisches Kabarett »Die Pfeffermühle« Premiere.

In diesem letzten Jahr in München lernten Erika und Klaus im Hause ihres Onkels Heinrich Mann Pamela und Kadidja Wedekind sowie deren Mutter Tilly kennen. Den Vater, Frank Wedekind, den großen Dichter, der 1918 gestorben war, verehrten Erika und Klaus schon lange. Seine frivolen Bänkellieder zitierten die Geschwister bei jeder sich bietenden Gelegenheit. Mit Pamela, der ältesten Tochter, die sich ganz dem Schauspiel und der Bänkelliedertradition ihres Vaters verschrieben hatte, verband Erika und Klaus über mehrere Jahre eine tiefe Freundschaft. Sie wurden unzertrennlich; ja Klaus und Pamela feierten im Sommer 1924 Verlobung: »Wir meinten es ernst, höchstens sehr nebenbei aus Bluff und um die Leute zu schrecken.«[2] Das Paar war knapp achtzehn Jahre alt; da aber der Bräutigam zur Bestellung des Aufgebots hätte volljährig sein müssen und da der bayerische Justizminister zögerte, dem bekannten Dichtersohn die vorzeitige Mündigkeit zu attestieren, mußte man mit der Hochzeit noch ein wenig warten.

Erika Mann und Pamela Wedekind

Auch zwischen Erika und der ein Jahr jüngeren Pamela entwickelte sich eine sehr enge, fast leidenschaftliche Bindung. In ihren markanten Gesichtszügen, ihren großen Augen, ihrer radikalen Stilisierung hatten sie sehr viel Ähnlichkeit. Ein Photo zeigt sie aus den frühen zwanziger Jahren, die Wangen aneinander geschmiegt, die Haare ähnlich streng mit schwerem Zopf im Nacken gebunden, wie Zwillinge gekleidet: Nur Pamela blickt leicht amüsiert am Betrachter vorbei, Erika hingegen schlägt die Augen nieder, wirkt seltsam versonnen, fast verloren und ins Bild versunken.

Erika und Pamela spielten auch ein wenig sich selbst, als sie 1925 in Hamburg unter der Regie von Gustaf Gründgens *Anja und Esther* von Klaus Mann aufführten. Sie waren beide Dichtertöchter, Spielernaturen und begabte Komödiantinnen. In beider Leben sollte die Liebe der Zwanzigjährigen tiefe Spuren hinterlassen, obwohl andere Menschen und schließlich die Politik sie trennten.[3]

Fürs erste also gingen Erika und Klaus Mann nach Berlin, Pamela Wedekind war von Gustav Hartung in Köln engagiert worden. Obwohl sie sich in München hie und da bereits mit kleineren, ernstgemeinten Auftritten in der Öffentlichkeit gezeigt hatte, galt es für Erika nun, ihr Handwerk als Schauspielerin gründlich zu lernen. Da eine andere Stadt als Berlin nicht in Frage kam, durfte es natürlich nichts Geringeres als das Deutsche Theater in der Schumannstraße sein. Das väterliche Empfehlungsschreiben war schnell verfaßt, in Max Reinhardts Schauspielschule und beim Stimmbildner Oskar Daniel begann die Ausbildung.[4] Der Vater fand das Honorar des berühmten Sprechkünstlers zwar völlig überhöht, auch war es ihm und der Mutter ganz und gar nicht recht, daß Erika ihre »theatralische Sendung« ausgerechnet in Berlin »mit seinem schrecklich strapaziösen Pflaster«[5] hatte beginnen müssen. Die Tochter verdroß das alles nicht; im Gegenteil, sie fühlte sich durchaus am richtigen Platze und war überzeugt, daß sie bei der für September 1924 geplanten Uraufführung von Shaws *Die heilige Johanna* die Hauptrolle spielen würde. Bekanntlich handelte es sich um eine Premiere, die Theatergeschichte machen sollte – mit Elisabeth Bergner als »Johanna«.[6] Unter den Statisten auf der Bühne befand sich am Ende auch Erika Mann.

»Das mit der Johanna war an sich keine schlechte Idee, aber natürlich etwas verfrüht« – schrieb der Vater halb tröstlich, halb ironisch.[7] Zwei Jahre später spielte Erika Mann in München die »Johanna« tatsächlich, in Berlin aber begann alles mit kleinen und kleinsten Rollen. Als »Erste Schauspielerin« sah man sie in Pirandellos *Sechs Personen suchen einen Autor*; im März 1925 spielte sie die Prinzessin in Carl Sternheims *Oscar Wilde* unter der Regie des Autors. Für eine Anfängerin war das alles vielleicht gar nicht so wenig, für Erika Mann war es zu wenig. Sie spielte nachmittags und abends ihre kleinen Rollen, »vieles andere zehnmal, fünfzigmal und hundertmal, bis mir die Serienerfolge nicht mehr paßten und ich Reinhardt bat, er möge mich ziehen lassen«.[8] War es Überdruß am Serienerfolg, war es das aufreibende Berliner Leben mit seinem Theaterklatsch und seinen Künstlerintrigen, war es das Unbehagen an den Niederungen des Berufsalltags oder war es Rücksicht auf die »Greise«? Nach knapp neunmonatigem Aufenthalt in Berlin unterschrieb Erika im März 1925 ihren ersten festen Kontrakt, mit dem Theater in der Provinz, mit den Bremer Bühnen.

In den Briefen an Pamela Wedekind stöhnt sie heftig über die Entscheidung, denn Berlin sei einfach wunderbar, aber andererseits seien die »lieben Elterlein« eben doch so schrecklich besorgt: um sie, um ihre Zukunft, um ihren Geldbeutel. Bremen habe überdies einen Vorteil: sie sei dort wer, bzw. sie könne – anders als in Berlin – dort jemand werden.[9]

Trotz heftiger Abneigung gegen die Stadt und trotz heftiger Premierenangst erzielte die knapp zwanzigjährige Schauspielerin Erika Mann in Bremen ihren ersten größeren Erfolg: in der Rolle der »Haitang« aus Klabunds *Kreidekreis.*

Auch in einer Bühnenfassung von *Königliche Hoheit*, in Stücken von Shakespeare und Grabbe durfte sie sich versuchen. Kaum aber hatte die Laufbahn begonnen, da wurden die Zweifel an der Berufswahl, an den Lebensbedingungen, die sie zur Folge hatte, ziemlich heftig. An Pamela Wedekind schreibt Erika Mann schon im August 1925 aus Bremen, als sie eben dort mit den Proben begonnen hatte: »Aber Du weißt es nicht, wie ich (direkt!) unglücklich bin. Ich glaube doch im Grunde selbst nicht, daß ich ... simpel unbegabter bin, wie alle schlechten Schmierenschauspieler Bremens. So unbegabt bin ich doch sicher nicht. Aber ich eigne mich einfach nicht zum Theaterspielen, ich passe einfach nicht so recht dafür, es ist unendlich schlimm, denn was in aller Welt soll ich denn sonst tun?«[10]

Die Zukunft wird zeigen, daß Erika Mann sehr wohl wußte, was sie »sonst« tun sollte. Fürs erste kehrte sie der Provinz den Rücken, denn durch den dichtenden Bruder taten sich andere Perspektiven auf.

Sie heißen Sonja, Anja, Renate, Johanna oder Marion, und alle tragen die Züge seiner Schwester. Klaus Mann hat selbst bestätigt, daß die knabenhaft dunklen, schmalen und ein wenig traurig in die Welt blickenden Frauen, die in seinen Erzählungen und Theaterstücken immer wieder vorkommen, seiner Schwester Erika nachgebildet sind. Sie haben etwas Hermaphroditisches, ihre dunklen schwarzen Haare sind oft zu einem schweren Knoten gebunden, der tief im Nacken sitzt und ihnen den Eindruck der Unberührbarkeit und Einsamkeit verleiht. »Sonja« und »Anja« heißen die Erika-Figuren aus des Bruders Zeit *Vor dem Leben* – so der Titel seines ersten Novellenbandes, der 1925 erschien und »meiner Schwester Erika gewidmet« ist.

»Anja«, die Heldin seines ersten Theaterstücks, liebt Esther mit dunkeltrauriger Leidenschaft. Wie alle Figuren des »romantischen Stückes in sieben Bildern«, das in einem »Erholungsheim für gefallene Kinder« spielt und auf schwülstig-exzentrische Weise die Landerziehungsheimerfahrungen der Geschwister Erika und Klaus verarbeitet, ist sie frühreif und erbarmungslos altklug. Aber anders als alle anderen, die ruchlos-abenteuergierige Esther, der proletarische Erik, der dichtende Kaspar und der mitleidende Jakob, hat Anja wirklich anrührende, lebendige Züge. Gerade weil sie schweigt in ihrem Schmerz; sie ist die Verlassene, die glücklos Liebende, und sie erlaubt die Ahnung eines echten Gefühls: »Anja: Und einer – fragt den andern – ob er ihm vielleicht – in *irgend* etwas helfen könnte. – Und er kann es doch nicht.«[11] Alle anderen Gestalten sind Meinungs- und Pathosträger; sein Welt- und Selbstbild hat Klaus Mann diesen Figuren in den Mund gelegt; sie fühlen alle, wie Klaus und seine Zeitgenossen glaubten fühlen zu müssen. Haß auf die Eltern, Überdruß am Leben ohne Ideale, Sehnsucht nach dem Tod oder doch mindestens einem Führer. Kurz, es ist das Lebensgefühl einer »lost generation«, das Klaus Manns erstem Theaterversuch zugrunde liegt. Vom religiösen Schwulst über pubertäre Liebes- und Erlösungsschwüre bis hin zum schrill exzentrischen Ausdruckstanz kommt alles vor; man diskutiert und quält sich, man liebt und verläßt sich, fast wäre noch ein Mord geschehen.

Ein Stück mit denkbar dünner Handlung, aber peinlich weitausgreifendem philosophischen Anspruch. Friedrich Nietzsche und Rainer Maria Rilke, Jesus Christus und Herman Bang bilden den geistigen Hintergrund; das Sündhafte, das verzweifelt Verderbte hat es dieser Generation angetan, zu deren Sprecher sich Klaus Mann mit diesem Stück machen wollte.[12]

Noch als er allein in der Odenwaldschule und Erika bereits wieder in München war, hatte Klaus der Schwester geschrieben, daß auch sie seiner Ansicht nach zur »Geheimorganisation« der »großen Sehnsüchtigen« gehöre.[13] In seinem ersten Stück ist es Anja, die die Ziele der »Geheimorganisation« mit Sitz in einer Besserungsanstalt, die Bordell, Kabarett und Kloster zugleich ist, noch wirklich bewahrt, während alle andern sie verraten. Denn sie verlassen das Stift schnöder, materieller Hoffnungen wegen; Erika/Anja indes bleibt zurück: als Verlassene und als Prophetin, die die ursprünglichen Ideale hoch- und den Schwur reinhält für »unser Werk, das geboren ist aus leidenschaftlicher Hingabe an das Leben, aber mit der Sehnsucht stets nach Haus«.[14]

Am 22. Oktober 1925 hatte *Anja und Esther* in Hamburg Premiere. Die Dichterkinder spielten unter der Regie von Gustaf Gründgens, der auch als Schauspieler auf der Bühne stand. Es gab Beifall und Pfiffe, wohlwollendskeptische Reaktionen, hauptsächlich gab es aber gnadenlose Verrisse. Die Aufführungen in München, Wien und Berlin verliefen ähnlich, in Hessen kam es gar zu einer Landtagsdebatte wegen des schrecklichen Stückes. Nach der Aufführung in Darmstadt erklärte am 4. November der hessische Abgeordnete Dr. Werner: »Was hier auf krankhaft perverse Weise in Herabsetzung des Weibes auf die Stufe tierhafter Schamentblößtheit unter Verwendung kindlicher Mitdarsteller und vor größtenteils jugendlichem Publikum geleistet wurde, mußte Schrecken und Grauen zugleich erwecken. Nicht daß die Mehrzahl der Zuschauer das Stück erfreulich kühl ablehnte, ist hier die Hauptsache, sondern das ist der Skandal, daß ein solcher Schmutzfladen in unserem mit schweren Opfern erhaltenen Kunsttempel überhaupt die Bretter berühren durfte. Ich frage daher die Regierung, was sie zu tun gedenkt, um in Zukunft die Aufführung derartiger Fragwürdigkeiten zu verhindern.«

Herbert Jhering brachte es im Berliner *Börsen-Courier* auf eine Formel: *Anja und Esther* sei der »szenische Marlittroman der Homosexualität«.[15] Der Presserummel war Klaus nur recht, auch Erika, deren Anja in der Hamburger Aufführung sehr gelobt wurde, konnte zufrieden sein. Ob sie alle, die Spieler und der neue Freund, der Regisseur Gustaf Gründgens, das Stück und sein Pathos, die Tumulte und die Empörung so richtig ernst nahmen, wird man bezweifeln dürfen, – amüsiert haben sie sich, ihren Jux trieben sie mit sich und ihren Sehnsüchten, mit ihrer Attacke gegen die Welt der Väter und der verlorenen Illusionen. Und ob Gustaf Gründgens es völlig ernst meinte, als er im Programmheft zur Hamburger Aufführung schrieb, Klaus Mann sei nicht nur »der Schilderer der neuen Jugend«, sondern »vielleicht berufen, ihr neuer Wegweiser zu werden«,[16] ist ebenfalls fraglich.

Aber alle zusammen taten sie so, als meinten sie es ernst, als stehe etwas auf dem Spiel, als seien sie berufen, der heruntergekommenen Welt den Spiegel vorzuhalten. Der Spiegel war das Theater, gespielt wurden Klaus Manns Stücke, und in denen spielten sie meistens sich selbst.[17]

Einem allerdings war es wirklich ernst, er hatte eine andere Passion fürs Theater, die ihn am Jux und am existentiellen Geschwätz bald keinen Gefallen mehr finden ließ.

GG – Gustaf Gründgens lernten Erika und Klaus Mann im Herbst 1925 in Hamburg kennen; Klaus war fasziniert von dem vitalen Theatervirtuosen, der mit Leib und Seele, auf fast gierige Weise Schauspieler war. Er war der Star der Hamburger Kammerspiele, »er glitzerte und sprühte vor Talent, der charmante, einfallsreiche, hinreißende, gefallsüchtige Gustaf«.[18] Noch in seiner zwanzig Jahre später geschriebenen Autobiographie *Der Wendepunkt* klingt die Faszination nach, die Gustaf Gründgens auf Klaus Mann bei ihrer ersten Begegnung ausgeübt haben muß. Auch Erika hatte es der gut aussehende Mann mit dem »markanten Kinn«, den stolzen Lippen und dem »aasigen« Lächeln angetan. Er war sechs Jahre älter als sie und kam aus kleinen Düsseldorfer Verhältnissen. Am Ende des Ersten Weltkriegs hatte er noch Soldat werden müssen und hatte 1917 als Schauspieler im Fronttheater Saarbrücken debütiert. Ehrgeizig und theaterbesessen kämpfte er sich hoch. Über die berühmte Dumont-Lindemannsche Schauspielschule, über Engagements in Halberstadt und Kiel war er an die von Erich Ziegel und Mirjam Horwitz geleiteten Hamburger Kammerspiele gekommen. Als Regisseur und als Schauspieler wurde er der Publikumsliebling der Hamburger Theatergemeinde, auch seine weitere Karriere in Berlin – als Hamlet oder Mephisto und als Generalintendant der Berliner Bühnen während des Dritten Reiches – war glänzend und glitzernd.

Gustaf Gründgens und Erika Mann (24. Juli 1926)

Gustaf Gründgens war seit zwei Jahren in Hamburg, als er nach der Lektüre von *Anja und Esther* im Herbst 1925 Klaus Mann die gemeinsame Inszenierung an den Kammerspielen vorschlug. Schon diesen Vorschlag konnte Klaus als Ehre empfinden, denn Erich Ziegels 1918 gegründete Bühne hatte einen guten Ruf. Erfolgreich waren hier Wedekind, Brecht, Horvath, Toller und Zuckmayer gespielt worden. Ziegels Haus galt als Versuchsbühne des expressionistischen Theaters.

Aber nicht nur das Experiment mit Klaus' Stück, die Mann-Geschwister selbst faszinierten Gustaf Gründgens: ihre Herkunft, ihre Weltoffenheit, ihre großbürgerliche Nonchalance, ihre ganze ungezwungene Lebensart machten großen Eindruck auf ihn.

Der begnadete Schauspieler und die verwöhnten Dichterkinder spielten gemeinsam Theater, aber auch miteinander machten sie Theater. Gustaf Gründgens soll sich regelrecht in sie verliebt haben, weiß sein Biograph zu berichten; Erika ihrerseits heiratete ihn nur, weil sie sich Karrierevorteile davon versprach – kolportiert Curt Riess den Hamburger Bühnentratsch aus jenen Jahren.[19] Tatsache ist, daß Gustaf Gründgens und Erika Mann am 24. Juli 1926 in München heirateten. Thomas Mann und sein Schwager Klaus Pringsheim waren die Trauzeugen. Bei strahlendem Sommerwetter, begleitet von feierlich-aufmunternden Reden des Brautvaters feierte man Hochzeit am Starnberger See: im ehrwürdigen Hotel »Kaiserin Elisabeth« in Feldafing. Das Hochzeitsphoto zeigt ein kokett lächelndes Paar, er – das Glas in der Hand, aber ohne das imposante Monokel im Auge – hält sie ein wenig schulbubenhaft weit von sich entfernt im Arm; sie – die Rosen und das Stammbuch präsentierend – blickt nicht eben überzeugend zu ihm auf. Beiden ist offenbar nicht recht wohl in ihrer Haut. Das glückliche Paar mimten sie mehr schlecht als recht, und schnell folgten dem rauschenden Fest Schwierigkeiten und Konflikte. Der Freundin Pamela Wedekind galt Erikas Liebe in diesen Jahren. Ihr hatte sie schon lange vor der Hochzeit anvertraut,[20] daß ein gemeinsames Leben mit dem hoch empfindlichen, leicht kränkbaren und zu genialisch-hysterischen Ausbrüchen neigenden Mann im Grunde unmöglich war. Auch Gustaf Gründgens soll noch vorher gegenüber seiner Schwester Marita ausgerufen haben »kannst du mir mal sagen, warum ich Idiot heirate?«[21]

Die Beziehung zur hochangesehenen Mann-Familie, die Sehnsucht nach dem Normalen, nach Schutz in den Normen der Bürgerlichkeit, gewiß auch die Attraktivität der »wunderschönen Iphigenie ... mit dem verdunkelten Blick«,[22] die so hinreißend lasziv mit ihm Tango tanzte, all dies wird für Gustaf Gründgens, der anders als Klaus seine Homosexualität immer zu verbergen suchte, eine Rolle gespielt haben.

Was Erika zu diesem Schritt veranlaßte, ist schwer zu sagen. Der Großmutter Pringsheim gegenüber muß sie von »großer Liebe« gesprochen haben,[23] an Pamela Wedekind schrieb sie während der Hochzeitsreise aus Friedrichshafen: »Und jetzt sind wir einfach im Kurgartenhotel, wo groß und klein uns frivol behandeln muß, da niemand und der Klügste nicht, den Ehestand uns glauben *kann*. Aber daß wir (Du und ich!) in der Kurliste des vorigen Monats stehen

– ich als Schauspielerin und Du als Herr Wedekind aus München, ist mir lieb.«[24]

War es eine Schnapsidee und ein Theatercoup, ein Spiel mit unklaren oder unbekannten Regeln, oder einfach nur Ulk? Gewiß suchte sie nicht die Maske der Normalität und auch nicht die Illusion des strengen Glücks.

In der gemeinsamen Wohnung des Ehepaares Gründgens in der Hamburger Oberstraße 125 paßte nichts richtig zusammen: Erika spielte weder die Hausfrau noch sparte sie mit Geld; Gustaf Gründgens verdiente zwar nicht schlecht, hatte aber für Erikas Unbesorgtheit keinerlei Verständnis.

Blieb also nur das Theater, und in der Tat erhielt Erika Mann in Gustaf Gründgens' Inszenierung von Shaws *Androklus und der Löwe* als Lavinia und kurze Zeit später in der Rolle der Polyhymnia aus Jacques Offenbachs *Orpheus in der Unterwelt* ausgezeichnete Kritiken.[25] Natürlich hatte sie ihn nicht ihrer Karriere wegen geheiratet, aber das Theater verband sie, und im Theater lernte sie von ihm.

Trotzdem war der Bruch zwischen beiden vorprogrammiert; nicht zufällig, wenngleich nicht ausschließlich, hatte er mit dem Theater zu tun. Klaus Mann hatte ein neues Stück geschrieben, es hieß *Revue zu Vieren* und sollte in Leipzig unter der Regie von Gründgens uraufgeführt werden. Im Winter 1926 wurde es fertiggestellt, nach der Premiere wollte man auf Tournee gehen. Die Figurenkonstellation aus Klaus Manns erstem Stück kehrt wieder, nur heißen die Personen diesmal Allan, Ursula Pia, Michael und Renate; auch sind sie inzwischen ein bißchen älter, aber nach wie vor sind die Beziehungen untereinander von höchster erotischer Komplexität. Wieder spielte man zu viert weitgehend sich selbst; unterstützt wurde das Spiel durch zwei weitere »Dichterkinder«: Die Revuemusik hatte Klaus Pringsheim, Katia Manns Zwillingsbruder, geschrieben, Bühnenbild und Ausstattung stammten von Mopsa Sternheim, der Tochter des Dramatikers Carl Sternheim. Aber schon vor der Premiere kam es zum Krach. Gustaf Gründgens gab die Regie an Pamela Wedekind ab, beide fanden das Stück schrecklich und prophezeiten den Reinfall. Den gab es dann auch, und das nicht ohne Grund. Klaus Mann hatte nämlich nicht nur die Thematik seines ersten Stückes fortgeführt – eine orientierungs- und heimatlose Jugend will endlich etwas Großes, etwas Zukunftweisendes hervorbringen –, er hatte zugleich seinen Spott mit der Thematik und mit denen getrieben, die sie ernst nahmen. Zwei Paare – eine Hutmacherin und ein junger Dichter, eine Schauspielerin und ein Regisseur – treffen aufeinander und werfen ihre Visionen in einen Topf. Der Dichter will das Jahrhundertwerk schreiben, die Synthese aus Religion, Politik, Erotik und

Kunst, die Programmschrift für die Jugend Europas; der Regisseur will das alles lieber als Revue, als »riesenhaftes religiöses Fest«[26] aufziehen, denn ein Buch könne man schließlich widerlegen. Man macht sich an die Arbeit, Journalisten, Fotografen, Akrobaten und Boxer werden engagiert, die paneuropäische Jugendbewegung wird ins Leben gerufen. Alles zittert der Premiere entgegen, denn man ist überzeugt, das Theaterereignis werde die Gegensätze der Epoche mit einem Abend hinwegfegen, die »Revue« werde der Welt die große Erneuerung und Erleuchtung bringen. Natürlich kommt alles ganz anders, die Schauspieler und ihr klägliches Programm werden vom aufgebrachten Publikum hinweggefegt; Neid, Haß und Eifersucht haben längst schon das Ensemble erfaßt, die Katastrophe ist perfekt. Der Auftritt Renates, der Hutmacherin mit schwermütiger Seele, gespielt von Erika Mann-Gründgens, wird von der Rivalin Ursula Pia sabotiert. Renate fällt die Treppe herunter, ihr pathetischer Aufruf an die Jugend der Welt geht im Tumult unter. Brüllendes Gelächter, Pfeifkonzerte und handgreifliche Drohungen im Publikum zwingen die Spieler in die Flucht. Im Schlußbild sieht man die vier in neuer Konstellation, als Baron und Geheimrat mit Frauen spielen sie in einem Nobelhotel Komödie. Aus dem Pathos der Synthese wird der reine Jux, die bedeutungsschwangeren Bekenntnisse lösen sich in Klamauk auf. So wollte es das Stück, so wollte es Klaus Mann.

Bei der Premiere am 21. April 1927 wurde aus dem Bühnengeschehen tatsächlich Wirklichkeit: »Man prügelte sich noch lange in den schon dunklen Fluren«, schrieb Erich Ebermayer. Auch Klaus erzählt später im *Wendepunkt*, »verfolgt von den Flüchen sächsischer Kritiker«,[27] habe man sich auf Tournee begeben. Dort allerdings erging es der Truppe nicht viel besser, in Berlin, Dresden, Breslau, Hamburg, München und Wien, selbst in Prag, Budapest und Kopenhagen nahm man todesmutig den »Kampf mit dem Publikum« auf. Je länger, je heftiger wurde aus dem Revuegetingel ein Desaster, Gustaf Gründgens weigerte sich schließlich mitzuspielen, auch Pamela Wedekind war nur mühsam bei der Stange zu halten. Wie auf der Bühne, zerbrachen auch in der Wirklichkeit die Beziehungen. Zwischen Erika Mann und Gustaf Gründgens war es wegen des Stückes zu heftigen Zerwürfnissen gekommen, auch Pamela Wedekind und Klaus Mann entfernten sich mehr und mehr. An den Skandalen um *Revue zu Vieren* zerbrachen sämtliche Eheprojekte.

Der Bonus der »Dichterkinder« war endgültig verspielt. Die Kritiker, die nach *Anja und Esther* immerhin noch wohlwollend gewesen waren, nahmen nun kein Blatt mehr vor den Mund. »Die Dichterkinder etablieren sich als Generation«, dabei seien sie nichts anderes als »kindliche Greise«. Eine

»Limonadenjugend«, »lebende Magazinbilder« nannte Herbert Jhering die Spieler und ihr Stück, und Kurt Pinthus empfahl ihnen dringend, hinter die Kulissen zu gehen, von der Bühne abzutreten, um vielleicht später »ohne die berühmten Kinderschuhe« wieder zu erscheinen.[28]

In den meisten Besprechungen war Erika Mann noch einigermaßen gut weggekommen; man fragte sich bisweilen, warum sie dergleichen Unsinn mitmachte, denn man fand sie sympathisch. Sie machte mit, weil sie alles mitmachte, was von Klaus kam, weil sie sich um keinen Preis von ihm distanzieren ließ und weil sie fast um jeden Preis zu ihm stand. Sie glaubte an ihn als Dichter, wußte, daß er schreiben konnte, während ihre eigene »kleine Begabung« ihr immer fragwürdiger vorkam. Anders als er, der ständig von sich, seinen schwierigen Gefühlen und verwirrenden Empfindungen, von seinen Plänen und Visionen sprach, sprach sie nicht viel von sich. Klaus selbst spürte das nur zu gut, »ich weiß, Du magst nicht, wenn so viel ausgesprochen wird«,[29] schrieb er ihr einmal. Die Wirtstochter Sonja aus seiner gleichnamigen Erzählung trägt in mancher Hinsicht Erikas Züge: »eine traurige Zigeunerin«, die, stolz und vernünftig, früh schon zu verzichten gelernt hat: »Sie glaubte an keinen Gott – sie glaubte an keine Liebe. – Sie ging allein unter den Bäumen. So sollte es sein, bis sie starb. So wollte sie sich verbergen. War nicht jedes Wort, das sie am Tage gesagt hatte, nur eine scheue Hülle gewesen um ein tiefes Schweigen? War eine jede Geste nicht schamhafte Maske für eine tiefe Reglosigkeit?«[30]

Nichts und niemand blieb in diesen Jahren verschont von seinem Pathos und seiner Sehnsucht nach Bedeutsamkeit, aber die »traurige Zigeneuerin« Sonja, die unglücklich liebende Anja oder die mütterlich überlegene Renate hatten es Klaus Mann besonders angetan. Als starke, kämpferische, einsame und verzichtsbereite Frauen werden sie in den Exilwerken Klaus Manns wieder auftauchen: als Johanna in *Flucht in den Norden*, als Barbara in *Mephisto*, als Marion von Kammer im *Vulkan*. Das Bild der Schwester, das Klaus in seinem Werk, in seinen Autobiographien und auch in seinen Tagebüchern zeichnete, teilten auch andere. Hedwig Fischer, die Frau von Thomas Manns Verleger, schrieb 1927, als die Wogen um *Revue zu Vieren* hochschlugen, an den schwedischen Autor Aage Madelung: »Sie haben ganz richtig gefühlt und gesehen, Erika ist bei weitem die wertvollste von den Dreien; Pamela ist eine routinierte Schauspielerin und Klaus ist vielleicht einmal ein Dichter, jetzt ist er noch unreif, aber Erika ist ein Mensch und hat irgendwo etwas Tragisches. Ihr Vater liebt sie sehr, aber er ist auch recht besorgt um sie; nicht ohne Grund.«[31]

Trotz Presseskandalen und Theaterdonner, die sie liebten, machten die beruflichen und privaten Querelen den Geschwistern mehr zu schaffen, als sie vielleicht eingestanden hätten. So konnte es auf die Dauer nicht weitergehen, und den programmatischen Satz aus *Revue zu Vieren*: »mit 21 hat man heute schon alles erlebt«[32] wollten die knapp zweiundzwanzigjährige Erika und der knapp einundzwanzigjährige Klaus Mann für ihr eigenes Leben eben doch nicht gelten lassen. Man mußte etwas Neues, etwas wirklich Großes planen. Eine Weltreise, raus aus Deutschland, aus Europa, hinein ins große Welttheater. Es war Klaus, der die Idee hatte, es war Erika, die sofort Feuer und Flamme war. Aus dem immer undurchdringlicher werdenden Knäuel privater und öffentlich inszenierter Konflikte sahen beide nur einen Ausweg: die Flucht.

»Zehntausend Meilen weg von hier« und dann der »Familienfluch«

Die Augustwochen des Jahres 1927 verbrachten Erika und Klaus Mann zusammen mit Münchener Freunden in einem Landhaus am Starnberger See. Erika hatte an den Kammerspielen ein Engagement, sie spielte in Bruno Franks neuem Stück *Zehntausend*.[33] Der Autor, ein alter Freund des Hauses Mann, hatte Erikas Karriere seit Mimikbundzeiten treu verfolgt und gefördert, soweit es in seinen Kräften stand. In seinem berühmt gewordenen bayerischen Schwank *Sturm im Wasserglas* wird auch Erika später spielen. Obwohl sie durchaus zufrieden hätte sein können, denn *Zehntausend*, ein Stück über den Soldatenhandel im 18. Jahrhundert, spielte sie mit großer Begeisterung, hat sich zwischen den Geschwistern folgende Szene abgespielt:

»Es war eine tropisch warme Nacht Mitte August. Erika und ich spazierten an den malerischen Ufern des Starnberger Sees, nicht weit von Feldafing. Wir lebten damals mit Freunden in einem bescheidenen Hotel auf dem Land. Jede Nacht fuhr Erika dort hinaus, sobald sie mit ihrer Vorstellung an den Münchener Kammerspielen fertig war.

›Ich weiß nicht, was mit mir los ist‹, klagte sie. ›Alles geht nach Wunsch, aber ich habe keinen Spaß daran.‹ Es gab ein Schweigen, ehe sie hinzufügte: ›Der Starnberger See ist hübsch, kann so bleiben. Aber ich will nicht bleiben. München ist hübsch, und es spielt sich nett an den Kammerspielen. Aber ich wäre lieber anderswo. Zehntausend Meilen weg von hier…‹

›Gar keine schlechte Idee‹, sagte ich. ›Es gibt genug Dinge, vor denen man davonlaufen möchte.‹«[34]

So schildert Klaus Mann im *Wendepunkt* die Situation, als man beschloß, ein »bißchen nach Amerika« zu gehen. An Pamela schrieb Erika im September,

Klaus' amerikanischer Verleger sei dabei, ihnen beiden eine kleine Vortragstournee zu organisieren: »und zudem reisen wir schnurstracks und kindisch genug nach Hollywood, wohin durch Gretel Walter die Beziehungen gut sind, und tun, als ob wir filmen wollten. Komisch ist es jedenfalls, reklamemäßig für Deutschland ausbeuten läßt sichs jedenfalls, und das schlimmste, was passieren kann, ist, daß wir sehr bald wiederkommen, und dann schließe ich eben meinen Drecksvertrag mit den Kammerspielen am Weihnachtsabend erst ab.«[35]

Es wurde eine neunmonatige Reise, die Erika und Klaus Mann am 7. Oktober 1927 von Rotterdam aus antraten. Sie führte nicht nur kreuz und quer durch Amerika, sondern auch nach Honolulu, Japan, Korea, China, Rußland. Mit dem Schiff fuhren sie über den Atlantik, mit der Transsibirischen Eisenbahn von Harbin nach Moskau, sie trafen auf allen Kontinenten mit großen und kleinen Berühmtheiten zusammen, unternahmen mit Anfang Zwanzig das »Abenteuer einer Weltreise«. Die längste Zeit, fast sechs Monate, verbrachten die Geschwister in Amerika, zunächst in New York, dann in Kalifornien. Ohne es zu wissen, ohne auch nur zu ahnen, was die Zukunft bringen sollte, lernten sie den Kontinent und die Orte ihres späteren Exils als »literary Mann-twins« kennen; als hochstapelnde, amüsante Jugendliche, die sich ohne Angst und ohne die geringsten Skrupel in die »Neue Welt« stürzten. Sie kannten während der gesamten Reise nur ein Problem: das Geld. Der Vorschuß, den sie dem Verlag Boni und Liveright aus der Tasche gezogen hatten, war bald verbraucht. Ebenso die großzügige Vorauszahlung des S. Fischer Verlags, mit dem sie gerade noch rechtzeitig vor Beginn ein Buch über die Reise verabredet hatten. Es erschien wenige Monate nach ihrer Rückkehr, im Frühjahr 1929, trug den Titel *Rundherum* und war quasi unterwegs, ganz nebenbei entstanden.

Schon eine Woche, bevor sie aufbrachen, erschien in der amerikanischen Presse eine ausführliche Notiz: Sohn und Tochter des berühmten deutschen Schriftstellers Thomas Mann würden nach Amerika kommen und dort »lectures« halten. Ein Photo präsentierte die Zwillinge aus München: Klaus, der mit sechs Jahren zu dichten begonnen habe, im eleganten dunklen Anzug, Erika, eine gefragte Bühnenkünstlerin, mit langen schwarzen Zöpfen. Für publicity war gesorgt, blieb nur, den Erwartungen auch zu entsprechen.[36]

An der Columbia University, New York, in Princeton, Boston, Chicago und Milwaukee trat Klaus auf und sprach über die »Situation der jungen europäischen Generation«, während Erika moderne deutsche Lyrik rezitierte: Rilke, Hofmannsthal, Klabund, Benn und Brecht. Auch aus unveröffentlichten

Erzählungen und Romanen trug der junge Dichter vor, während die Schwester bisweilen mit einer auswendig gelernten englischen Rede die Abende eröffnete. Die Auftritte der Geschwister waren häufig bloßer Vorwand oder notwendige Pflichterfüllung; denn sie interessierten sich bestenfalls nebenbei dafür, an den ehrwürdigen amerikanischen Universitäten das junge Deutschland oder das junge geistige Europa zu repräsentieren. Das Land, der riesige Kontinent, die Bekanntschaften und Begegnungen, die sich ergaben, all das interessierte und faszinierte Erika und Klaus.

Schon bei ihrer Ankunft in New York hatten sie den alten Freund Ricki Hallgarten wiedergetroffen, der seit einem Jahr in New York lebte und sich als Tellerwäscher und Blumenausträger durchbrachte. Mit ihm zusammen erkundeten sie New York, gemeinsam verschafften sie sich Zutritt zu den Künstlerkreisen; der Agent Max Reinhardts, Rudolf Kommer, stellte die Verbindung zur Hochfinanz, zum Multimillionär Otto H. Kahn, her. Die »literary Manntwins« lebten auf Pump und mit der Hoffnung auf irgendeinen reichen Gönner. Während der ganzen neunmonatigen Reise fand sich tatsächlich auch immer wieder jemand: ein kauziger Literaturfreund in New York bezahlte die Hotelrechnung und die Eisenbahnfahrt an die Westküste; eine mitleidige kalifornische Mäzenin steckte ihnen heimlich eine hochwertige Aktie zu, deren Erlös die Überfahrt nach Asien ermöglichte, und auf der Rückfahrt von Sibirien nach Moskau trafen sie zufällig den Schriftsteller Bernhard Kellermann, der ihnen aus der Klemme half. Wenn gar nichts mehr half, dann mußte man sich ernsthaft »zusammensetzen«, und dann war es Erika, die an den bewährten Grundsatz erinnerte: »Wer nicht telegraphiert, kriegt nichts«.[37] Also wurden rundherum Hilferufe gedrahtet: an die Eltern, den Fischer Verlag, die Freunde. Klaus Mann schrieb regelmäßig kleine Reiseerlebnisse für die Essener *Wochenschau* oder das Berliner *8-Uhr-Abendblatt*, aber auch damit konnten die Löcher im Reisebudget nicht wirklich gestopft werden. Sie mußten es also immer wieder als »Prominentenkinder« versuchen: Sie telephonierten und ließen sich einladen, schlossen Bekanntschaften und erhielten kleinere oder manchmal auch größere Zuwendungen. Irgendwie klappte es dann immer, und wenn man dem gemeinsamen Reisebuch *Rundherum* und Klaus Manns Erzählungen im *Wendepunkt* glauben darf, war ihre finanzielle Lage zwar häufig abenteuerlich riskant, aber nie wirklich verzweifelt oder gar aussichtslos. Zum Abenteuer dieser Reise gehörte auch ihre Finanzierung. Letztlich noch abenteuerlicher waren die Menschen und die Situationen, auf die sie trafen.

In Hollywood angekommen, griff Erika wie selbstverständlich zum Telefon und rief bei Emil Jannings an. Der schien tatsächlich sehr erfreut, die »Zwillinge« kennenzulernen, und behauptete glattweg: »Meine Frau wird sich auch sehr freuen«.[38] Man verbrachte einen Abend, wenig später sogar in großer Gesellschaft das Weihnachtsfest im Hause Jannings. Ludwig Berger und Lothar Mendes, Friedrich Murnau und Connie Veidt, die große Welt von Hollywood war versammelt, Erika und Klaus Mann mitten unter ihnen. Es wurde ein Weihnachtsabend mit bunten Lichtgirlanden, mit viel Prominenz und viel Getratsche. Alles war sehr nach dem Geschmack der Geschwister; vor allem eine Geschichte wurde an diesem Abend zum Besten gegeben und hat es den beiden so angetan, daß sie sie gleich in ihr Buch übernahmen. Sie handelt von Dorothy Maccail, der Hollywood-Schauspielerin und Frau des Regisseurs Lothar Mendes.

»Bei einem Festessen, das dem deutschen Botschafter Ago von Maltzahn zu Ehren im Hause Jannings stattfand, erhielt sie [...] den Platz neben dem Gefeierten. Deutsch sprach sie nicht oder doch nur ein paar Worte, die Emil [Jannings] ihr beigebracht hatte. Der Botschafter machte die vornehmste englische Konversation. Dorothy sah ihn nachdenklich an: ›Du bist eine alte Scheißkerl!‹ sagte sie. Maltzahn glaubte zu träumen, aber schon plauderte sie weiter: ›Ja, Scheißkerl, und ich bin eine vollgefressene Sau!‹ – Wahrscheinlich wollte sie ›Ich möchte Deutschland kennen‹ oder ›Ich liebe die Kunst‹ damit bemerken, des perfiden Emil Schuld, wenn es ihr mißlang.«[39]

Turbulent verlief auch der Silvesterabend des Jahres 1927: bei Ludwig Berger wurde gefeiert, Ernst Lubitsch und die große schweigsame Greta Garbo waren dabei. Der Hausherr hatte einen echten Weihnachtsbaum mit echten Kerzen aufgestellt, und wie in einem echten Kinofilm fing der plötzlich Feuer. Es gab ein schreckliches Durcheinander, alles schrie und rannte, fast wäre das ganze Haus abgebrannt.

Weihnachten und Silvester in Hollywood: Erika und Klaus waren begeistert, Ereignisse, Erlebnisse und Erzählungen überschlugen sich, und wenn das leidige Geld nicht gewesen wäre, hätte es immer so weiter gehen können. Sie genossen alles in vollen Zügen: Keine Party und keinen Boxkampf, keine Filmpremiere und keinen Damentee ließen sie aus. Aber sie sahen auch genau hin: Die verwöhnten Dichterkinder erlebten den »American way of life«, seine Vorliebe für leichte Unterhaltung und oberflächliches Gerede, die Rassentrennung und die Armut in den Industriemetropolen keineswegs unkritisch. Ihr Buch, so verklatscht und anekdotisch es in vielem ist, zeugt auch von genauer Beobachtung, von einem klaren Blick für die Realitäten. Sie sehen das Absurde, das Erschreckende am amerikanischen Alltag, z.B. die Gier der Medien nach Shows, schrecklichen Morden oder großen Verbrechen;

ebenso sehen sie das Sympathische, das Unkomplizierte, z.B. im College-Leben der amerikanischen Studenten. Dabei sind sie vorsichtig mit Urteilen, dem »zerrüttete(n), alte(n) Europa« gilt zwar nach wie vor ihre Liebe – so behaupten sie zumindest mit pathetischen Worten –, aber die fremden Welten, die sie während dieser neun Monate kennenlernen konnten, veränderten ihren Blick, veränderten sie selbst. Es sind neue, für die Zukunft durchaus folgenreiche Sätze, die Erika und Klaus Mann nach Besichtigung der paradiesischen Insel Honolulu schreiben:

»Man bewundert; und dann ärgert man sich wieder. Schweinerei, sich in diesem Palmenparadies mit Fabriken beschäftigen zu müssen. Aber dafür leben wir im interessantesten Jahrhundert der Weltgeschichte; denn welches andere könnte es mit dem zwanzigsten aufnehmen?! *Wir haben uns mit der Zivilisation abzufinden*; das ist ein moralisches Postulat.

Haß, zugegeben ehrlichen Haß gegen die Zivilisation, spürt man nur dann, wenn man Soldaten sieht! Dieses friedliche und schöne Eiland ist scharf mit amerikanischen Truppen besetzt, wahrscheinlich als vorderster Schutzwall gegen Japan gemeint. Schießübungen stören gemein knatternd die Stille, mit Soldaten beladene Lastautos dröhnen vorbei; überall gibt es Übungsplätze, Kanonen, Baracken.

Mit Fabriken haben wir uns abzufinden; mit Kanonen nicht. *Mit Kanonen nicht*!!«[40]

Als die Geschwister im Hochsommer 1928 wieder in Berlin eintrafen, hatten sie nicht nur die halbe Welt durchquert, nicht nur – wie üblich – dreist und unverfroren Schlagzeilen gemacht, es lagen nicht nur aufregende Monate mit aufregenden Menschen hinter ihnen, sondern sie hatten auch für ihre private und berufliche Zukunft wichtige Entscheidungen getroffen. Für Erika galt das in noch höherem Maße als für ihren Bruder. Noch unterwegs hatten sie im Januar 1928 aus der Zeitung erfahren, daß Pamela Wedekind sich mit dem fast dreißig Jahre älteren, schwerkranken Dichter Carl Sternheim verlobt hatte. Erika und Klaus Mann glaubten ihren Augen nicht zu trauen, tatsächlich heirateten Pamela Wedekind und Carl Sternheim im April 1930. Für Erika war schon vor Antritt der Reise klar, daß sie nicht nach Hamburg zu Gustaf Gründgens zurückkehren würde, ihre Ehe wurde im Januar 1929 geschieden. Auch anderes hatte sich unterwegs für Erika geklärt. Natürlich würde sie sich nach ihrer Rückkehr wieder um Bühnenengagements bemühen, insbesondere in München würde sie es versuchen. Dort hatte ihr Alfons Pape schon im Frühjahr 1927 eine Rolle in Ferdinand Bruckners neuem Stück *Krankheit der Jugend* angeboten; wegen der Proben und der geplanten Tournee mit *Revue zu Vieren* hatte sie damals dieses Angebot ausgeschlagen.[41]

Während der großen Finanznöte in Amerika machte Klaus Mann seiner

Schwester einen Vorschlag, den sie nach anfänglichem Zögern tatsächlich aufgriff und aus dem sich eine neue berufliche Möglichkeit ergeben sollte. Erika begann zu schreiben. Zunächst habe sie – berichtet Klaus – seinen Vorschlag »kapriziöserweise« zurückgewiesen, schließlich sei sie Schauspielerin, und es gebe schon genügend Schriftsteller in der Familie: »Woraufhin ich nur mitleidig kichern konnte: ›Armes Ding! Dir wird's auch nicht erspart bleiben – das Schriftstellern, meine ich. Es ist der Familienfluch.‹«[42]

Der »Familienfluch« erwies sich als so schrecklich nicht, im Gegenteil, mit einer »gewissen diebischen Freude«[43] hatte die zukünftige Journalistin schon unterwegs das Nachtleben von New York, den Weihnachtsabend in Hollywood und die amerikanischen college girls glossiert. Diese ersten journalistischen Versuche fanden anschließend Eingang in das gemeinsame Buch, aber sie erschienen auch gesondert, denn gleich nach der Rückkehr nahm Erika Mann Kontakt zu einer eben gegründeten Berliner Tageszeitung auf. Es war *Tempo*, ein flott aufgemachtes Boulevardblatt aus dem Hause Ullstein, dessen Feuilleton Manfred Georg betreute.[44] Die erste Ausgabe erschien am 11. September 1928 – die letzte am 5. August 1933 –, und schon vierzehn Tage später war Erika Mann mit ihrem ersten Reisebericht vertreten. »Nur für die Zeitung«, hatte sie sich fest vorgenommen, wollte sie schreiben; nur, weil sie von der Schauspielerei allein nicht leben konnte, wechselte sie von der Bühne an den Schreibtisch. Außer für *Tempo* schrieb sie in den nächsten Jahren auch für die *Münchener Neuesten Nachrichten*, für den *Bayerischen Staatsanzeiger*, die *Kasseler Nachrichten*, die *Wiener Neuesten Nachrichten* und die in Prag erscheinende *Deutsche Zeitung Bohemia*. Annähernd 100 Artikel, Glossen, Reportagen, Rezensionen, eigene Erzählungen und Gedichte lassen sich bisher für die Zeit zwischen Ende September 1928 und Ende Januar 1933 nachweisen. Das ist nicht viel, wenn sie davon hätte leben müssen, aber als Nebentätigkeit neben Bühnen-, Radio- und Buchaufträgen auch nicht ganz unbeträchtlich. Erika Manns bester Auftraggeber in diesen Jahren blieb *Tempo*. Auch wenn das Blatt sich trotz vielversprechender Anfangserfolge auf die Dauer gegen Scherls *Nachtausgabe*, der es den Rang ablaufen sollte, nicht behaupten konnte, bot es der Schauspielerin und Dichter-Tochter die Möglichkeit, ohne große Ambitionen mit der kleinen journalistischen Form zu experimentieren.

Im übrigen befand sie sich bei *Tempo* in guter Gesellschaft: Robert Jungk, Stefan Großmann, Paul Morgan, Peter Panther (Kurt Tucholsky), Walter Mehring und Roda Roda gehörten zu den regelmäßigen Mitarbeitern des Blattes. Neben diesen traf man auf Maria Leitner, Christa von Hatvany und Herta Pauli. Die deutsche Tennismeisterin Paula von Recnicek war regelmäßig mit Reise- und Sportanekdoten vertreten, Ruth Landshoff gab Ratschläge für die Winterreise, und Kadidja Wedekind schrieb Erinnerungen an die Reinhardt-Bühnen und an Emil Orlik.

Als Glossenschreiberinnen und Kolumnistinnen haben viele Frauen in den zwanziger Jahren und insbesondere in der Zeitungsstadt Berlin zu schreiben begonnen;[45] der Journalismus bot eine doppelte Chance: jetzt, um ein bißchen zu verdienen, und später – im Exil –, um wenigstens etwas tun zu können. Herta Pauli, Elisabeth Castonier, Gertrud Isolani, Gabriele Tergit und Veza Canetti: sie alle haben mit journalistischen Gelegenheitsarbeiten begonnen. Die Gelegenheitsjournalistin Erika Mann brachte es 1931 in einer Schmonzette zum Thema »Frau und Buch« auf einen Nenner:

»Seit kurzem gibt es einen neuen Typ Schriftstellerin, der mir für den Augenblick der aussichtsreichste scheint: Die Frau, die Reportage macht, in Aufsätzen, Theaterstücken, Romanen. Sie bekennt nicht, sie schreibt sich nicht die Seele aus dem Leib, ihr eigenes Schicksal steht still beiseite, die Frau berichtet, anstatt zu beichten. Sie kennt die Welt, sie weiß Bescheid, sie hat Humor und Klugheit, und sie hat die Kraft, sich auszuschalten. Fast ist es, als übersetzte sie: das Leben in die Literatur, in keine ungemein hohe Literatur, aber doch in eine brauchbare, anständige, oftmals liebenswerte.

Gestern habe ich auf dem Hohenzollerndamm einen Herrn getroffen, mittelalt. Der Herr war ein Träumer, er schaute in den Himmel, und ich hätte ihn mit dem Auto beinahe umgefahren. Er sagte zu mir: ›Weibervolk, verdammtes, schert euch in die Küche.‹ – Diesem Herrn widme ich diesen Aufsatz.«[46]

Als Journalistin mit Bühnenerfahrung machte Erika Mann genau dies: sie übersetzte das »Leben« in Literatur; sie glossierte den Bühnenalltag, das Gerangel und Getratsche um Rollenbesetzungen, die Angst vor der Premiere, das Leben als Provinzschauspielerin. Der Münchener Fasching, die Oberammergauer Festspiele, die »Hotelmarmelade« oder der »Tod der Bohème«, alles eignete sich, um drei Zeitungsspalten lang zu plaudern. Was dabei entstand, will selten hoch hinaus und trifft oft sehr genau:

»Es gibt, in Hotels, zwei Sorten von Marmelade. Rote oder gelbe. Feine Hotels wechseln täglich, einen Tag rot, den anderen gelb, in weniger feinen wird ein 20-Pfund-Kübel hintereinander ausgelöffelt, erst dann gibts Wechsel. Ich habe nun schon in so vielen Hotelzimmern nach Johannisbeergelee geschrien, oder nach Pflaumenmus, – ich gebe es auf. Es ist zuviel verlangt, und Orangenmarmelade scheint das Äußerste zu sein, was durch selbstbewußtes Auftreten irgend zu erzielen ist. (Daß es, im Speisewagen, sowohl Kirschmarmelade als Honig gibt, sei nebenbei, mit einer tiefen Verbeugung gegen die Mitropa, vermerkt.) Sogar in Sommeraufenthalten, wo man Wochen hintereinander sitzt und frühstückt, machen die Hotels keine Ausnahme. Erdbeer, Aprikosen, Aprikosen, Erdbeer. Sie könnten das ja auch mit den Suppen aufführen. Einen Tag Grünkernsuppe, den andern Brotsuppe. Wer ließe es sich bieten?«[47]

Szenen im Hotel, mit skurrilen Portiers, schlecht isolierten Zimmern und unbezahlbaren Rechnungen, hatten es Erika Mann besonders angetan. Lebhaft waren die Erinnerungen an die Weltreise, ungetrübt waren sie, denn die letzten Schulden hatte Thomas Mann inzwischen aus den Mitteln des ihm 1929 zugesprochenen Nobelpreises bezahlt. Also gab es Stoff für die Zeitung, selbst ein Theaterstück hat Erika Mann dazu entworfen. *Hotels* hieß es und war im Sommer 1929 entstanden. Klaus war ganz begeistert und behauptete, es könne glatt als ein Werk Alfred Polgars durchgehen.[48] Überprüfen läßt sich das kühne Lob des Bruders nicht, denn Erikas erstes Bühnenwerk ist verlorengegangen.[49] Auch ihrem zweitem Versuch als Dramatikerin widerfuhr dieses Schicksal. Ihre 1931 entstandene Komödie *Plagiat* war im renommierten Theaterverlag Oesterheld, der auch Klaus Manns Stücke verlegte, gedruckt und verschiedenen Bühnen zur Aufführung angeboten worden. Der 1906 von Siegbert Cohn und Erich Oesterheld gegründete Verlag hatte seinen Sitz im neuen Berliner Westen, in der Lietzenburgerstraße. Er war einer der führenden deutschen Theaterverlage, der den Deutschen Bühnenspielplan, das Deutsche Bühnenjahrbuch, vor allem aber die Werke der »Jungen« verlegt und gefördert hat. Wahrscheinlich ist er 1935 »arisiert« worden, die Suche nach dem Verlagsarchiv, nach dem Nachlaß der Inhaber und damit auch nach den Manuskripten Erika Manns ist bisher erfolglos geblieben.

Der »Familienfluch«, der auch sie eines Tages einholen würde und den Klaus ihr während der Weltreise prophezeit hatte, erwies sich für Erika Mann als amüsante neue Bühne; er hatte den Vorteil, ein wenig Geld einzubringen; er brachte es mit sich, daß sie vom Schreibtisch aus Theater spielen konnte. Sie mußte nicht originell sein, aber die Worte mußten stimmen. Sie stimmten nicht immer, denn auch viel Läppisches findet sich unter ihren journalistischen Etüden. Doch einmal waren sie brillant; aber da hatte sie es auch mit einem brillanten Gegner zu tun.

Es war kein geringerer als Franz Hessel, der Flaneur von Berlin und Paris, der zeitweilige Lebensgefährte der Münchener Bohème-Gräfin Franziska zu Reventlow, der Freund Walter Benjamins. Der Romanschriftsteller und Liebhaber gelehrter Unterhaltungen war ein Mann der alten Schule, ein Charmeur und Freund schöner Frauen. Im März 1929 schrieb Franz Hessel, knapp fünfzigjährig, in der deutschen Ausgabe der *Vogue* einen offenen Brief »An die Berlinerin«.[50] Gemeint war die moderne, junge Frau von heute, »tags berufstätig und abends tanzbereit«. Die Berlinerin der ausgehenden zwanziger Jahre, die Hessel vor sich sieht, ist sportlich und allseitig informiert. Sie weiß Bescheid, hat Sinn für die »geistigen Dinge« und ist ständig unterwegs. Sie gibt sich das Image der Perfektion: Im Leben und in der Liebe ist sie ehrgeizig und ohne Sentimentalität, aber trotz allem wirkt sie nicht gelassen. Franz Hessels offener Brief ist ein Empfehlungsschreiben mit Unterlassungsvorschlägen. Er ist eine liebevolle Parodie auf die weibliche Moderne, Produkt eines professionellen Boulevardbummlers, dem das geschäftige Einerlei zwischen Tauentzienstraße und Kurfürstendamm einfach nicht gefallen will. Man flaniert hier nicht, und die junge Berlinerin, der das eigentlich so gut zu Gesicht stünde, sie tut es auch nicht! Stattdessen spricht sie: zu viel, zu schnell und zu salopp.

Zwar war und wurde Berlin niemals Erika Manns Stadt, der bayerischen Metropole galt ihre Liebe. Wenn überhaupt, dann hätte sie sich als Münchnerin, aber niemals als Berlinerin gefühlt. Franz Hessel hatte trotzdem etwas getroffen: vom Fluidum der aus allen Nähten platzenden Reichshauptstadt, vom Erscheinungsbild der Frauen im Zeichen der »neuen Sachlichkeit«. Erika Mann wußte es, sie hatte viel von dieser modernen Frau, die über Begriffe wie »Muße« und »Gelassenheit« nur lachen konnte. Aber sie lachte nicht nur über Franz Hessel, sie widersprach ihm nicht einmal. Sie antwortete und ergänzte, sie schrieb einen Brief »An den Berliner«. Auch mit ihm, dem modernen Mann, stehe ja nicht alles zum besten, auch er sei bei weitem nicht der, der er sein könnte. Gehetzt nach der Uhr blickend und ständig telephonierend, spiele er immer den Eingeweihten, egal wovon und mit wem die Rede sei. Die Nonchalance sei sein Image, weltmännisch möchte er sein und hat doch alle »Ritterlichkeit« verlernt:

»Übrigens, Berliner in den Knickerbockers: wenn wir zusammen Auto fahren [...], so ergibt sich meist das folgende: entweder Du kannst fahren, dann fährst Du, läßt uns höchst ungern ans Steuer. Kommt ein Lastwagen sehr sichtbar angeschlichen, so erklärst Du angstbebend, ein Lastwagen käme und mit Lastwagen sei nicht zu spaßen – ›langsam, langsam!‹ sagst Du voller Mißtrauen und ›paß doch auf, ein Lastwagen‹. Kannst Du aber nicht fahren, dann verstehst Du von den Autos gleich gründlich nichts, stehst da, die Hände in den Knickerbocker-Taschen, während wir, von Öl und Müh' verdorben, unterm Wagen liegen müssen, die Panne zu reparieren.«

Er hat es ihr angetan, Franz Hessel und sein Damenbrief, und Erika kann es sich nicht verkneifen, ihm die Bälle kräftig zurückzuspielen:

»Im übrigen, und nur weil Du davon sprachst: die dumme, dumme Liebe! Ja glaubst Du denn, daß Du das geschickter machst, mein forsch Gehemmter? Sie ist diskreditiert, soviel ist sicher, ob wir nun am Autovolant von ihr schnoddern oder Du beim Gin-fizz. [...]

Ärgerst Du Dich nun, Berliner? Aber das sollst Du nicht! Du, der Du diese Zeilen liest, Idealgestalt Du, bist ja nicht gemeint.«[51]

Vielleicht war es dieser öffentliche Briefwechsel, vielleicht waren es ihre Glossen in den *Münchener Neuesten Nachrichten*, immerhin waren es René Schickele und Annette Kolb, die Erika Mann begeistert ermunterten, sich »ernsthaft ans Schreiben zu machen«.[52] Daran allerdings wollte sie nicht denken, die Schmonzetten machten ihr Spaß. Ernsthaft aber wollte sie sich wieder daran machen, Theater zu spielen.

»Geht die Kunst nach Brot? – Freilich geht sie nach Brot«

Nicht zufällig trägt eine ihrer amüsantesten Glossen[53] diesen Titel, denn Erika Mann wußte, daß sie vom Theater allein nicht leben konnte. Auch trotz journalistischer Nebeneinnahmen hätte sie so gut nicht leben können, wäre der Hauptwohnsitz nicht im Elternhaus gewesen. Dorthin waren die Geschwister nach der Weltreise beide zurückgekehrt, im Dachgeschoß der geräumigen Villa hatten sie ihre Zimmer; mit Personal, Chauffeur und Autos pflegte man nach den kriegsbedingten Einschränkungen im Hause wieder einen gehobenen Lebensstil. Das alles war normal und selbstverständlich – so selbstverständlich wie der Arbeitsrhythmus des Vaters, den jeder im Hause respektierte; so selbstverständlich wie die Mutter, die für jeden Zeit hatte, der sie brauchte.

Nach wie vor waren Erika und Klaus viel unterwegs – Erika mit dem Theater, Klaus, weil er das Reisen liebte und brauchte, weil vor allem Paris und die französische Riviera ihn magisch anzogen. Er schrieb überall und wie besessen: In den zwei Jahren nach der Rückkehr von der Weltreise entstanden außer *Rundherum* zwei neue Theaterstücke, ein großer Roman (*Alexander*) und eine Serie von Novellen. Kleinere Aufsätze, Rezensionen, Reiseerlebnisse für Tageszeitungen und Zeitschriften nicht gerechnet.

In München, in der Poschi, fand sich die Familie immer wieder vollständig versammelt, hier wurden Pläne geschmiedet und Entscheidungen getroffen. Von München aus setzte Erika alle Hebel in Bewegung, um wieder Theater zu spielen. Selbst der Vater sprang ein und bemühte sich um Engagements für die Tochter. Die Zusage für seinen eigenen Vortrag bei den Heidelberger Sommerfestspielen 1929 verband Thomas Mann mit der direkten Frage nach einer Rolle für seine Tochter.[54] Es blieb eine Episode, ebenso wie ein dreitägiges, nicht gerade erfolgreiches Gastspiel in Bielitz – zwei Eisenbahnstunden von Kattowitz entfernt. Man gab Thomas Manns einziges Theaterstück *Fiorenza* mit Erika Mann in der Rolle der »Fiore«. Es war kalter Winter, die

Provinz lag in tiefem Schnee. Obwohl die Aufführungen ausverkauft waren und die Provinzpresse vollständig versammelt war, mokierte man sich nicht wenig über »die Kronprinzessin der deutschen Literatur«, die sich gewiß ziemlich maniriert aufgeführt hat.[55] »Sei nicht Schauspieler in der ganz kleinen Provinz! Mußt du denn unbedingt ein Schauspieler sein?« – stöhnte die Kolumnistin Erika Mann daraufhin im Berliner Boulevardblatt *Tempo.*[56]

Monika, Michael, Golo, Katia, Thomas, Elisabeth, Klaus und Erika Mann 1927

Sie mußte es nicht unbedingt sein, aber bis 1930 wollte sie es immer wieder versuchen. Zwischendurch gab es durchaus Erfolge, sogar ehrenvolle Aufträge. Schon als sie mit großem, auch überregionalem Erfolg im Winter 1928 in Frankfurt die »Irene« in Ferdinand Bruckners *Krankheit der Jugend* gespielt hatte, wollte man sie dort längerfristig unter Vertrag nehmen.[57] Thematisch durchaus im Trend von *Anja und Esther*, war Bruckners Stück ein neuerlicher Beitrag zur Zeit: zur verlorenen Zeit der jungen Generation, die moralisch und sexuell enthemmt, verzweiflungsvoll große Worte macht. So froh sie über den Erfolg war, so wenig wollte Erika Mann auf die Dauer Repräsentantinnen der eigenen Generation spielen. Das große, das klassische Theater sollte es endlich sein, am liebsten in München. Für eine kurze Zeit gelang es ihr tatsächlich; die bayerischen Staatstheater unter Generaldirektor Alfons Pape schlossen mit Erika einen Dienstvertrag, der sie nicht nur für ein Stück, sondern »als Schauspielerin für Rollen individueller Eignung verpflichtete«.[58] Der Vertrag lief für die Zeit vom 1. Oktober 1929 bis 31. Januar 1930, er garantierte 600 RM monatliche Gage und war ganz offensichtlich die Reaktion auf einen der größten Bühnenerfolge, die Erika Mann je hatte: als »Königin« in Schillers *Don Carlos*. Im Mai 1929 war Schillers Freiheitsdrama im Prinzregententheater neu inszeniert worden; der Münchener Theaterkritiker Georg Jacob empfahl nach der Premiere sofort: »Man sollte sich der jungen Künstlerin für unser Staatsschauspiel auf alle Fälle versichern«. Selbst der gefürchtete Feuilletonchef der *Münchener Neuesten Nachrichten*, Tim Klein, nannte Erika Mann »die Überraschung des Abends«, riet der Künstlerin aber, auf »eine schmollende Bewegung des Mundes ..., die nicht selten den sonst klaren Eindruck trübte«, zu verzichten. Aber das Presseecho war nicht ungeteilt, auch einen völligen Verriß und die Frage, ob die Inszenierung und die Schauspielerin der Elisabeth nicht eher einem »Dramatischen Verein Bogenhausen« als dem Prinzregententheater entspreche, mußte man sich gefallen lassen. Die Landtagsdebatte über die Verschwendungssucht der Münchener Staatstheater griff offenbar nicht ohne Grund die Don Carlos-Inszenierung und die Besetzung der Elisabeth mit Erika Mann heraus.[59]

»Königin Elisabeth ist genau die Rolle, für die ich schwärme«,[60] schrieb sie wenig später an den amerikanischen Verleger Joseph Brewer. Elisabeth: die nur im Verborgenen lieben darf und im Verborgenen den Aufstand der spanischen Niederlande gegen das grausame Regiment Philipps II. und der katholischen Inquisition unterstützt. Erikas Lieblingsrolle – sie spielte sie noch im Sommer 1930 und 1931, u.a. mit dem großen Albert Bassermann als Philipp – brachte ihr auch den größten Erfolg. Aufgrunddessen hoffte sie auf weitere von ihr geliebte große Rollen: »Oberon« im *Sommernachtstraum*, »Thekla« aus dem *Wallenstein*.

Sie hoffte vergeblich und schrieb deshalb am 27. November ihrem Dienstherrn Alfons Pape einen bitterbösen Brief. Vorausgegangen war ein neuerlicher Erfolg mit der Erstaufführung von Paul Raynals *Der Herr seines Herzens*. Während die Kritik dem Stück mit Recht Mangel »an dramatischer Substanz« vorwarf, sparte sie nicht mit Lob für Erika Mann: »Jedenfalls aber bedeutet das Engagement der jungen Künstlerin einen sehr begrüßenswerten ersten Schritt auf dem Weg der Erneuerung des Staatstheaterensembles, Abteilung Schauspiel«.[61] Selbst der Kritiker der Augsburger *Abendzeitung*, der Erika Mann als Elisabeth noch »durchaus unzulänglich« gefunden hatte, nannte sie nun in der Rolle der Herzogin »eines der bemerkenswertesten Theaterereignisse, die München in letzter Zeit gehabt hat«. Auf diesem Hintergrund wird der heftige, ziemlich anmaßende Ton verständlich, den Erika dem Generaldirektor gegenüber anschlug. Statt des *Oberon* biete man ihr die Rolle der »Hypolita« aus dem *Sommernachtstraum* an, »die vier Sätze hat und von jeder schönen

Staffage gespielt werden kann«. Sie habe nichts gegen kleine Rollen, aber schon die Rolle in *Der Herr seines Herzens* habe ihr nicht gelegen, und obwohl sie das Stück mißbilligt habe, habe sie vertragsgemäß gespielt. Dabei sei vertraglich eigentlich eine Rolle in Georg Kaisers *Hellseherei* vorgesehen gewesen.

Der Vertrag sah »Rollen individueller Eignung« vor – das konnte vielerlei heißen. Auch war nicht festgelegt, wer über die Eignung entschied. Erika war sich da natürlich ganz sicher und schrieb deswegen: »Nach ›Herr seines Herzens‹ *muß* eine Rolle für mich kommen, kein dekorativer Scherz. Ich bitte Sie, mit allem Ernst und Nachdruck, im Januar ein Stück für mich zu spielen ... und mir die Hypolita zu erlassen«. Sie zögerte nicht, Alfons Pape das Stück, in dem sie spielen wollte, gleich mitzuliefern. Es war *Cristinas Heimreise* von Hugo von Hofmannsthal.[62] Eine Antwort Papes auf diesen Brief und sein »Angebot« ist nicht erhalten, so daß sich nicht mit Bestimmtheit sagen läßt, wie Erika Mann im Januar 1930 ihren vertraglichen Verpflichtungen in München nachgekommen ist. Noch zweimal machte sie in den folgenden Jahren den Versuch, von Alfons Pape engagiert zu werden. Im März 1931 wollte sie die »Helene« aus Hofmannsthals *Der Schwierige* spielen, Ende des Jahres schlug sie Pape eine Neuinszenierung von Goethes *Tasso* mit ihr als Prinzessin vor. In beiden Fällen lehnte Alfons Pape höflich, aber bestimmt ab. Er müsse – sehr zu seinem Bedauern – die vom bayerischen Landtag verordneten Sparbeschlüsse strikt einhalten, dürfe nur »Hausleute« einsetzen und mache deswegen im Augenblick auch nur »Männerstücke«.[63]

Besonders bescheiden war sie nicht, auch geschicktes Taktieren, vorsichtiges Anfragen war nicht Erikas Sache. Wer nichts verlangt, bekommt auch nichts – scheint ihre Devise wenn nicht von Natur, so spätestens seit jenen Jahren gewesen zu sein. Sie hatte sich inzwischen daran gewöhnt, mal dies, mal jenes zu tun, und schließlich ließ sich ja immer wieder eine Glosse schreiben.

»Hat einer gewisse Möglichkeiten nach mehreren Richtungen, wie zum Beispiel ich, muß er lavieren und einteilen, daß es eine aufreibende Art hat. Will es mit dem Theater nicht klappen, gleich muß man zur Feder greifen, um nur irgendwie zu Geld zu kommen. Und auch innerhalb der Künste, denen man sich ergeben: darf man die Rollen nicht spielen, die man sich wünscht, nimmt man auch die komische Alte dankbar hin. Soll man das nicht schreiben, was man möchte, schickt man halt Berichte, schildert Hotels, die viel zu teuer sind, als daß man in ihnen wohnen könnte und Autobusverbindungen von Ort zu Ort, wobei es darauf ankommt, sich und damit den Leser einigermaßen bei Laune zu halten. Denn tut man es mißmutig, bringt es ja wiederum kein Geld. Circulus vitiosus. Ich bin kein sehr typischer Fall, aus vielen Gründen. Immerhin: Zeichner schreiben und Schriftsteller filmen, – alle versuchen alles, – um nur existieren zu können. Und wenn man mich bäte, vor einer größeren Zuschauermenge mit dem Auto eine Turmtreppe hinaufzufahren, wobei ich Maria Stuart zu deklamieren und gleichzeitig einen kleinen Bericht, meine ›Eindrücke‹ bei diesem Unternehmen betreffend, zu verfassen hätte, – ich würde es gewiß versuchen.«[64]

Erika Mann hat vieles versucht in diesen Jahren, und vielleicht – so haben Freunde manchmal vermutet – hat sie sich dabei auch ein wenig verzettelt. Die Glossenschreiberin mit der angenehmen Sprechstimme entdeckte bald auch der Rundfunk. Schon im Oktober 1926, zwischen den Proben für *Anja und Esther*, reiste sie von Hamburg nach Berlin, um im Berliner Rundfunk aus dem *Zauberberg* zu lesen.[65] Von der Weltreise zurückgekehrt, fanden sich Erika und Klaus wie selbstverständlich vor dem Mikrofon, um über ihre Reiseerlebnisse zu plaudern. Wenn nicht direkt auf der Bühne, so konnte sie wenigstens im Radiostudio stehen und Funkerzählungen produzieren. Mehrfach lobte die *Bayerische Radiozeitung* sie in diesen Jahren. Als im Dezember 1931 eine Rundfunkproduktion des *Tasso* mit Erika Mann als Leonore Sanvitale ausgestrahlt wurde, saß die ganze Familie in der Poschingerstraße beieinander und verfolgte das klassische Geschehen um Kunst, Macht und Liebe am Radio.[66] In Berlin konnte man Erika Mann im November 1931 in einer Nebenrolle als Deutschlehrerin in dem nach Christa Winsloes Roman gedrehten Film *Mädchen in Uniform* sehen. Auch am Drehbuch hatte sie mitgewirkt, und eigentlich hätte sie beim Film ihre Karriere ganz gern fortgesetzt. In Bruno Franks *Peter Voss, der Millionendieb* fand sie für sich eine besondere Rolle: »Ich gab eine uniformierte englische Fremdenführerin in Marseille, und obwohl ich gar nicht Englisch konnte, soll ich dies Idiom gesprochen haben wie der Erzbischof von Canterbury. Ein Vertragsangebot der betreffenden Firma (der Münchener Emelka) folgte, aber Hitler folgte auch. Und noch ehe er da war, hatte ich keinerlei Lust mehr am bloßen Theaterspielen, sondern wünschte, mich gegen ihn zu betätigen.«[67] Das war im März 1932. Tatsächlich hatte Erika Mann sich zwei Monate zuvor gegen Hitler »betätigt«.

Die Bühne, das Radio, der Film und die Zeitung: überall hat sie es versucht, größere und kleine Erfolge hat sie gehabt; sie hat sich engagiert und amüsiert; sie war knapp 25 Jahre alt, umgeben von Freunden, Bekannten, Verehrern. Aber hinter ihren Anekdoten und Abenteuern, ihrem Humor und ihrer Albernheit hielt sie alle auf sichere Distanz. Ludwig Marcuse, damals Theaterkritiker in Frankfurt, lernte Erika Mann während ihres Frankfurter Engagements kennen. Sie habe ihn, so erzählt er in seiner Autobiographie, besser unterhalten »als die vereinigte deutsch-französische Lustspielliteratur«, auch habe sie »die Thomas Mann-Sprache fließend« beherrscht. »Der Schöpfer dieses bekannten deutschen Dialekts schrieb ihn nur, die Tochter aber sprach ihn – und trieb so viel Allotria damit, daß er sie gewiß beneidete.«[68]

Einen gab es, der stand ihr nah; mit dem wollte sie sich vertragen, auch wenn sie sich immer wieder über ihn ärgerte. Dem Bruder Klaus konnte sie nichts abschlagen; so ausgefallen seine Ideen auch waren, ihr schienen sie nicht ausgefallen genug. Im Winter 1929/30, während Erika ungeliebte Rollen in München spielte und Klaus nach Ablenkung und Ermunterung suchte, wurde es beschlossen: mit dem eigenen Auto wollten sie sobald wie möglich zu einem zweiten »Rundherum« aufbrechen. Über Frankreich und Spanien sollte es durch Nordafrika gehen; eigentlich auch in den Kongo und von dort auf dem nächsten Wege nach New York. Die hochfliegenden Pläne ließen sich nicht vollständig verwirklichen, es fehlte an Zeit und Geld. Schon die Abreise verzögerte sich, denn Erika hatte ein Engagement bei Max Reinhardt in Berlin. In der Regie von Gustaf Gründgens gab man an den Kammerspielen Antoines Boulevardstück *Die liebe Feindin*. Der Erfolg war so groß, daß man die Inszenierung länger als geplant im Programm behielt, Erika hätte über die vertraglich vereinbarte Zeit hinaus spielen können. Jeder am Theater, der Intendant, der Regisseur, die Schauspieler – alle gingen davon aus, daß Erika sofort akzeptieren würde. Die aber dachte gar nicht daran, denn spätestens Mitte April wollte sie mit Klaus nach Afrika aufbrechen. So geschah es auch, aber mit Gustaf Gründgens und dem Berliner Theater muß es zu heftigen Szenen gekommen sein. Die Freundschaft mit Gustaf Gründgens, die trotz *Revue zu Vieren* und trotz Scheidung immer noch bestanden hatte, zerbrach in diesem Zusammenhang offenbar endgültig. Erika Mann war Schauspielerin, ohne es ausschließlich sein zu wollen, was für den passionierten Regisseur und Schauspieler Gustaf Gründgens völlig unverständlich war; daß ihr die kleine neue Weltreise mit Klaus aufregender erschien als ihre Karriere, grenzte in seinen Augen offenbar an Verrücktheit. Es war die damals noch ziemlich unbekannte Marianne Hoppe, die Erika Manns Rolle übernahm; angeblich war es Erika selbst, die sie Gustaf Gründgens vorschlug.[69]

Die Auto-Weltreise dauerte keine zwei Monate; die Geschwister unternahmen sie als Reisejournalisten: Erika schrieb für *Tempo* und die *Münchener Neuesten Nachrichten*, Klaus für das Berliner *8-Uhr-Abendblatt*.[70] Erst kurz vorher hatte Klaus Autofahren gelernt, Erika konnte es schon lange, und sie war eine leidenschaftliche Fahrerin. Für die Reise hatte sie sich in München ein paar Wochen als Automonteur ausbilden lassen, sehr zum Spott der männlichen Kollegen und Kunden, sehr zum Nutzen für das bevorstehende Abenteuer.[71] Das Auto liebte Erika fast noch mehr als das Theater; in rasantem

Die leidenschaftliche Autofahrerin um 1930

Tempo mit offenem Dach über verstaubte spanische Landstraßen zu fahren, überbot jeden Erfolg mit Gustaf Gründgens im Berliner Boulevardtheater. Nordafrika wurde das größte Erlebnis dieser Reise, vor allem der dreiwöchige Aufenthalt in Fez. Das Fez-Erlebnis sollte zwischen den Geschwistern zum geflügelten Wort werden; in Wahrheit erlebten sie hier ihren ersten Haschisch-Horrortrip, der ihnen auf schrecklich-sprichwörtliche Weise in Erinnerung blieb.[72] Mit Drogen waren beide zwar schon einige Zeit vorher in Berührung gekommen, offenbar hatten sie jedoch noch keine große Erfahrung. Das neue »Spielzeug« sollte für Klaus gefährlich werden. Erika hingegen scheint die Warnung ihres Bruders, »nicht zu viel Euka genießen, es verdirbt den ganzen Charakter«,[73] gar nicht nötig gehabt zu haben – auch hier galt, was Klaus schon früher an ihr bemerkt hatte: Sie war »in sich geschlossener, beruhigter und weniger anfechtbar«.[74] Dabei gab es durchaus Umstände und Situationen, die sie nicht nur beunruhigten, sondern vollständig aus der Ruhe brachten, die sie erst wieder fand, wenn sie ihren Kopf durchgesetzt hatte.

Während die »goldenen« zwanziger Jahre mit rasantem Tempo ihrem Ende entgegengingen, während die erste Republik auf deutschem Boden zwischen den Extremen von links und rechts zerrieben wurde, jagten Erika und Klaus Mann mit dem Auto quer durch Europa, schrieben heitere Reiseeindrücke, einen alternativen Rivieraführer und eine *Liebeserklärung an Bayern.*[75] Sie rieben sich auf im Bemühen um Erfolg, Ruhm, Geld und Aufträge. Natürlich spürten sie die politischen Gefahren,[76] sie diskutierten über die gefährliche Radikalisierung in allen Lagern, über das gefährdete Experiment von Weimar, über die seit dem »Schwarzen Freitag«, dem großen Börsenkrach in New York Ende Oktober 1929, offenkundig gewordene Wirtschaftskrise. Sie erlebten und verfolgten dies alles, aber sie glaubten sich nicht wirklich bedroht – vorerst waren sie es auch nicht.

Vorerst versuchten sie ihr abenteuerlustiges Leben aus Reisen und Schreiben, Theaterspielen und Autofahren fortzusetzen. Nach der Rückkehr von der »Afrika-Expedition« stellte Klaus Mann schnell sein neues Stück fertig. Es war die Dramatisierung von Cocteaus Roman *Les enfants terribles*. Erika spielte die liebende Schwester, mit ihr standen Therese Giehse und Wolfgang Liebeneiner auf der Bühne. Es gab Pfiffe und Buhrufe im Nachtstudio der Münchener Kammerspiele, als Klaus Manns Weise von Liebe und Tod der Geschwister Elisabeth und Paul am 12. November 1930 Premiere hatte. Es blieb bei nur wenigen Aufführungen. Den Geschwistern Erika und Klaus blieb gewiß in Erinnerung, was Jacob Berchtold im *Völkischen Beobachter* nach der Aufführung schrieb:

»Wäre Klaus Mann nicht der Sohn des Thomas Mann, wäre dieses Stück sicher nie über die Bretter gegangen. Und hätte Klaus Mann je im Bersten der Granaten gestanden und im Sturm nach vorwärts sein Gewehr gefällt, er hätte dieses Stück nicht geschrieben. [...]
Als ich nach Hause ging, marschierten eben ein paar S.A.-Männer im Braunhemd vom Dienst kommend über den Marienplatz. Mit ihnen sprach ich noch vom Kampf der nächsten Tage und Wochen. Das versöhnte mich mit den 2 Stunden in der ersten Studio-Aufführung. Mögen die Literaten auf den Brettern eine sterbende Welt verherrlichen, auf der Straße marschiert das neue Deutschland.«[77]

Das war zwei Monate nach den Septemberwahlen, als die NSDAP von mehr als sechs Millionen deutschen Staatsbürgern gewählt und nach der SPD stärkste Fraktion im Reichstag geworden war.

Das Rabauken- und Banausentum der Nazis beunruhigte sie, es widerte sie an, aber Erika konnte sich nicht vorstellen, daß es im Volk der Dichter und Denker wirklich die Macht gewinnen würde. So wenig wie Erika, so wenig konnten es sich die Intellektuellen Weimars vorstellen, und deswegen sagte Klaus Mann das in seinen und in den Augen vieler Zeitgenossen Richtige, als er nach den Septemberwahlen gegenüber Stefan Zweig öffentlich erklärte, der »hysterische Neonationalismus« interessiere ihn nicht: »Ich halte [ihn] für nichts als gefährlich. Darin besteht mein Radikalismus«.[78] Das war klug und richtig, zumal als Antwort an Stefan Zweig, der erklärt hatte, das Wahlergebnis sei Ausdruck einer doch eigentlich erfreulichen »Revolte« der Jugend »gegen die Langsamkeit«. Trotzdem, das hat Erika Mann später immer wieder gesagt, war es zu wenig; es war auf verhängnisvolle Weise ungenügend. Die Generation der fünfundzwanzig- bis dreißigjährigen Künstler, Intellektuellen und Bohèmiens der »roaring twenties« konnte sich nicht aufraffen, die Republik zu verteidigen, die ihr ihre heitere, verrückte und verwöhnte Künstlerexistenz ermöglichte. Als Erika Mann all dies erkannte, erklärte und warnend für alle Zukunft erläuterte,[79] war es schon zu spät, die Republik bestand nicht mehr, sie war selbst schon im Exil.

Geschichten vom Auto – Geschichten für Kinder

Was das Exil später mit sich bringen sollte, war für Erika und Klaus Mann in den zwanziger Jahren eine Passion: das Reisen. Für Erika hieß das vor allem Autofahren, möglichst schnell fahren, am liebsten Rennen fahren. Zu schnell fuhr sie eigentlich immer, daß es verboten sein sollte, wollte ihr nie einleuchten. Vor allem, wenn man sie dafür belangte oder gar der »fahrlässigen Transportgefährdung« bezichtigte, schien ihr das der Gipfel der Absurdität. Als Glossenschreiberin kolportierte sie genüßlich die »Briefangst des Autlers«:

»Natürlich haben heute sehr viele Leute Angst vor der Post. Blaue Firmenkouverts hat man nicht gern auf dem Frühstückstisch liegen, gelbe mit Guckfensterchen zieren auch die Mittagstafel nicht. Und wenn zum Tee der Bote seine Einschreibesachen anbietet, dann weiß ich von vielen, die gar nicht zu Hause sind, um ihre Unterschrift zu geben. Es herrscht heute zweifellos eine gewisse Post-Psychose, – ich habe das oft bemerkt.

[...] Nun aber seit einiger Zeit hat die Postkrankheit auch mich ergriffen. [...] Ich mag die Post nicht mehr, seit ich das Auto habe. Seit ich den Wagen fahre, ist die Post mir verhaßt und ich bin auch sonst verfolgungswahnsinnig geworden. [...]

Was aber den Kohl erst wirklich fett macht, das sind die Briefe vom Amtsgericht, die Warnungen, Vorladungen, Strafen. Ich frage mich immer: kann man dem entgehen? Gibt es Menschen, deren Selbstbeherrschung, Güte und Glücksstern groß genug sind, um sie vorm Amtsgericht glatt zu bewahren? Fahren sie in Unterdoifstetten niemals 40 Kilometer statt 30, – ist Ihr hinteres Schlußlichtchen, das rote, immerzu in Ordnung, gelingt es Ihnen stets, die Trambahn so chevaleresk zu behandeln, wie sie es verlangt und wohl auch verdient? Ich bin nun schon wieder verklagt, soll sechs Tage ins Gefängnis, wegen ›fahrlässiger Transportgefährdung‹, und das alles um der Trambahn willen. Sehr diskret und fein als Zivilisten verkleidet erscheinen die Kriminalbeamten bei mir. Sie schicken ihren Ausweis herein, auf dem sie fotografiert sind, das Mädchen meldet flüsternd und errötend ›ein Kriminaler, – es ist sehr dringlich‹, – der Gast, ders mitanhört, fröstelt. Die Kriminalpolizei, – was mags da geben, – Diebstahl, Mord und Unzucht?

Es gibt 20 Mark Strafe wegen Überfahren des gelben Lichts am Münchener Odeonsplatz. ›Aber es war doch eine Sekunde, ehe das Grün kam, aber das grüne war doch schon so gut wie da‹. Beteuern hilft nichts, Weinen, Flirten, Schimpfen, – es hilft alles nichts. [...]

Autos, soviel ist sicher, sind nur für nervlich wirklich starke Menschen. Nicht wegen des Fahrens, das kann ein jeder. Nur wegen der Post. Unheimlich, aufreibend, böse ist die Post des Automobilisten. Er hat die größte Angst vor der Post.«[80]

Bleibt nachzutragen, daß in der erwähnten Strafsache tatsächlich am 25. September 1930 vom Amtsgericht München gegen Erika Mann ein Urteil erging, das auf 30 RM ersatzweise sechs Tage Gefängnis lautete. Nachzutragen bleibt auch, daß sie gegen dieses Urteil durch ihre Anwälte sofort Berufung einlegen ließ und die angesetzten Berufungsverhandlungstermine mit Verweis auf Bühnenverpflichtungen in Berlin und Reisen durch Europa insgesamt dreimal blockierte, so daß das Gericht mit Datum vom 27. Oktober 1931 das Revisionsgesuch ablehnte und die nicht ganz unberechtigte Vermutung äußerte, die Klägerin beabsichtige offenbar, das Verfahren künstlich in die Länge zu ziehen. Und nachzutragen bleibt schließlich, daß am 11. Januar 1932 Erika Manns Antrag auf Ratenzahlung abgewiesen wurde; was daraufhin geschah, ob die geschwindigkeitsbesessene Autofahrerin bezahlt hat oder nicht, kann man nur vermuten, die Unterlagen des Münchener Erika Mann-Archivs schweigen dazu.[81]

Die besten Ideen hatte Erika im Auto, und ihre besten Schmonzetten entstanden rund um das Automobil, so auch »Sport und Charakter«:[82]

»Willst du jemand ausprobieren – Dame oder Herrn –, geh nicht ins Theater, auch nicht tanzen und dinieren –, geh auf Reisen, aber auf sportliche, fahre Ski mit dem auszuprobierenden Geschöpf, oder Auto am besten. Nichts decouvriert derart, nichts enthüllt den Charakter so sehr, wie der Sport. Eine Nachtfahrt im Auto, und du weißt alles. [...] Solange ihr in der Stadt seid, darfst du ein leidlich flottes Tempo verlangen; an den Stops müßt ihr zu den ersten zählen, die losfahren, wenn es grün wird. Unerlaubtes tut ihr nicht – ihr haltet euch stets an der äußersten Grenze des Erlaubten. Draußen, dann legt ihr los. Der am Steuer braucht nicht zu sprechen. Trotzdem mußt du das Gefühl haben, daß er deine Gegenwart nicht einen Augenblick lang vergißt. Ihr sollt stetig fahren, nicht über 90 Kilometer, doch nie unter 50. Solche, die bald mit 120 brausen, bald, fällt es ihnen bei, einen Witz zu erzählen, auf 35 sinken oder gar schäkernd halten, sind verfehlt und kommen nicht in Frage. Wollt ihr nicht vorwärtskommen zusammen, und könnt ihr's auf so launenhafte Weise?

Sehr wichtig ist das Verhalten den Wagen gegenüber, die von der anderen Richtung kommen. Es gibt da gewisse chevalereske Regeln; eine Landstraßenritterlichkeit ist nötig – wer sie nicht kennt, der ist auch sonst kein Gentleman. Wehe, wenn dein Probefahrer die großen Scheinwerfer nicht rechtzeitig abblendet, zeigt ein Auto sich nur von der Ferne. Du tust am besten, dann gleich auszusteigen, denn des Schlimmsten mußt du gewärtig sein. Wer nicht abblendet, wird dir eines Tages dein Erbteil stehlen und dir auch sonst peinlich auf die Nerven gehen.

Beim Morgengrauen, wenn der Nebel jede Landschaft wunderlich verschönt (und sei es selbst die zwischen Augsburg und Ulm), fahrt ihr dann ein wenig langsamer, – dies ist die einzige Stunde, in der Lyrismen verzeihlich werden. Wenn jetzt gröber Geartete euch überholen, macht das nichts, und dein Geschöpf soll nicht darüber murren. Murren soll es überhaupt nicht. Es ist unbeherrscht und kindisch, jeden Gartenzaun zu beschimpfen und zu den Hühnern ›Idiot‹ zu sagen; Katzen sollen nicht überfahren werden, Hunde erst recht nicht. Der Mensch muß halten, zeigt sich ein Tier.

Falls ihr eine Panne habt, müßt ihr sie reparieren. Du kannst dabei behilflich sein. Schrauben halten, etwas pumpen. Es ist aber das Zeichen eines überheblichen Charakters, wenn dein Fahrer dabei doktrinär wird. Keineswegs soll er alles beim rechten Namen nennen, das Kardan und den Vergaser – erklären soll er dir auch nichts. In Ordnung bringen und sich ein bißchen schämen, daß man in Ordnung bringen kann. So soll es sein.

Sind Einblicke dieser Art irgendsonstwo zu gewinnen? Es ist undenkbar. Nur der Sport kann's zeigen. Und eine Nachtfahrt genügt ...«

Sie hatte es sich in den Kopf gesetzt, und sie wollte es durchsetzen: einmal als Rennfahrerin an einer Rallye teilnehmen und dabei möglichst auch gewinnen. Als im Frühjahr 1931 die Firma Ford und der ADAC eine 10.000 km Rennfahrt durch ganz Europa ausschrieben, da zögerte Erika Mann nicht lange. Sie bewarb sich mit Ricki Hallgarten als Beifahrer, und am 24. Mai gingen sie mit vierzehn anderen Paaren in Berlin an den Start.[83] In zehn Tagen sollte Europa einmal mit dem Wagen durchquert sein: Schweiz – Frankreich – Spanien – Portugal – Österreich – Ungarn – Jugoslawien. Teile der Strecke kannte Erika bereits durch die Expeditionen mit Klaus, aber 1000-1200 km täglich zu fahren, beim Tanken zu frühstücken und während des Reifenwechsels auch schnell noch die Streckenkarte zu studieren, das war ein neues Abenteuer. An Schlaf war kaum zu denken, auch schrieb die rasende Reporterin von unterwegs gleich noch ein paar Etappenberichte für *Tempo*.[84] Das alles war ein einziger »toller Ausnahmezustand«. Als Erika Mann und Ricki Hallgarten am 6. Juni triumphalen Einzug auf dem Kurfürstendamm hielten, hatten sie tatsächlich den ersten Preis gewonnen. Den Siegeskranz um die Schulter, in zünftiger Autofahrerlederkleidung stellten sie sich den Berliner Fotografen, viel Presserummel, ein großes Silbertablett als Siegestrophäe, eine etwas betuliche siebenseitige Erzählung für den Berliner *Uhu* (»Im Schlaf durchs Ziel«)[85] und vier Kolumnen für *Tempo*; das alles blieb vom großen Rennabenteuer. Ob auch ein Satz sich dem Gedächtnis einprägte, der unterwegs so banal, auf dem Papier so heiter und für die Zukunft so bedeutsam klang? »Wir wechseln die Länder weit öfter als die Kleider«, meldete Erika Mann am 1. Juni 1931 aus Rom nach Berlin.

Die Siegerin der 10.000 km-Rennfahrt durch Europa, Juni 1931

Es war nicht nur die Leidenschaft für das Auto und das Rennfahren, es gab einen anderen Grund, weswegen Erika diese Rallye unbedingt hatte machen wollen. Der Grund war Ricki Hallgarten, der gemeinsame Freund, der begabte Zeichner und skurrile Maler. Ricki war schwierig und stark gefährdet, er machte die größten Witze und versank gleich anschließend in schwerste Depression. Er war abenteuerlustig und neugierig wie Erika und plötzlich wieder stumm und melancholisch wie Klaus. Um ihn abzulenken, aufzuheitern, ans Leben zu binden, hatte Erika sich und ihm die Rennfahrt in den Kopf gesetzt. Sie hatte es durchgesetzt, so wie sie auch anderes für den Freund durchsetzte.

Ricki malte am liebsten traurige und makabre Bilder, »Krüppel, ... blinde Greise in umheimlich verödeter Landschaft, Bucklige und hagere Katzen«.[86] Erika mochte diese Bilder, aber sie wollte ihn dazu bringen, Heiteres, Harmloses und Hübsches zu zeichnen. Sie wollte es, weil sie ihn liebte, weil er ihr Freund war, weil sie nicht ertrug, wenn ihre Freunde das Leben nicht ertrugen. Sie brachte ihn dazu, für Kinder zu zeichnen. Sie selbst schrieb schon seit einiger Zeit für Kinder, und nun illustrierte Ricki Erika Manns Kinderbücher.

Mit einer kleinen Geschichte hatte es angefangen. Zu Weihnachten 1930 konnten die Berliner sie in *Tempo* lesen. »Fridolin mit dem guten Herzen« ist sie überschrieben; ihr Titelheld trägt ein wenig Rickis Züge.[87] Im Theater wird ein Weihnachtsmärchen für Kinder gegeben, aber der Schauspieler Fridolin fällt aus der Rolle. Sein gutes Herz erträgt die Angst der Kinder vor Hexen und Teufeln nicht. Der »Radikalismus des Herzens« zerstört seine Karriere, es gibt keine passende Rolle mehr für ihn.

Ihr eigenes großes Weihnachtsspiel *Jans Wunderhündchen*, das im Herbst 1931 geschrieben[88] und am 14. Dezember 1932 in Darmstadt uraufgeführt wurde, hatte Erika Mann ein wenig anders komponiert: als richtiges Märchen mit Schrecken und Befreiung, Gefahr und gutem, glücklichem Ende. »Ein Kinderstück in sieben Bildern von Erika Mann und Ricki Hallgarten« steht im Programmheft. Dort steht auch, daß ihre beiden jüngsten Geschwister, Medi und Bibi, die Idee zu diesem Weihnachtsmärchen geliefert hätten.

»Ich wollte Ihnen nur sagen, daß meine Frau und die Kinder gestern in ihrem Stück waren und sehr erfreut und befriedigt heimkehrten ...«, schrieb der Kultur- und Geschichtsphilosoph Hermann Graf Keyserling am 27. Dezember 1932 an Erika Mann,[89] während Wilhelm Michael sich in den *Münchener Neuesten Nachrichten* über die gouvernantenhafte Lustigkeit des Stückes mokierte,[90] das bis heute nicht wieder aufgeführt wurde.

Als Schauspielerin spielte sie in den Stücken des Bruders, als Journalistin glossierte sie das Bühnengeschehen, als Rennfahrerin schrieb sie Reiseberichte, und als Weltreisende in ferne Zauberländer entwarf sie Kinderbücher. Was immer sich im Alltag bot, Erika Mann wußte daraus etwas Amüsantes zu machen. Das persönlich Erlebte eignete sich zur Glosse wie zum Märchen und ganz nebenbei auch noch zum Geldverdienen. Große Worte wurden vermieden, das Wichtige trotzdem gesagt. An ihren einfachen, wie für Kinder erzählten

Geschichten wird man später die politische Publizistin und Rednerin Erika Mann erkennen.

Tatsächlich hat Erika Mann, seit sie Anfang der dreißiger Jahre damit begonnen hatte, am liebsten für Kinder geschrieben. Kurz vor der Emigration erschien noch *Stoffel fliegt übers Meer*, die Geschichte vom Sohn armer Eltern, der einen reichen Onkel in Amerika hat. Als blinder Passagier im Zeppelin fliegt Stoffel über den Ozean, um den Onkel zu besuchen. Unterwegs rettet er das Luftschiff aus großer Gefahr, Amerika und der reiche Onkel empfangen ihn als Helden. Bruno Frank und Hans Reisiger, Wilhelm Hausenstein und Gertrud Isolani, die *BZ am Mittag*, das *Berliner Tageblatt* und die *Münchener Neuesten Nachrichten* – allenthalben lobte man Erikas erstes Kinderbuch, man fühlte sich an Erich Kästner und Rudyard Kipling erinnert.[91] »Nur« für die Zeitung hatte sie anfänglich schreiben wollen, »nur« für die jüngeren Geschwister, für Kinder hieß die Devise inzwischen[92] und »gegen« Hitler sollte sie nur allzu bald heißen.

Wie Erika es gewollt und sich beide gemeinsam ausgedacht hatten, illustrierte Ricki Hallgarten den *Stoffel*. Als das Buch vom Stuttgarter Verlag Levy und Müller ausgeliefert wurde, lebte Ricki schon nicht mehr. Am 5. Mai 1932, einen Tag bevor er mit den Geschwistern zu einer großen Persienreise hatte aufbrechen wollen, nahm er sich das Leben. Der Schlag traf die Geschwister nicht völlig unerwartet, unter den gegebenen Umständen jedoch aus heiterem Himmel. Die Reise war bis ins Detail geplant. Der Presse hatte man das Unternehmen als gefährliche Autoexpedition schmackhaft gemacht, so daß die Filmgesellschaft Emelka noch unmittelbar vor der Abfahrt Aufnahmen für die Wochenschau drehte: In zünftigen Overalls präsentierten sich die Geschwister, Ricki und Annemarie Schwarzenbach für die Kamera.[93] Über mehrere Stunden zogen sich die Filmarbeiten hin, abends wollten sich alle zum Abschiedsessen mit der Familie in der Poschingerstraße treffen. Vergeblich wartete man auf den Freund. In seinem Sommerhaus in Utting hatte er sich erschossen und für den Wachtmeister einen Zettel hinterlassen: Er möge bitte Frau Katia Mann benachrichtigen. Die Situation war unerträglich; in seiner Autobiographie hat Klaus sie ausführlich geschildert.[94] Sein Tagebuch hingegen schweigt. Eine »tödliche Ungezogenheit«[95] nannte Thomas Mann Rickis Selbstmord, während sich Erika – gebannt und erschüttert – Vorwürfe machte und auch durch die klugen Worte des Vaters nicht beruhigt wurde. Sie kannte ihn und seine Leidenschaft zum Tode. Daß ihre Kraft nicht hingereicht hatte, Ricki zurückzuhalten, traf sie tief. Das Ereignis verfolgte sie und ließ sie nicht mehr los; immer wieder versuchte sie das Äußerste, ihre selbstmordgefährdeten

Freunde und den schwer gefährdeten Bruder festzuhalten. Alles in ihr rebellierte gegen die Worte, die Klaus in seinem Nachruf auf den Freund fand: »Der Tod ist mir eine vertrautere Gegend geworden, seit ein so inniger Vertrauter meines irdischen Lebens sich ihm ... freiwillig anvertraut hat«.[96] – Vehement, aber am Ende vergeblich setzte Erika Klaus' eigene Worte gegen dessen zunehmende Vertrautheit mit dem Tode: »Was nottut ist weiterzuleben« hatte Klaus 1929 nach dem Tode Hugo von Hofmannsthals geschrieben.[97]

Klaus Mann, Annemarie Schwarzenbach, Erika Mann, Ricki Hallgarten

Aber Erika setzte nicht nur Worte gegen den Schmerz und den Schrecken. Um zu arbeiten, sich abzulenken und weiterzuleben, fuhren die Geschwister im Frühsommer nach Venedig. Hier bereiteten sie ein Gedenkbuch mit Zeichnungen von Ricki Hallgarten vor, und Klaus Mann konzipierte seinen großen Aufsatz über Ricki: »Radikalismus des Herzens«.

Noch jemand fuhr mit nach Venedig, für die diese Bezeichnung paßte. Immer noch galt, was Klaus an Erika schon im Landerziehungsheim beobachtet hatte: »(sie) tröstete die Problematischen, die Aufgewühlten, die ganz Verwirrten«.[98] Problematisch, aufgewühlt, verwirrt: das war auch Annemarie Schwarzenbach, die Schweizer Fabrikantentochter, die Geschichte studierte und Romane schrieb. Erika und Klaus hatten sie 1930 kennengelernt.[99] »Miro« war von ungewöhnlicher, androgyner Schönheit. In verzweiflungsvoller, unglücklicher Liebe war sie an Erika gebunden, fasziniert von Erikas souveränem Charme, ihrem Selbstvertrauen und ihrer Stärke. Viele Bilder aus den dreißiger Jahren zeigen Erika, Annemarie Schwarzenbach und Klaus. Die Frauen ähnelten sich in ihrer knabenhaften Eleganz. Sie reisten viel zusammen,[100] schrieben viele Briefe[101] und traten häufig gemeinsam auf. Aber die leidenschaftlichen Gefühle Miros vermochte Erika nicht zu erwidern; Fürsorge, Freundschaft und Verantwortungsgefühl empfand Erika für die an ihrer Herkunft, ihrer herrisch-kalten Mutter und an ihren Selbstzweifeln heftig leidende Freundin.

Seit die Bindung an Pamela Wedekind zerbrochen war, scheute Erika die Nähe zu einem Menschen. Auf das Experiment in der Liebe wollte sie sich nicht mehr einlassen, auf die Welt, das Leben, auf Arbeit und Aktivität war sie neugierig; hier suchte sie das Abenteuer, hier liebte sie die Gefahr. In Herzensangelegenheiten indes war sie die Vertraute, die Freundin, die häufig leidenschaftlich Geliebte, nicht die Liebende, nicht die schmerzhaft und gefährlich Leidende.

Kapitel III

Spaß am Spiel – Ernst im Spiel

Die Pfeffermühle und das Exil in Europa (1933-1936)

13. Januar 1932: ein Tag und seine Folgen

»Die tänzerische Generation« hatte Wilhelm Emanuel Süskind in einem Erika Mann gewidmeten Aufsatz 1925 die »Jeunesse dorée« der zwanziger Jahre genannt.[1] Man liebte die Bars, die Künstlerlokale, das Theater und den Tango. Im »Romanischen Café« war man ebenso zu Hause wie im Münchener »Luitpold«, und die Transvestiten- und Homosexuellenlokale empfand man als die eigentliche Heimat. Die jungen Frauen trugen Bubikopf und kürzere Röcke, sie rauchten Zigaretten aus langen Spitzen, das Auto war der letzte Schrei; man chauffierte selbst und war »Automobilistin«. Neue Sachlichkeit war angesagt, Sport und Freikörperkultur, Tennis und Wandern in den Bergen. Das Leben schien so kurz und durch die Sünden der Väter – Weltkrieg und Versailles – so gnadenlos und immer schon verloren. Tanzen und sich amüsieren: altklug und lebensgierig zugleich stürzte man sich ins Abenteuer, war am liebsten Décadent und Bohèmienne in einem, obwohl man doch auch deren große Zeiten schon für vergangen hielt. Mit Anfang Zwanzig glaubte man bereits nichts mehr verlieren zu können. Wenn Reichtum und Reputation der Eltern es ermöglichten, konnte man auch getrost davon überzeugt sein, daß Geld und bürgerlicher Erwerb null und nichtig seien. Charleston und Münchener Karneval, orgiastische Kostümfeste und schwülstig-visionäre Debatten über den Weltuntergang oder den Heldentod für die Schönheit bestimmten das Leben.

Die verrückten Mann-Geschwister, die »enfants terribles« hießen sie in Berlin und München: Erika und Klaus Mann. Als verwöhnt, anspruchsvoll und luxusbesessen galt Erika, als melancholisch, frühvergreist und ruhmsüchtig der Bruder.[2] Außergewöhnlich schön und hinreißend charmant muß Erika in den zwanziger Jahren gewesen sein, eine Stegreifkomödiantin mit ausgeprägtem Sinn für Albernheiten und Unverschämtheiten.

Eine tänzerische Generation, ein Geschwisterpaar, das den Tanz mit den Worten liebte und kultivierte, die ironische Generation, die Zwillinge aus dem Hause des Zauberers, des selbstverliebten Ironikers. Politik im Wortsinne tauchte im Leben dieser Generation erst sehr spät auf. Zeitungen las man nur »unter dem Strich«, womit Feuilleton- und Kulturnachrichten gemeint waren. Tatsächlich pflegte die Tageszeitung des Hauses Mann, die *Münchener Neuesten Nachrichten*, seinerzeit noch wichtige Kulturkommentare und Premierenberichte auf der ersten Seite zu bringen: unter einem dicken Balken. Die Leidenschaft galt den Bühnen, den Ereignissen vor und hinter den Kulissen, den Skandalen um Regisseure und Stücke. Empörung empfand man, wenn der Intendant des Münchener Staatsschauspiels Alfons Pape wegen eines »sittlichen Fehltritts« den Abschied nehmen mußte;[3] den unaufhaltsamen Aufstieg der Nazis registrierte Klaus offenbar sehr früh, Erika aber wohl erst, als sie selbst direkt betroffen war. Zumindest hat er ein Tagebuch geführt, das solche Sensibilität belegt, die Schwester hingegen hat nie ein Tagebuch geschrieben.[4]

Im Krisenjahr 1932 wurden die Weichen gestellt. Lange schon standen die Zeichen auf Sturm: wachsende Arbeitslosigkeit im Zuge der Weltwirtschaftskrise seit 1929, wachsende Lähmung im Regierungsapparat, wechselnde Kabinette, instabile Mehrheiten und ständige Wahlen, spektakuläre Gewinne der Nationalsozialisten im September 1930. Auf einen Schlag und für die meisten völlig überraschend sicherten sie sich über 100 Mandate im Reichstag, bei den Maiwahlen des Jahres 1928 waren es gerade 12 gewesen. Vor der Machtübernahme wurde dieses Ergebnis nur noch einmal übertroffen, bei den Wahlen am 31. Juli 1932 wurde die NSDAP mit 230 Mandaten stärkste Fraktion. Der Sturz Brünings, nicht zuletzt Folge des von ihm verfügten und verteidigten SA-Verbots vom April 1932, die Regierungsübernahme durch von Papen und sein Kabinett der Barone gingen diesem Wahlsieg voraus. Es war auch jenes Ereignis vorausgegangen, das auf höchster politischer Ebene sichtbar machte, wie es die Reichsregierung mit Demokratie und Parlamentarismus hielt. Ende Juli wurde die legal amtierende preußische Regierung des Sozialdemokraten Otto Braun in einem Staatsstreich gewaltsam entmachtet.

Erika und Klaus Mann wählten manchmal sozialdemokratisch, manchmal liberal. Nach den Septemberwahlen verfaßte der Vater seinen berühmten *Appell an die Vernunft*.[5] Er plädierte angesichts der nationalsozialistischen Erfolge für die Allianz zwischen Bürgertum und Sozialdemokratie. Schon seit

1926 hatte er den wachsenden Antisemitismus und die zunehmende Provinzialität Münchens öffentlich unerträglich genannt.[6]

Klaus Mann plädierte in seinem ersten politischen Essay, erschienen 1927 unter dem Titel *Heute und Morgen. Zur Situation des jungen geistigen Europas*, gleichzeitig für die paneuropäische Bewegung des Grafen Coudenhove-Kalergi, für Heinrich Manns *Diktatur der Vernunft* und für Ernst Blochs *Geist der Utopie.* Deutlich erkannte Klaus Mann die heraufziehenden Gefahren. Er warnte eindringlich und appellierte an europäische Kultur und Geistigkeit: »Fallen wir also auf keinen Edelfaszismus herein, den irgendein Ästhetizismus als dernier cri empfiehlt.«[7]

Erika Mann war von der politischen Entwicklung in Deutschland angeekelt, abgestoßen und entsetzt. Sie schrieb Briefe, an die Freundin Eva Herrmann z.B, die in Frankreich beziehungsweise New York lebte: »Natürlich ist es *grauenhaft* in Deutschland, uns graut vor der Rückkehr in dieses Wahnsinnsland, in dem man *uns* zum Überfluß täglich Bomben und Gummiknüppel androht in sämtlichen Hitlerblättern, die doch bald allein die Öffentlichkeit darstellen werden.«[8]

Unverändert war Erikas Rolle in der Familie. Wenn sie auftauchte, bei Tisch, in Gesellschaft, änderte sich die Stimmung: man lachte und amüsierte sich. Sie kolportierte und imitierte, was sie erlebt und gehört hatte. In die Häuslichkeit der Poschingerstraße, in der alles den Erfordernissen des väterlichen, des dichterischen Tuns unterworfen war, brachte sie das Leben, sie wußte immer etwas Neues, fand selbst das Alltägliche komisch.

Auch dem 13. Januar 1932 und seinen Folgen wird sie noch komische Seiten abgewinnen können. Unbedeutend klingen Datum und Anlaß. Erika selbst war krank. Sie hatte eine schwere Grippe und Bronchitis, die Folge einer nächtlichen Autofahrt mit Klaus. Mitten im Winter hatten es sich die beiden in den Kopf gesetzt, im offenen Wagen von Berlin nach München zu fahren. Dort nämlich war Erika eine eigentlich harmlose Verpflichtung eingegangen.

Für den 13. Januar 1932 hatte die »Internationale Frauenliga für Frieden und Freiheit« zusammen mit dem »Frauenweltbund für Internationale Eintracht« und dem »Weltfriedensbund der Mütter und Erzieherinnen« in den Münchener Unions-Saal zu einer großen Versammlung eingeladen. Es war eine der zahlreichen Kundgebungen, mit denen deutsche und internationale pazifistische Organisationen auf die Genfer Abrüstungskonferenzen, die für März 1932 angesetzt waren, Einfluß nehmen wollten. Als Vorsitzende der pazifistischen Liga Münchens hatte Constanze Hallgarten, die Mutter von Ricki Hallgarten, den Aufruf in den Unions-Saal unterzeichnet. Hauptrednerin des Abends war

Marcelle Capy, die international anerkannte französische Pazifistin, deren literarisch-autobiographische Werke auch in Deutschland inzwischen populär waren.[9] Für den Abend war Erika Mann als Rezitatorin angekündigt. Trotz angegriffener Gesundheit trat sie auf. Sie las – nach dem Vortrag Marcelle Capys – einige Texte vor, die aus der Zeitschrift der deutschen Pazifisten, *Die Zukunft*, stammten.[10]

Nach ihrer eigenen späteren Darstellung war es dieser Abend, der das Verständnis für Politik, die Einsicht in die Notwendigkeit des politischen Handelns, und zwar des Handelns gegen die Nazis, in ihr geweckt hat. Es sei nämlich, während sie sprach, die Veranstaltung durch SA massiv gestört worden, Stühle seien geflogen. Sie selbst habe den Anblick jenes völlig fanatisierten jungen SA-Mannes, der sie unterhalb des Podiums direkt bedroht habe, niemals mehr vergessen können.[11]

War es Phantasie, war es ein Fiebertraum? Der harmlose Vortrag in einer friedlichen Frauenveranstaltung muß ihr maßlos gefährlich erschienen sein. Als Publizistin und politische Rednerin hat sich Erika Mann später wohl außerdem agitatorische Wirkung von einer möglichst dramatischen, aber keineswegs wahrheitsgemäßen Schilderung der Ereignisse versprochen. Tatsache ist nämlich, daß zwar offenbar SA-Leute versucht hatten, die Veranstaltung der Pazifistinnen am 13. Januar zu stören, daß es zu »mehr« als zu Radau und Türenrütteln aufgrund polizeilicher Vorsichtsmaßnahmen jedoch nicht gekommen war. Die Vielzahl »erfolgreicher« Saalschlachten wird dadurch natürlich nicht in Frage gestellt, an die Erika bei ihrer späteren Präsentation mit Recht denken durfte, auch wenn sie diese nicht selbst erlebt hatte. Häufig lebten Erika Manns persönliche Bekenntnisse von solchen Fiktionen. Vom Faktischen unterschieden sie sich nur im Detail, nicht in der Tendenz.

Mit oder ohne Nazi-Krawalle: der Abend des 13. Januar und Erika Manns Auftritt hatten Folgen. Vielleicht gerade weil den Nazis die Störung dieser Versammlung nicht geglückt war, inszenierten sie zwei Tage später mit Hilfe ihrer Presse einen Krawall, der viel wirkungsvoller, dessen Konsequenzen für Erika Mann tatsächlich einschneidend sein sollten. Auf der Titelseite brachte der *Völkische Beobachter* in seiner Ausgabe vom 16. Januar 1932 einen »Bericht« von der Veranstaltung. Unter der Überschrift: »Pazifistenskandal in München. Hetzpropaganda einer Französin gegen die deutsche Landesverteidigung« sparte man nicht mit üblen Verleumdungen und offenen Drohungen: »Ein besonders widerliches Kapitel stellte das Auftreten Erika Manns dar, die als Schauspielerin, wie sie sagte, ihre ›Kunst‹ dem Heil des Friedens widmete. In Haltung und Gebärde ein blasierter Lebejüngling, brachte sie ihren blühenden

Unsinn über die ›deutsche Zukunft‹ vor... Das Kapitel ›Familie Mann‹ erweitert sich nachgerade zu einem Münchener Skandal, der auch zu gegebener Zeit seine Liquidierung finden muß.«[12]

Gemessen an den »Berichten« in zwei weiteren nationalsozialistischen Presseorganen, im *Illustrierten Beobachter* und in *Die Front*, wirkt der *Völkische Beobachter* fast zurückhaltend. In den beiden anderen Blättern nennt man die Veranstalterinnen einen »Klub von Irrenhausanwärterinnen« und »Zuhälterinnen der jüdischen Sklavenhalter«. Über Erika Manns Erscheinung heißt es: »Die Haare über einem nicht ganz kopfähnlichen Gebilde im Herrenschnitt frisiert, kurz, schon rein äußerlich eine heillose Begriffsverwirrung«.

Über die Münchener Kanzlei Hirschberg-Loewenfeld erhoben Constanze Hallgarten und Erika Mann Klage wegen Beleidigung.[13] Erst im September 1932 sollte es vor dem Münchener Strafgericht zur Verhandlung kommen. Die angeklagten Schriftleiter des *Illustrierten Beobachter* und der *Front* wurden zu einer Geldstrafe von 1500 RM verurteilt. Zuvor hatte Erika Mann dem Gericht ein großformatiges Portraitphoto zukommen lassen; als Beweis, daß sie sehr wohl einen »Kopf« habe und keineswegs nur ein »nicht ganz kopfähnliches Gebilde«.

Der Prozeß erregte über München hinaus Aufsehen. Selbst das *Berliner Tageblatt* berichtete. Man empfand Genugtuung über das Urteil gegen die Nazi-Redakteure und versah den Artikel mit der sinnigen Überschrift »Ehret die Frauen«.[14]

Bereits lange vor Prozeßbeginn hatte die Affäre weitere Skandale nach sich gezogen. Erika Mann sah sich zu einem zweiten Prozeß veranlaßt. Schon am 3. Februar hatte sich *Die Brennessel*, die »satirische« Zeitschrift der Nazis, in das publizistische Trommelfeuer gegen die Geschwister Mann eingeschaltet. Unter der Rubrik »Das Gesicht der Demokratie« brachte sie eine Karikatur Erika Manns, die auf einer »pazifistischen Megärenversammlung« agitiert.[15]

Im Kostüm, das sie als »Elisabeth« im *Don Carlos* getragen hatte, mit dem langgezogenen Gesicht einer Megäre erscheint Erika Mann, in den Armen einen Neger mit Seitengewehr und Bajonett wiegend. Eine perfide Anspielung in gut nationalistischer Tradition: Im Ersten Weltkrieg hatten die Franzosen schwarze Marinesoldaten eingesetzt; auch unter den französischen Truppen, die 1919 das Rheinland besetzt hatten, waren farbige Soldaten. Mit Schreckenspropaganda reagierte darauf die deutsche nationalistische Publizistik: der Neger mit fletschenden Zähnen, der deutsches Blut schändet und die weiße deutsche Frau vergewaltigt. Ein »Notbund gegen die schwarze Schmach« wurde 1919 in München ins Leben gerufen, der mit Flugblättern

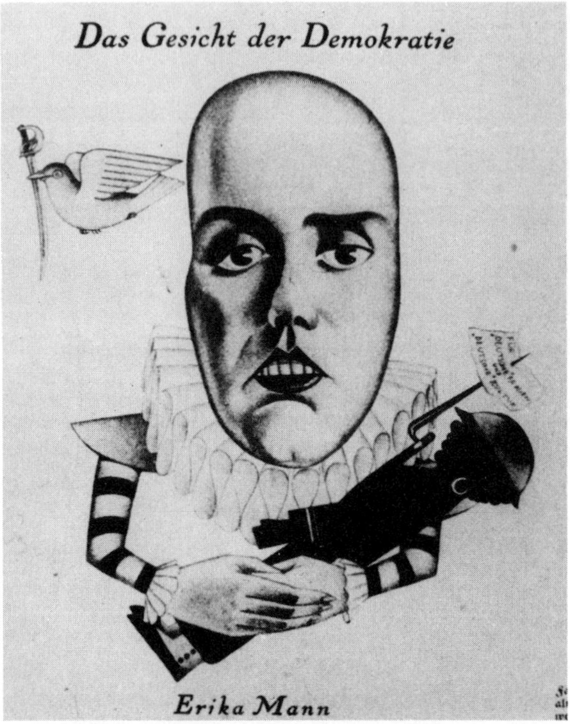

Karikatur aus »Die Brennessel« vom 3. Februar 1932

und Spendenaufrufen warb. Der Karikaturist der *Brennessel* kannte das Material gut. Den »schwarzen Vergewaltiger« trägt Erika wie eine Mutter in den Armen, eine Friedenstaube mit Säbel im Schnabel bekleckert das infame Idyll.

In der Zwischenzeit war Klaus Mann aktiv geworden. Am 4. Februar druckte das *Berliner 8-Uhr-Abendblatt* einen großen Artikel, mit dem er seiner Schwester zur Seite sprang und sie verteidigte.[16] Offenbar kannten die Geschwister zu diesem Zeitpunkt nur den »Bericht« des *Völkischen Beobachters*, denn angesichts der Heftigkeit der übrigen publizistischen Ausfälle wirkt Klaus Manns Antwort geradezu rührend. Geist und Aufklärung, Information und Analyse setzt er gegen den infamen Journalismus der Nazis; die Hoffnung auf die Kraft der Argumente gegen die gewaltfreudige Drohung. Er stellt richtig, schildert den Verlauf des Abends, macht sich die Mühe, einen Journalismus und eine politische Einstellung zu analysieren, dem an Analyse und Information gar nicht gelegen ist. Bemüht polemisch klingt es, wenn Klaus dem *Völkischen Beobachter* attestiert, er werde »geradezu geistreich vor Bitternis«, wenn die Rede auf seine Schwester Erika komme. Es dauerte nur vierzehn Tage, und der Kolumnist »Lancelot« schrieb in *Die Brennessel* einen offenen Brief an Klaus

Mann, der mit den Worten endete: »Es gibt eine junge Generation, die ungeistig genug ist, um Dir einmal furchtbar auf die Pfoten zu klopfen. Doch Du brauchst keine Angst zu haben, Kläuschen, es wird mit dieser Feststellung kein Angriff auf Deinen zarten Knabenkörper geplant. Du wirst nur so nebenher vernascht. Grüß Erika, Dein Lancelot.«[17]

In diesen ersten Monaten des Jahres 1932, die Attacken auf die Geschwister häuften sich, widersetzte Erika sich mit anderen Mitteln als ihr Bruder. Er analysiert und raisonniert; sie prozessiert und ist nicht zimperlich mit derben Worten und wüsten Visionen. Einen Bürgerkrieg in Deutschland hält sie für möglich, ja wünschenswert;[18] das »Wahnsinnsland« ist ihr ein Graus; um so wichtiger daher die kleinen Triumphe. Gemeinsam mit Constanze Hallgarten war sie in der Beleidigungsklage gegen die Schriftleiter der *Front* und des *Illustrierten Beobachter* einigermaßen erfolgreich, auch wenn die ursprünglich 1500 RM in einem Revisionsverfahren auf 1000 RM reduziert wurden.

Als alleinige Klägerin trat Erika Mann in einem Prozeß auf, der ebenfalls mit dem 13. Januar und seinen Folgen zu tun hatte. Das Verfahren lag beim Arbeitsgericht Ingolstadt, Prozeßgegner war der Verkehrsverein Weißenburg als Träger des dortigen Theaters. Seit 1930 besaß dieses mittelalterliche Städtchen im Bayerischen eine Freilichtbühne, ein Bergwaldtheater, das jährlich sommerliche Festspiele ausrichtete. Für den Sommer des Jahres 1932 hatte der Intendant, Egon Schmid, Erika Mann engagiert,[19] sah sich jedoch mit Rücksicht auf »national gesinnte Kreise« zur Kündigung dieses Vertrages gezwungen. Drahtzieher und Wortführer dieser »Kreise« war Alfred Rosenbergs »Kampfbund für deutsche Kultur«[20] in München und Nürnberg. Er fand es schlichtweg unerträglich, daß »die berüchtigte Tochter eines berüchtigten Vaters« Heldinnen der deutschen Klassik spielen sollte. Der Protest gegen den Vertrag mit Erika Mann enthält die bekannten Töne: Erika Mann sei »der Typ der sich männlich gebärdenden Frau«, »sog. smart und von heute«, nichts sei ihr heilig, lediglich das Geld interessiere sie.[21]

Das allerdings stimmte; denn mit wachsendem Vergnügen hat sie gegenüber den Weißenburgern auf der Zahlung des Ausfallhonorars bestanden. Der Träger des Bergwaldtheaters, der Weißenburger Verkehrsverein, vertreten durch den Oberbürgermeister Dr. Fitz, war von der Münchener Zentrale des »Kampfbundes« direkt erpreßt worden. Solange der Vertrag mit der Pazifistin Erika Mann nicht gelöst sei,[22] werde man für Weißenburg und sein Theater nicht mehr werben. Darauf aber war Weißenburg angewiesen, denn die Finanzlücke des volkstümlichen Kulturunternehmens war groß und Sonderfahrten zu den Aufführungen, wie sie der »Kampfbund« für seine meist der NSDAP angehörenden Mitglieder geplant hatte, dringend nötig. Auch wollte der »Kampfbund« zugunsten des Bergwaldtheaters einen Lotterielosverkauf organisieren, im Gegenzug sollten Funktionäre aus Nürnberg und München im Weißenburger Volksbildungsverein Vorträge über die Wiederbelebung der deutschen Kultur halten. Also gaben Intendant und Oberbürgermeister sofort nach, kündigten Erika Manns Vertrag, entschuldigten sich demütig für ihre politische Ahnungslosigkeit und brauchten nun erst recht die Hilfe des »Kampfbundes«.[23] Mit der Kündigung hatten sie sich ins Unrecht gesetzt und in die Abhängigkeit des »Kampfbundes« begeben. Der versprach Unterstützung und arbeitete eine Pressekampagne gegen Erika Mann aus, einen »Schlachtenplan«, der noch ein anderes Ziel verfolgte: »daß nämlich die unerfreuliche Erscheinung Thomas Mann allmählich in Deutschland unmöglich wird.«[24]

Nach der Auflösung des Vertrages war es zunächst – außergerichtlich – zwischen Erika Mann, vertreten durch Karl Schleifer, und dem Weißenburger Verkehrsverein zu einem Vergleich gekommen. Sie sollte sowohl 660 RM vertraglich vereinbarte Gage für zwei Monate als auch eine Entschädigung für Nichtbeschäftigung von 600 RM, insgesamt 1260 RM, erhalten. Die angespannte Finanzlage des Theaters machte den Verkehrsverein zahlungsunfähig. Erika Mann ihrerseits lehnte eine »Stundung« ab, zumal sich in der Zwischenzeit die Lage zugespitzt hatte. Die Weißenburger kündigten den am 8. bzw. 13. Juli verabredeten Vergleich wegen »arglistiger Täuschung«. Erika Mann habe ja während der Monate, für die sie von den Weißenburgern mit Rücksicht auf »nationale Kreise« entpflichtet worden war, ein Engagement beim Münchener Staatsschauspiel gehabt. Am 7., 9. und 10. Juli war sie tatsächlich dreimal im *Raub der Sabinerinnen* aufgetreten. Nun zog sich alles in die Länge, Erika Manns Konfliktfreudigkeit wurde dadurch nur größer.[25] Der Vorsitzende der Genossenschaft deutscher Bühnenangehöriger wurde eingeschaltet,[26] die Schriftsätze wurden ausführlicher, die lokale Presse glaubte Erika Mann von ihren jüdischen Anwälten aufgehetzt. Nichts dergleichen war der Fall, sie selbst dachte nicht daran, »Entgegenkommen« zu zeigen. Die Finanzmisere des Theaters interessierte sie nicht, denn die politische Misere, die ihrer Kündigung zugrundelag, war der Skandal. Wenigstens sollte bezahlen, wer solch skandalöse politische Rücksichten nahm.

Im Herbst 1932 korrespondierte der Weißenburger Oberbürgermeister fast täglich mit der Landesleitung des »Kampfbundes« in Nürnberg und der Zentrale in München. Den »gehässigsten Angriffen« von Erika Manns »Judenanwälten« glaubte er sich ausgesetzt: Dabei gehe es ihm doch nur um die Belebung und Beförderung des deutschen Kulturlebens. Inzwischen waren Weißenburgs Verkehrsverein und sein Oberbürgermeister dem »Kampfbund« beigetreten. Dr. Fitz unterzeichnete seine Briefe inzwischen mit »deutschem Gruß« und sprach vorsorglich den Spielplan für 1933 – ein Stück von Hanns Johst wird dabei sein – mit Nürnberg und München ab.[27] Als Jurist fühle er sich herausgefordert, den »jüdischen Formalisten« mit Anstand und Hartnäckigkeit Paroli zu bieten. Diese wollten nur demonstrieren, daß in der deutschen Kultur ohne die Juden nichts gehe. Er werde sich dem widersetzen; getreu der Losung der *Kulturwacht*, der Zeitschrift des »Kampfbundes«: »Blank und scharf sei die Waffe.«[28]

Anfang November wurde Weißenburg gerichtlich zur Teilzahlung an Erika Mann verpflichtet. Da es der Forderung des Gerichts nicht nachkommen konnte und der »Kampfbund« natürlich auch kein Geld hatte, erwirkten die Anwälte Vollstreckung. Der Gerichtsvollzieher beschlagnahmte den Weißenburger Theaterfundus, nun drohte dem Bergwaldtheater nicht mehr nur aus finanziellen Gründen die Schließung. Erika amüsierte sich königlich.

Zu Beginn des Jahres 1933 ergingen die entsprechenden Verfügungen. Die einschlägige Presse geiferte gegen die gnadenlose Geldgier einer perversen Pazifistin, die offenbar keinerlei Ehrfurcht vor dem völkisch kulturträchtigen Bemühen eines oberbayerischen Freilichttheaters empfand. Wirklichen Erfolg hatte Erika Mann nicht, die große Politik veränderte auch diese kleinen, wiewohl spektakulären Alltäglichkeiten. Eine abschließende Gerichtsverhandlung in der Angelegenheit Erika Mann gegen Weißenburg fand nicht mehr statt, obwohl noch am 15. Februar 1933 ein Münchener Gerichtsassessor die Festsetzung eines endgültigen Termins mit ebenso plausiblen wie offensichtlich folgenlosen Argumenten dringlich machte:[29] Es handele sich um einen Präzedenzfall, der juristische Klärung verlange. Noch niemals sei ein vertraglich vereinbartes Arbeitsverhältnis aus solch eindeutig politischen Gründen aufgekündigt worden. Sowohl für die Justizgeschichte als auch für die weitere berufliche Arbeit der Klägerin erwachse aus einer solchen »Konzession an die Ängstlichkeit weiter Bürgerkreise« ideeller und materieller Schaden. Der Schriftsatz enthält eine große Zahl guter Argumente. Als sie formuliert wurden, traf die Kanzlei Hirschberg-Loewenfeld bereits Vorbereitungen für die Emigration; als sie bei Gericht eingingen, in der zweiten Februarhälfte des Jahres 1933, war in der *Sonntag-Morgen-Post* bereits wiederholt worden, was bis dahin »nur« in der nationalsozialistischen Presse gestanden hatte: Auch in Hinsicht auf die sogenannte große Schauspielerin Erika Mann werde »der kommende nationalsozialistische Einfluß manches zur Reinigung beizutragen haben«.[30]

Nach dem 13. Januar 1932 ist Erika Mann als Schauspielerin kaum noch engagiert gewesen: für drei Aufführungen von *Raub der Sabinerinnen* bzw. *Don Carlos* während des »Münchener Sommers«; in einigen Vorstellungen von Molières *Schule der Frauen*, im Oktober 1932.[31]

Die Pfeffermühle

Wann die Idee eines neuen Münchener Kabaretts geboren und wann die ersten Pläne für die »Pfeffermühle« geschmiedet wurden, ist exakt nicht auszumachen. Gewiß ist, daß die Idee vom künftigen Musiker des Ensembles, von Magnus Henning stammte. Es mag September oder Oktober des Jahres 1932 gewesen sein. In irgendeiner Schwabinger Kneipe saß man beieinander und diskutierte über Münchens kulturelle Misere, über das langweilig-eingefahrene, schicke Einerlei im Kulturleben der bayerischen Metropole. Man fand, es müsse etwas geschehen.[32] Erika war begeistert, denn nichts liebte sie mehr, als zu verwirklichen, zu inszenieren und zu arrangieren, was aus bloßer Laune oder in tiefgründiger Absicht aufgebracht worden war. Genug zu tun hatte sie zwar – Glossen schreiben für *Tempo*, die Vorbereitungen zur Uraufführung ihres Kinderstückes am Darmstädter Landestheater liefen auf vollen Touren, die Prozesse aufgrund des 13. Januar sorgten für Aufregungen –, aber die Pfeffermühle versprach etwas Neues. Politisch motiviertes Theater, das hatte sie noch nicht gemacht, auf diese Idee war sie noch nicht gekommen. Es bot eine Möglichkeit, sich auszuprobieren. Kurz: sie war elektrisiert. Die allgemeinen und die politischen Erfahrungen der vergangenen Monate boten Anlaß und Stoff zur Genüge. Wann immer Erika fasziniert war, dann war es auch ihre unmittelbare Umgebung, der Bruder, die Freunde und der Vater. Sehr bald war Therese Giehse gewonnen, mit der Erika und Klaus seit 1927 befreundet waren, als sie in der Uraufführung von Heinrich Manns *Das gastliche Haus* gespielt hatte. Seit 1926 war sie an den Münchener Bühnen verpflichtet. Otto Falckenberg hatte in diesem Jahr die Kammerspiele im Schauspielhaus eröffnet. Kaum eine Inszenierung, an der Therese Giehse in den folgenden Jahren nicht mitwirkte, kaum ein Premierenbericht, der nicht die von ihr gespielte Rolle begeistert kommentierte.[33] Couragiert, vital und theaterbesessen fürchtete sie sich – ebenso wie Erika – nicht vor Skandalen, sie konnte ihnen sogar etwas abgewinnen. Als im November 1930 die Premiere von Klaus Manns Bearbeitung des Cocteau-Romans *Les enfants terribles* im Studio der Kammerspiele für Empörung und Buhrufe sorgte, hat ihr, die mit Erika und Klaus neben Wolfgang Liebeneiner auf der Bühne stand, das nichts ausgemacht. Im Gegenteil, sie hat sich amüsiert, obwohl sie Stück und Inszenierung dumm fand. Freundschaft zählte für »die Giehse« sehr viel, wie für Erika auch, und über Jahre hinweg hatte ihre Freundschaft Bestand.

Therese Giehse war älter und routinierter. Sie war Schauspielerin mit Leib und Seele, ein Star an den Kammerspielen und der Star in der Pfeffermühle. Auch für sie war die Pfeffermühle etwas ganz Neues: eine politische Bühne. Glanznummern sollte sie dort spielen. Die Regie lag in ihren Händen, während Erika Mann für die Texte und die Conférence sorgte.

Andere alte Freunde ließen sich begeistern: Albert Fischel, Sybille Schloß, die Tänzer Claire Eckstein und Edwin Demby, insgesamt ein Ensemble von annähernd zehn Mitwirkenden. Natürlich war auch Klaus Mann – auf seine Art – mit von der Partie. Schon im November 1932 saß er in Paris über Texten für die Pfeffermühle, entwarf Songs und Szenen. Über die Jahre hin steuerte er immer etwas bei, so wie Walter Mehring, Hans Sahl, Wolfgang Koeppen. Doch 85 Prozent der Texte, die die Pfeffermühle in den knapp vier Jahren ihres Bestehens in insgesamt 1034 Vorstellungen aufführte, stammten von Erika Mann.[34]

Die Geschwister, die Freunde und auch der Vater waren an Erikas Unternehmen beteiligt. Von ihm stammte der Name Pfeffermühle, ein Einfall während des Abendessens, als Erika im Familienkreise darüber klagte, es sei ihr für das Unternehmen noch immer kein passender Name eingefallen. Der Vater habe daraufhin die auf dem Tische stehende Pfeffermühle genommen und gesagt: »Wie wär's denn damit?«[35]

Bevor am 1. Januar 1933, einen Monat vor der »Machtergreifung« und im letzten Monat der Weimarer Republik, die Pfeffermühle eröffnet wurde, war Erika Mann unentwegt beschäftigt. Der Vertrag mit dem Leiter der »Bonbonniere«, einem Nachtlokal in unmittelbarer Nachbarschaft des Hofbräuhauses, mußte geschlossen werden. Die zukünftige Kabarettistin war nicht anspruchslos, denn die »Bonbonniere« besaß als Lokal mit Bühne und als Revuetheater einen Namen. Zusammen mit Walter Mehring und Leopold Schwarzschild hatte Heinrich Mann 1923 die Revue *Bis hierher und nicht weiter* für die »Bonbonniere« geschrieben. Während der Sommermonate hatte es die Direktion seit Jahren verstanden, Friedrich Hollaender, Mischa Spoliansky und Willi Schaeffers für Programme zu verpflichten. Wenn die großen Berliner Kabaretts der zwanziger Jahre in München gastierten – das *Kabarett der Komiker, Die Katakombe* – traten sie häufig in der »Bonbonniere« auf.[36]

Die Vorbilder, an denen sie gemessen werden würde, hat Erika Mann nie gescheut; die Konkurrenz, der sie vielleicht unterliegen könnte, hat sie nicht gefürchtet. Sonst hätte sie das Experiment Pfeffermühle, den Augenblickseinfall aus später Kneipenstunde, wohl auch nicht gewagt. Denn trotz der fast schon legendären Abhängigkeit des Münchener vom Berliner Kulturleben in den späten zwanziger Jahren, trotz des Unterlegenheitsgefühls, das man in Münchener Kulturkreisen gegenüber der Reichshauptstadt empfand, in Sachen Kabarett und Theatersatire hatte man noch den geringsten Grund zu derartigen Komplexen. Seit Ernst von Wolzogens *Überbrettl* und Frank Wedekinds *Elf Scharfrichter* konnte München als Kabarettstadt durchaus stolz sein: obrigkeitskritisch, republikanisch und boshaft moralsatirisch gab man sich hier. Eine Tradition, an die sich Erika Mann gebunden fühlte und die sie – im Kampf gegen Hitler – aktualisierte. Der Kritiker Ernst Heimeran wird ihr daher aus der Seele gesprochen haben, als er nach der Premiere am 3. Januar 1933 in den *Münchener Neuesten Nachrichten* schrieb: »Es gibt in München mehrere Arten von Kabaretts, die alle ihr Publikum haben. Es gibt hinwiederum eine Art von Münchener Publikum, dem bisher sein Kabarett fehlte. So entstand die ›Pfeffermühle‹.«[37]

Bekanntlich war sie so gerade nicht entstanden. Aber der Publizität waren solche Sätze dienlich. Hilfreich war auch, daß der Premierenberichterstatter die politische Intention geflissentlich herunterspielte. Zweieinhalb Stunden dauerte die Premiere, Familie und Freunde waren versammelt, Kritiker und Kollegen, ein »grosses Publikum« war angetreten. Aus fast zwanzig Nummern bestand das erste Programm, das sie bis 31. Januar en suite spielten. Eine bunte Mischung aus Songs und Sketches, sozialkritischen Liedern, Tänzen und Späßen. Die Pfeffermühle ist politisch, aber sie ist es nicht direkt. Freundlich entschieden, heiter kritisch ist das Programm, das aus heutiger Sicht niemandem weh tun konnte.[38] »Zugegeben« – das von Karl Theodor Glock vorgetragene Selbstgespräch aus Erikas Manns Feder – gibt den Leitton dieses Programms an:

Zugegeben

Wissen Sie, was ich mir manchmal denke, -
Denn man denkt sich schliesslich manchmal was, -
Wenn ich manchmal meine Schritte lenke, -
Denk ich manchmal dies und manchmal das.

Zugegeben, denk' ich, Du bist ärmlich,
Zugegeben, Du bist arbeitslos,
Zugegeben und Du frierst erbärmlich,
Zugegeben und Du hungerst bloss.

Aber, denk ich, heute scheint die Sonne
Aber, fühl ich, und Du bist verliebt.
Aber, weiss ich, es ist eine Wonne,
Dass es Dich doch immerhin noch gibt.

Wissen Sie, es ist doch recht erfreulich,
Dass man ganz allein so denken kann, -
Ohne Denken wär die Welt ja greulich, -
Ne, – da denk ich lieber gar nicht dran.

Zugegeben, denke ich stattdessen,
Wenn ich so die guten Leute seh, -
Zugegeben, denen schmeckt das Essen -
Zugegeben, die tun sich nicht weh.

Aber, denk ich, denn ich denke gerne, -
Einmal dreht die Erde sich total, -
Ob er nah ist, oder ziemlich ferne, -
Dieser heitre Tag erscheint einmal.

Ja, ich tapeziere mir mein Köpfchen
So mit mehreren Gedanken voll.
Manchmal zwar nehm ich mich selbst beim Schöpfchen, -
Weiss nicht immer, was ich denken soll.

Zugegeben, denk ich, man hat Kräche
Und man prügelt sich wie nicht gescheit,
Was weiss ich, um Mädchen oder Zeche, -
Oder nur so aus Parteilichkeit.

Aber, denk ich, man lebt doch gemeinsam,
Aber, fühl ich, Freunde, das tut gut,
Aber, weiss ich, man ist doch nicht einsam, -
Aber, sing ich, – aber, - das gibt Mut!«[39]

Sehr bald schon wird man schärfere Töne und härtere Klänge hören, aber der Grundton wird bleiben: Erika Manns Kabarett ist literarisch und politisch, es werden Märchen und Balladen, Kindergeschichten und scheinbar harmlose Alltäglichkeiten erzählt, man spielt mit dem Unausgesprochenen, ohne sich zu verstecken, und man liebt das Naive, um mit ihm zu entlarven. François Villons große *Ballade von der Helmschmiedin* war dafür ebenso geeignet wie im späteren Programm das Märchen vom *Fischer und seiner Frau* oder die Geschichte vom *Katerlieschen*.

Während der zweimonatigen Spielzeit in München kam am 1. Februar noch ein neues Programm heraus. Abend für Abend war die »Bonbonniere«

ausverkauft; Wand an Wand mit dem berüchtigten Hofbräuhaus spielte die Pfeffermühle. Während der »Führer« dort vor Parteigenossen seine Antrittsrede als Reichskanzler hielt, saß der Reichsinnenminister Frick in der Vorstellung der Pfeffermühle und machte sich Notizen.[40] Schon einige Monate später begannen Innen- und Propagandaministerium, Gestapo, Reichsschrifttumskammer und Auswärtiges Amt Erika Manns Ausbürgerung zu betreiben: Aktenvermerke und Zeitungsberichte wurden gesammelt, Amtshilfe geleistet und Beobachtungen ausgetauscht. Die im Archiv des Auswärtigen Amtes in Bonn verwahrte Ausbürgerungsakte Erika Mann beginnt mit Datum vom 10. April 1934 und wird auch nach der Ausbürgerung, im Juni 1935, bis 1941 minutiös fortgeführt.[41]

Erika Mann und ihr Ensemble wurden über München hinaus bekannt. Ein Auftritt der Pfeffermühle in Berlin wurde geplant und in der Presse angekündigt.[42] Man war begeistert von der »Brettl«-Tradition, die mit Erika Mann wieder erstanden war. Als Conférencier traf sie ganz offenbar den richtigen Ton. Dieser »Schwanengesang der deutschen Republik«[43] lebte von ihrer Ausstrahlung mindestens ebenso sehr wie vom Können der anderen Mitglieder. Charme und Anmut, anrührende Ernsthaftigkeit und hinreißenden Witz habe sie verbreitet, der Klang ihrer Stimme und eine manchmal sympathisch merkbare Aufgeregtheit: das alles wirkte zusammen und eroberte die Herzen von Publikum und Kritikern.[44]

Der Erfolg der Pfeffermühle in München ließen Erika Mann und das Ensemble Pläne machen. Auf Tournee durchs Reich wollten sie gehen und sich nach größeren Räumlichkeiten in München umsehen. Der Saal der »Bonbonniere« war zu klein geworden, und für das neue, das dritte Programm, das am 1. April eröffnen sollte, hatten sie sich in Schwabing eingemietet. Die Eröffnung dort fand nicht mehr statt, auch eine Tournee gab es nicht mehr. Nach den Ereignissen des 27. Februar, nach Reichstagsbrand und eilig erlassener »Verordnung zum Schutz von Volk und Staat«, die die Grundrechte weitgehend außer Kraft setzte, Hausdurchsuchungen, Verhaftungen und Einkerkerungen erlaubte und so den Reigen der Willkürgesetze des neuen Staates eröffnete, folgte knapp einen Monat später die Selbstentmachtung eines freigewählten deutschen Parlaments: Mit dem Ermächtigungsgesetz vom 24. März 1933 unterschrieb der Reichstag mit der Mehrheit von NSDAP, DNVP und Zentrum seine eigene Unterwerfungserklärung und trat seine Gesetzgebungsvollmacht an die Regierungsgewalt ab. Schon seit den Wahlen vom 5. März betrieb die Regierung Hitler neben der Verfolgung der Opposition die Gleichschaltung der Länder. In Bayern wurde am 10. März die katholisch-konservative Regierung des Ministerpräsidenten Held zum Rücktritt gezwungen. Dem Ritter von Epp, Freikorpsführer und Hitler-Anhänger seit dem gescheiterten Putsch-Versuch des Jahres 1923, wurde die Wahrnehmung der Regierungsgeschäfte übertragen. Die tatsächliche Macht in Bayern lag beim Reichsführer SS Heinrich Himmler, der seit Januar 1933 eine steile Parteikarriere in München gemacht hatte und am 1. April oberster Chef der politischen Polizei Bayerns wurde. Sein engster Mitarbeiter in Münchens politischer Polizei wurde der damals neunundzwanzigjährige Reinhard Heydrich, der die Verfolgung Thomas Manns und seiner Familie zu seiner eigenen Sache machen sollte, wie der »Personalakt Thomas Mann« der Polizeidirektion München eindrücklich dokumentiert.[45]

Thomas Mann und seine Frau Katia waren zu dieser Zeit nicht in München: Seit 26. Februar befanden sie sich nach einer Vortragsreise zur Erholung in der Schweiz. Dringenden und wiederholten telefonischen wie brieflichen Appellen Erikas und Klaus' ist zuzuschreiben, daß sie von dieser Reise nicht nach Deutschland zurückkehrten.[46] Auch Erika und Klaus, selbst das Ensemble der Pfeffermühle und unzählige Freunde waren unter diesen Umständen in Deutschland nicht mehr sicher, wollten es auch nicht mehr sein. Über die unmittelbaren Umstände ihrer Emigration erzählt Erika Mann später:

> »Den März über sollten wir pausieren. Da unser Sälchen uns zu klein geworden war, hatten wir mit dem ehrwürdigen ›Serenissimus‹ in Schwabing abgeschlossen, der für uns umgebaut wurde. Am 1. April wollten wir dort neu eröffnen. Nach dem Reichstagsbrand aber hatten die ersten Massenverhaftungen stattgefunden. Von unseren Freunden saßen bereits viele im KZ. Ein Wunder, daß wir noch frei waren. Ich ging zum Besitzer des ›Serenissimus‹, um unseren Vertrag zu lösen. Der Mann war außer sich. Politik hin oder her, – er sei alter PG, und niemals würden seine Parteigenossen zulassen, daß er geschäftlich dermaßen geschädigt würde. Einen SA-Saalschutz würde er uns stellen, und wir sollten gefälligst nicht vertragsbrüchig werden, sonst würde er dafür sorgen, daß wir eingelocht würden ... Ich versprach alles –, und wir reisten ab.«[47]

»Ich wäre so eine gute Kraft für große Machenschaften«

»Erika telefoniert ganz nervös herum, weil sie morgen verreisen möchte, aber noch nicht genau weiß, wohin«,[48] schrieb Klaus am 28. Februar an seine Mutter. Einen Tag später brachen die Geschwister zum Skifahren in die Schweiz auf. Erika und Klaus wollten sich erholen und am April-Programm der Pfeffermühle arbeiten. Die rauschenden Münchener Faschingsfeste waren vorbei: der große Ball in den Kammerspielen, ein turbulentes Pfeffermühlenfest im Elternhaus in der Poschingerstraße. Die Stimmung war ausgelassen und unbeschwert, aber die Politik ließ sich nicht verdrängen.[49] Es wurde viel getanzt und getrunken, aber das Gefühl, es könnte vielleicht der letzte Münchener Fasching sein, wollte nicht verschwinden. Erika und ihre Freunde überließen sich noch einmal dem bayerischen Karnevalstrubel, aber jeder spürte und wußte, wie ungewiß die Zukunft, wie dringend eine Entscheidung war.

Die Zukunft war das Exil: Erika und Klaus hatten sich oft genug darüber unterhalten; deutlich genug waren die Signale der vergangenen Monate. Aber wie sollte man alles praktisch bewerkstelligen, denn natürlich mußte auch die Pfeffermühle ins Exil. Auf keinen Fall konnte man mit dem gesamten Ensemble auf einmal abreisen und im Ausland, in der Schweiz beispielsweise, den Neubeginn versuchen.[50]

Also machten Erika und Klaus zunächst ein paar Tage Ferien in Lenzerheide. Am 10. März kehrten beide nach München zurück, um drei Tage später erneut und diesmal endgültig abzureisen. Nach dem Machtwechsel in Bayern fuhr Klaus am 13. März nach Paris, in die Stadt, die er liebte und die ihm schon seit Jahren zur zweiten Heimat geworden war. Hier gab es Freunde, Gönner, Förderer, unter ihnen André Gide, Jean Cocteau, Julien Green und René Crevel; groß war inzwischen auch die Zahl der deutschen Emigranten. Ernst Toller und Walter Hasenclever, Joseph Roth und Heinrich Mann, Ödön von Horvath und Lion Feuchtwanger hatten sich dort niedergelassen. Offenbar schon in Paris startete Klaus *sein* Exilunternehmen. Er bereitete die Herausgabe einer Zeitschrift vor, die knapp zwei Jahre lang erscheinen und in europäischen Emigrantenkreisen eine nicht unerhebliche Rolle spielen sollte: *Die Sammlung*.[51] Im Unterschied zu Erika, die das Entwürdigende und Erniedrigende der Emigration bisweilen schmerzlich empfand, war seiner Natur die Lebensform des Exils vielleicht vertrauter.[52]

Aber Klage und Trauer ums verlorene Glück waren Erika Manns Sache noch nie gewesen. Sie handelte und fand sich selbst und ihre Leidenschaften ganz schnell und ungebrochen wieder. Tatsächlich hatte sie alle Hände voll zu tun.

Verschiedenes mußte organisiert und bedacht werden. Dabei geschah offenbar so viel Aufregendes, daß später Legenden daraus wurden. Eine Legende hat mit Thomas Manns Manuskripten und Materialien zum dritten Band des *Joseph* zu tun. Als Erika und Klaus für zwei Tage zurück nach München kamen, fanden sie die Stadt nach dem Machtwechsel völlig verändert. Vom Chauffeur im Hause Mann, dem Diener Hans, wurden sie gewarnt, sich nicht länger als nötig in München aufzuhalten. Sie würden überwacht und seien gefährdet. Der Diener war ein Parteigänger der Nazis und offenbar seit Jahren Spitzel im Hause Mann, aber für den Augenblick schien die Loyalität gegenüber der Familie Mann gesiegt zu haben.[53] Erika – Frau schneller Entschlüsse – raffte zusammen, was der Vater in der Schweiz dringend benötigte – Manuskripte und Materialien für den *Joseph* –, und reiste unverzüglich wieder ab.

Noch am Abend des 13. März hielt Thomas Mann die Schriften in den Händen.[54] Später erst – in ihren und des Vaters Erzählungen, in den autobiographischen Aufzeichnungen der Brüder Klaus und Golo und sogar in den Darstellungen der Philologen – wurde aus diesem Augenblicksentschluß eine »kühne Tat«: »von allen ihren Lebensleistungen wohl die bedeutendste«.[55]

Schade nur, daß es mit der Chronologie dieses legendären Ereignisses nicht so recht stimmen will. Von der Ankunft der Manuskripte berichtet Thomas Manns Tagebuch bereits am 15. März, das Ereignis selbst datieren die Brüder und die Philologen in die ersten Apriltage des Jahres 1933. Von Zürich aus sei Erika noch einmal heimlich nach München gefahren, um sich unter gefährlichsten Umständen, mit Sommerhut und dunkler Brille getarnt, ins bereits bewachte Haus einzuschleichen, die Entsetzensschreie des Personals zu ignorieren und mit den Manuskripten unterm Arm das Haus postwendend zu verlassen. Im April allerdings saß Erika in Zürich und plante die Wiedereröffnung der Pfeffermühle. Als die Schwierigkeiten, die sich ihr dabei in den Weg stellten, immer größer wurden, entschloß sie sich zu einer Reise: Mit Therese Giehse und Klaus, den sie in Toulon traf, fuhr sie für mehrere Wochen an die Riviera.[56]

Was also war es: kühne Tat, vernünftige Reaktion auf den Augenblick oder Familienlegende? Womöglich war es eine Mischung aus dem allen: aus Geistesgegenwart, Abenteurertum und Lügengeschichte.[57] Gewiß war es für Erika einer jener kleinen Bühnenauftritte, die ihr so lagen, ihr unendlich viel Spaß machten, die es in Zukunft verstärkt geben sollte. Mit sicherem Instinkt für dramatische Effekte hat Erika Mann fünf Jahre später eine Szene entworfen, die zum Einleitungskapitel des mit Klaus gemeinsam verfaßten Buches *Escape to life* wurde, die sich in Wahrheit wahrscheinlich so nie zugetragen hat:

> »Erika: ›Ich fuhr zurück. Eine dunkle Brille setzte ich auf und meinte, sie würde mich unkenntlich machen. In Wirklichkeit machte sie mich nur auffällig. Aber so dumm ist man. Es war ungemütlich. Und den Augenblick, in dem ich, meinen treuen alten Hausschlüssel benutzend, das Tor aufsperrte, ohne daß die Nazi-Wache es merken durfte, – und den anderen, in dem ich die Treppen hinaufschlich, auf denen so viele

Szenen meiner Kindheit sich abgespielt haben, das dicke Manuskript zu mir steckte und diebisch leise in mein Zimmer lief mit dem Schatz, werde ich so leicht nicht vergessen. In meinem Zimmer blieb ich ein paar Nachtstunden in völliger Dunkelheit. Auf der Straße durfte ich mich nicht blicken lassen, bei meinen Freunden durfte ich mich nicht melden, um sie nicht in Ungelegenheiten zu bringen. Zwischen ein und zwei Uhr morgens schließlich machte ich mich auf den Weg.‹

Der Interviewer: ›Und warst nicht froh, daheim zu sein, wenn auch nur für eine unruhevolle Nacht?‹

Erika: ›Es war eine abscheuliche Nacht. Die Nazis feierten gerade ein Fest. Sie waren betrunken auf allen Gassen unterwegs. Ich lief hinaus vor die Stadt, wo mein kleiner Wagen stand, der zu wohlbekannt war, als daß ich ihn hätte mit hereinnehmen können. Den Hut tief in die Stirn gezogen, in einen weiten Regenmantel gehüllt, war ich auf der Suche nach einem schützenden Taxi und fand keines, das nicht voll von Nazis gewesen wäre.‹

Der Interviewer: ›Aber der Coup glückte?‹

Erika: ›Er glückte. Ich packte das dicke Manuskript, in Zeitungspapier eingewickelt, unter den Sitz meines braven Ford zu den öligen Werkzeugen. An den Grenzen herrschte damals die fürchterliche Ordnung noch nicht, die mich heute, zeigte ich mich dort, das Leben kosten würde. Die Beamten, zu denen ich bayrisch sprach, sagten, daß sie es wohl verstünden, wenn ich eine Bergtour machen wollte, es sei begreiflich.‹ (S. 18)«

Im Erfinden von Geschichten war sie schon immer groß; das kostbare Josephsmanuskript im ölverschmierten Werkzeugkasten ihres klapprigen Autos: schon wegen dieser Konstellation mußte man die Geschichte erfinden und wirkungsvoll verbreiten.

Das hinderte sie nicht, die Umstände ihrer Flucht und der »Rettung« der Manuskripte ganz anders zu erzählen, wenn der Kontext es verlangte. In einem ebenfalls 1938 geschriebenen Aufsatz *The Artist in Exile and Action* liest sich das dramatische Geschehen so, wie es sich wahrscheinlich wirklich zugetragen hat. Am 12. März 1933 habe sie mit ihrem Vater telefoniert, um ihn zu überreden, weiter in der Schweiz zu bleiben. Anschließend habe sie ihre Koffer und das Manuskript des »Joseph« eingepackt und Deutschland für immer verlassen.

Zwei Tage nach Erika Mann verließ Therese Giehse München, am 15. März 1933 traf sie bei der Familie Mann in Arosa ein. Im Laufe der folgenden Wochen galt es, auch andere Ensemblemitglieder nach Zürich zu holen. Dort war Erika von der ersten Minute an bemüht, Räumlichkeiten, Interessenten und behördliche Genehmigung für den Neubeginn der Pfeffermühle zu organisieren. Zwischendurch, als die Komplikationen sich häuften, wurden andere Pläne gemacht: Paris, dessen Emigrantenkolonie mindestens so groß war wie diejenige in Zürich, aber auch Wien wurden als mögliche Spielorte in Erwägung gezogen. Man mußte Rücksichten nehmen und ständig neue Schwierigkeiten bewältigen. Noch in Deutschland lebende Familienangehörige durften nicht durch das Auftreten der Pfeffermühle gefährdet werden. Zwar lebten Thomas Mann und seine Frau wie auch die jüngsten Geschwister, Elisabeth und Michael, bereits in der Schweiz bzw. während des Sommers 1933 in Sanary, aber Monika, die Großeltern Pringsheim und viele Freunde waren noch in München. Der Bruder von Therese Giehse war in Deutschland verhaftet worden und ins KZ gekommen. Offenbar wollte man auf diese Weise Therese Giehse, die vom »Führer« so geliebte Schauspielerin, zur Rückkehr zwingen.[58]

Weitere Gründe gaben Veranlassung, vorsichtig zu sein und trotz aller politischen Spielleidenschaft den Wiederbeginn der Pfeffermühle nicht übers Knie zu brechen. Erika Mann mußte versuchen, Schweizer Künstler für ihr Kabarett zu gewinnen. Diese Auflage der Schweizer Fremdenpolizei sollte verhindern, daß ausländische Kleinkunstbühnen den einheimischen Künstlern Konkurrenz machten und sie ihrer Arbeitsmöglichkeiten beraubten. Auf ihre Art hat Erika Mann sich bemüht, dieser Auflage zu entsprechen. Sie verhandelte mit dem Schweizer Schauspieler, Regisseur und Autor Max Werner Lenz, dem Initiator der Pfeffermühlen-Nachfolgerin, dem seit Mai 1934 agierenden Schweizer Kabarett »Cornichon«. Ihm bot Erika Mann ein Engagement bei der Pfeffermühle an. Weil von Max Werner Lenz so eilig eine Zusage nicht zu erwarten war und sie noch mit weiteren Schweizer Schauspielern sprechen mußte, die behördliche Bewilligung aber dringlich wurde, schickte Erika Mann Lenz kurz entschlossen einen offiziellen Vertrag über ein Engagement bei der Pfeffermühle. Im inoffiziellen Begleitschreiben erbat sie von ihm, der dieses Engagement niemals antreten sollte, die Zustimmung zur Veröffentlichung des Vertrages. Nur so könne man die Genehmigung von der Fremdenpolizei erlangen. Er selbst, Lenz, gehe keinerlei Risiko ein, könne anschließend wegen rheumatischer Beschwerden oder anderweitiger Engagements den Vertrag ja wieder annullieren. Für sie und ihre »Mühle« aber sei die letzte behördliche Hürde auf diese Weise genommen.[59]

Max Werner Lenz hat offenbar nicht widersprochen, die Pfeffermühle gab ihre Eröffnungsvorstellung im Zürcher Gasthof »Zum Hirschen« am 30. September 1933. Zwei Schweizer Staatsbürger, Robert Trösch als Schauspieler und die Pianistin und spätere Ehefrau des Regisseurs Leopold Lindtberg, Valeska Hirsch, waren inzwischen für das Ensemble gewonnen worden.

Neben Paris, Wien und Prag war auch Zürich unmittelbar nach der »Machtergreifung« zu einem Fluchtpunkt deutscher Emigranten geworden.

Trotz einer nicht eben liberalen Ausländerpolitik der auf ihre Neutralität so bedachten Schweiz wimmelte es in Zürich von deutschen Flüchtlingen, die oft zwar eine Aufenthalts-, aber keine Arbeitserlaubnis erhielten. Das Zürcher Schauspielhaus, an dem sich seit 1933 emigrierte deutsche Theaterleute zusammenfanden, sollte zwar im Laufe der Jahre zur würdigen Nachfolgerin der ehemals berühmten Theater in Berlin, Hamburg, Frankfurt und München werden, blieb aber über die Jahre hin wegen seiner Emigrantenfreundlichkeit heftigen Angriffen ausgesetzt. Früher eher ein Provinztheater, wurde das Zürcher Schauspielhaus durch Kurt Horwitz und Leonard Steckel, Karl Paryla, Ernst Ginsberg und Kurt Hirschfeld, Leopold Lindtberg und Wolfgang Langhoff, Maria Becker, Sybille Binder und Therese Giehse zum Theater eines anderen, eines besseren Deutschland.[60] Die finanzstarke Direktion unter Ferdinand Rieser konnte sich die kulturpolitische Opposition leisten. Antifaschistisches Theater – in Zürich brachte man Ferdinand Bruckners Stück *Die Rassen* und Friedrich Wolfs *Professor Mamlock* zur Erstaufführung – und Kabarett in antifaschistischer Absicht, das paßte zusammen, erregte Aufsehen und provozierte politische Proteste.

»Ich wäre so eine gute Kraft für große Machenschaften, man müßte mich nur anstellen dafür, und mir scheint, wir müssen uns alle ganz der Politik weihen« – schrieb Erika Ende August 1933 an ihre Mutter.[61] Tatsächlich hatte sie in den vergangenen Wochen immer wieder »große Machenschaften« anzuzetteln versucht. Es ging dabei letztlich immer um die Eröffnung der »Mühle«, aber daneben ging es ums schlichte Geldverdienen. Noch während der Urlaubswochen an der Riviera, im April/Mai 1933, war Erika Manns zweites Kinderbuch *Muck, der Zauberonkel* fertiggeworden. Der Stuttgarter Verlag Levy und Müller wollte es nach dem Erfolg des *Stoffel* möglichst schnell herausbringen, konnte sein Vorhaben indes nicht mehr realisieren. Einem der wichtigsten deutschsprachigen Exilverlage, dem Amsterdamer Querido Verlag und dessen Leiter Fritz Landshoff, bot sie den *Muck* anschließend an. Der jedoch zögerte und war offenbar nicht wirklich interessiert. Es schien, als sei der Verlag mit der Gründung der *Sammlung* und dem Versuch, den Autor Thomas Mann zu gewinnen und vom noch in Deutschland ansässigen S. Fischer Verlag loszueisen, vollauf beschäftigt. Das Kinderbuch erschien daraufhin 1934 im Philographischen Verlag, Basel.[62]

Leseauftritte und Honorartätigkeiten für den Schweizer Rundfunk, vor allem aber die »künstlerische Leitung« in der Modenschau des Zürcher Warenhauses »Globus« brachten Geld – aber auch neuen Ärger. Die Modenschau war groß plakatiert worden. Erika Mann hatte es verstanden, zwei

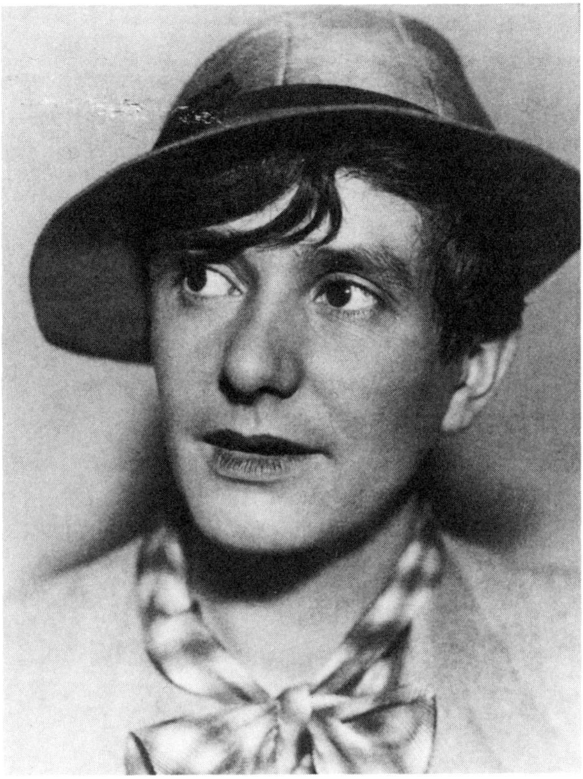

Mitte der dreißiger Jahre

inzwischen emigrierte Mitglieder der Pfeffermühle, Sybille Schloß und Magnus Henning, bei »Globus« mitzuengagieren.[63] Therese Giehse hatte ein erstes Engagement im Schauspielhaus, das sie für vier Monate sicherte. Der Erfolg der »Machenschaften« rief die Neider auf den Plan. Eine Denunziation bei der Fremdenpolizei machte aus Erika Manns Gelegenheits- und Verlegenheitsbeschäftigung ein festes Arbeitsverhältnis.[64] Die Behörde fragte nach, die Beschuldigte mußte sich erklären, neuerlich war die Eröffnung der Pfeffermühle gefährdet. Sie fühlte sich »von Quecksilber nur so durchseucht«, berichtete sie der Mutter, die an der Geschäftigkeit der Tochter nicht ganz unschuldig war.

Gegen Ende des Sommers nämlich, den die Eltern in Sanary-sur-Mer in der Nachbarschaft Heinrich Manns, Lion Feuchtwangers, René Schickeles und weiterer Freunde verbracht hatten, war die Entscheidung gefallen: Thomas Mann und seine Familie würden Zürich als Exilwohnsitz wählen.

Voraussetzung war, daß sich ein passendes Domizil fand. Ein solches zu finden sollte Erikas Aufgabe sein. Sie fand auch etwas Geeignetes, und rechtzeitig drei Tage vor der Eröffnung der Pfeffermühle, am 27. September 1933, bezogen Thomas und Katia Mann mit den beiden jüngsten Kindern das Haus Schiedhaldenstraße 33 in Küsnacht am Zürichsee.

Nach der Premiere schrieb der Vater an Ernst Bertram, Erikas »Energie und Phantasie« sei der großartige Erfolg zu verdanken, es sei ihre »melancholische und doch mutig angreifende Geistigkeit«, die hinter allem stehe und derartig beeindruckende Wirkung erziele.[65]

Energie und Phantasie waren in der Tat vonnöten, um ein Unternehmen wie die Pfeffermühle in der Schweiz, dem traditionsreichen Asylland mit nationalkonservativer-kapitalfreudiger Grundhaltung, zu starten. Viele der annähernd 53.000 Personen, die allein im Jahre 1933 Deutschland verließen, vertrauten auf diese alte Schweizer Tradition, erfuhren jedoch bald, daß die Tradition feine Unterschiede machte zwischen Asylanten, die man wollte, und solchen, durch die man sich »überfremdet« fühlte.

Im Zürcher Bohème-Café Odéon erlebte Erika im April 1933 ein Publikum, das zu einem Drittel aus Schweizern, einem Drittel aus deutschen Emigranten und zu einem weiteren Drittel aus deutschen Spitzeln bestand.[66] Obwohl sie zu diesem Zeitpunkt noch die Ansicht vieler Emigranten teilte, daß das Exil eine Episode bleiben und der Spuk in Deutschland schnell wieder vorbei sein werde, war sie doch gewarnt durch solche Beobachtungen. Noch bis in den September hinein hat sie den Eltern immer wieder abgeraten, sich in der Schweiz niederzulassen, und für Nizza bzw. die südfranzösischen Regionen plädiert. Es herrsche eine Stimmung in der Schweiz, erzählte sie mehrfach, die schon deswegen emigrantenfeindlich sei, weil man politische Emigration nicht verstehe, ja nicht einmal begreifen wolle. Schweizerischer Biedersinn akzeptiere nicht, daß jemand gegen seine Regierung sei. »Da könnte man ja ebensogut das Mütterliche angreifen« – mit dem in Unfrieden zu leben sei ebenso unschicklich wie die Entscheidung, nicht länger in Deutschland leben zu können oder zu wollen.[67]

In vielen Gesprächen hat Erika Mann in den ersten Wochen im Schweizer Exil dieses Unverständnis gespürt. Schließlich sei sie doch weder Jüdin noch Kommunistin, wieso in aller Welt kehre sie dann Deutschland den Rücken. Die Schweiz wollte der Hitlerregierung gegenüber »neutral« bleiben; das aber bedeutete, daß Menschen, die gegen die deutschen Machthaber waren, als suspekt, als unerzogen und unehrenhaft galten. Nicht die Vielzahl der Emigranten wurde der herrschenden Mentalität zum Problem, sondern daß sie kamen, weil sie Gegner des nationalsozialistischen Regimes waren, empfand man als irgendwie unschicklich.[68]

Den weltberühmten Thomas Mann in der Schweiz aufzunehmen empfand man hingegen als große Ehre. Mit offenen Armen und öffentlichen Ehrenbezeigungen wurde er Ende September 1933 in Küsnacht empfangen. Thomas Mann war seinerseits nur allzu angewiesen auf die öffentliche Bestätigung seines Repräsentationsbedürfnisses. Zunächst tat er alles, um sich solche Anerkennung nicht zu verscherzen, um die Konfrontation mit den Nationalsozialisten und ein öffentliches, klares Wort gegen das neue Regime zu vermeiden. Nicht zuletzt deswegen mußte es mit Erika zu heftigsten Auseinandersetzungen kommen. Denn die Pfeffermühle war alles andere als neutral, sie machte – bei aller Tarnung durchs Literarische – die Nadelstiche gegen das nationalsozialistische Deutschland und die Attacke gegen die Barbarei zu ihrem Programm.

Gleichzeitig durfte man dem biedermännischen Neutralitätsbedürfnis der Schweizer nicht allzu viel zumuten und sich so der Auftrittsmöglichkeiten berauben. Eine Gratwanderung begann; ein Exilkabarett gegen Hitler in einem nicht eben emigrantenfreundlichen Land, dessen hohe politische Repräsentanten Hitler und seinen Kumpanen bereits die ersten Besuche abgestattet hatten. Wie lange der Balanceakt gelingen würde, war so ungewiß wie das Exil selbst.

Vorerst feierte die Pfeffermühle in Zürich wahre Triumphe. Von einem Impresario, dem Berner Theateragenten Hans Keiser, ließ sich das Ensemble unter Vertrag nehmen und absolvierte noch im November und Dezember 1933 eine erfolgreiche Tournee durch verschiedene Schweizer Städte: Basel, Bern, Schaffhausen, St. Gallen und Winterthur. Überall volle Häuser, gute Kasse und in der Regel eine gute Presse.[69] Die einflußreiche *Neue Zürcher Zeitung* schrieb, in Erika Manns »Mühle« finde »Zeitkabarett, politisches Kabarett, Menschenkabarett« statt, man müsse keine Zoten und keine Kalauer ertragen, Seifengeschmack lege sich nicht auf die Zunge. Angeregt und gepackt werde man von dem »Sauberen, Gesinnungs-Anständigen«, das Erika Manns »dunkles Knabenhaar« umwehe. Gegen »Dummheit und Schläfrigkeit« rebelliere sie mit bisweilen »resignierender Trauer«. Einen »neuen Bänkelsängerstil« vernimmt der Kritiker, präsentiert von einer, die wie ein »Jüngling Masereels, eine Masereella« wirke.[70] Sie konnte rechtschaffen stolz sein auf solche Stimmen; andere folgten, die den gleichen Tenor hatten.

Von sozialdemokratischer und kommunistischer Seite hingegen kam die Kritik, man spüre zu wenig klassenkämpferischen Geist in der Pfeffermühle.

Das Bürgerlich-Harmlose überwiege zu sehr, die entschiedene, die klare politische Linie fehle.[71] An Idee und Intention der Pfeffermühle geht eine solche Kritik im Grunde vorbei. Nummern wie *Der Koch, Der Zauberkünstler* oder *Frau X* beweisen es, und die Bedingungen für ein antifaschistisches Kabarett im Schweizer Exil verlangen andere Beurteilungsmaßstäbe.[72] Es galt Rücksicht zu nehmen, ohne sich anzubiedern, sich einzumischen, ohne als »Nestbeschmutzer« abgetan zu werden. Gefährlicher wurde die Kritik von rechts.

In den Briefen und Tagebüchern des Vaters und der Brüder liest man von Ovationen, die Erika mit ihrer »Mühle« geerntet habe; mit nicht geringem Vater- bzw. Bruderstolz notierten sie alle Auftritte, das Tourneegeschehen, die Komposition neuer Texte. Klaus, der dabei nach wie vor sporadisch mitwirkte, der seinerseits ums Zustandekommen und Überleben seiner *Sammlung* kämpfte, räumt traurig neidlos ein, die Pfeffermühle sei etwas, »was stimmt«, etwas »schlicht Geglücktes«, und das sei selten genug.[73]

Und Erika selbst? Sie mußte den Erfolg sichern, und das bedeutete, sie mußte organisieren, verhandeln, Programme dichten und Plakate entwerfen, die abendliche Conférence gestalten und nachts die Kasse prüfen. Pressegespräche mußte sie führen und überhöhte Hotelrechnungen refüsieren. Sie war in ihrem Element, aber sie war rastlos und konnte sich keine Ruhe gönnen. Therese Giehse, die sieben Jahre ältere Freundin und Lebensgefährtin, tat, was ihr möglich war, um Erika zu beruhigen und auszugleichen, wo sie zu weit gegangen war. Sie waren sehr verschieden, die mütterlich-korpulente Therese und die schmale, knabenhafte Erika. Sie waren ebenbürtig und ergänzten sich; sie stritten, aber stützten sich auch. Therese Giehse und Erika Mann bildeten ein Paar ohne große Worte. Sie waren leidenschaftlich von sich, von ihrem Tun und vom Leben mit der Pfeffermühle überzeugt. Nur eines ertrug Therese schwer: wenn Fritz Landshoff oder andere Freunde Erika allzu versonnen anschauten und wenn Erika allzu vergnügt ihren Charme spielen ließ. Erika ertrug etwas anderes nicht: wenn sie nicht machen konnte, was sie wollte, nicht flirten konnte, mit wem sie wollte. Sie fand nichts dabei, meinte es auch gar nicht so. Eifersucht aber fand sie dumm und unnötig.

Auch Krankheiten fand Erika dumm und unnötig. Aber so wenig wie die Gefühle der Gefährtin, so wenig ließen sich die Krankheiten ausschalten. Erika Mann war häufig krank: überreizte Stimmbänder und Anfälligkeit für Bronchitis waren noch nicht das Schlimmste; Fieber, Gelbsucht und Gallensteine machten ihr immer wieder zu schaffen. Obwohl sie gerade in den ersten Monaten des Exils den Bruder Klaus eindringlich vor den Drogen warnte (»die Zeiten sind so schlecht, daß man keiner ihrer Lockungen willfahren darf«[74]), hatte der »Thun« es auch ihr angetan; das »kleinbürgerliche Laster« vertrieb die Nervosität. Erika Manns Briefe aus dieser Zeit, an den Bruder und an die Mutter, klingen stark, selbstironisch; oft sind sie wie ihre Pfeffermühlen-Songs: aufrichtig und witzig, albern, vital und nicht ohne Melancholie. Nach einer Stimme zu sich selbst, einem unzensierten Wort an sich sucht man vergeblich.[75] Was in Aktivität und energisches Tun nicht umsetzbar ist, darüber herrscht Schweigen. Die Worte gelten dem »verruchten Vaterland«, in das sie nicht mehr zurück will. Phantasie und Tätigkeitsdrang richten sich gegen ein Regime, das durch Dummheit und bequemes, interesseloses Spießertum an die Macht kommen konnte. »Wir müssen uns alle ganz der Politik weihen« – so lautete die Erkenntnis der ersten Exilmonate. Mit der Pfeffermühle sollte gesagt werden, was gesagt werden mußte, so lange und so deutlich wie möglich; ohne Pathos, aber nicht ohne Nachdruck; politisch, aber nicht parteipolitisch; persönlich, aber nicht selbstverliebt ins angeblich bedeutsame Tun.

»Immer indirekt« und »rein literarisch«

Man mochte sie, und man zeigte es ihr auch. Erika Mann und ihre Pfeffermühle begannen das Jahr 1934 mit einer zweiten Premiere, einem neuen Programm und mit einer zweiten großen Tournee durch die Schweiz: nach St. Moritz, Davos, Chur, Aarau, Olten und erneut nach Basel und Bern. Wieder war die Resonanz bei Publikum und Presse sehr positiv. Veränderungen im Ensemble hatten sich ergeben: Lotte Goslar, emigrierte Grotesk-Tänzerin aus Dresden, gehörte mit komisch-skurrilen Tanznummern fortan zum Programm.[76] Für einige Wochen fiel Therese Giehse aus, unangefochtener Star des Hauses in Nummern wie *Dummheit* oder *Krankenschwester*. Sie mußte sich einer schwierigen Operation unterziehen; zeitweilig sprang Walter Mehring für sie ein. Sein für die Pfeffermühle gedichteter Emigranten-Choral machte erstmals die Situation des Exils zum Thema, drückte aus, was die meisten Ensemble-Mitglieder und die Mehrzahl des aus Emigranten bestehenden Publikums empfanden: »Wir wolln uns lieber mit Hyänen duzen/ Als drüben mit den Volksgenossen heuln! [...] Die ganze Heimat und/ das bisschen Vaterland/ Die trägt der Emigrant von Mensch zu Mensch – landauf/ landab/ Und wenn sein Lebensvisum abläuft/ mit ins Grab.«[77]

In der Pfeffermühle wurde gesungen, getanzt und gespielt mit dem Blick nach vorn; mit der Hoffnung, weiterhin mit den Mitteln des Kabaretts aufklären und aufrütteln zu können. »Immer indirekt« lautete die Devise: angreifen, aber keine Namen nennen; pointieren, aber nicht denunzieren.

Denn »Kälte« herrscht, nicht nur zur Winterszeit; die Kälte der Gleichgültigkeit (»dies kühlste Ruhekissen ist sehr gefragt und allgemein beliebt«), des Nichteinmischungsprinzips (»Wer faselt da von Ungerechtigkeiten? – Laßt mich in Ruh' – ich mische mich nicht ein«). Mit dem Lied von der »Kälte« endeten die Pfeffermühlen-Abende der zweiten Spielzeit. Inzwischen war das Programm zweigeteilt, der zweite Teil stand unter einem einheitlichen Thema.[78]

»Kaltes Grauen« war er überschrieben, und »kaltes Grauen« beschlich die Sängerin im Angesicht der erkalteten Welt. Tiefen Eindruck hat Erika Mann mit diesem Lied hinterlassen, sie präsentierte es im Pierrot-Kostüm, verhalten und mit gesenktem Blick. Kaltes Grauen sollte sich auch einstellen, wenn »die Giehse« eine ihrer Glanznummern, das Lied von der *Dummheit*,[79] vortrug. Im langen, rosafarbenen Babykleid, auf dem Kopf eine strohfarbene, schulterlange Perücke – halb Loreley und halb Mänade – zeigte sie sich als Germania: die personifizierte Dummheit, die so stolz auf sich ist, von teuflischer Abstammung und mit satanischem Haß auf den Verstand. Sie ist begeistert von ihrer Fähigkeit, das Hirn der Leute zu verkleben (»Ich nag an der Substanz. Von ihrem Stumpfsinn lebe ich«), besonders die Mächtigen dieser Welt haben es ihr angetan, wahre Freudentänze vollführt sie im Gedanken daran, daß sie bei denen gesiegt hat (»Die Herren tun alles, was ich will/ in blut'ger Narretei. Und ihre Völker halten still. Denn ich bin stets dabei!«). Voller Schrecken muß sie am Ende erkennen, daß sie an sich selbst zugrunde gehen, daß sie Opfer ihres Stumpfsinns werden wird. Die Einsicht, das sanfte Licht der Vernunft taucht auf: Die tödliche Dummheit wird ihrer Macht beraubt werden, so wie – in Erika Manns Lied – die wärmenden Strahlen der Sonne die Kälte der Gleichgültigkeit vertreiben werden.

Klare Gedanken und einfache Bilder, deutliche Worte und durchschlagende Metaphern: Das Programm des »kalten Grauens« ist indirekt, aber scharf; ins Gewand der Allegorien und Märchen gekleidet, aber ohne politischen Schleier.

Auch außerhalb der Schweiz verbreiteten sich Ruf und Ruhm der Pfeffermühle. Eine erste große Tournee führte in den Monaten Mai/Juni 1934 nach Holland, in das Land, das Erika Mann der Pfeffermühle bestes »Jagdrevier« nennen wird. Im August 1934 gab sie ein kurzes Gastspiel in Ascona, im Ambiente bester Bohème-Tradition spielte die »Mühle« auf dem Monte Verità. Dort wurde ein weiteres Programm probiert, mit dem die dritte

»Warum ist es so kalt?«

Schweizer Tournee im Herbst in Basel starten sollte. Dazwischen war Erika Mann wie üblich unterwegs: Sie verhandelte – erfolglos – in Wien; in Straßburg gab es bereits einen Raum fürs Pfeffermühlen-Gastspiel, aber aus politischen Gründen wurde eine Spielgenehmigung nicht erteilt. Der offene Konflikt, den Erika Mann schon seit einiger Zeit befürchtete, wurde hier noch vermieden; aber nicht mehr lange.[80]

Aufmerksam und argwöhnisch wurden Erika Mann und die Pfeffermühle aus dem »Reich« beobachtet. Die *Rheinisch-Westfälische Zeitung* hoffte nach der ersten erfolgreichen Zürcher Premiere im November 1933 noch, daß die Zürcher Bevölkerung Erika und ihr literarisches Kabarett bald dahin wünschen werde, »wo der Pfeffer wächst, damit sie genügend zu mahlen hat«. Nach der zweiten Zürcher Premiere teilte sie hämisch mit, daß es sich nunmehr nur noch um »altes, aufgewärmtes Dörrgemüse aus dem Berlin von ehedem« handele, für das man viel Geld hinlegen müsse und für das man sich trotz aller Appelle an mehr Wärme nicht erwärmen könne.[81] Es blieb nicht

Therese Giehse in »Dummheit«

bei publizistischen Gehässigkeiten; Schweizer Frontisten, die politischen Gesinnungsfreunde der Nationalsozialisten in Erika Manns Exilland, hatten offenbar noch vor der ersten Premiere mit Demonstrationen gedroht. Bereits im Oktober 1933 war das Pfeffermühlen-Publikum von Nationalsozialisten belästigt worden. Das waren Vorboten, die die politisch wachsame Kabarettistin nicht bagatellisieren konnte.[82]

Andere Signale sprachen eine nicht weniger deutliche Sprache. Im Februar 1934, als Thomas Mann wegen seines abgelaufenen Passes beim deutschen Generalkonsul in Zürich vorsprechen mußte, nahm der ihn beiseite und machte ihm Vorhaltungen wegen Erika und ihrer »Unvorsichtigkeit«.[83] Soeben war unter großem Beifall die 50. Vorstellung der Pfeffermühle in Zürich über die Bühne gegangen. Zwei Monate später erhielt Thomas Mann einen Brief von Hedwig Fischer, der Frau seines Verlegers. Sie bat ihn dringend, Erika zu größerer Vorsicht zu veranlassen; er selbst, sein Haus und sein Buch – es war der Joseph-Roman, den der Fischer Verlag noch in Deutschland herausbringen wollte – könnten Schaden nehmen.[84] Thomas Mann hat alle derartigen Ansinnen entschieden zurückgewiesen; anders als im Fall seines Sohnes Klaus.

Als im September 1933 dessen Exilzeitschrift *Die Sammlung* erschien, hat Thomas Mann, der im Impressum als künftiger Mitarbeiter genannt wurde, sich nach einem entsprechenden Ersuchen seines Verlegers sofort öffentlich distanziert, was heftigen Ärger bei Erika auslöste. Ihr war der Bermann Fischer Verlag lange schon ein Ärgernis. In nicht allzu ferner Zeit sollte daraus ein heftiges und folgenreiches Zerwürfnis zwischen Vater und Tochter werden.

Das dritte Pfeffermühlen-Programm, das am 3. Oktober 1934 in Basel Premiere hatte und anschließend erst nach Zürich kam, war schärfer und kompromißloser als alle vorherigen. Es führte zu Protesten und Krawallen, die das Ende für die Pfeffermühle in der Schweiz bedeuteten.

In Deutschland markierten der sogenannte Röhm-Putsch Ende Juni 1934, Hitlers Ernennung zum »Führer und Reichskanzler« nach Hindenburgs Tod und der Treueschwur der Wehrmacht auf den »Führer« Anfang August die innenpolitische Stabilisierung des Regimes. Seine außenpolitischen Friedensbeteuerungen wurden von den europäischen Nachbarländern geglaubt, die Appeasementpolitik machte aus der Verständigung mit Hitler sogar ein Gebot der Vernunft.

Das Scheitern des nationalsozialistischen Putsches in Wien, in dessen Verlauf der österreichische Bundeskanzler Dollfuß ermordet wurde, war angesichts dieser anderen Siege nur ein schwacher Trost. Immerhin – so empfand Erika Mann – hatten es die Nazis nicht geschafft, aber sie blieb skeptisch, ob »die große Weltenschweinerei« nicht doch noch siegen werde.[85]

Die Wiener Ereignisse waren zwar undurchsichtig, aber auch ein wenig tröstlich. Nur zu gern wäre sie mit ihrer Pfeffermühle in Österreich aufgetreten. Gerne hätte sie den Hoffnungsschimmer, daß die Menschen noch nicht völlig erkaltet waren, weitergetragen.

Dem von den Nationalsozialisten im KZ ermordeten Schriftsteller Erich Mühsam (Juli 1934) setzte sie in der Pfeffermühle ein Denkmal: Sie nahm Mühsams der deutschen Sozialdemokratie gewidmeten Song »Der Revoluzzer« ins neue Programm.[86] Dessen zweiter Teil stand unter dem Oberthema »Lauter Märchen« und rief die bekannten und beliebten Figuren der deutschen Volksmärchen auf die Bühne: *Hans im Glück* und *Katerlieschen*, die *Hexe* und die *kleine Seejungfrau*, des *Fischers Frau* und den *Prinz von Lügenland*. Aus dem Hans des Grimmschen Märchens wird in Erika Manns Umdichtung der »glücklich« seiner Arbeit, seines Vermögens, seiner bürgerlichen Rechte, seiner Heimat, seines Passes und schließlich seines Transitvisums beraubte Emigrant; die Hexe klagt dem Publikum ihr Leid: Immer habe sie für das Böse und das Unheil in der Welt herhalten müssen, aber wie gut, daß nun endlich »Von einem Teil der Schimpf und Plag/ Die Juden mich entlasten«.

Am Ende erscheint Erika Mann als »schöner Prinz« mit Fliegermütze, Reitpeitsche und schwarzer SS-Uniform und besingt die hohe Kunst des Lügens (»Wer einmal lügt, dem glaubt man nicht/ Wer immer lügt, dem wird man glauben«). Zuhaus im »Lügenland« darf niemand mehr die Wahrheit sagen, das ganze Reich ist von einem wunderbar bunten Netz aus Lügenfäden »umspannt«, Orden voller »Lügenglanz und Lügenmut« werden verliehen: »Wir dürfen unsere Feinde morden«. Wie im Märchen, so siegt auch in Erika Manns Anti-Märchen das Böse nicht wirklich; die Hoffnung bleibt. Sie ist überzeugt, daß schließlich die Wahrheit ans Licht kommen, daß das Gute über das Böse, die Vernunft über die Dummheit, der Tatendrang über die Bequemlichkeit der Menschen siegen wird. Visionen von einer Welt der Humanität und des Gesinnungsanstands, Zuversicht auf das Erwachen aus bösem Traum setzten Erika Mann und ihr Kabarett dem sich innen- und außenpolitisch konsolidierenden Nazireich entgegen.[87]

Das attackierte Regime mobilisierte indes seine Bürokratie. In den Akten wurde penibel vermerkt, das Lied vom »Prinz aus Lügenland« und insbesondere Erika Manns entsprechende Kostümierung seien »gemeine Hetze« gegen Deutschland; auch stelle der »Mißbrauch der Uniform der SS, einer staatlich anerkannten Organisation, ... in Verbindung mit dem Text des Liedes eine Beschimpfung auch des offiziellen Deutschland dar«.[88]

Das hatten die Schreiber gut erkannt. Machtgeschützt agierte die deutsche Administration: Neben 38 anderen Personen, wie Bertolt Brecht und dem *Weltbühnen*-Herausgeber Hermann Budzislawski, dem ehemaligen Reichsfinanzminister Rudolf Hilferding, Franz Pfemfert und Walter Mehring, stand Erika Mann auf der vierten Ausbürgerungsliste vom 11. Juni 1935.[89]

Die Ereignisse vom November 1934 in Zürich hatten dies erleichtert, aber nicht verursacht. Nachdem die früher so freundliche *Neue Zürcher Zeitung* dem dritten Pfeffermühlen-Programm bereits vorgeworfen hatte, es spreche »aus der Galle« und nicht »vom Herzen«, man vernehme trotz aller künstlerischen Qualität zuviel »garstig politisch Lied«, tauchte am 12. November in Zürich ein anonymes Flugblatt auf, das Erika Mann ein intimes Verhältnis mit dem sozialdemokratischen Basler Politiker Schneider und die Zugehörigkeit zur KPD unterstellte.[90] Selbstverständlich stimmte beides nicht; Erika kannte den Mann höchstens dem Namen nach, da er seit einiger Zeit auf sympathische Weise von sich reden machte. In der Schweizer Bundesversammlung stellte er den Antrag auf Amtsenthebung des Oberstkorpskommandanten Ulrich Wille.

Der Fall war brisant, und sein Hintergrund wurde für das Schicksal der Pfeffermühle von Bedeutung.

Der Mann, dessen Ablösung gefordert wurde, war einer der ranghöchsten Schweizer Militärs und entstammte einer der reichsten und einflußreichsten Schweizer Familien. Sein Vater, mit einer Gräfin von Bismarck verheiratet, war einer der führenden Schweizer Generäle im Ersten Weltkrieg gewesen. Der Sohn hatte einen veritablen Skandal ausgelöst, indem er gegen alle Schweizer Neutralitätsprinzipien und ohne Wissen seiner Regierung Adolf Hitler und den deutschen Ministern Hess, Schmidt, Blomberg und Goebbels einen Besuch abgestattet und mit ihnen geheime Gespräche geführt hatte. Die Schweizer Öffentlichkeit war empört und die – im übrigen erfolglose – Forderung nach Dispensierung des Mannes nur allzu plausibel. Begreiflicherweise sahen konservativ-nationalistische Kreise und vor allem die Schwester des inkriminierten Militärs, Renée Schwarzenbach-Wille, das ganz anders.[91]

Die Familie des Seidenfabrikanten Schwarzenbach, nicht weniger mächtig und reich als die Willes und nicht weniger nationalistisch gesinnt, hatte in ihren Augen nur einen Schandfleck: das schwarze Schaf des Hauses in Gestalt der Tochter Annemarie Schwarzenbach. Während Mutter und Onkel offen mit den Nazis sympathisierten, war es der Tochter vor langer Zeit schon eingefallen, links, lesbisch, drogensüchtig und aufs innigste mit Klaus und Erika Mann befreundet zu sein. Nicht nur finanzierte Annemarie Schwarzenbach Klaus Manns Exilzeitschrift *Die Sammlung* und war mit Erika schon durch halb Europa gereist, sondern sie hielt trotz mütterlicher Vorwürfe und Drohungen an dieser Freundschaft fest. Sie beharrte darauf, die Pfeffermühle und ihr antinazistisches Programm für notwendig und keineswegs für kommunistisch zu halten.[92] Der Wille-Schwarzenbach-Clan und die Pfeffermühle, das steuerte auf Konfrontation zu, zumal Erika Mann bei Annemaries Eltern längst Hausverbot erhalten und ihrerseits brieflich empfohlen hatte, Renée Schwarzenbachs wegen die »Prügelstrafe für Schweizerdamen« einzuführen.[93]

Unterdessen hatte Erika Mann auf der holländischen Tournee im Frühsommer ein Chanson gedichtet, das zum Herbstprogramm der Pfeffermühle gehörte. »Weil ich will« ist es überschrieben. Es karikiert die Willens- und Willkürmacht des deutschen »Führers« sowie die fröhlich-sinnliche Willenlosigkeit derer, die sich seinem Willen so gerne fügen. Nun heißt es in der fünften Strophe dieses Liedes: »Was so ein Wille will/ ist wirklich einerlei/ Wenn er das Schlechte will/ Ists auch egal/ Es kommt nur darauf an, daß einer wollen kann/ Denn dann gehorchen wir/ Ihm allemal«.[94]

Man hätte es vielleicht wissen können: Das Lied und insbesondere diese Strophe wurde in Zürich als Anspielung auf die Affäre um den Kommandanten Wille und als Einmischung der in der Schweiz Gastrecht genießenden Pfeffermühle in innere Schweizer Skandale, kurz, als grobe Taktlosigkeit empfunden. Renée Schwarzenbach hatte aber auch schon lange auf eine Gelegenheit gewartet, um ihrem in Bedrängnis geratenen Bruder beizuspringen und der Pfeffermühle endlich eins auszuwischen.

So jedenfalls hat Erika Mann sich die Vorgänge erklärt,[95] die ab Mitte November 1934 für Schlagzeilen, Saalschutz bei den Pfeffermühlen-Vorstellungen und persönlichen Polizeischutz für sie selbst sorgten. Einen Tag nachdem in Zürich das anonyme Flugblatt kursiert war, kam es in der Vorstellung der Pfeffermühle zu ersten Störungen und Zwischenrufen. An den beiden folgenden Abenden blieb es zwar ruhig, aber aus dem Vorverkauf war zu erkennen, daß blockweise Karten gekauft worden waren. Am Abend des 16. November war Polizei in Zivil im Saal, auch den Ordnungsdienst der Zürcher Arbeiter-Organisation hatte Erika Mann vorsorglich um Hilfe gebeten. Als Therese Giehse das »Lied vom Willen« vortrug, brach der Krawall los. »Pfui« und »Juden raus« wurde gerufen, und auf der Straße grölten annähernd 70 Menschen »Die Schweiz den Schweizern« und »Die Juden sind unser Unglück«. Das Signal für diese Rufe war im Saal durch eine Militärordonnanzpfeife ausgelöst worden. Gepfiffen wurde sie von einem, der seine Zugehörigkeit zu den Schweizer Frontisten anschließend heftig bestritt; er hieß James Schwarzenbach, war ein Neffe Renée Schwarzenbachs, und wenn nicht von ihr und dem Clan beauftragt, so sicherlich in deren Sinne tätig. Im Saal mußte die Vorstellung unterbrochen werden, draußen auf der Straße griff die Polizei ebenfalls ein. Es kam zu Schlägereien und Verhaftungen. An den beiden folgenden Abenden wiederholten sich die Krawalle. Den Auseinandersetzungen Mitte November folgten frontistische Kundgebungen und Demonstrationen, antisemitische, fremdenfeindliche und pronationalsozialistische Flugblätter wurden verteilt: gegen Erika Manns »jüdisches Emigrantenkabarett« und gegen die »Wühlerei der Emigranten« im Schauspielhaus.

Dort hatte am 8. November 1934 Friedrich Wolfs *Professor Mamlock* Premiere gehabt;[96] das Drama vom jüdischen, national gesinnten Arzt, der erleben muß, daß er in Hitlers Deutschland keinen Platz mehr hat und sich das Leben nimmt, während der Sohn in die Illegalität geht. Autor und Stück empfanden die Frontisten als Provokation der national gesinnten Schweizer. Die Behörden waren auf den Plan gerufen. Polizeipräsidium und Zürcher

Stadtrat wurden durch eine frontistische Protestversammlung, die für den 21. November einberufen wurde, in Atem gehalten. Man beschloß, weder das Gastspiel der Pfeffermühle noch die frontistische Großkundgebung zu verbieten. Die Polizei gab bekannt, alle Mitglieder des Ensembles hätten gültige Pässe, seien also keine Emigranten. Auch sei nur eine Mitwirkende Jüdin, eine weitere lediglich mütterlicherseits jüdisch, und schließlich habe sich das Ensemble bereit erklärt, drei als besonders provozierend empfundene Nummern kurzfristig aus dem Programm zu nehmen. Unter diesen war das *Lied vom Willen*, zu dem Erika Mann ausdrücklich mitteilte, es sei vor einigen Monaten in Holland ohne irgendeinen Bezug auf aktuelle innenpolitische Ereignisse in der Schweiz entstanden.

Sowohl Erika Mann als auch die Zürcher Behörden bemühten sich, die Wogen zu glätten und die Konflikte nicht eskalieren zu lassen. Die Presse, vor allem die *Neue Zürcher Zeitung*, mochte sich nicht recht entscheiden, auf wessen Seite sie sich stellen sollte. Dadurch stellte sie sich gegen die Pfeffermühle. In fast allen Schweizer Tageszeitungen erschien zwischen dem 26. und 29. November 1934 eine von Erika Mann verfaßte lange Erklärung zu den Ereignissen »in meiner Pfeffermühle«. Trotz entsprechenden Begleitschreibens von Thomas Mann konnte sich die *Neue Zürcher Zeitung* nicht zum Abdruck dieser Erklärung durchringen. Zwar druckte sie einen von Erika Mann erbetenen pfeffermühlenfreundlichen Artikel der Schweizer Schriftstellerin Maria Waser, aber sie gab auch dem Initiator der Krawalle, James Schwarzenbach, das Wort.[97] Er durfte in einem Leserbrief erklären, die Pfeffermühle verletze die Schweizer Neutralität und beweise insofern »mangelnden Anstand«. Worauf mit Pfeifkonzerten und Krawallen zu reagieren zweifellos ein Gebot des Anstands war!

In der ganzen Affäre war Erika Mann – wie immer in solchen Fällen – groß in Form. Sie änderte kurzfristig das Programm und sorgte so dafür, daß weitergespielt werden konnte. Als ihr zu Ohren kam, sie solle entführt und nach Deutschland ausgeliefert werden, übernachtete sie einige Tage im Hotel in Zürich; in den anschließenden Wochen fuhr sie nach der Vorstellung mit dem Bus nach Küsnacht und ließ sich an der Endstation vom Küsnachter Dorfpolizisten abholen und nach Hause begleiten.[98]

Und schließlich wurde sie – freundlich, aber bestimmt – offensiv. Sie schrieb eine Erklärung, argumentierte gegen diejenigen, denen an der Argumentation nichts gelegen war. Wie mit dem Programm der Pfeffermühle selbst, setzte sie auf den gesunden Menschenverstand, auf die schlichte Notwendigkeit einer Gesinnung, eines Glaubens und einer Hoffnung.[99]

Seit einem Jahr habe sie mit ihrer »Mühle« viel Zustimmung und Zuspruch erfahren, insofern könne und wolle sie nicht für symptomatisch halten, was derzeit geschehe. Keine Nummer des laufenden Programms könne als Beweis für die gegen die Pfeffermühle erhobenen Vorwürfe dienen. Der Behauptung, die Pfeffermühle sei eine »Hetzbühne«, ziehe »Ideale in den Schmutz« und belästige unter Verletzung des Gastrechts die Schweiz mit ihrem »Privatdreck«, antwortete Erika Mann mit der Frage: »Wäre ein Krieg, der kommen könnte, unser Privatdreck? Ist die Not, sind die Irrtümer und die Verbrechen, die auf der Welt geschehen, unser Privatdreck? Welche ›Ideale‹ werden in den Schmutz gezogen, welches ›Gastrecht‹ wird mißbraucht, wendet sich einer gegen Unterdrückung und Gewalt?«

Zum Schluß spricht sie die »kleine Gruppe wohlhabender und sorgloser junger Herren« an, die ihre unwissenden Kameraden zum Krawall gegen die »Mühle« und ihr Programm aufstacheln. Nur einen Abend lang mögen sie der Pfeffermühle unvoreingenommen zuhören – sie könnten sich eines Besseren belehren lassen. So aber wüßten die meisten der Schreier gar nicht, warum und wofür sie eigentlich Radau machten, und man könne ja wohl nicht annehmen, sie schrieen »wissend *für* Krieg, Unterdrückung und Gewalt«.

Geschickt war sie und voller Optimismus, wenn es galt, die Pfeffermühle zu verteidigen. Vital und souverän stellte Erika Mann sich vor ihr Unternehmen. Sie analysierte und fragte, vermutete und wollte nicht glauben, daß hinter den Hetztiraden eine tiefe Überzeugnung stand. Ihre öffentlich verbreitete Überzeugung deckte sich nur bis zu einem gewissen Grad mit ihrer persönlichen Meinung. Den Hintergrund für die Krawalle um ihr Kabarett hat Erika Mann immer im privaten Haß von Annemaries Mutter Renée Schwarzenbach auf sie und Klaus gesehen. Eine privat motivierte Rache ist es sicher auch gewesen, die sich zufällig politisch verpacken ließ und die die Schweizer Nationalsozialisten für sich zu nutzen wußten. Für Erika Mann wurde die Sache dadurch nur gefährlicher. Aus gutem Grund hat sie alle ihre Bemühungen darauf gerichtet, öffentlich richtigzustellen, aufzuklären und aufzulösen, was sich an persönlich-politisch motiviertem Nebel um die »Mühle« zusammengezogen hatte.

Schnell sollte sich zeigen, daß ihr das nicht gelingen würde. Schon Anfang Dezember sah sie es selbst: »Wir haben gesiegt – aber es wird nichts nützen«.[100] Für die Schweizer Frontisten, deren Mitglied es zwar nicht, aber dessen ideologischer Parteigänger das Haus Wille-Schwarzenbach ganz gewiß gewesen ist, waren Zürcher Schauspielhaus und Erika Manns Pfeffermühle willkommener Anlaß, um durch Krawall auf sich aufmerksam zu machen. Obwohl das

Pfeffermühlen-Gastspiel im November planmäßig zu Ende geführt wurde, hatten die Frontisten langfristig Erfolg. Die von ihnen angezettelten Krawalle blieben im Gedächtnis, sie wurden zum Argument *gegen* die Pfeffermühle.

Während der Dezembertournee durch die Schweiz bekam sie es bereits zu spüren: Mit Verweis auf die Gefahr von Krawallen erteilten die Kantone Aargau, Solothurn, Thurgau keine Spielgenehmigung. Beispielhaft ist der Ablehnungsbescheid des Davoser Landrats. In Zürich habe die Pfeffermühle »zu Unruhen Veranlassung gegeben«, die zwar von nationalsozialistischen Schweizer Kreisen ausgegangen, von kommunistischen aber gefördert worden seien. Es sei auch bekannt, daß die Tendenz des Kabaretts sich gegen die Verhältnisse im gegenwärtigen deutschen Reich richte. In Davos aber gebe es eine große deutsche Kolonie, auch der Anteil deutscher Touristen und Kurgäste sei sehr hoch. Man müsse davon ausgehen, daß die Mehrheit dieser Deutschen »auf dem Boden des gegenwärtigen deutschen Staatsregimes« stehe. Dem habe die Gemeinde Davos Rechnung zu tragen, und überdies sei wohl auch die kulturelle Bedeutung der Pfeffermühle nicht so hoch, daß dafür die Brüskierung der deutschen Bevölkerungsgruppe bzw. der deutschen Sommergäste in Kauf genommen werden könne. Das Schreiben endet mit einem besonders überzeugenden Argument:

»Schließlich darf gesagt werden, daß Davos der Familie des Herrn Thomas Mann keine besondere Dankespflicht schuldet, da dessen ›Zauberberg‹ durch die darin enthaltene Schilderung des Kurlebens zweifellos eine Schädigung des Kurortes zur Folge gehabt hat.«[101]

Nur neun Vorstellungen – meist mit polizeilichem Schutz – gab die »Mühle« im Dezember 1934, vorzeitig mußte die Tournee abgebrochen werden. Erst ein Jahr später, im November 1935, gastierte sie wieder bei den Eidgenossen, allerdings nicht in Zürich.[102]

Es waren härtere Zeiten gekommen. Das Reisen in Europa begann, und die rastlose Kabarettistin fragte sich bisweilen, ob nicht der Mond bald urbar werde.[103] Die Erde, besonders die Schweiz, sei unbewohnbar geworden. Aber aufgeben und sich davonstehlen, das konnte sie nicht, das hielt sie nicht für statthaft – es galt für das Überleben, für ihres und das der Pfeffermühle, zu kämpfen; also wurden Briefe geschrieben und Kontakte geknüpft, Gastspielreisen ausgehandelt und neue Programme gedichtet.

»Sie machen zehnmal mehr gegen die Barbarei als wir alle Schriftsteller zusammen«

Weitermachen, aber Vorfälle wie es sie in Zürich gegeben hatte, unter allen Umständen vermeiden! Erika Manns Absicht war klar, der Plan stand fest: Solange Europa noch nicht »deutsch« war, würde man spielen, wo immer und so oft es ging. Für anderthalb Jahre ging es noch, meist gut und nur manchmal schlecht. 85 Gastspiele in ungefähr fünfzehn Monaten wurden absolviert,[104] in der Tschechoslowakei und in Holland, in Brüssel und in Luxemburg, und einmal auch noch in der Schweiz. Erika Mann schuftete in der »Mühle« und für die »Mühle«: für ein politisches Kabarett gegen Hitler, das sich zunehmend literarisch tarnte; für das deutliche Wort gegen die Barbarei, das sich den Mantel des schlichten Amüsiertheaters anzog.

»Sie machen zehnmal mehr gegen die Barbarei als wir alle Schriftsteller zusammen«, schrieb Joseph Roth an Erika Mann im Frühjahr 1935.[105] Damit die erste Tournee in die Tschechoslowakei im Januar/Februar 1935 auch wirklich stattfinden konnte, zog Erika über Freunde und Bekannte in Prag alle Register. Die dortigen Behörden und möglichen Saalvermieter mußten davon überzeugt werden, daß die Pfeffermühle »etwas ungeheuer Exquisites, Feines, Literarisches, Unpolitisches« sei. So etwas nach Prag zu bekommen, müsse man dort als hohe Auszeichnung empfinden, denn man wolle doch wohl nicht zurückstehen hinter Holland und den skandinavischen Ländern, die bereits feste Verträge mit der Pfeffermühle abgeschlossen hätten und sich »alle fünf Finger« nach ihr leckten.[106] Es klappte; zu Beginn des Jahres gastierte die Pfeffermühle fast zwei Monate in Prag und anderen tschechischen Orten; im Spätsommer kam sie für einige Wochen gleich noch einmal; in die böhmischen Bäder, die deutschbesiedelten Gebiete, in denen der Einfluß Konrad Henleins und seiner sudetendeutschen Nazipartei besonders groß war.

Unter Staatspräsident Thomas G. Masaryk, dem Philosophieprofessor und Freund vieler europäischer Gelehrter, und seinem Außenminister Edvard Beneš war die tschechische Republik, aus der Konkursmasse der k.u.k Monarchie nach dem Ersten Weltkrieg entstanden, im Laufe der Jahre zum Vorbild eines demokratisch-liberalen Landes geworden. Insbesondere die Hauptstadt Prag wurde ganz natürlicher Zufluchtsort, quasi zweiter Wohnsitz für Flüchtlinge und Emigranten aus dem nationalsozialistischen Deutschland. Kein Zufall also, daß u.a. die deutsche Sozialdemokratie mit ihrem Vorstand nach Prag ins Exil ging, daß sozialistische Gruppierungen wie »NeuBeginnen« hier entstanden.[107]

In der Stadt Rainer Maria Rilkes und Franz Kafkas, Franz Werfels und Max Brods gab es deutsche Theater und deutschsprachige Zeitungen; nach der Gleichschaltung der bekannten Münchener Satirezeitschrift *Simplicissimus* wurde in Prag von Emigranten der *Simplicius* (später *Simpl*) gegründet, und Hermann Budzislawski führte hier die traditionsreiche *Wochenschrift für Politik –Kunst–Wirtschaft*, Siegfried Jacobsons und Carl von Ossietzkys *Weltbühne*, als *Neue Weltbühne* weiter. Manfred Georg, als Feuilletonchef der Ullstein-Tageszeitung *Tempo* in Berlin ehemals Erika Manns Arbeitgeber, war nun Redakteur beim liberalen Prager *Montagsblatt*. Er unterstützte Erika Manns Bemühungen nach Kräften. Lange schon wollte Erika mit ihrer »Mühle« nach Prag. Die Verehrung für Masaryk und Beneš im Hause Mann war groß. Heinrich Mann hatte schon 1933 die tschechoslowakische Staatbürgerschaft erhalten, Thomas und Klaus Mann bekamen sie 1936.

Die durchweg liberale Politik der Regierung Masaryk/Beneš sah sich indes vor wachsende Probleme gestellt. Es gab eine sehr starke deutsche Minderheit in der Tschechoslowakei – 22 Prozent der Gesamtbevölkerung machte sie aus –, und unter der gab es eine große Anhängerschaft für die nationalsozialistische Partei des Sudetenlandes. Diese ihrerseits stand unter Druck und Einfluß des Reiches. Den völligen Bruch mit der deutschen Regierung wollte man in Prag – ebenso wie in Bern, Den Haag, London und Paris – zwar vermeiden, den wachsenden Einfluß der Nationalsozialisten im eigenen Land aber auch. Eine politische Gratwanderung begann, bei der trotz diplomatischer Interventionen und offenen Drucks auf die Bevölkerung in den sudetendeutschen Gebieten die Prinzipien liberaler Flüchtlings- und Asylpolitik nicht auf der Strecke bleiben sollten.

Als Erika Mann im Januar 1935 mit ihrer Truppe nach Prag kam, blieb sofort vom Programm einiges auf der Strecke. Gottfried Kellers 1878 entstandenes Gedicht *Die öffentlichen Verleumder* durfte nicht vorgetragen werden. Politisch nicht weniger aktuelle Nummern wie *Der Koch*, *Krankenschwester* und *Dummheit* wurden akzeptiert. Man mußte einwilligen, notgedrungen und ohne zu verstehen, was an Kellers politischer Attacke auf die Anfälligkeit eines Volkes für niederträchtige Demagogie aktueller bzw. gefährlicher sein sollte als an Therese Giehses prophetischer Vision vom Aufstieg und Fall der Dummheit.[108] Wenn sie die Pfeffermühle erhalten wollte, dann mußte Erika Mann einwilligen. Außerdem mußte sie dafür sorgen, daß über solche Zensurmaßnahmen nichts ins nächste Gastspielland, nach Holland, verlautete. Der Argwohn würde ihr vorauseilen, die Zensurbehörde bereits auf sie warten. Erika Mann mußte sich mit etwas abfinden, womit sich abzufinden ihr überhaupt nicht lag: mit der Anpassung an irrationale Gesetze und Konditionen. Aber sie hatte keine Wahl. Sie akzeptierte Auflagen fürs Pfeffermühlen-Programm immer wieder, ging bis an die Grenze des für sie persönlich und des für das Profil der Truppe Zumutbaren.

Die niederländischen Behörden werden im März 1935 verlangen, die Schlußzeile des Liedes von der *Hexe* zu streichen, also jene Sätze, in denen die Hexe ihre Freude darüber äußert, daß nun die Juden ihr ehemaliges Schicksal tragen, an allem Schuld zu sein. Nur mit dieser Streichung wurde der Text von der Zensur freigegeben. Der Stempel auf dem Papier macht es deutlich: Die Leiterin hatte akzeptiert.[109]

Aber sie handelte anders: Therese Giehse trug den Text ungekürzt, d.h. mit der Schlußzeile vor. Manchmal wurde es ihr dann eben doch zu dumm. Vielleicht hatten ja die Behörden auch nur ihrer formalen Pflicht Genüge getan und verfügt, was gegen das Programm der Pfeffermühle zu verfügen die offizielle Rücksichtnahme gegenüber deutschen Behörden verlangte. Es bestand immerhin die Möglichkeit, daß der tschechischen oder niederländischen Behörde die Zensurverfügung bereits genügte, daß sie aber nicht überprüfen und auch nicht handeln würde, wenn man sie einfach ignorierte und unzensiert spielte.

Bis zum Sommer 1936 zog die Pfeffermühle durch Europa. Von Land zu Land und von Ort zu Ort wechselten die Konditionen, jeweils andere Rücksichten mußten genommen, andere Konzessionen gemacht werden. Während des ersten Prager Gastspiels veröffentlichte der *Simpl* ihr Gedicht *Zugegeben*, und Erika Mann ließ sich in der *Deutschen Zeitung Bohemia* als rastlos-unruhige Künstlernatur portraitieren, die das Herz auf dem richtigen Fleck und Sinn für harmlose Komik hatte. Sie brachte Geschichtchen von sich in Umlauf: Wie sie als Vorbereitung auf ihre 10.000 km-Rennfahrt 1931 bei Ford einen Lehrgang als Automonteur absolviert habe, wie 1932 in Berlin infolge chronischer Geldknappheit der Gerichtsvollzieher gekommen sei und wie sie die Pfändung ihrer Garderobe nur dadurch habe verhindern können, daß sie behauptete, es handele sich um ihre »Berufskleidung« als Schauspielerin.[110]

Im Vorfeld wollte sie die Stimmung befrieden, die Atmosphäre entkrampfen, denn am Abend trat in der Vorstellung zum Beispiel Sybille Schloß auf die Bühne und sang das *Kinderlied*. Es ist das Lied vom kleinen Mädchen mit der schönen Stimme, das alle Lieder kennt und singt, die man so gelernt hat. *Häschen in der Grube* (»Schlafe nicht! Armes Häschen mach Dich frei«), *Hänschen klein*, *Kuckuck, Kuckuck rufts aus dem Wald*, usw. Aus dem Verschnitt und aus der Montage einzelner dieser Kinderliedzeilen entsteht die Strophe:

»Kuckuck, kuckuck, -
Rufts aus dem Wald.
Und Emil liegt im Walde,
So still und stumm.
Er hat aus lauter Purpur
Ein Mäntlein um.
Blutig sieht der Emil aus
Der kommt nimmermehr nach Haus.
Wer hat meinen Emil gemacht so stumm?«

Dem singenden Kind verschlägt es allmählich die Sprache, die Lieder gefallen ihm nicht mehr, und neue mag es nicht erfinden: »Es ist zu schrecklich auf der ganzen Welt«.[111]

In der Conférence erzählte Erika, jede Zeit habe die Lieder, die sie verdiene, und von den Kinderliedern zu sprechen sei vielleicht ganz sinnig, denn »Wir sprechen nicht von der Politik, wir sind ja nicht wahnsinnig«.

Hohn und Spott unter der Maske der Harmlosigkeit und immer wieder neue Mühe und Plage, um ein Minimum des Programms zu retten. Die zweite Tournee in die CSR im Sommer 1935 stellte Erika Manns Ausdauer auf eine harte Probe. Obwohl das geplante Programm bereits seit vier Wochen bei der Prager Zensurbehörde lag, erfuhr sie erst am Vormittag vor der Premiere, daß zwei Drittel gestrichen worden waren. Zwei Stunden zäher Verhandlungen, und sie hatte »einiges wieder frei«, konnte auftreten, hatte durchgehalten. Aber die Erfahrungen hinterließen Spuren. Ein wenig verbittert, bisweilen verzweifelt war sie, wenn sie sich nach solchen Anstrengungen von der sozialdemokratischen Presse zuviel Sanftmut, zu wenig Pfeffer in der Mühle vorwerfen lassen mußte. Aber sie machte weiter. In Marienbad, in Teplitz, in Aussig; die Atmosphäre war brenzlig, der Abend eine Angstpartie.[112] Es ging gut, es gab keine Schmierereien auf den Pfeffermühlen-Plakaten, keine Zwischenrufe, keine Krawalle. Man spielte – ungestört – das *Lied vom Willen*, den Sketch *April, April*:

»In Deutschland lebt ein jeder frei und gern, -
Ob blond, ob braun, ob Jude oder Christ.
Man weiss sich stark, drum liegt Gewalttat fern.
Achtung geniesst sogar der Kommunist.
...
April, April, April, April,
Wer's glaubt wird selig, oder nicht ...«[113]

Der zweite Teil des Abends enthielt eine Nummer, die schon seit Schweizer Zeiten im Programm war und die man sich vom Zensor nicht hatte wegstreichen lassen. Therese Giehse präsentierte die Pfeffermühlen-Version des Grimmschen

Märchens von *Des Fischers Frau.* Die Geschichte von der armen Fischerin, die zur reichen, mächtigen Herrscherin wird. Unersättlich ist sie in ihrer Herrschsucht. Geld und Macht, Königs- und Kaiserkrone, die »Wehrmacht« in ihrem Sold, aber es reicht ihr noch immer nicht. Sie will die Liebe ihres Volkes, läßt wählen und fälscht – als höchste Richterin – das Wahlergebnis. Nun gibt es kein Halten mehr: Zum Papst will sie sich küren lassen (»Wallfahrten tut man zu mir her«), und als auch das gelingt, bleibt nur noch eins: Gott selber muß sie werden (»ich will, daß man in Ewigkeit/ mich auch noch göttlich finde«). Nun aber war's zuviel, der Absturz wird entsetzlich, sie selbst, ihr Reich, ihr Heer und »Kapital und Banken« brechen zusammen. Die Vermessenheit wird gräßlich bestraft, nur warnendes Beispiel ist sie noch für die, die ihre Geschichte hören: »Bedenkt es recht zu eurem Glück/ Und rennt nicht ins Verderben«.[114] So singt Therese Giehse im Sommer 1935 in der CSR – in nazifreundlicher Umgebung. Zweieinhalb Jahre vor der Zerschlagung dieser Republik durch Hitlers Deutschland.

Ein ganzer Kontinent war auf den Beinen in jenen Jahren: rassisch Verfolgte und politische Flüchtlinge, linke Intellektuelle und pazifistisch gesinnte Künstler, Juden und Kommunisten, konservative Philosophieprofessoren, liberale Redakteure und sozialdemokratische Arbeiter. Viele von ihnen besuchten die Pfeffermühle, die, wie alle Emigranten und alle Exilunternehmen, zu spüren bekam, daß die Räume enger, der Spielraum kleiner, die Luft dünner wurde. Zu denen, die die Pfeffermühle sahen, die durch das Programm der »Mühle« für Stunden wieder ein wenig freie Luft atmen konnten, gehörten neben vielen anderen Lisa Fittko und Marianne Breslauer, Stefan Zweig und Ernst Bloch, Joseph Roth und Franz Theodor Csokor, Hilde Spiel und Hertha Pauli. Als eine »Patrouille der Menschlichkeit entlang der Front der Bestialität« empfand man Erika Mann und ihr Kabarett;[115] als eine, die es wagte, die Stimme zu erheben, die beharrlich warnte und im Kleinen wirkte. Später in London, als sie die Arbeit gegen Hitler mit anderen Mitteln fortsetzte, traf sie auf ihr unbekannte Menschen, die sich der Pfeffermühlen-Vorstellungen im »alten« Europa, in Holland oder Luxemburg, lebhaft erinnerten. Sie erzählten, es seien die Szenen und Bilder der Pfeffermühle gewesen, die sie aufgerüttelt, die sie noch gerade rechtzeitig erreicht hätten, um das Land zu verlassen.[116]

Genau das war es: Sie wollte nicht belehren, nicht besser wissen und auch nicht triumphieren. Die Pfeffermühle spielte nicht fürs bereits überzeugte Publikum, dem nur kabarettistisch zu bestätigen war, was es politisch und ideologisch selbst längst wußte.[117] Deswegen war es auch nicht nur ein

Programm für Emigranten, sondern für im Ausland lebende Deutsche beziehungsweise die deutschsprachige Bevölkerung; schließlich auch für zufällige, deutsche Urlaubsgäste in den Schweizer Bergen, den böhmischen Bädern oder den kleinen holländischen Hafenstädten.

Trotz »ovationeller« Erfolge in Amsterdam mochte Erika Mann das kleinstädtische Publikum lieber; als großstädtisch und unnaiv, ausschließlich auf die »politischen Dinge geeicht« erlebte sie die Zuschauer in Amsterdam. Erika Mann und ihre »Mühle« wollten nicht exklusiv sein, auch nicht in politischer Hinsicht. Ein breites, ein unbefangenes Publikum wollte sie für den Kampf gegen die Dummheit gewinnen. Das intellektuelle, vorrangig politisch interessierte Publikum, das nur dasaß und aufpaßte, ob auch die richtige »Linie« vertreten wurde, war ihr ein ständiges Ärgernis.

Programm und Prinzip der Pfeffermühle sind wohl in keinem Land so gut angekommen wie in Holland. Seit 1934 gab es in jedem Frühjahr/Frühsommer eine mehrmonatige Holland-Tournee, an die sich Abstecher nach Belgien und Luxemburg[118] anschlossen.

Friedlich und freundschaftlich waren die politischen, rege und eng waren die ökonomischen und die kulturellen Beziehungen zwischen dem Königreich der Niederlande und dem Deutschen Reich seit alters gewesen. Auch nach der »Machtergreifung« sollte sich dies zunächst nicht ändern. Die liberale Tradition des Königreiches machte es außerdem möglich, daß bis 1938 fast 30.000 deutsche Flüchtlinge in Holland Zuflucht fanden, und der Initiative des niederländischen Außenministers war es zu verdanken, daß sich im September 1933 der Völkerbund offiziell mit der von Deutschland ausgehenden Fluchtbewegung befaßte.[119]

In Amsterdam erhielt die deutschsprachige Exilliteratur ihr verlegerisches Zentrum. Bei Allert de Lange und im Querido Verlag, betreut von den emigrierten Lektoren des Berliner Kiepenheuer Verlages Hermann Kesten, Walter Landauer und Fritz Landshoff,[120] erschienen die Werke der vertriebenen und verbrannten Dichter: Bertolt Brecht und Anna Seghers, Lion Feuchtwanger und Arnold Zweig, Ernst Toller und Heinrich Mann, Irmgard Keun und Joseph Roth.

Seit September 1933 lebte Klaus Mann in Amsterdam und gab zusammen mit Fritz Landshoff *Die Sammlung* heraus. Auch einem berühmten Berliner Theatermann, Leopold Jessner, dem ehemaligen Intendanten des Berliner Staatlichen Schauspiels, gab Holland eine Chance. Mit einem ebenfalls emigrierten Ensemble spielte er Theater und versuchte so die Tradition der berühmtesten deutschen Bühne der Weimarer Zeit fortzuführen.

Erika Mann und ihre Pfeffermühle kamen also in ein Land mit »blühender« Emigrantenkultur: In Amsterdam und Den Haag, in Utrecht und Antwerpen feierten sie ihre größten Triumphe. Hinzu kam, daß die Pfeffermühle in Holland fast missionarisch tätig wurde. Kabarettistische Kleinkunst war dem holländischen Kulturleben im Grunde unbekannt, und um so begeisterter war die Reaktion.

Treuer Begleiter und freundschaftlicher Kommentator aller Gastspielreisen der Pfeffermühle wurde der holländische Schriftsteller und Kritiker Menno ter Braak. Mit seinem großen Aufsatz über »Emigranten-Literatur« hatte er 1934 in Leopold Schwarzschilds Zeitschrift *Das Neue Tage-Buch* die Grundsatzdiskussion über Sinn und Funktion künstlerischen, literarischen Schaffens in der Emigration eröffnet. Seine Kritiken über die Pfeffermühle, seine Interviews mit Erika Mann und Therese Giehse gehören zum Besten und Treffendsten, was über die Pfeffermühle in ihrer Zeit geschrieben wurde. Er drückte aus, was viele Zuschauer, was nicht nur die Emigranten während der Vorstellungen der Pfeffermühle empfanden. Hinter jeder Rolle stehe ein Mensch, in jedem Kostüm verberge sich eine lebendige, eine tief engagierte Stimme. Obsession fürs Theater, aber ohne Narzißmus. Sie sei eine Schauspielerin, die nicht das Bedürfnis nach Applaus und Bewunderung zur Pfeffermühle getrieben habe; sie sei ein Star als große Frau, ein überzeugender Mensch: so Menno ter Braak über Therese Giehse.[121]

Am 14. Mai 1940, nach dem Überfall der deutschen Truppen auf die Niederlande, nahm Menno ter Braak sich das Leben. Er wurde 38 Jahre alt.

Einer seiner besten Freunde, der nach dem deutschen Überfall im Untergrund leben mußte, war der holländische Maler und Graphiker Paul Citroën.[122] Auch ihn kannte Erika Mann gut, 1935 saß sie ihm für ein Portrait. Citroën malte eine sehr schmale, eine fast knabenhafte Erika. Die Haare kurz, nach vorn gekämmt und in der Stirne leicht gelockt; große, sehr offene Augen, ein Blick, der sich nicht recht entscheiden will: Soll sie den Betrachter ansehen, soll sie ihn zwingen, ihren traurig-skeptischen Ausdruck zu übernehmen. Sie strahlt nicht, sie lächelt nicht einmal auf diesem Bild; zerbrechlich und fast unberührbar; sehr jung, ein wenig kränklich und der Welt enthoben wirkt Erika auf diesem »erzengelhaften Porträt«. Es wurde ein Geschenk zum 60. Geburtstag des Vaters.[123]

Seit dem Sommer 1935 entwarf Erika Mann für die Pfeffermühle kein grundsätzlich neues Programm mehr. Nur einzelne Nummern kamen neu hinzu; anderes wurde weggelassen, Wichtiges immer wieder gegen die Zensur verteidigt. Mit Klaus zusammen entstand im Herbst 1935 ein dreiteiliger

Portrait Erika Manns von Paul Citroën (1935)

Sketch, der auch in Holland begeistert aufgenommen wurde. *Die Prophetin* ist er überschrieben, und er gehört zum Besten, was die Gattung »Hitlersatire« hervorgebracht hat.

Frau Motzknödel, die scheinbar schlichte Hausmeisterin, feiert schreckliche Triumphe mit ihrem Haß auf Fortschritt, Zivilisation und den »ätzenden Teufel des Intellekts«. Inbegriff für all das ist ihr das Telefon. Erst wenn diese undeutsche Erfindung ausgerottet ist, wird die Welt genesen. Frau Motzknödel kommt zur Macht, Telefone und deren Nutznießer landen auf dem Scheiterhaufen. Die Herrscherin mit dem kleinen Verstand und dem gigantischen Haß richtet aus einem »drahtlosen Haus« an ihre verstummten, endlich telefonlosen Untertanen eine große Radioansprache. Wieder eine Glanznummer für Therese Giehse, die tobend, bellend und ordinär grimassierend in allen Stimmlagen imitiert und karikiert, was jeder am heimischen Volksempfänger oder leibhaftig, zum Beispiel im Berliner Sportpalast, schon erlebt hatte.[124]

Auch diese Nummer war im Programm, als die Pfeffermühle am 26. April 1936 vor großem Publikum und zahlreich erschienener Presse in Amsterdam ihre 1000. Vorstellung gab. Auch in der Schweiz, ein drittes Mal in Prag und unvermindert in Holland wurde sie gefeiert. Aber die Behörden reagierten inzwischen auf den Druck der deutschen Gesandtschaften, sie unterwarfen sich den diplomatischen Interventionen, schließlich auch in den Niederlanden.

Hier teilten sie Erika Mann mit, man habe sie und ihre Kleinkunstbühne zwar sehr gern bei sich zu Gast, auch sei man ein freies Land und lasse sich von keiner auswärtigen Macht etwas vorschreiben. Dennoch müßte die Pfeffermühle ab sofort auf jede politische Anspielung und Wirkungsabsicht verzichten, aber sie werde doch sicherlich auch als »reines Amüsiertheater« auf ihre Kosten kommen.[125]

Wirklich überrascht konnten Erika Mann und das Pfeffermühlen-Ensemble nicht sein, auch wenn sie selbstverständlich nicht die Akte kannte, die über sie und das mit ihr »im Ausland herumziehende Kabarett« mit deutscher Gründlichkeit von Auswärtigem Amt, Reichsinnen- und Propagandaministerium und Gestapo seit 1934 geführt wurde. Natürlich wußte Erika Mann auch nicht, daß in dieser Akte zum Beispiel das Schreiben eines schwäbischen Blumen- und Topfpflanzengroßhändlers war, der durch Zufall in Amsterdam eine Vorstellung gesehen hatte. Empört ist er über die »Verhöhnung Deutschlands und des Führers«, die er in einem Raum, »der zu 95 Prozent mit Juden ausgefüllt« war, hatte erleben müssen. Er hatte die Reichskanzlei informiert und gebeten, bei der holländischen Regierung ein sofortiges Verbot »solch gemeinen Hetzstückes« zu erwirken. Dem Manne wurde zwar nicht geholfen, aber geantwortet: Erika Mann sei ausgebürgert, ein allgemeines Verbot ihres Unternehmens habe trotz entsprechender Bemühungen der Gesandtschaft jedoch nicht erreicht werden können.[126]

Die knapp 100 Blätter der »Ausbürgerungs-Akte Erika Mann« sind ein eindrückliches Dokument für den bürokratischen Eifer, mit dem die deutschen Behörden die Auftritte und Gastspiele der Pfeffermühle im Ausland verfolgten. Alle Anfragen und alle Berichte, die aus Berlin von den deutschen Botschaften in Bern, Prag und Den Haag angefordert wurden, verfolgten nur ein Ziel: Reichte das Material, um Erika Manns Ausbürgerung zu vollziehen, und reichte der Einfluß, um bei den ausländischen Regierungen ein endgültiges Verbot des Kabaretts zu erwirken?

Für das erste reichte es im Juni 1935. Erika Mann verlor als »geistige Urheberin« der »deutschfeindlichen Pfeffermühle« und wegen der »in diesem Unternehmen gezeigten würdelosen Darbietungen, die auf eine Verunglimpfung

Deutschlands abgestellt sind«, ihre deutsche Staatsbürgerschaft und damit den Anspruch auf Ausstellung bzw. Verlängerung ihres deutschen Passes.[127]

Für das zweite reichte es nicht, ja die Akte bezeugt, wie schwer es Erika Mann schließlich den Behörden gemacht hat, gegen ihr Unternehmen vorzugehen, und wie groß die Meinungsverschiedenheiten zwischen ausländischen Gesandtschaften und Innenministerium in der Frage waren. Die deutsche Gesandtschaft Prag teilte am 4. März 1935 dem Auswärtigen Amt mit, Erika Mann und die Pfeffermühle hätten bei ihrem hiesigen Aufenthalt auf alle Angriffe gegen die deutsche Regierung verzichtet. Aufgrund der Zürcher Krawalle sei die Pfeffermühle in Prag mit großer Spannung erwartet worden, habe aber die Erwartungen völlig enttäuscht. Ohnedies habe nur die »jüdische und liberale Presse« das Gastspiel registriert. Inzwischen habe man sich »sang- und klanglos« auf eine Provinztournee nach Teplitz-Schönau und Brünn begeben. Tenor aus der Prager Botschaft: Es lohne nicht den bürokratischen Aufwand, und diplomatischer Druck erübrige sich. Die Gestapo wußte es besser und teilte am 13. April übers Innenministerium dem Auswärtigen Amt mit, die tschechische Regierung habe Erika Mann »verwarnt« und ihr gedroht, sie werde ihre Konzession verlieren, wenn sie ihre »eindeutige Hetze« gegen Deutschland fortsetze. Im übrigen habe das Kabarett finanzielle Schwierigkeiten und beabsichtige demnächst eine Tournee durch Amerika. Das letztere stimmte, im anderen Fall war das Gegenteil wahr. Es gab wohl überhaupt kein Exilunternehmen, das finanziell so erfolgreich, so unabhängig war wie Erika Manns Pfeffermühle.

Ausführlich berichtete auch die deutsche Gesandtschaft in Den Haag nach Berlin, und auch hier stießen liberaler Diplomatenblick und bornierter Bürokratenehrgeiz aufeinander. Anläßlich des großen Erfolgs in Holland, vor allem aber, da die »raffinierte Art« der von Erika Mann verfaßten Texte, die nie in »direkten Wendungen« gegen Deutschland gerichtet seien, keinerlei Handhabe zum Einspruch biete, könne eine Maßnahme wie die Ausbürgerung Erika Manns und ihrer Mitarbeiter eher negative Folgen haben und »der Truppe eine Märtyrergloriole und damit eine willkommene Propaganda« verschaffen. Dem Innenministerium war das zuviel Fingerspitzengefühl. Die Argumentation aus Den Haag wurde scharf zurückgewiesen, und die dortigen deutschen Diplomaten wurden darüber belehrt, daß Erika Manns Ausbürgerung sehr wohl positive Auswirkungen haben werde:

»Erreicht wird damit vor allem, daß das schamlose Verhalten dieser ›Künstlerin‹, die aus witzelnder Verhöhnung des deutschen Volkes ein Gewerbe macht, durch eine entehrende Strafe vor den anständig denkenden Menschen des In- und Auslands gebrandmarkt wird. Als Propagandamittel für das Kabarett wird die Ausbürgerung nur auf den Personenkreis wirken, der ohnehin unbelehrbar deutschfeindlich eingestellt ist. Die anders eingestellten Kreise aber werden darin die Aufforderung erblicken, sich vom Unternehmen der Erika Mann fernzuhalten.«[128]

Obwohl das Innenministerium formal gezwungen war, verschiedene andere Dienststellen an der Ausbürgerung zu beteiligen, in Erika Manns Fall vor allem die ausländischen Botschaften, hat es schließlich allein verfügt. Trotz einzelner Vorbehalte haben die Botschaften auch schließlich ihr Plazet erteilt und nach Berlin telegrafiert, es bestünden »keinerlei Bedenken gegen die Ausbürgerung der Erika Mann«.[129]

Ohne Bedenken, vielmehr konsequent und ohne Sentimentalitäten hatte diese schon längst und auf ihre Weise für ihre Staatsbürgerschaft gesorgt. Am 12. Juni 1935 – nach aufreibenden Gastspielreisen – flog Erika Mann nach London, um dort drei Tage später, am 15. Juni, den englischen Lyriker Wystan H. Auden zu heiraten. Schon nach wenigen Tagen war sie, nunmehr Mrs. Erika Mann-Auden, als britische Staatsbürgerin wieder in der Schweiz, und sofort schrieb sie dem Schweizer Freund der Pfeffermühle, dem Feuilletonredakteur der *Basler Nachrichten*. Er möge doch bitte in der Presse eine Notiz über ihre neue Identität bringen: Ihr Mann sei ein in seinem Lande sehr geschätzter Schriftsteller, der soeben mit Christopher Isherwood zusammen ein Stück geschrieben habe. Es sei irgendwie komisch, daß ihre Heirat fast mit dem Datum ihrer Ausbürgerung zusammenfalle, nur Hitler bringe das Kunststück zustande, daß Deutsche eine Engländerin ausbürgern. Und überdies: mit Auden sei sie schon »seit geraumer Zeit ganz still verlobt« gewesen.[130]

Das stimmt, wenn man die Worte recht versteht. Tatsächlich war Erika seit mindestens einem Jahr auf der Suche nach einem heiratsfähigen Mann, der ihr einen Paß und ihrer »Mühle« weiter Sicherheit verschaffen könnte.[131] »Still« vollzog sich diese Suche insofern, als nur Klaus an ihr beteiligt war.

Er und Fritz Landshoff waren schon seit einigen Jahren mit Christopher Isherwood, dem englischen Schriftsteller und Autor des berühmten Romans *Good bye to Berlin*, befreundet. Im Mai des Jahres 1935 fügte es sich, daß Isherwood und sein deutscher Freund Heinz in Amsterdam waren, als Erika mit ihrer Pfeffermühle dort gastierte. Zusammen mit Klaus saß die ganze Gesellschaft im Restaurant, und als sei es eine bloße Nebensächlichkeit, fragte Erika Isherwood plötzlich, ob er ihr nicht zu einem britischen Paß verhelfen und sie heiraten wolle. Der Befragte wird sichtlich verlegen, weiß gar nicht recht, wie er das verstehen soll, lehnt zögernd ab. Er habe seine Mutter nicht kränken, und er habe seinen deutschen Freund, dem durch die Verbindung zu einer berühmten Anti-Nazi-Familie vielleicht Schwierigkeiten hätten entstehen können, nicht gefährden wollen, erzählt er später. Aber er verspricht, einen anderen zu fragen, seinen englischen Freund und Schriftstellerkollegen Wystan Auden.[132]

Auch er war homosexuell, auch er fürchtete sich ein bißchen vor seiner strengen, katholischen Mutter. Trotzdem telegrafierte Wystan Auden postwendend von England nach Amsterdam: »delighted«. Die Braut schickte ihm ein paar Fotos: als Pierrot, als »Prinz aus Lügenland«. Die großen, dunklen Augen prägten sich ihm ein – Wystan kannte schließlich Bilder von Thomas Mann.

Es war Eile geboten, Erika packte ihre Koffer, eine Woche höchstens hatte sie Zeit für England.

Erika Mann und der zwei Jahre jüngere Wystan Auden: Die Kabarettistin und der Poet hatten sich vorher nie gesehen. Sie trafen sich, um zu heiraten. Drei verschiedene Geschichten gibt es über ihre erste Begegnung. Die erste: Erika nimmt die Eisenbahn von London nach Malvern, wo der Zukünftige als Lehrer lebt und die Zeremonie stattfinden soll. Statt in Great Malvern steigt sie in Malvern Link aus, tritt lächelnd auf den ersten und einzigen Mann zu, der auf dem Bahnsteig steht, und sagt: »It is so kind of you to marry me.«

Die zweite: Auf dem richtigen Bahnhof steht Wystan. Er eilt auf die einzige Frau zu, die aus dem Zuge steigt, fällt ihr um den Hals und ruft: »Darling, how lovely to *meet* you.«

Die dritte ist die angeblich wahre Version. Das Paar hat sich in einem einsamen »village pub« verabredet. Wystan – in Begleitung seines Freundes – kommt ein wenig zu spät. In rasantem Tempo fährt er mitten über den Dorfanger, schleift dabei einen riesigen weißen Stein unter seinem Wagen mit und hält mit sportiv quietschenden Bremsen vor der auf der anderen Seite wartenden Erika. Händeschütteln, Begrüßen und Erikas Vorschlag, die Rückfahrt nach Malvern selbst zu steuern, sind eines. Die verdutzten Herren können es nicht fassen, vor ihnen steht eine fast männliche Erscheinung, die außerdem auch noch den Führerschein hat. »Ideal« für den homosexuellen Wystan, sagt sein Biograph Humphrey Carpenter.[133]

In Ledbury sollte die Trauung stattfinden, aber als Wystan dem dortigen Standesbeamten einige Fragen beantworten mußte, kam er ins Stottern. Der Name der Braut? Genau wußte er es nicht, sie war schon einmal verheiratet, ist aber geschieden. Ihr Alter? Auch das kann der Ehemann nicht genau sagen. Macht ja nichts, findet der Beamte, in beiden Fällen können die Angaben nachgeliefert werden. Am 15. Juni heirateten Wystan und Erika, ein befreundetes Ehepaar aus Wystans Nachbarschaft war Trauzeuge. Einen Blumenstrauß hatte Wystan am Auto befestigt. Eine Feier gab es nicht, auch kein Hochzeitsessen. Wystan brachte seine Frau ins Hotel zurück, er selbst ging zur Schule, um zu unterrichten. Am nächsten Tag war Erika bereits wieder in London. Vorher allerdings hatten beide noch ein Dokument unterschrieben, mit dem sie auf alle finanziellen Ansprüche gegeneinander verzichteten.[134]

Unmittelbar nach der Eheschließung schrieb Wystan Auden über Erika Mann an seinen Freund Stephen Spender: »I didn't see her till the ceremony and perhaps I shall never see her again. But she is very nice«.[135]

Er sollte sie noch häufig wiedersehen. Denn obwohl es eine Paßehe war und das Paar niemals zusammen lebte, wurden sie doch Freunde. Wann immer sich die Gelegenheit bot, haben sie sich besucht. Als Auden und Isherwood 1939 nach Amerika kamen, holten Erika und Klaus Mann die Freunde vom Schiff ab. Schon vorher in Küsnacht und später in Princeton und Pacific Palisades war Auden ein gern gesehener Gast im Hause Thomas Manns.

Als Erika am 16. Juni 1935 nach der Trauung nach London kam, traf sie sofort einen Mann, dem ihre Reise mindestens ebenso gegolten hatte wie dem Ehemann. Es war der Theateragent Rudolf Kommer. Mit ihm verhandelte sie über eine Pfeffermühlen-Tournee nach Amerika. Kommer zögerte, ließ sich bitten, wußte nicht recht; aber die passionierte Kabarettistin war hartnäckig und entschlossen und gab nicht auf.

Die Pläne, mit dem Kabarett nach Amerika zu gehen, gab es schon lange; vor allem Klaus bedrängte die Schwester. Für ihn, dessen *Sammlung* immer ein instabiles Unternehmen gewesen war, das er im Sommer 1935 schließlich hatte einstellen müssen, war Amerika der neue Exil-Kontinent. Aber ohne Erika würde er und wollte er nicht gehen.[136] Ohne die Pfeffermühle aber ging Erika nicht. So lange es ging, wollte sie in Europa mit ihren Mitteln, mit dem Kabarett, gegen Hitler kämpfen. Ausbürgerung und Eheschließung, Krawalle und Zensur, Bespitzelung und Behördenwillkür nahm sie in Kauf, so lange es irgend möglich war.

Es war nicht mehr möglich, seit auch in den Niederlanden die Auflagen der Fremdenpolizei einen Abschied vom politischen Anspruch bedeutet hätten. Die letzten Vorstellungen gab die Pfeffermühle Anfang Mai 1936 in Luxemburg. Mitte des Monats war Erika Mann noch einmal in London. Dort traf sie Wystan Auden, der sie, die eigentlich ganz andere Dinge im Kopf hatte, seiner Familie vorstellte. Aber sie fügte sich, denn inzwischen brauchte auch Therese Giehse einen Paß, und Auden hatte sich bereit erklärt, den erforderlichen Ehemann zu finden.[137] Mit Erfolg im übrigen: Therese Giehse und der Schriftsteller John Hampson-Simpson heirateten am 20. Mai 1936.

Inzwischen setzte Erika Mann alles daran, die amerikanische Tournee Wirklichkeit werden zu lassen. Wieder sprach sie mit Rudolf Kommer, der ihr die Kontakte zu einflußreichen und vor allem zahlungskräftigen Sponsoren vermitteln sollte. Durch die Vermittlung Rudolf Kommers wurde in Max Reinhardts Privathaus, in Schloß Leopoldskron bei Salzburg, für den August eine Exklusivvorstellung vereinbart. Eine Einladung für handverlesene, geladene Gäste, reiche Amerikaner vor allem, die man als Mäzene für den Start in New York brauchte. Es sollte die einzige Aufführung in Österreich sein, noch dazu eine geschlossene Vorstellung.

Ein wenig hat sie sich darüber gegrämt, denn jahrelang war Erika nach Österreich gefahren, um hier gastieren zu können. Dem österreichischen Gesandten in der Schweiz hatte sie schriftlich versichert, wie harmlos die Pfeffermühle doch sei, daß sie sogar zwei Österreichern Arbeit und Lohn verschaffe und daß das Programm ihres rein literarischen Kabaretts keinesfalls gegen Österreich gerichtet sei.[138] Es hatte alles nichts genutzt, in letzter Sekunde war die Auftrittsbewilligung jedesmal verweigert worden; schließlich sogar aufgrund einer Denunziation aus den eigenen Reihen, durch ein Mitglied der »Mühle« selbst.

So hat Erika Mann später erzählt; vieles hat sie später über die Pfeffermühle und das Ensemble erzählt, was wohl nicht immer zutrifft. Es habe keinerlei Rivalitäten, weder Streit noch Eifersüchteleien gegeben; stets heiteren Sinnes, habe man dem strengen Regie-Diktat der Giehse Folge geleistet. Entscheidungen seien gemeinsam getroffen, die durchweg guten Einnahmen nach Abzug der Unkosten und Rücklagen für den Theaterfundus untereinander aufgeteilt worden. Letzteres stimmte, aber für das erste trügt Erika ihr legendenfreudiges Gedächtnis. Denn die Animositäten und Auseinandersetzungen im Ensemble waren heftig und wohl auch häufig. Erikas eigenes Temperament war auf Konflikt nur zu sehr angelegt, ihr kommandierender, bisweilen selbstherrlicher Ton wird nicht selten Anstoß erregt haben.[139] Auch sind die häufigen personellen Wechsel im Ensemble sicherlich nicht nur Folge anderer, besserer beruflicher Angebote gewesen. Nach Abschluß der zweiten Holland-Tournee, Ende Mai 1935, gingen vier alte Ensemble-Mitglieder auf einmal: Sybille Schloß und Heinrich Ortmayr, Igor Pahlen und Hans Sklenka. In Wien fand Erika Mann Ersatz, sie engagierte Kitty Mattern und Paul Lindenberg, den Medizinstudenten und Schauspieler, der sich als Kabarettist bereits einen Namen gemacht hatte und als »Dr. med.« mit der Pfeffermühle herumreiste. Auch Jaro Klüger (alias Daniel Brozowsky), einen routinierten Schauspieler an den Bühnen in Wien, Basel und Breslau, konnte sie gewinnen.

Als sich im Dezember 1935 Lotte Goslar von der Pfeffermühle verabschiedete, mußte auch für sie, die als skurrile, groteske Tänzerin dem Programm immer einen besonderen Akzent gegeben hatte, Ersatz gefunden werden. Cilli Wang, ebenfalls Österreicherin, ebenfalls begabte und erfolgreiche Tänzerin, übernahm die Aufgabe. Sie war die letzte »Neue« im Ensemble, und es soll ihr nicht leichtgefallen sein, Erika Mann und Therese Giehse von sich zu überzeugen.[140] Denn natürlich gaben diese beiden den Ton an, während Magnus Henning, der Mitbegründer und treue Musiker seit Münchener Zeiten, unverdrossen komponierte. Bis zu ihrer Auflösung, im Januar 1937, hat die Pfeffermühle 27 Mitwirkende gehabt; nur drei, Erika Mann, Therese Giehse und Magnus Henning, waren von Anfang an dabei und bildeten die »graue Eminenz«.

Für die europäische Abschiedsgala der Pfeffermühle, am 14. August 1936, konnten noch einmal bewährte Kräfte verpflichtet werden: Lotte Goslar und Valeska Hirsch. Vor knapp zwanzig geladenen Gästen spielte man ohne Bühne in einer steinernen Halle auf steinernem Fußboden. Elektrisches Licht gab es nicht, weil der Hausherr und Gastgeber, der Theaterkönig der zwanziger Jahre, weil Max Reinhardt so verschuldet war, daß man ihm den Strom abgestellt hatte. Also fand die Satire gegen Hitler bei romantischem Kerzenlicht statt; vor reichen amerikanischen Gästen, die nicht viel verstanden, aber interessierte Gesichter machten. Auch Marlene Dietrich war unter den Geladenen, konnte dem Programm aber auch nicht recht folgen, da sie beständig ans Telefon gerufen wurde und mit ihren vielen Abgängen und Auftritten für ein eigenes Programm sorgte. Das alles war für das amerikanische Gastspiel, das an diesem Abend endgültig verabredet wurde und zu dem Erika Mann schon einen Monat später aufbrach, kein gutes Omen.

Gewiß war man im Ensemble auch nicht einer Meinung über diesen ›Ausflug‹, vor allem Therese Giehse war skeptisch und unwillig; sie sah selbstverständlich die politische Klimaveränderung in Europa, erlebte, daß die Pfeffermühle hier an ihre Grenze kam; doch Amerika war in ihren Augen ein großer Unsinn: »Aber die Erika, die hat's halt so gewollt!«[141]

Sie hat es so gewollt, so wie sie in den letzten dreieinhalb Jahren mit eisernem Willen dieses Kabarett und seinen besonderen Kampf gegen Hitler gewollt hatte. Sie selbst schonte sich nicht und kannte gegen sich keine Rücksicht. Sie rauchte viel, und gegen Fieber und Bronchitis brauchte sie Medikamente, an die sie sich gewöhnte. Blaß und abgemagert kam sie im Juni 1936 aus London zurück, und den Urlaub, den sie anschließend mit Klaus, Annemarie Schwarzenbach und Fritz Landshoff in Südfrankreich und

Mallorca verbrachte, hatte sie bitter nötig. Aber die leidenschaftliche Autofahrerin konnte auch jetzt nicht genug kriegen. Die Reise nach Spanien machte sie mit dem Ford, der – natürlich – zwischendurch streikte; und die Autowerkstätten in Marseille streikten auch. Immerhin, ihr Wagen hatte seit neuestem ein Radio, und so brauste man anschließend mit Schubertliedern oder dem Tristanvorspiel durch die Pyrenäen. Überhaupt war das Auto der einzig wahre Ort fürs Radio![142]

Ende Juni erholten sich Erika und die Giehse weiter in der Schweiz, in Sils lebte Erika wieder auf. Sichtlich beruhigt war der Vater, als er sie im Juli braungebrannt und ausgeruht in Küsnacht begrüßen konnte.[143]

Seit 1933 hatte Thomas Mann auf seine Weise dafür gesorgt, daß die Jahre des europäischen Exils für seine älteste Tochter nicht nur im Kampf mit und um die Pfeffermühle aufregend und aufreibend waren.

Familienzwist um Bermann: »Für mich ist es traurig und schrecklich.«

»Uns ist bei unserer Jugend eine große Verantwortung aufgeladen in Gestalt unseres unmündigen Vaters«, bitterfreche Worte von Erika an Klaus, im August 1933.[144]

Thomas Mann tat sich schwer: mit der Tatsache des Exils ohnehin, mit dem drohenden Verlust seines Hauses und seiner Habe in München verständlicherweise, mit der Unsicherheit, wo das bürgerlich-repräsentative Ambiente wiederhergestellt werden konnte, auf das er selbst und seine Dichtkunst so angewiesen waren. Vor allem tat sich Thomas Mann schwer mit einem klaren, einem unmißverständlichen, einem öffentlichen Wort zu den »deutschen Dingen«, gegen die »nationale Erhebung« im Namen von Rasse und Volksgemeinschaft.[145] Und noch ein anderer tat sich schwer: Gottfried Bermann Fischer wollte seinen Verlag in Deutschland halten, so lange es ging, und um ihn zu halten, setzte er auf den Nobelpreisträger, den deutschen Schriftsteller mit Weltruhm. Er baute auf Thomas Mann, er brauchte ihn, so wie Thomas Mann, der unter allen Umständen in Deutschland verlegt werden wollte, Gottfried Bermann Fischer brauchte.[146] Für den Oktober 1933 war der erste Band des Joseph-Romans, *Die Geschichten Jaakobs*, angekündigt, und Thomas Mann setzte ganz auf die ironisch-subversive, ja oppositionelle Wirkung seines Romans über die israelitischen Urväter im Land des Judenboykotts und des Gesetzes »zur Wiederherstellung des Berufsbeamtentums«.

Thomas Mann tat sich schwer und litt an Deutschland. Erika Mann ärgerte sich und argumentierte gegen den Vater. Seinen Wunsch, mit dem »Joseph« in Deutschland zu erscheinen, konnte sie verstehen, sie teilte sogar seine Hoffnungen auf eine entsprechende Wirkung in Deutschland. Völlig unverständlich allerdings war ihr des Vaters Konzessionsbereitschaft gegenüber seinem Verleger. Der wurde nicht müde zu warnen, zur Vorsicht zu gemahnen; er hielt insbesondere die Äußerungen Heinrich Manns und das Verhalten von Erika und Klaus für verhängnisvoll. Er wollte, daß Thomas Mann sich distanzierte und auf seine Kinder einwirkte. Vor allem Erika solle in der Pfeffermühle weniger scharfe Töne anschlagen, und Thomas Mann solle sie dazu veranlassen – ein Ansinnen, das Thomas Mann entschieden ablehnte. Denn »nervöse Rührung« befiel ihn jedesmal, wenn er den Pfeffermühlen-Vorstellungen beiwohnte, was regelmäßig und häufig der Fall war. »Liebevoll erschüttert«, voll »väterlich-befangener Ergriffenheit« zeigte sich Thomas Mann über Erika und ihre Produktionen; stolz und ohne die emotionalen Vorbehalte, die es den anderen Kindern gegenüber reichlich gab, notierte er im Tagebuch die Alltäglichkeiten rund um die Pfeffermühle. Angst und Sorge klingen an, wenn von den Krawallen um die Pfeffermühle, wenn von Erikas gefährlichen Aktivitäten, von ihrer Erschöpfung die Rede ist. Ganz ausgeschlossen also, daß Thomas Mann seinem Verleger in diesem Punkt hätte nachgeben können.[147]

Mit Nachdruck hat Gottfried Bermann Fischer versucht, Thomas Mann zur Rückkehr nach Deutschland zu bewegen, und ihm in Aussicht gestellt, man werde ihm dort ehrenvoll begegnen. In Berlin waren am 10. Mai 1933 auch »nur« die letzten politischen Schriften Thomas Manns auf dem Scheiterhaufen gelandet, während es in Köln durch Vermittlung Ernst Bertrams sogar gelungen war, Thomas Manns Werke vor der öffentlichen Verbrennung zu bewahren. Im übrigen konnte Gottfried Bermann Fischer nicht wissen, daß Reinhard Heydrich in der Münchener Polizeizentrale bereits verfügt hatte, daß Thomas Mann bei seinem Erscheinen sofort festzunehmen und nach Dachau zu bringen sei.[148]

Erika konnte es auch nicht wissen, aber sie war Realistin genug, um zu ahnen; und aufmerksam genug, um die richtigen Konsequenzen zu ziehen. Also stellte sie dem Vater vor Augen, was geschehen könnte, wenn er nach Deutschland zurückkehrte.

Am 17. März 1933 hatte Thomas Mann seinen Austritt aus der Sektion für Dichtkunst der preußischen Akademie der Künste erklärt und die von Gottfried Benn formulierte Loyalitätserklärung für das neue Regime nicht unterzeichnet.[149] Auch geschahen inzwischen andere Dinge, die Thomas Mann an eine Rückkehr nicht mehr denken ließen, wiewohl sie ihn immer noch nicht zu einer öffentlichen Absage an das nationalsozialistische Deutschland bewegen konnten.

Im April 1933 war in München das beschämende Dokument einer »wiedererwachten« deutschen Kulturnation veröffentlicht worden. Unterzeichnet vom bayerischen Kultusminister, den Präsidenten und Generaldirektoren der Kunstakademie und der Gemäldegalerie, der Staatstheater und der Industrie- und Handelskammer, initiiert von Hans Knappertsbusch und auch von Hans Pfitzner und Richard Strauss unterschrieben, hatte die »Richard-Wagner-Stadt München« protestiert: gegen die angebliche Verunglimpfung dieses vom »Führer« so geliebten und genialen deutschen Komponisten in einem Vortrag von Thomas Mann. Der »Protest« war eine üble Denunziation, ein Kniefall der Münchener Kulturelite vor den neuen Machthabern.[150] Thomas Mann war angewidert, nicht zuletzt weil mit Hans Pfitzner ein von ihm sehr verehrter, mit ihm befreundeter Komponist unter den Unterzeichnern war. In ein Land mit solcher Rückgratlosigkeit würde er nicht zurückkehren; er protestierte öffentlich. Seine Erwiderung druckten die *Vossische* und auch die *Frankfurter Zeitung*. Einen großen, an Hans Pfitzner gerichteten Essay in der Angelegenheit wies Gottfried Bermann Fischer, sein Verleger, für dessen *Neue Rundschau* er gedacht war, zurück: Er sei zu scharf, gefährde das Erscheinen der bereits im Druck befindlichen *Geschichten Jaakobs*. »Traurig, sanft, rührend und unaggressiv« fand Erika diese Erwiderung,[151] und daß Gottfried Bermann Fischer sie ängstlich zurückwies, ging ihr über die Hutschnur. Ohnedies war in ihren Augen schon jetzt – im Sommer 1933 – der Preis für das Erscheinen des »Joseph« in Deutschland entschieden zu hoch. Sie hielt es ihrem Vater vor, setzte ihm zu und strengte sich an, prophezeite, daß bei seinem politisch-ästhetischen Vabanquespiel nichts herauskommen werde. Sie mußte sich mit dem väterlichen Eingeständnis zufriedengeben, seine »Lage und Haltung« sei schief und unklar. Das aber sei die Folge der »Einmaligkeit meiner Situation«, und so müsse er damit leben, Rücksicht auf Bermann zu nehmen und Enttäuschung unter den Emigranten auszulösen.[152] Rücksichtnahme auf den »Joseph« beziehungsweise auf den Fischer Verlag zwang Thomas Mann, der noch immer kein öffentliches Wort gegen das deutsche Regime gesagt hatte, sich im Oktober 1933 öffentlich von der Exilzeitschrift seines Sohnes Klaus zu distanzieren.

Die erste Nummer der *Sammlung* war im September 1933 erschienen und enthielt in der Liste der Mitarbeiter die gesamte deutschsprachige, überwiegend emigrierte Literatur: von Max Brod bis Stefan Zweig, von Alfred Döblin bis Jakob Wassermann, von Claire und Yvan Goll bis Ernst Toller, Ödön von Horváth und Robert Musil, Heinrich und Thomas Mann. Alles was Rang und Namen in der deutschsprachigen Literatur hatte, wollte Klaus um diese Zeitschrift sammeln, eine literarische Zeitschrift, aber auch ein »Forum für die europäische Jugend« sollte sie sein. Ihr wesentliches, vordringliches Ziel sei der Dienst an der Literatur und der schließe ein – so Klaus im programmatischen Vorwort zum ersten Heft –, daß die wahre, die gültige deutsche Literatur sich besinne und nicht länger schweige »zur Entwürdigung ihres Volkes und zu der Schmach, die ihr selber geschieht«.

Eine Kampfansage der literarischen Emigration ist Klaus Manns Zeitschrift gewesen, der erste und wohl auch einzige Versuch, der deutschsprachigen Literatur außerhalb des Reiches ein Forum zu geben, unabhängig von der parteipolitischen Orientierung ihrer Verfasser. Nur folgerichtig, daß Heinrich Mann, André Gide und Aldous Huxley während der zwei Jahre ihres Bestehens das Patronat der *Sammlung* übernahmen. Folge verlegerischen Drucks aus dem Hause Fischer war, daß Thomas Mann, wie andere Fischer-Autoren auch – Hermann Hesse, Stefan Zweig, René Schickele –, nach der ersten Nummer einen Rückzieher machte.[153]

Zum 50. Geburtstag ihrer Mutter kam Erika aus der Schweiz nach Sanary, um aus feierlichem Anlaß ein »Festspiel« auszurichten. Sie nutzte die Gelegenheit, um mit »leidenschaftlichen Ermahnungen« bei ihrem Vater für das Unternehmen ihres Bruders zu werben und gleichzeitig heftig gegen Bermanns ständige »Expressbriefe« zu argumentieren, mit denen der Verleger nach wie vor Thomas Mann zur Rückkehr nach Deutschland zu bewegen suchte. Einfach und klar war Erikas Konzept, von dem sie auch den Bruder überzeugen wollte. Da Thomas Mann jedem zugänglich sei, der »auf ihn einschwätzt«, müßten sie, Erika und Klaus, das möglichst lange und beharrlich tun, zumal »wir es besser meinen«.[154]

All ihren Einfluß hat sie geltend gemacht, um Thomas Mann zu überzeugen, daß die Bindung an den S. Fischer Verlag eine falsche Entscheidung sei, die Falsches nach sich ziehen und »Unheil, Widerspruch und Unhaltbares« zur Folge haben werde; eine fatale Konsequenz, in der Menschliches und Politisches sich nicht mehr werde unterscheiden lassen. Thomas Manns Tagebücher bezeugen, wie sehr Erika ihm zugesetzt hat; er ist attrahiert und fasziniert von ihrer »Rigorosität«;[155] er gibt ihr recht und seinem Verleger nach.

Im Streit um Thomas Mann und Klaus Manns *Sammlung* unterlag Erika, trotz der besseren Argumente, trotz einer Haltung, die der Vater bewunderte und die den Gewissenskonflikt, den er während dreier Jahre mit sich auszufechten hatte, nicht unwesentlich verschärfte. Klaus empfand Thomas Manns Distanzierung von seinem Unternehmen, in dem Gottfried Bermann Fischer auch die Konkurrenz zu seiner eigenen Zeitschrift, der *Neuen Rundschau*, fürchtete, als schmählich und elend. Für seine ohnehin labile, depressive Verfassung war diese Entscheidung des Vaters ein arger Schlag. Erika wirkt dagegen souveräner, gelassener. Sie ärgerte sich, machte ihrer Empörung in heftigen Worten Luft, nannte einen »Berdreck«, was geschah, und gab nicht auf. Sie wollte Thomas Mann für die Emigration gewinnen, sie hielt die Bindung an Gottfried Bermann Fischer für verhängnisvoll. Solange der mit seinem Verlag in Deutschland »festhält«, werde sein Durchhalten Thomas Mann zu Unhaltbarem veranlassen. Das erklärte sie ihrem Vater bei jeder Gelegenheit, die sich bot, ob sie gefragt war oder nicht.

Gefragt haben sie der Amsterdamer Querido Verlag und sein Leiter Fritz Landshoff, der Freund von Klaus und Erika, der Kenner und Verehrer der Werke Thomas Manns. Er hoffte sehr darauf, Thomas Manns Verleger im Ausland zu werden, den dritten Band des »Joseph« – der zweite war im April 1934 in Deutschland erschienen – und einen von Thomas Mann geplanten Band mit Essays unter dem Titel *Leiden und Größe der Meister* wollte er gerne herausbringen. Erika wollte das selbstverständlich auch, also setzte sie sich hin – während der Proben und Aufführungen der Pfeffermühle in Ascona – und schrieb – zum wiederholten Male – einen Brief.[156] Briefkultur auf hohem Niveau ist nicht zufällig das wesentliche, das einzige Ergebnis in dem mehrjährigen politischen Disput zwischen Vater und Tochter.

Nüchtern und ohne politisch-ideologische Phrasen setzt Erika Mann im Spätsommer 1934 ihrem Vater auseinander, wieviel einem Verleger wie Querido, ja daß alles ihm daran gelegen sein müsse, Thomas Manns erstes Buch, das nicht mehr in Deutschland erschien, bringen zu können. Die bei Querido erscheinende *Sammlung* gehe nur mäßig, Klaus' Stellung im Verlag sei »an sich nicht die Unbedrohteste«, aber für den Fall, daß Thomas Mann sich beispielsweise für den Zürcher Verlag Rascher entscheide, könne das die Situation für Klaus und seine Zeitschrift leicht verschlimmern. Und das sei doch nicht schön. Sie machte es wie in den Songs der Pfeffermühle: Zum Schein spielte sie das Brisante, den politischen Zündstoff immer ein bißchen herunter. Sie tarnte mit Märchen und Kinderliedchen; gegenüber dem Vater tarnte sie durch gesunden Menschenverstand, intervenierte scheinbar ganz harmlos mit einfachen Überlegungen, auf die der große Dichter seiner »Geschäftsferne« wegen vielleicht nicht komme, die man aber nicht außer acht lassen solle. Und sie machte es ihm leicht, baute Brücken, so gut es nur ging. Sie möchte ihn nicht überreden, wolle sich nicht einmischen, nicht dreist erscheinen. Für den Schluß des Briefes – dramaturgisch wirkungsvoll – hebt sie sich auf, was für den Vater zu akzeptieren ein leichtes wäre. Ihn, Thomas Mann, koste es doch gar nichts, sein Werk im Ausland dem Querido Verlag anzuvertrauen, mehr noch, der alte Herr Querido erinnere als Verlegerpersönlichkeit auf ergreifende Weise an den von Thomas Mann so geliebten Samuel Fischer. Wenn es ihn, Thomas Mann, also nichts koste, für uns, für die Geschwister, für Klaus, für die in der *Sammlung* engagierte Exilliteratur aber so außerordentlich wichtig und wenn ein solcher Entschluß auch noch *sachlich* richtig sei, dann lasse er sich doch vielleicht ganz einfach treffen.[157]

Thomas Manns Entscheidung fiel anders aus: Der Essay-Band kam im Frühjahr 1935 bei S. Fischer heraus, bis 1946 sollte es das letzte Werk Thomas Manns sein, das in Deutschland erschien. Erika bekam sofort ein Exemplar, versehen mit väterlicher Widmung. Umgehend erhielt der Vater einen Dankesbrief. »Des verhaßten Firmenschildes ungeachtet«, habe sie sich gefreut und wieder unendlich gern in diesem Buch gelesen.[158] Dabei kannte sie die Goethe-Aufsätze des Bandes gut, gleichsam »intim« – sie hatte sie gekürzt, auf angemessene Länge gebracht und auf diese Weise mit einer Tätigkeit begonnen, um die sie zukünftig vom Vater immer häufiger gebeten werden sollte.

Erikas Dank hat keinen bitteren Unterton, sie war nicht nachtragend, und vor allem nörgelte sie nicht am Irreversiblen herum. Sie hatte eine andere Entscheidung des Vaters gewünscht und das Ihre getan, sie herbeizuführen. Aber sie war nicht der Mensch, der moralisch im Recht bleiben wollte, wo er faktisch unterlegen war. Also schrieb sie dem Vater, was unter den gegebenen Umständen zu schreiben auch nur sinnvoll war. Wie sehr sie den »Joseph«, wie sehr sie diese Essays liebe und daß es schon an ein Wunder grenze, daß dergleichen in Deutschland noch herauskommen und insofern auch gekauft und gelesen werden könne; ja es lohne doch die Mühe, solche »Pillen ins Land zu rollen«.

Seine zögernde Haltung und seine Sehnsucht nach der singulären, unpolitischen Künstlerexistenz, nach Repräsentation deutscher Geistigkeit in seiner Person, die damit verbundene Gewissensnot und Seelenangst, all das hat Erika an Thomas Mann gesehen, kritisiert, scharf kritisiert. Aber sie hat es ihm nicht verübelt – sie hat es verstanden, aber nicht gebilligt; sie hat es als schmerzhaft, schrecklich und bedrückend erlebt, aber sich nicht persönlich beleidigt oder gekränkt gefühlt. Wenn es zu arg wurde, dann schrieb sie einen »politischen Großbrief«[159] und kam ein paar Tage nicht nach Hause. Sie wußte, wie sie ihn nehmen mußte, diesen geliebten Vater und genialen Dichter, diesen Ironiker aus Leidenschaft und kindlich-ängstlichen Schmerzensmann des Bürgertums. Sie liebte ihn und sie verehrte ihn, und sie wußte sich von ihm geliebt und bewundert. Politik wurde zur Feuerprobe in dieser Bindung, die Frage, ob und wann Thomas Mann sich öffentlich von dem Land, in dem seine Bücher noch gedruckt wurden, distanzierte, zur Zerreißprobe zwischen Vater und Tochter. Das letzte Stadium, Kraftakt und Glanznummer in Briefform, stand noch aus; sein Ausgangspunkt war, immer mal wieder, Gottfried Bermann Fischer und der S. Fischer Verlag.

Januar 1936: Erika Mann war mit der Pfeffermühle auf Tournee – nach einjähriger Abwesenheit spielte sie wieder in der Schweiz; aufregend und aufreibend war es dort, Zürich hatte eine Auftrittsgenehmigung nicht erteilt, in Luzern, Basel und Bern jedoch, auch in kleineren Schweizer Städten spielten sie in ausverkauften Häusern mit großem Erfolg. Erika war nervös und auf der Hut, sie hatte alle Hände voll zu tun. Müdigkeit und Überanstrengungen verwandelten sich in fiebrige Erkältungen. Aber jeden Abend – am Wochenende auch bisweilen schon am Nachmittag – stand sie auf der Bühne, kam schließlich todmüde ins Hotel. Dort fand sie die Hiobsbotschaften, die ihr schier die Fassung raubten.

Am 11. Januar 1936 hatte der Herausgeber der berühmten und einflußreichen politischen Exilzeitschrift *Das Neue Tage-Buch*, Leopold Schwarzschild, eine Glosse über Gottfried Bermann Fischer und den noch in Deutschland ansässigen S. Fischer Verlag geschrieben. Leopold Schwarzschild wußte zu berichten, daß der Verlag Thomas Manns sich nun doch im Ausland niederlassen wolle, und behauptete anschließend, die Pläne des Verlages seien mit dem Reichspropagandaministerium abgesprochen. Bermann werde »im Ausland einen getarnten ›Emigrations‹-Verlag« von Goebbels' Gnaden eröffnen, der den Nazis außenpolitische Reputation auf Kosten der Emigranten verschaffen solle. Schwarzschilds Verleumdung gipfelte in der Behauptung, Gottfried Bermann Fischer sei ein »Schutzjude des nationalsozialistischen Verlagsbuchhandels«.[160]

Jahrzehnte später hat sich Leopold Schwarzschild beim Leiter des Fischer Verlages für diesen Artikel entschuldigt; für den Augenblick schlugen die Wogen hoch. Gottfried Bermann Fischer reagierte sofort. Aus London, wo er sich in der Tat zum Zwecke von Niederlassungsverhandlungen, die auch in Zürich geführt und schließlich in Wien erfolgreich wurden, aufhielt, rief er Thomas Mann an, der in Arosa Urlaub machte. Er bat ihn, Hermann Hesse und Annette Kolb um eine öffentliche Ehrenerklärung zu seinen Gunsten. Was auch geschah. Thomas Mann verfaßte einen kurzten Text, für den er das Einverständnis Hermann Hesses telefonisch und die Zustimmung von Annette Kolb brieflich einholte.[161]

Eine Woche nach Schwarzschilds Artikel, am 18. Januar, erschien in der *Neuen Zürcher Zeitung* ein »Protest« der drei Autoren, in dem sie dem Verleger ihr Vertrauen und an die Adresse des *Neuen Tage-Buch* eine scharfe Mißbilligung aussprachen. Schwarzschilds Behauptungen seien durch und durch ungerechtfertigt, und sie, die Unterzeichneten, stünden fest zu ihrem Verlag, dem sie auch in der Zukunft ihre Werke anvertrauen würden.

Das Weitere hat zwei Schauplätze: einen öffentlichen und einen privaten. Auf den »Protest« der drei Fischer-Autoren reagierte Georg Bernhard am 19. Januar mit einem großen Leitartikel im *Pariser Tageblatt*: Thomas Mann, seine bisherige und zukünftige Haltung zu Deutschland standen im Mittelpunkt.[162] Erika reagierte auch am 19. Januar. Aus Biel schrieb sie an ihren Vater. Ohne Umschweife kam sie zur Sache. Sie sei weit entfernt, sich einzumischen, auch stehe es ihr selbstverständlich nicht zu, dem Vater »Vorhaltungen zu machen«, aber seine Handlungsweise, sein »Protest« zugunsten Bermanns in der *Neuen Zürcher Zeitung*, sei für sie dermaßen »traurig und schrecklich«, ja sie sehe sich außerstande, dem Vater »in näherer Zukunft« unter die Augen zu treten.

Drohung mit Liebesentzug gleich zu Beginn, aber damit nicht genug. Die Tochter war wahrhaft außer sich und nahm kein Blatt vor den Mund. Die Glosse gegen Bermann im *Neuen Tage-Buch* möge zu scharf gewesen sein, auch empfinde sie, Erika, für Schwarzschild keinerlei persönliche Freundschaft. Aber Thomas Manns Solidaritätserklärung *für* Bermann sei eine Erklärung *gegen* einen verdienten Emigranten, und es sei ganz einfach schrecklich, daß die erste öffentliche Erklärung, die er nach der Machtübernahme der Nationalsozialisten abgebe, keine Erklärung gegen dieses Regime, sondern eine Erklärung *gegen* einen verdienten Emigranten sei.[163]

Das traf zu, und Erika wußte auch aus anderer, eben aus familiärer Quelle, wovon sie sprach. Im Familienkreise und gegenüber Freunden hatte Thomas Mann immer wieder geäußert, wie sehr er Leopold Schwarzschild und seine Arbeit schätze. Er hat überdies in einem privaten Brief an Leopold Schwarzschild dessen Erbitterung über Bermann zwar kritisiert, aber hinzugefügt, auch er, Thomas Mann, habe es über drei Jahre »bedauert und getadelt«, daß Bermann sich nicht sofort der Emigration angeschlossen habe.[164] Erika wußte das alles und führte es deswegen auch alles jetzt ins Feld. Jahrelang aufgestauter Ärger machte sich Luft.

Auf Bermanns Veranlassung habe er sich von der *Sammlung* distanziert, und zu allem Überfluß scheine Bermann für den Vater offenbar die erste Persönlichkeit zu sein, der nach 1933 Unrecht geschehe und zu deren Gunsten er sich öffentlich äußern müsse. Der gesamten Emigration »falle er in den Rücken« mit diesem öffentlichen »Protest«, ausgerechnet in der *Neuen Zürcher Zeitung* veröffentlicht, ausgerechnet zusammen mit Hermann Hesse und Annette Kolb – »beide Mitarbeiter an deutschen Zeitungen«. Sie geht hart mit ihm ins Gericht, sie schont ihn nicht, aber sie schont auch sich nicht. Ihr Brief endet mit den Worten:

»Du wirst mir diesen Brief wahrscheinlich sehr übel nehmen, – ich bin darauf gefaßt und weiß, was ich tue. Diese freundliche Zeit ist so sehr geeignet, Menschen auseinanderzubringen – in wievielen Fällen hat sie es schon getan. Deine Beziehung zu Doktor Bermann und seinem Haus ist unverwüstlich, – Du scheinst bereit, ihr alle Opfer zu bringen. Falls es ein Opfer für Dich bedeutet, daß ich Dir, mählich, aber sicher, abhanden komme, -: leg es zu dem übrigen. Für mich ist es traurig und schrecklich.«[165]

Zwei Tage später hat sie eine Antwort: von der Mutter. Katia Mann will die Wogen glätten, ein wenig ausgleichen. Natürlich sei der Vater nicht böse, aber er habe schon gewußt, was er tat. Auch sie, Katia, sei gegen diese Erklärung gewesen, habe sie nun aber einmal – wie vieles andere auch – nicht verhindern können. Es folgen Ausführungen zum Sachverhalt, zu ihrer Sicht der Dinge, und es folgt die dringende Bitte um Nachsicht, um Geduld der Tochter mit dem Vater:

»Daß aber Deine mir selbstverständliche Mißbilligung so weit gehen würde, quasi mit ihm zu brechen, hätte ich wirklich nicht erwartet. Und für mich, die ich doch nun einmal sein Zubehör bin, ist es auch recht hart. Dein Brief ist ja natürlich kein Abschiedsbrief für immer, und ich nehme an, daß sich in absehbarer Zeit ein Weg finden wird.«[166]

Herunterschlucken konnte sie nicht länger, und die von der Mutter empfohlene Geduld mit dem Vater brachte sie nicht mehr auf. Auf Ausgleich war sie nicht länger bedacht, die Sache mußte ausgestanden werden. Das im übrigen empfand auch der Vater, der über Tage an einem Brief für die Tochter saß, mit dem er den Fehdehandschuh aufgriff, der zwölf Seiten lang wurde und dessen Fertigstellung er im Tagebuch sorgsam vermerkt: »Schrieb den ... Brief an Eri zu Ende, für sie und für die Nachwelt.«[167]

Tatsächlich ist Thomas Manns Brief vom 23. Januar in Sprache und Stil, in Diktion und Argumentation ein kleines Meisterwerk, ein Brief, dem man wie so vielen seiner Briefe anmerkt, daß er Literatur, daß er für die Nachwelt sein soll.

Auch ihn habe der Brief der Tochter geschmerzt, er habe ihn als »Revanche für den Schmerz empfunden«, den er ihr ja wohl zugefügt habe. Er wolle ihr die Leidenschaft gern nachsehen. Manchmal gehe es aber mit ihr durch. In der Sache habe er einen anderen Standpunkt, die Glosse gegen Bermann sei und bleibe eine »nazihafte« Gemeinheit, und auch wenn er es für ein Unglück halte und immer gehalten habe, daß Bermann nicht »sofort nach Ausbruch des Irrsinns« das Land verlassen habe, so habe er doch keine Infamien begangen und auch keine Protektion genossen, wie das *Neue Tage-Buch* infamerweise behaupte. Lang und ausführlich, präzise und überzeugend begründet der Vater sein öffentliches Eintreten für Gottfried Bermann Fischer. Über Erikas Zorn, über die Drohung der Tochter, mit dem Vater zu brechen, schreibt Thomas Mann:

»Zum Sich-überwerfen gehören gewissermaßen Zwei, und mir scheint, mein Gefühl für Dich läßt dergleichen gar nicht zu. Wenn ich denke, wie Du manchmal gelacht und Tränen in den Augen gehabt hast, wenn ich euch vorlas, so scheint mir Deine Ankündigung auch wieder unwahrscheinlich. Du bist viel zu sehr mein Kind Eri, auch noch in Deinem Zorn auf mich, als daß sie sich so recht erfüllen könnte. Meine Ergriffenheit bei Deiner Pfeffermühlen-Produktion beruht immer zum guten Teil auf dem väterlichen Gefühl, daß das Alles eine kindliche Verlängerung meines eigenen Wesens ist, – ich bin es nicht gerade selbst, es ist nicht meine Sache, das zu machen, aber es kommt von mir her. Es kommt im Grunde auch Dein Zorn auf mich kindlich von mir her; er ist sozusagen die Objektivierung meiner eigenen Skrupel und Zweifel.«[168]

Der schöne Zorn der Tochter als Ausdruck des zerrissenen Selbst des Vaters: Das Selbstbild, das Thomas Mann in diesem Brief vor der Tochter und für die Nachwelt entwirft, bedient sich der großen Geste, es liefert die Gebrauchsanweisung, wie mit ihm, der durch und durch komplizierten Künstlerpersönlichkeit, in politicis umzugehen sei:

»Man muß Geduld mit mir haben, ich selbst muß sie haben, meine eigentliche moralische Leistung bestand immer in ihr. Der Tag mag kommen, möge kommen, wo ich, ungehemmt von Vollständigkeitswahn, die Welt und die Deutschen selbst aufsuche und sage: Es ist genug, macht Schluß, fort mit dem Gesindel. Vielleicht durfte das nicht zu früh geschehen – vor allem der Deutschen wegen nicht, die erst durch Erfahrung reif dafür gemacht sein und von sich aus danach *verlangen* müssen. Es nützt wenig, die Welt gegen den Greuel aufzurufen, solange die Deutschen selbst nicht innerlich und gründlich mit ihm fertig sind – und wenn nicht alles täuscht, sind sie nicht mehr weit davon.«[169]

Schon ihrer Mutter hat Erika geantwortet, sehr viel Hochmut verberge sich in Thomas Manns Bescheidenheit, in seiner Zurückhaltung gegenüber der Politik.[170] Ihres Vaters Empfehlung, in seiner Geduld eine »moralische Leistung« zu sehen und Langmut zum politischen Gebot der Stunde zu erheben, hat sie einfach ignoriert, an seine Gebrauchsanweisung sich schlichtweg nicht gehalten.

Sie antwortet – nun wieder gelassener und mit gedämpfter Erregung. Er täusche sich ganz einfach, er mache sich Illusionen: über sich, über die Wirkung seiner Werke in Deutschland, über sein Festhalten an Gottfried Bermann Fischer. Die Zeiten seien nicht so. Man werde, auch er werde nicht länger »durchschlüpfen« können, ohne sich wirklich zu entscheiden; es nach wie vor zu wollen habe etwas »Kotelettbrötchenhaftes«. Im übrigen könne es sich die Emigration nun einmal nicht leisten, »auf Dich zu verzichten, und Du darfst es Dir nicht leisten, uns zu verraten.«[171]

Das allerdings sah Thomas Mann inzwischen auch und nur allzu deutlich, und nicht zuletzt wegen Erikas Zorn wuchs in ihm »eine große, fast tödliche Bereitschaft«. Damit die Bereitschaft zur Tat werden konnte, hatte Erika sich mächtig angestrengt, mit privaten Briefen hatte sie vorbereitet und begleitet, was öffentlich inzwischen immer heftiger verlangt wurde.

Auf den »Protest« der drei Fischer-Autoren in der *Neuen Zürcher Zeitung* hatte Leopold Schwarzschild in seiner Zeitschrift mit einem großen Artikel reagiert, der Thomas Mann aufforderte, sich von Bermann und seinen Plänen zu distanzieren. »Das einzige deutsche Vermögen, das – merkwürdigerweise – aus der Falle des Dritten Reiches fast komplett nach draußen gerettet werden konnte«,[172] sei die deutsche Literatur, und auf diesem Hintergrund werde es nachgerade unerträglich, daß Thomas Mann noch immer ein öffentliches Nein zu den Nazis vermeide. Kaum erging an Thomas Mann öffentlich die Aufforderung, die Erika seit drei Jahren und im Augenblick besonders heftig an ihren Vater gerichtet hatte, da erhielt er Schützenhilfe. Aber Schützenhilfe aus fragwürdigem Munde, Unterstützung mit Argumenten, die ein weiteres Schweigen nicht mehr zuließen.

Der Feuilletonchef der *Neuen Zürcher Zeitung*, Eduard Korrodi, widersprach am 26. Januar nicht bloß den Thesen Schwarzschilds, sondern er bezweifelte rundheraus die Qualität und Relevanz der deutschen Literatur im Exil. Wo sei denn Gerhart Hauptmann, wo die Brüder Friedrich Georg und Ernst Jünger. Eine Gertrud von le Fort, einen Hans Carossa und deutsche Lyrik im Stile Rudolf Alexander Schröders habe die Exilliteratur nun einmal nicht aufzuweisen. Unter den Emigranten sei doch in Wahrheit kein einziger Dichter, und emigriert sei überwiegend die »Romanindustrie«.[173]

Verzweifelt telegrafierten aus Amsterdam Klaus Mann und Fritz Landshoff, dessen Verlag von Korrodi direkt angegriffen worden war, und baten um eine

Erwiderung Thomas Manns an die Adresse Korrodis. »Diesmal geht es wirklich um eine Lebensfrage für uns alle.«[174] Klaus, durch die Erfahrungen mit dem Vater in den letzten Jahren resignierter und stiller geworden, hat in den Familienstreit um Bermann nur mit einem Brief eingegriffen, der leise und ein wenig müde zu unterstützen versuchte, was Erika in späten Nachtstunden nach den Vorstellungen heftig und hartnäckig zu Papier brachte.[175] Sie hatte vorbereitet, wofür Korrodi den Ausschlag gab.

Thomas Manns offener Brief an Eduard Korrodi, am 3. Februar 1936 in der *Neuen Zürcher Zeitung* gedruckt, bricht endgültig und deutlich mit den deutschen Machthabern, bekennt sich zur Emigration und ihrer Literatur, zu der auch er gehöre. Tief durchdrungen sei er von der Überzeugung, »daß aus der gegenwärtigen deutschen Herrschaft nichts Gutes kommen kann, für Deutschland nicht und für die Welt nicht«.[176]

Nun war gedruckt, was er lange schon gedacht und privat geäußert hatte. Fast eine Woche hat Thomas Mann an dieser Erklärung gearbeitet, Erika wußte das und schickte sofort Ratschläge. Sie unterstützte menschlich und sachlich. Es sei doch im Grunde unsinnig, sich gegenüberzusitzen und jedem Wort des anderen fanatisch zu widersprechen. Nun hoffe sie auf bessere Zeiten, drücke die Daumen für eine gewiß »schöne« Antwort auf den schrecklichen Korrodi. Auch möge der Vater bitte Else Lasker-Schüler, die große Lyrikerin, erwähnen, die doch gewiß nicht der »schmutzigen Romanindustrie« zuzurechnen sei.[177]

Thomas Manns Antwort wurde tatsächlich schön und klug, und nicht nur Else Lasker-Schüler, auch Bertolt Brecht und Johannes R. Becher brachte er gegen Korrodis innerdeutschen Dichterkanon ins Spiel. Drei Tage später schon telegrafierte »Kind E.« aus Prag: »Dank. Glückwunsch. Segenswunsch.«[178]

Es war ein heftiger, ein folgenreicher Streit, der das Haus Mann für vierzehn Tage heftig erschütterte. Die Protagonisten, Vater und Tochter, ringen miteinander, sind völlig konträr, aber können und wollen nicht voneinander lassen. Nun, da die Grundlagen endlich stimmen, werden sie es schon gar nicht mehr tun, auch nicht mehr müssen. Die Folge des offenen Briefes an Korrodi war, daß Thomas Mann in Deutschland ausgebürgert wurde, daß die Bonner Universität ihm die Ehrendoktorwürde aberkannte. Das Jahr 1936 machte Thomas Mann endgültig, weil aus öffentlich bekundeter Überzeugung zum Emigranten, es machte ihn binnen kurzem zu einer der wichtigsten Repräsentationsfiguren der Emigration.[179]

1936: Das Jahr, da das deutsche Reich den Locarno-Pakt kündigte und die Wehrmacht im Rheinland einmarschierte, das Jahr der Berliner Olympiade und des beginnenden Spanischen Bürgerkrieges; das Jahr, in dem Erika und Klaus Mann Europa verließen und in Amerika einen Neuanfang versuchten.

Als Erika im September 1936 aufbrach, hatte sie einen liebevollen Artikel ihres Vaters für das Programmheft der Pfeffermühle in der Tasche. Aber die Pfeffermühle in New York, in Amerika, fiel durch.

Mit einem von ihr zu verlesenden Grußtelegramm Thomas Manns begab Erika Mann sich im März 1937 in den New Yorker Madison Square Garden. Dort fand die erste amerikanische Massenveranstaltung gegen Hitler und seine Kriegspolitik statt. Erika las, sie sprach, und sie kam an. Als lecturer, als politische Vortragsreisende, sieht man sie künftig auf dem amerikanischen Kontinent.

Kapitel IV

Neues Heimatland

Die ersten Jahre im amerikanischen Exil (1937-1939)

»I think she will be a success«

Neun Jahre war es her, seit sie zum ersten Mal in New York gewesen waren. Erika und Klaus Mann erreichten an Bord der »Statendam« Ende September 1936 die faszinierende Wolkenkratzer-Stadt, die es ihnen schon damals so angetan hatte. Die flirrende Grenzenlosigkeit, das überquellende Getümmel in Bars und am Broadway, in Filmtheatern oder indonesischen chicken-restaurants paßte zu gut zum überschäumenden, abenteuerhungrigen Wesen der Geschwister. Seit 1927 liebten sie diese verrückte Stadt. Mit keiner der zahlreichen europäischen Metropolen, in denen sie gleichsam zu Hause waren, nicht mit München und Berlin, mit Zürich und Paris, nicht mit Prag und Amsterdam war New York zu vergleichen. Singulär war New York in ihrem Erleben, und singulär sollte sein, was Erika Mann in New York vorhatte.

»I think she will be a success«, hieß es verheißungsvoll in Thomas Manns Werbetext für Erika und ihre »peppermill«.[1]

In Rotterdam hatte Klaus das Schiff bestiegen, Erika hingegen war zunächst einmal nach London geflogen. »Wysti« traf sie dort, denn der Dichtergatte mußte ihr helfen. Er sollte mit seinen Mitteln den New Yorker Pfeffermühlen-Start erleichtern. Er, der Lyriker, fand hoffentlich den richtigen englischen Ton bei der Übersetzung einiger Texte. Denn ohne zumindest einige landessprachliche Programmteile würde es in New York nicht gehen. Die »Renner« des Programms, zum Beispiel Erikas Lied *Kälte* beziehungsweise den großen Hymnus auf die »Dummheit« übertrug Wystan Auden ins Englische.

Ende September kamen die Geschwister in New York an, mieteten sich im Emigranten-Hotel Bedford ein, aber schon zwei Tage später war Erika unterwegs nach Washington. Unendlich viel mußte organisiert werden, auch drängte die Zeit, denn die »Truppe«, das Ensemble, saß in Europa und wartete auf das Signal der Prinzipalin, die das amerikanische Terrain sondierte.[2]

Sieben bis acht Verabredungen, dates und dinnerparties, lunchmeetings, Bar-Gespräche absolvierte sie täglich; der Kopf schwirrte ihr, ihr Englisch war zwar fast akzentfrei, aber in Syntax und Wortschatz natürlich längst noch nicht perfekt. Wieder – wie schon in München und Zürich – galt es, einen geeigneten Raum zu finden. Für die »peppermill« wollte Erika Mann nicht einfach einen Theatersaal mit Bühne, sondern etwas Kleines, Intimes, mit Tischen, Restauration und Küche, etwas Kabarettgemäßes. Sie mußte außerdem eine Agentur finden, die eine Tournee organisierte.

Sie lebte gern in New York, war des ewigen Gastspielreisens inzwischen auch ein wenig müde und hoffte daher sehr auf einen längeren Aufenthalt in der »Stadt der Städte«, auf eine passende, feste Spielstätte. Noch viel mehr war ausfindig zu machen: einen zweiten Musiker, der neben Magnus Henning die Abende musikalisch gestaltete, einen weiteren Übersetzer, der für die englischen Versionen der Lieder und Sketche sorgte; schließlich und endlich mußten Sponsoren gefunden werden, die vorfinanzierten. Alles fand sich, und dennoch gab es ein Fiasko.

Die Columbia Concert Corporation nahm die »peppermill« unter Vertrag.[3] John Latouche, ein junger amerikanischer Schriftsteller, übersetzte *Hans in Luck*, *The Nursie*, *Children's Song*; im 17. Stockwerk des Chanin Building fand sich ein Theatersaal, den Erika notgedrungen akzeptierte, und auch Geldgeber hatte sie aufgetan: Vicki Baum und Emil Ludwig, Max Reinhardt, der amerikanische Verleger Thomas Manns, Alfred Knopf, und Maurice Wertheim, der New Yorker Bankier, gehörten dazu. Am 25. November kamen Magnus Henning, Sybille Schloß, Lotte Goslar und Therese Giehse in New York an, knapp zwei Monate nach Erika, einen guten Monat vor der Premiere. Sie fanden eine Erika, die sich den amerikanischen Verhältnissen ziemlich gut angepaßt hatte, in hektischer Geschäftigkeit umherwirbelte und wahrscheinlich mit aufreizender Ungeduld auf die noch unbeholfenen englischen Rezitationen ihrer Mitarbeiter reagierte. Therese Giehse, der das Englische sichtlich Mühe machte und die aus ihrer Abneigung gegen das gesamte »peppermill«-Unterfangen nie einen Hehl gemacht hatte, war noch aus anderen Gründen verärgert.

Erika hatte in den letzten Wochen Kontakte geknüpft, Bekanntschaften gemacht, ja in Maurice Wertheim einen Verehrer gefunden, der sie am liebsten sofort geheiratet hätte. Der »unermeßlich Reiche«, wie sie ihn nannte, war der Giehse ein Dorn im Auge, aber für Erika war er nützlich. Tatsächlich wird er für die nicht unerheblichen Schulden aufkommen, die das Debakel der »peppermill« mit sich brachte.[4]

Martin Gumpert, emigrierter Arzt und Schriftsteller aus Berlin, liebte Erika Mann leidenschaftlich; auch er gehörte in den neuen großen Kreis um die »amerikanische« Erika Mann, in dem Therese Giehse sich als Fremde, als Verstoßene fühlte.

Der Dichter Ernst Toller und sein Regisseur Erwin Piscator, die Journalisten Curt Riess und Rolf Nürnberg, Kurt Weill und Lotte Lenya, Curt Bois und Billy Wilder: Erika und Klaus Mann bewegten sich zwischen Berühmtheiten, zwischen unzähligen Menschen mit großen und kleinen Namen. Sie selbst waren längst daran gewöhnt, daß ihr Name ihnen das entrée erleichterte. Auch alte, schwierige Freunde waren inzwischen nach New York gekommen: unter ihnen Annemarie Schwarzenbach. Für Schweizer Zeitschriften arbeitete sie als Fotojournalistin, schrieb Reportagen über Armut und Arbeitskämpfe im amerikanischen Süden. Obwohl sie Annemaries leidenschaftliche Liebe nicht erwiderte, obwohl sich ihre Freundschaft durch die Zürcher Krawalle um die Pfeffermühle abgekühlt hatte, hat Erika Mann die Verbindung zu Annemarie Schwarzenbach nie abgebrochen. Zu lebhaft waren die Erinnerungen: an die zahlreichen gemeinsam verbrachten Ferien in der Schweiz, in Venedig, auf Mallorca – zusammen mit Therese Giehse und dem Bruder Klaus. Kaum eine Pfeffermühlen-Vorstellung hatte »Miro« versäumt, Klaus Manns *Sammlung* hatte Annemarie Schwarzenbach finanziert; beide waren im Sommer 1934 zum ersten Allunionskongreß der Sowjetschriftsteller nach Moskau gefahren. Sorge und Verantwortungsgefühl bestimmten im Winter 1936 Erika Manns Verhältnis zu Annemarie Schwarzenbach, die, dem Morphium völlig verfallen, schwer selbstmordgefährdet und in ihrer unendlich leidvollen Verzweiflungsrhetorik für Erika bisweilen auch zermürbend war.[5]

Auch um Klaus machte Erika sich Sorgen. Zwar schrieb und arbeitete er unermüdlich, fast besessen. 1936 entstand und erschien sein berühmtester, wiewohl nicht sein bester Roman: *Mephisto*; der Schlüsselroman, die Abrechnung mit Gustaf Gründgens, dem in Deutschland durch Görings Gnaden zu Ruhm und Ansehen gelangten Intendanten des Berliner Staatsschauspiels. Klaus Mann hatte sich schon im Winter in New York als lecturer versucht, nicht ganz erfolglos; er genoß Ansehen nicht nur als Sohn eines berühmten Vaters; aber er war unglücklich, haltlos im Umgang mit den Drogen und voll unerfüllter Sehnsucht nach der Beständigkeit einer Liebe. Im November 1936, knapp zehn Tage nach Erikas 31. Geburtstag, wurde er 30 Jahre alt und schrieb in sein Tagebuch, daß es nun doch nicht mehr lange dauern könne.

Er meinte sein Leben, er meinte den Tod.[6] Die Schwester wußte das, denn er sprach mit ihr, hing an ihr in einer Weise, die sie sicher auch bisweilen anstrengte. Aber sie kämpfte um ihn und kämpfte gegen seine Todessehnsucht; baute ihn auf, half und riet und hatte – vorläufig noch – Erfolg.

Erika hatte viele Sorgen, sie machte sich Sorgen, und sie verbarg sie – wie meist – in Arbeit. Der Auseinandersetzungen, der Querelen und Zerwürfnisse waren viele in diesen Wochen vor der Premiere, deren Verlauf eben auch nicht geeignet war, dies alles vergessen zu lassen.

Man hatte die Werbetrommel kräftig gerührt. Thomas Manns Empfehlungsartikel war vorab auszugsweise in amerikanischen Zeitungen veröffentlicht beziehungsweise in tausendfacher Auflage als Prospekt verschickt worden. Nun zierte er auch noch das Programmheft und sollte Mut machen, Bedenken zerstreuen. Ein sehr anmutiges, ja gleichsam das letzte Lebenszeichen, das die Weimarer Republik hinterlassen habe, sei die Pfeffermühle gewesen. Der »Schwanengesang der deutschen Republik«, der vom Lyrisch-Lieblichen übers Burlesk-Wuchtige alles aufbiete, was gegen das Böse, die Lüge und die Gewalt aufgeboten werden müsse. Er, Thomas Mann, sei sehr neugierig, wie das gehen werde in Amerika, ob die Übertragung in eine andere Sprache die Wirkung nicht beeinträchtigen, die Nuancen nicht zerstören werde. Er sei besorgt in dieser, aber auch getrost in anderer Hinsicht. Erika, »Haupt und Herz des Ganzen«, trotz ihrer glänzenden Mitarbeiter, die »muß etwas sein für euch Amerikaner«. Eine Frau, mit so schönen Augen, und überdies noch »clever«. Ein Vater wirbt für seine Tochter, zuversichtlich und in ironisierenden Anglizismen: »I think she will be a success«.[7]

Das Ergebnis enthüllte den Doppelsinn der Formulierung; trotz redlichen Bemühens wirkte das englische Programm nicht recht: Anspielungen und versteckte »kleine Bissigkeiten« wurden nicht hörbar, der ganze Duktus eines europäischen Kabaretts traf in Amerika auf Unkenntnis, ja Unverständnis. Ganz offenbar fehlten die girls, die Showeffekte, unterhaltsame Albernheiten. Dabei war das Premierenpublikum am 5. Januar 1937 durchaus hochkarätig: Raimund von Hofmannsthal und Gottfried Reinhardt, die Söhne des Dichters und des Regisseurs, waren gekommen, zahlreiche andere deutsche, jüdische Emigranten. Insbesondere für den zweiten Teil gab es viel Beifall, aber die amerikanischen Kritiker waren offenbar schon in der Pause gegangen.[8] Die Premierenberichte in der *Times* und *New York Post* waren so niederschmetternd, daß die deutschsprachige *Neue Volkszeitung New York* Erika Mann und ihrem Unternehmen am 9. Januar 1937 gleich mit zwei Beiträgen zur Seite sprang.

In einem Leitartikel nahm der Herausgeber, der ehemalige sozialdemokratische Reichstagsabgeordnete Gerhart H. Seger, die Mühle zwar in Schutz, hatte aber auch Verständnis für die amerikanischen Kritiker.[9] Die Persiflage vieler Märchengestalten, die Umdeutung alter deutscher Kinderliedzeilen zum Zwecke der Demaskierung aktueller Verhältnisse in Deutschland setze eben doch voraus, daß man mit dem Persiflierten vertraut sei und empfinden könne, was die Persiflage bezwecke. Das aber sei eben nicht so einfach vorauszusetzen.

Um Verständnis für die »peppermill« zu wecken, erhielt Klaus Mann in der gleichen Ausgabe der Zeitung Gelegenheit, über das Unternehmen seiner Schwester zu schreiben. »Was will die Pfeffermühle« heißt sein Artikel, der einen kleinen Abriß der deutschen Kulturentwicklung seit den zwanziger Jahren gibt (Tonfilm – Piscatorbühne – Brechts Lehrstücke – Cocteaus Theater in Paris) und in die Fülle und Vielfalt experimenteller Bestrebungen auch Erika Manns Kabarett einordnet. Er erzählt ihre Geschichte, von der Entstehung in München, dem Wiederbeginn in Zürich, den europäischen Gastspielreisen; er erklärt und interpretiert, obwohl doch Satire und Kabarett nichts so schlecht vertragen wie die Erklärung. Aber er meint es gut; Klaus, der Erikas Amerikapläne maßgeblich beeinflußt hatte, versuchte mit Worten zu retten, was im Grunde nicht mehr zu retten war.

Vorzeitig wurde der New Yorker Auftritt abgebrochen, auch die eigentlich vereinbarte Tournee mußte gekündigt werden. Zwar gab es dann noch einen überraschenden Erfolg: drei Vorstellungen im Theatersaal der New School for Social Research; aber auch der Applaus des hier überwiegend intellektuellen Auditoriums vermochte Erika Manns Pfeffermühle nicht zu retten. Gut vier Jahre nach ihrer Gründung, nach 1034 Vorstellungen war es vorbei. Therese Giehse und Magnus Henning kehrten noch im Februar nach Europa zurück. Sybille Schloß und Lotte Goslar bemühten sich um andere amerikanische Engagements. Die Pfeffermühle bestand nicht mehr, in Amerika war sie kein Erfolg gewesen.[10] Erika indes – sie sollte auch hier Erfolg haben.

Wie ein kurzes Intermezzo wirkt das amerikanische »peppermill«-Unternehmen in ihrem Leben, in dem sich eine Wandlung vollzog und das eine andere Richtung nahm, seit der Entschluß gefallen war, Europa zu verlassen. Es ging ihr gut auf dem neuen, großen Kontinent; trotz der gigantischen Dimensionen, in denen sich der amerikanische Alltag abspielte, wirkte Erika Mann gelassener, weniger aufgeregt. Andere Menschen, veränderte Umstände, neue Lebensformen auf einem Kontinent, der mit europäischen Maßstäben nicht zu messen war. Erika Mann war angezogen und begeistert: vor allem von der Weiträumigkeit, in der politische Engstirnigkeit keinen Platz haben würde; von der Offenheit, der Freundlichkeit der Menschen, die weder verängstigt noch mißgünstig und »geradezu darauf aus [sind], daß man immerzu hierbleibe«. In Europa hingegen führten schon vierzehn Tage, die man an einem Ort verbrachte, zu dem Verdacht, man wolle sich »einnisten«. Seit vielen Jahren hatte Erika Mann wieder ein Gefühl von »Sinn, Verstand und 1000 Möglichkeiten«. Obwohl vieles unendlich fremd und merkwürdig war, obwohl »das Gefühl der Zugehörigkeit zum europäischen Misthäufchen« groß war – »jeder Hahn, der von dorten kräht, kräht heimatlich«[11] –, fühlte sie sich frei, ein wenig zur Ruhe gekommen. So war das Fiasko der »peppermill« auch die Chance eines Neubeginns, trotz schmerzhaften Abschieds ein Aufbruch zu Neuem.

American way of life, wie ihn Erika Mann seit 1936 erlebte und genoß, das hieß seit 1932, seit Franklin D. Roosevelt als 32. Präsident der USA sein Amt angetreten hatte, Politik des New Deal, Abkehr vom Isolationismus, zu dem die USA sich im Zuge der Weltwirtschaftskrise entschlossen hatten. Eine andere Wirtschafts-, vor allem aber eine fortschrittliche Sozialpolitik vertrat Roosevelt im Programm des New Deal, ein liberales, demokratisches und tolerantes Amerika verband sich mit seiner Person. Das Amerika Roosevelts wurde zum Kontinent der Emigration, zur letzten Rettung für viele, die mit Hitlers Machterweiterung in Europa in der Falle saßen. Amerika, das klassische Einwanderungsland, wird in der Ära Roosevelt Komitees und Hilfsfonds für europäische Emigranten gründen, Massendemonstrationen und Protestveranstaltungen gegen Hitler und die von Deutschland ausgehende Kriegsgefahr erleben.

Als »lecturer«, als politische Rednerin und Publizistin, machte Erika Mann seit 1937 in Amerika Karriere. Fortsetzung der Pfeffermühle mit anderen Mitteln – so könnte man nennen, was die ehemalige Schauspielerin und Kabarettistin seit März 1937 und bis zum Kriegsende getan hat. Als »Alleinunterhalterin«, aber auf der Bühne; als politische Geschichtenerzählerin, vor dem Mikrofon; als Rednerin gegen Hitler und für die Humanität, im Radio.

Es begann unter freiem Himmel, vor ungefähr 23 000 Menschen, am 15. März 1937 im New Yorker Madison Square Garden. Es war die »Peace and Democracy Rally«, die erste große öffentliche Massenkundgebung in Amerika gegen Hitler. Eingeladen und organisiert hatte sie der American Jewish Congress und das Jewish Labour Committee. Bedeutende Persönlichkeiten des amerikanischen öffentlichen Lebens waren als Redner angekündigt, unter ihnen der Oberbürgermeister von New York, La Guardia, der Gewerkschaftsführer John L. Lewis, der ehemalige enge Mitarbeiter Präsident Roosevelts, Hugh Johnson, und – Erika Mann.[12] Als »exiled German playwright« wurde sie im Programm bezeichnet. Als einzige Frau in einer hochrangigen Rednerliste hatte sie eine doppelte Aufgabe: Sie sollte ein Grußtelegramm ihres Vaters verlesen und anschließend einen eigenen fünfzehnminütigen Vortrag über »Die Frau im Dritten Reich« halten.[13]

Die Veranstaltung war hochbrisant und Erika sehr aufgeregt; mit heftigem Lampenfieber und vor Beginn der Veranstaltung in eines jener Mißgeschicke verwickelt, die sonst nur im Traum vorkommen und die die Wirklichkeit zum Alptraum werden lassen. Man hatte ihr versprochen, sie um halb acht vom Hotel abzuholen, denn ohne Begleitung werde sie sich keinen Weg durch die sicherlich dichtgedrängte Menschenmenge bahnen können, um das Podium zu erreichen. Also saß Erika im Bedford, wartete, erörterte innerlich zum unzähligsten Male die Garderobenfrage und verfolgte nervös den Zeiger der Uhr, der den verabredeten Zeitpunkt schon gefährlich weit überschritten hatte. Wahrscheinlich hatte man sie vergessen, wahrscheinlich war überhaupt die Zusage, bei dieser Veranstaltung mitzuwirken, ein Fehler. In ihrem Kopf überschlugen sich die Gedanken. Aber länger zu warten, wäre nun auch ein Fehler, also bricht sie auf, erreicht den Ort und sieht, was man ihr prophezeit hat: Tausende von Menschen, ganz vorne ein Podium, zu dem sie sich durchkämpfen muß, auf dem alles schon versammelt ist. Nach den Begrüßungsworten soll sie gleich als erste sprechen. Also bleibt nur, sich anzustrengen, nach vorne zu boxen, Erklärungen, Entschuldigungen, Hilferufe auszustoßen. Sie erreicht die Bühne mit knapper Not, muß sogleich vors Mikrofon, sieht von oben den »Ozean« an Menschen, den sie soeben durchdrungen hat und den sie nun auch noch mit ihrer Stimme, ihren Worten für sich gewinnen muß. Sie hat nicht viel Zeit fürs Entsetzen, für die Angst – ins kalte Wasser muß sie springen, und sie tut es.

Mit klarer, sympathischer Stimme trägt sie vor, was sie seit Tagen auswendig gelernt hat. Bisweilen gibt es Pfeifkonzerte; das weckt ihren Kampfgeist und macht sie mutig. Mit dem Pathos der Wahrhaftigkeit erzählt sie der versammelten Menge, was sachlich nicht ganz stimmt,[14] in den Konsequenzen, die sie schildert, aber richtig und klug ist. Es seien vor allem die deutschen Frauen gewesen, die Hitler gewählt hätten. Weibliche Emotionalität, die Anfälligkeit der Frauen für das Hitlersche Bärtchen, für die schwarzen Schaftstiefel seiner schlagenden Sturmtruppen hätten die Nazis an der Macht gehalten.[15] Sie liebten ihren »Führer«, Gefühle hätten ihr Wahlverhalten bestimmt. Aber bittere Enttäuschung müßten die deutschen Frauen inzwischen erleben. Denn Hitler zwinge sie zurück in die Küche, an den Herd, verordne Unterwerfung unter den Ehemann, Gebären »reinrassiger« Söhne – künftiger Soldaten für den »Führer«. Seine Versprechungen hätten sich als Lüge, seine Ideale als Heuchelei erwiesen. Die Familie wolle er fördern, so erzählt Erika Mann den Amerikanern, aber in Wahrheit werde die Familie in Deutschland systematisch zerstört. Arbeitsdienst und Parteiverpflichtungen dominierten den familiären Alltag, Mißtrauen herrsche zwischen Eltern und Kindern, Angst vor der Denunziation, Unterwerfung unter den Überwachungsstaat. Die Rednerin bringt Beispiele, erzählt Anekdoten.

Eine junge Freundin, die fünfzehnjährige Tochter eines bayerischen Adligen, habe ihr soeben einen verzweifelten Brief geschrieben. Harfinistin habe das musikalisch hochbegabte Mädchen werden wollen, seit Jahren habe sie sich der Musik verschrieben, nun aber sei sie für den Arbeitsdienst eingezogen. Anderthalb Jahre ohne üben zu können, und noch dazu bei einer Arbeit, die ihre Hände ruinieren werde. Das sei das Ende ihrer Karriere, das Aus für ihre Träume und Hoffnungen. Und das ist der Beginn ihres Lebens, des Lebens einer Frau im Dritten Reich – fügte Erika Mann hinzu.

Sie schilderte anschaulich, sie erzählte Authentisches; die politische Rednerin Erika Mann hat Erfolg mit einfachen Erzählungen und schlichten, aber überzeugenden Überlegungen. Zwar waren – wie man heute weiß – weder das Wahlverhalten der Frauen noch die weibliche Verliebtheit in schwarze Schaftstiefel, wenn es sie denn gab, ursächlich für den Aufbau eines totalitären Regimes. Aber Erika Manns Geschichten trafen trotzdem etwas Richtiges. Sie lenkte die Aufmerksamkeit ihrer Zuhörer auf durchweg plausible Konsequenzen. Wahrscheinlich – so fuhr sie fort – werde sie ihnen gar nichts Neues erzählen, sie wolle eigentlich auch gar nicht originell sein. Alles komme nämlich darauf an, daß man sich persönlich vorstellen und einfühlen könne in das, was man höre und lese, erzählt bekomme oder aus der Zeitung erfahre. Die Unfähigkeit zu solch bildlichem, inneren Vorstellungsvermögen, die Abgestumpftheit gerade in dieser Hinsicht habe in Deutschland die Nazis möglich gemacht, und eben diese Indifferenz, die Unfähigkeit zu Einfühlung und Mitleid, herrsche heute in Europa und Amerika und nütze Hitler.

Wieder wird die Rednerin konkret, wieder macht sie plastisch, was sie zuvor allgemein ausgedrückt hat. Die Nazis selbst seien ja doch ziemlich dumm, veröffentlichten und erklärten zum Gesetz, was sie eigentlich verbergen müßten, denn aller Welt könnten solche Dokumente nur die Augen öffnen. Erika Mann meinte die im September 1935 verkündeten Nürnberger Gesetze, die Ehen und Geschlechtsverkehr zwischen Juden und Nichtjuden verboten, die Beschäftigung weiblicher »deutscher« Hausangestellter in jüdischen Haushalten unter Strafe stellten und im »Reichsbürgergesetz« die Juden zu Fremden stempelten. Erika hat ein Exemplar dieser ›Gesetze‹ in den Händen, zitiert passagenweise, räumt ein, daß der Text zwar auf absurde Weise komisch wirke, aber natürlich sei er erschreckend und gefährlich. Gerade deswegen müßte er in Amerika tausendfach verbreitet werden, er dokumentiere die Wahrheit und enthülle die Realität über das Dritte Reich besser als jede Karikatur, jede Satire auf Hitler. Und überdies könne kein deutscher Botschafter gegen die Verbreitung einer solchen »Hetzschrift« protestieren.

Nach fünfzehn Minuten schloß Erika Mann mit dem dringenden Aufruf, die Wahrheit und die Tatsachen über Hitler und den Nationalsozialismus zu verbreiten; die Welt über die Verhältnisse in Deutschland aufzuklären, an ihr Einfühlungs- und Vorstellungsvermögen zu appellieren und zu erkennen – was die deutschen Frauen erst erkannt hätten, als es zu spät gewesen sei –, daß der Hitlersche Faschismus der Erzfeind der Zivilisation, des Fortschritts, der Menschenwürde sei und daß es gelte, diesen Feind zu bekämpfen.

Man klatschte, man applaudierte; Thomas Mann hatte recht behalten: Seine Tochter war etwas für die Amerikaner. Zwar erlebte sie den weiteren Verlauf der Veranstaltung wie im Trancezustand, aber am nächsten Tag stand es – mit ihrem Bild – in den Zeitungen: welch sympathische Rednerin, welch aufrüttelnder Charme, welch überzeugende Schlichtheit in der Argumentation!

Die Reden, die außerdem im Madison Square Garden gehalten wurden, und auch die abschließende Resolution zielten auf eine Maßnahme, die Erika Mann zwar nicht erwähnt, aber später unterstützt und auch vertreten hat. Der Appell, den der Jüdische Weltkongreß am 15. März 1937 an die Weltöffentlichkeit richtete, verlangte den Boykott deutscher Waren, plädierte für einen Handelskrieg gegen Hitler. Er warb für ein Importverbot deutscher und ein Exportverbot amerikanischer/europäischer Waren nach Deutschland. Die Maßnahme war in der amerikanischen Öffentlichkeit und auch unter den deutschen Emigranten sehr umstritten. Nicht nur der ökonomische Effekt war ungewiß, auch politisch war durchaus fraglich, ob er ein richtiges Ziel verfolgte.[16] Würde nicht das einfache deutsche Volk, die unschuldige deutsche Bevölkerung von einer solchen Maßnahme getroffen, nicht aber Hitler und seine Regierung? Die Lage der Deutschen im Reich, im Land der Unterdrückung und des Gestapoterrors, sei hart genug, man dürfe sie nicht durch solche Maßnahmen weiter verschlimmern. Und schließlich: Hitler sei nicht Deutschland, und nicht jeder Deutsche sei ein Nazi.

Erika Mann war hier und auch in der Frage des Boykotts ganz anderer Ansicht. Noch im Frühjahr 1937, nach ihrem Auftritt im Madison Square Garden, hielt sie zu dem brisanten Thema eine Rede:[17]

»[...] lassen Sie mich vorweg sagen, daß ein konsequenter Boykott deutscher Erzeugnisse zur unmittelbaren Vernichtung des nationalsozialistischen Regimes führen würde [...]

Das Nazireich braucht Stahl und Baumwolle, es hat im Überfluß gute Medizinen, schlechte Filme und kriegerisches Kinderspielzeug. Nur falls es loswird, was es produziert, kann es einführen, was es braucht: den Stahl und die Baumwolle. Bekommt aber Hitler seinen Stahl und seine Baumwolle nicht (um bei diesen zufällig gewählten Beispielen zu bleiben), dann kann er nicht fortfahren in seinen fieberhaften Rüstungen; kann er aber in seinen Rüstungen nicht fortfahren, dann ist [...] die Kriegsgefahr verringert. [...]

Hitlerdeutschland ohne die Möglichkeit, den Krieg vorzubereiten, das wäre wie ein Schlachtfeld ohne Soldaten. [...]

Jede Flasche Kölnisch Wasser, die Sie kaufen, gnädige Frau, weil es so erfrischend riecht (als ob Yardley das nicht auch täte), bedeutet ein Quäntchen Stahl für Hitler, – ein Stückchen Flugzeug, das Bomben auf Ihre Kinder werfen wird, so bald wie möglich. Jedes Bayer-Aspirin, das Sie schlucken, mein Herr, weil es so berühmt ist (als ob die amerikanischen Drogen das nicht auch wären), bedeutet ein wenig Baumwolle für die Hosen des Hitlerischen Militärs – erinnern Sie sich daran, und handeln Sie danach! [...]

Bei allem, was wir gegen Hitler tun und planen, sollten wir immer seine Psyche, seine hysterisch-verletzliche, manisch-labile Gemütsart mit in Betracht ziehen. Das Nazi-Reich steht und fällt mit Hitler. Hitler selber steht und fällt mit seinem Selbstbewußtsein [...]

Mißerfolg aber, Mißtrauen und Nichtachtung sind sehr dazu geeignet, das Selbstgefühl der aggressiven Mimose ins Wanken zu bringen, denn es ist auf Sand gebaut. Oft genügen Vorkommnisse von scheinbar indirekter Bedeutung. Die Tatsache der Verleihung des Friedens-Nobel-Preises an den deutschen Pazifisten Carl von Ossietzky [...] genügte, um den ›Führer‹ fürchterlich aufzuregen und tagelang zu verstören. Wäre es geglückt, gar die Olympischen Spiele von Berlin fernzuhalten, Hitler wäre gewiß geschwächt aus seinem Wuttaumel über solche Kränkung hervorgegangen, und sollte es gelingen, durch konsequenten Boykott der deutschen Waren dem Nazimachthaber zu zeigen, daß die Welt nichts von ihm hält und daß sie wünscht, er möge sich entfernen, das wäre bereits ein großer und wichtiger Schritt [...]

Lassen Sie mich wiederholen:

Der Boykott deutscher Erzeugnisse bedeutet eine entscheidende Schädigung des Dritten Reiches, das ohne Ausfuhr seiner eigenen Produkte die Rohstoffe nicht einführen kann, die es braucht; die es *nicht* braucht, um sein Volk zu ernähren und dessen Lebensstandard menschenwürdig zu halten (das Volk hungert und sein Lebensstandard ist auf Kriegsniveau gesunken), sondern die es benötigt, um die Schlachten vorzubereiten, mit denen es den Frieden der Welt bedroht.

Boykottiert deutsche Waren, und Ihr dient dem Frieden!«

»School for Barbarians«

Sie hatte sich verändert: Aus der Kabarettistin war die politische Rednerin geworden. Aus der Parodie auf Hitler wurde die Dokumentation, aus der Persiflage authentische Information. Hitlers Deutschland produzierte seine Karikatur selbst; vieles im Alltag des Dritten Reiches war genau das, was die nationalsozialistische Ideologie verleumdete; die friedlichen Weltfestspiele der Jugend im Berliner Olympiastadion kaschierten nur mühsam die Politik der Aufrüstung und die Kriegstreiberei.

Erika Mann in Amerika: Sie blieb die Schauspielerin, die Erzählerin; sie blieb die Erika der Bühnenauftritte; besessen war sie noch immer: vom Theater, vom Polittheater, auf dem sie entschlossen agierte. Schließlich galt es ja auch, das persönliche Auskommen zu sichern. Sie mußte arbeiten auf der neuen Bühne, um Geld zu verdienen, und seit den Zeiten der Pfeffermühle war sie an eine gute Kasse gewöhnt. Nach wie vor liebte sie den Luxus, noble Hotels und gute Restaurants, Pelzmäntel und Brillanten. Amerika hatte ihr auch in dieser Hinsicht etwas zu bieten. Freimütig erzählte sie es ihrer Mutter: Reiche Männer umschwärmten sie. Einer von ihnen, der New Yorker Bankier Maurice Wertheim, möchte sie auf der Stelle heiraten. Einige Monate finanzierte er ihr ein Luxusleben in verschiedenen New Yorker Hotels, auch die »peppermill«-Schulden übernahm er, aber irgendwie war ihr der »unermeßlich Reiche« dann doch »eine Schattierung zu reich«.[18] Ein Leben in Suiten und mit Kammerdienern, die ihr alle Wünsche schweigend und sofort erfüllten, war ihr einfach zu langweilig; auch empfand sie es als unangemessen, blasphemisch und zynisch. Sie war zu sehr Moralistin, um sich und andere in Gefühlsdingen täuschen zu können, zu sehr Frau der Tat, um sich bloß verwöhnen und gehen zu lassen. Also sagte sie nein zum Eheangebot. Sehr zur Erleichterung des ebenfalls heftig und eifersüchtig verliebten Martin Gumpert, sehr zum Ärger von Klaus. Der riet in diesen Jahren entschieden zu einer reichen Heirat und stellte Erika vor Augen, wie viele ihrer elementaren Probleme damit gelöst wären.[19] Das Geld und die Abhängigkeit vom Elternhaus als erstes, das ständige Umherziehen, das ewige Hotelleben nicht zuletzt. Bis zu ihrem Tode haben Erika und Klaus Mann niemals eine eigene Wohnung gehabt, sie lebten in Hotels oder im Elternhaus. Das wirkliche Zuhause war und blieb dort, wo Katia und Thomas Mann lebten, in München oder in der Schweiz, in Princeton oder in Pacific Palisades in Kalifornien.

Vieles änderte Erika, seit sie 1936 nach Amerika gekommen war, doch an diesen Lebensbedingungen änderte sie nichts; sie arbeitete, schrieb und reiste, und sie reiste, weil sie arbeiten und schreiben mußte. Ehemann mit Eigenheim und Kindern, das kam nun einmal nicht in Frage.

Aber sie machte den Versuch einer Liebe; mehrere Jahre lebte sie mit Martin Gumpert. Der Autor des Romans über Henri Dunant war 1936 aus Berlin nach Amerika gekommen, lebte als Arzt und Schriftsteller in New York und warb auf rührende, bisweilen selbstmitleidige, bisweilen erpresserische Weise um Erika Mann. Umbringen wolle er sich, wenn sie ihn nicht heirate, aber wenigstens mit den Drogen und dem unsteten Lebenswandel solle sie aufhören.[20] Weder Selbstmorddrohungen ertrug sie – gegen die mußte sie schon bei ihrem Bruder Klaus ankämpfen – noch Ermahnungen im Namen von Liebe und Fürsorge. Sie empfand große Zärtlichkeit für ihn – in ihren Briefen gesteht sie es ihm offen –, aber das prinzipiell Provisorische ihrer Lebensführung, das ihm so erbärmlich vorkomme, das gehöre nun einmal zu ihr. Das Provisorium sei ihr Lebenselixier seit Kindertagen, das einzig Stabile in ihrem Leben, und sie könne weder Positives noch Negatives darin sehen. In der Frage der »heilsamen kleinen Dinger«, der Rauschgifte, wolle sie ihm – »provisorisch« – gern nachgeben, denn so viel liege ihr denn doch nicht daran. In anderer Hinsicht aber konnte sie nicht nachgeben: Ihre Liebe für ihn kannte keine Forderungen, keine Erpressungen und Gebote, und umgekehrt wollte sie es auch so.[21] Aber sie erlebte, betrübt und empört, daß ihre Hoffnung, er könne sie akzeptieren, wie sie nun einmal war, eine für ihn unerfüllbare Forderung darstellte. Seine Empfindlichkeit, seine eifersüchtige Larmoyanz machten sie traurig, aber auch ärgerlich. Denn in »diesen schweren Zeiten« brauche sie einen »fröhlichen, bejahenden, arbeitsfreudigen, kräftigen, durchweg zuversichtlichen Menschen«[22] um sich, der sie in Schutz nehmen und den sie nicht auch noch würde beschützen müssen. Sie wurde sehr deutlich, und sie blieb beharrlich. Erika Manns Leben mit Martin Gumpert war ein Leben mit Unterbrechungen, ein Leben mit Briefen. Noch im Sommer 1937 fuhr sie für zwei Monate nach Europa, nach der Rückkehr begannen lecture tours mit Vortragsverpflichtungen quer durch den Kontinent; jahrelang sollte es so weitergehen. Monatelange Reisen in Amerika, mehrmonatige Reisen außerhalb Amerikas und dazwischen ein paar Wochen im Hotel Bedford in New York – mit Martin Gumpert.

Dazwischen – dabei war aber eigentlich immer ein anderer: Klaus, der Anfang Januar 1937 erst einmal wieder nach Europa zurückgekehrt war und sich im Mai in Budapest einer Entziehungskur unterzogen hatte. Er blieb für Erika beständiger Anlaß zur Sorge. Immer war sie auf dem Sprung, wenn sie nichts von ihm hörte. Sie wußte, wie wenig er am Leben hing. Für ihn waren sie und die Mutter die einzige Brücke zum Leben. Sein Sympathisieren mit dem Tod, das ihn immer wieder zu den Drogen greifen ließ, konnte im Grunde nur durch Erika gebannt werden. Alle Menschen, die er liebte und die ihn liebten, teilten diese Todessehnsucht. Lediglich die Schwester bildete die Ausnahme, und bisweilen fragte er sich sehr ernsthaft, was ihr wohl die Kraft dazu gab und was es sie wohl kostete, gegen diesen Todesdämon in Brudergestalt anzukämpfen.[23]

Sie selbst gab die Antwort im Handeln. Sie räsonierte nicht viel und grübelte nicht lange. Da der 62. Geburtstag des Vaters bevorstand und weil sie Klaus so lange nicht gesehen hatte, packte sie die Koffer und verbrachte zwei Sommermonate in Europa. Bei den Salzburger Festspielen genoß sie die von Bruno Walter dirigierten Konzerte, und zu fünft machten sie in Annemarie Schwarzenbachs Haus in Sils Ferien: Erika und Klaus, dessen neuer Freund Thomas Curtiss, Therese Giehse und Annemarie Schwarzenbach. Sie genossen die Zeit, lebten lustig und albern wie früher in den Tag hinein, aber konnten natürlich nicht übersehen, wie ernst die Lage in Europa inzwischen war. Daß der Krieg kommen würde, darüber waren sie sich einig, wann er kommen, ob Hitlers Politik gegenüber Österreich oder der Tschechoslowakei den Ausschlag geben würde, darüber gingen die Ansichten auseinander.

Über Paris kehrte Erika Ende Juli nach New York zurück. Mit Klaus, der erst Ende September nachkommen sollte, hatte sie zuvor in Paris die Weltausstellung besucht und Merkwürdiges empfunden. Sie besichtigte die Pavillons der feindlichen Großmächte, Deutschland und Rußland, diejenigen der alten europäischen Demokratien, England und Frankreich, der kleineren europäischen Staaten. Überall empfand sie die gleiche Atmosphäre von Nervosität und Anspannung, von Unruhe und Angst – trotz Feststimmung und Messefluidum. Ausgesprochen oder unausgesprochen wurde die europäische Szene, die sich auf dieser Ausstellung präsentierte, von nur einer einzigen Frage bestimmt: Wer wird den Krieg beginnen, den alle fürchten? Wird es der Krieg zwischen Faschismus und Kommunismus sein, wie die faschistischen Mächte derzeit noch glauben machen wollten, oder wird es um den tiefer liegenden Gegensatz gehen, um die militärische Konfrontation zwischen Demokratie und Diktatur, wie Erika Mann vermutete.[24] Wie auf einer Bühne erlebte sie in Paris die Selbstdarstellung der Staaten. Empört und verzweifelt mußte sie begreifen, daß der faschistische Block der Angreifer seine Generalprobe bereits abhielt: im Spanischen Bürgerkrieg, mit der italienischen Eroberung Abessiniens, durch den Einfall der Japaner in der Mandschurei. Ob die Demokratien sich wehren, ob sie rechtzeitig erkennen würden, daß die faschistische Aggression nur scheinbar der bolschewistischen Gefahr galt, in Wahrheit aber der zivilisierten Welt der freiheitlichen Demokratien in Europa und Amerika?

Die Geschwister diskutierten viel in diesen Julitagen in Paris, mit Fritz Landshoff, der aus Amsterdam gekommen war; mit dem Onkel Heinrich Mann, der als Präsident des in Paris ansässigen Schutzverbandes deutscher Schriftsteller im Exil sehr viel Sympathien für die moskauorientierten Kommunisten hatte; mit Leopold Schwarzschild, dessen fanatisch antikommunistische Einstellung Erika Mann bei aller sonstigen Übereinstimmung mit dem klugen Publizisten nicht teilen konnte.[25] Ende Juli 1937 kehrte sie nach New York zurück, als »daughter of« wanderte sie jetzt offiziell ein. Es gab Blitzlichter und Presserummel. In einem Interview teilte sie der *New York Herald Tribune* großzügig ihre Pläne mit. Sie wolle das amerikanische Bürgerrecht erwerben, im Herbst ein Buch über die innere Situation im Dritten Reich veröffentlichen, denn dort würden die Unterdrückungsmaßnahmen gegen Juden und andere Bürger immer härter.[26]

Aus den Pariser Erlebnissen machte Erika Mann einen Rundfunkvortrag, und im November 1937, knapp zwei Jahre vor dem Hitler-Stalin-Pakt, erläuterte sie den Amerikanern die europäische Szene, die sie in Paris erlebt hatte.[27] Sie fragte sich und ihre Zuhörer, ob sich die Diktaturen, die im Augenblick zum Scheine noch gegeneinander Front machten, nicht zwangsläufig einander annähern würden, um zum Schlag gegen die Demokratien auszuholen. Ihre Antwort fiel zuversichtlich, fast pathetisch aus. Der faschistische Generalangriff werde die Welt nicht zerstören können, »dafür bürgen die Demokratien Europas, dafür bürgt die stärkste Demokratie dieser Erde: die Vereinigten Staaten von Amerika«. Erika Manns politische Überlegungen, ihre Thesen und Gedanken zur weltpolitischen Situation entstammten keinem Parteiprogramm. Oft hatte man sogar den Eindruck, sie betreibe Politik fast spielerisch, gehe mit politischen Thesen um, wie sie in den Pfeffermühlen-Songs mit den Grimmschen Märchen umgegangen war. Sie scherte sich nicht um den richtigen Standpunkt, den irgendwelche Parteizentralen ausgaben, sie unterlief die parteipolitischen Einseitigkeiten und zeigte so, daß Politik etwas für jedermann, kein Privileg von Parteien war. Ihr Standpunkt war ein radikal persönlicher; sie sprach von dem, was sie gesehen und erlebt, verstanden und erfahren hatte.

Kein Wunder, daß sie in den knapp fünfzehn Jahren, die sie als politische Publizistin innerhalb und außerhalb Amerikas tätig war, alle diffamierenden Attribute beigelegt bekam, die einer überzeugten Individualistin und Moralistin, einer radikalen Liberalen auch nur beigelegt werden konnten. Die intellektuelle Linke behauptete schlichtweg, sie sei politisch naiv, die Bürgerlich-Konservativen nannten sie eine Kommunistin, und von sozialdemokratisch-kommunistischer Seite wird man ihr Antigermanismus, Deutschlandfeindlichkeit im Stile des englischen Staatssekretärs Lord Vansittart vorwerfen. Sie hat sich um all solche Etikettierungen nicht gekümmert, und wenn die Behauptungen zu absurd, die Angriffe zu heftig wurden, dann ging sie mit der alten Streitlust, mit Spaß an Polemik und geschliffenen Argumenten in die Offensive.

Trotz des glänzenden Starts war die Entscheidung für die Politik im Herbst 1937 noch keineswegs endgültig. Auf ihre eigene Weise hatte Erika der Mutter schon im Mai 1937 geschildert, wie sie ihre Karriere als lecturer in Amerika beurteilte:

»In Cleveland sprach ich 5 Mal in drei Tagen, was, da ich bekanntlich weder so jung, noch so widerstandsfähig bin wie der liebe Z., mich an den Rand des Zusammenbruchs brachte. Besonders, da ein *improvisierter* (auf englisch!!!) völlig ›freier‹ speech ›about my father‹ dabei war, der mich, allein wegen seiner Torheit, leicht um die Ecke hätte bringen können. Im übrigen aber war der Aufenthalt eher triumphal, und meine Erfolge als public speaker number 1 – häufen sich. Meine etwas kindische Art, Geschichtchen zu erzählen, und, nur an Hand ihrer, Schlüsse zu ziehen, die ungeheuer allgemeinverständlich sind, nimmt die schlichten Amerikaner für mich ein, und wenn es mich nicht ein wenig zu sehr *langweilen* möchte, in diesen öden Städten umherzufahren, allein, – als tapfere kleine Frau, – ich könnte gewiß davon leben und dürfte wohl auch das Gefühl haben, es nicht völlig nutzlos zu tun.«[28]

Im Grunde glaubte Erika Mann sich eher für das Persönliche, weniger für »Sachlich-Politisch-Konstruktives« begabt.[29] Und eigentlich wollte sie auch lieber wieder Theater spielen und nur etwas »Halbpolitisches« machen. Sie versuchte es beim Film, im Showgeschäft, aber es wollte alles nichts Rechtes werden. Im Herbst 1937 wurde sie für eine große Show engagiert, die alles aufbot, was die Amerikaner in dieser Gattung wünschten: Musik, Tanz, Chor, girls und Albernheiten ohne Geist. Erika machte mit, amüsierte sich, Tag und Nacht wurde geprobt, und wenn die Sache nicht so dümmlich gewesen wäre, dann hätte sie noch mehr Spaß gehabt. So aber genoß sie die prickelnde Theateratmosphäre, stellte stolz und zufrieden fest, daß ihr Englisch immer besser und ihre Erfolge in der Presse aufmerksam registriert wurden.[30]

Wie schon so oft, tat sie vieles gleichzeitig, hielt die verschiedensten Eisen in verschiedenen Feuern und schrieb nebenbei gleich noch ein Buch. Im Dezember, während eines zehntägigen Urlaubs, den sie mit Annemarie

Schwarzenbach außerhalb New Yorks auf dem Lande verbrachte, wurde es fertig. Ein Bestseller in englischer Sprache, ein Erfolg, ein ungewöhnlich eindrucksvolles Buch auch für Fritz Landshoff, der es 1938 im Querido-Verlag auf deutsch herausbrachte. Ein bis 1986, da erstmals eine Reprintausgabe erschien, in Deutschland unbekanntes Buch: *School for Barbarians. – Zehn Millionen Kinder. Die Erziehung der Jugend im Dritten Reich.*[31]

Ein »politisches Lehrbuch« hat Erika Mann es genannt; es war der erste Dokumentarbericht über Erziehungsgrundsätze und Schulbücher, über »Hitlerjugend« und Unterrichtswesen, über das System, mit dem die Nazis die deutsche Jugend auf »Führer« und »Volksgemeinschaft« einzuschwören versuchten. Das Material stammte aus Gesprächen, die Erika Mann im Sommer in der Schweiz mit deutschen Flüchtlingen geführt hatte. Schon der Prolog illustriert die Entstehungsgeschichte und die Erzählweise des Buches. Die Autorin lebt als deutsche Emigrantin in Zürich und trifft in einem St. Gallener Hotel Frau M. aus München. Das Gespräch entfaltet Details des nationalsozialistischen Alltagslebens, es veranschaulicht am einfachen Beispiel die alltägliche Misere in Deutschland: den sinkenden Lebensstandard, die rüden Umgangsformen, die Militarisierung in allen Lebensbereichen. Erika Mann als Autorin und Interviewerin erzählt nur nach und gibt nur wieder, was ihr deutscher Gast aus eigener Anschauung zu berichten weiß. Die Frau aus München ist gekommen, um für sich und ihre Familie die Emigration vorzubereiten, denn obwohl »reinrassig«, erträgt sie das Leben in Deutschland nicht länger und will vor allem nicht, daß ihr kleiner Sohn in die Maschinerie nationalsozialistischer Erziehung gerät. Schließlich erzählt sie der Autorin eine Episode, die für Erika Manns Buch zum Motto wird. Sie handelt von Frau M's ebenfalls noch in München lebender Freundin, die mit einem Juden verheiratet ist:

»»Ihr siebenjähriges Söhnchen ist Halbjude. Er heißt Wolfgang. Neulich habe ich sie gefragt, wie es dem Wolfgang geht. ›Ganz gut‹, hat sie geantwortet, – ›etwas besser heute, – weil wenigstens die Sonne nicht scheint.‹ Ich verstand sie nicht gleich, und da sagte sie noch, – ›wenn das Wetter schön ist, dann spielen die andern, seine Freunde, so lustig im Hof, – und da weint er immer, weil er doch nie mehr mitspielen darf, – natürlich, als Halbjude.‹« (S. 15)

Für ihr erstes Buch hat Erika Mann versucht, was sie auch mit allen zukünftigen Büchern versuchen und was zum Prinzip ihrer lectures und Rundfunkarbeiten werden sollte: Selbsterlebtes und authentisch Erfahrenes in dokumentarischer Form und in belehrender Absicht zu erzählen.

Für *School for Barbarians* hat Erika Mann Biologie- und Geschichtsbücher, Lehrwerke für Mathematik- und Deutschunterricht, die im Reich in Gebrauch waren, studiert. Oft verursachte ihr das Studium des Materials die reinste Übelkeit.[32] Aber es war auch befreiend, alles darzulegen und der Welt mit authentischem Material die Augen über Hitler und sein Regime zu öffnen. Aufgeregt und angeekelt war sie über das, wovon sie schrieb. Oft wußte sie, die bisher nur Zeitungsglossen und Kinderbücher geschrieben hatte, gar nicht, ob sie so etwas überhaupt konnte. Aber der Verleger war zuversichtlich, er machte Mut und mahnte zur Eile.[33] Erika Mann schrieb und dokumentierte; die Fakten sprachen für sich, interpretatorische Anstrengung war unnötig. Nur die richtige Darstellung, die angemessene Präsentation dieses umfänglichen Materials aus deutschen Tageszeitungen, Parteibroschüren, ideologischen Leitfäden, Gesetzestexten und Verwaltungsanweisungen mußte gefunden werden. Zitate aus Hitlers *Mein Kampf*, Reden des Reichsjugendführers Baldur von Schirach, Artikel aus dem *Stürmer* und Verlautbarungen von NSDAP-Parteitagen mußten geordnet und für die Intentionen des Buches ausgewertet werden.

Schließlich wollte die Autorin zeigen, was in Deutschland mit den Kindern, was mit der Jugend in Nazideutschland geschah. Sie wollte der Welt plastisch und anschaulich machen, in welch radikaler Weise sich seit Hitlers Machtantritt das Leben aller Menschen in Deutschland geändert hatte. Ein deutscher Staatsbürger konnte bis Februar 1933 Verschiedenes sein: Junggeselle, Viehzüchter, Protestant, Fabrikbesitzer, Laubenpieper oder Vater. Seither – fährt Erika Mann fort – muß er in erster Linie etwas anderes sein: Nationalsozialist. Während aber der erwachsene Deutsche immerhin noch in zweiter Linie Katholik oder Blumenzüchter, Ingenieur oder Ladenbesitzer sein könne, »ist das deutsche Kind schon heute ein Nazi-Kind und nichts weiter.«[34] Sie argumentiert einfach und plausibel wie die Geschichten und die Beispiele, die sie bringt. Der Leser sollte ein Gefühl und eine Vorstellung davon bekommen, was es bedeutet, unter Hitler in Deutschland Kind zu sein. Ein kleines »Pünktchen« sei das Kind im Dritten Reich, ahnungslos, aber eingesperrt und ausgeliefert an drei große Kreise, die es umgeben und aus denen es kein Entrinnen gibt. Ihr Werk der Abrichtung auf »Führergefolgschaft«, Rassenhaß und Kriegsbereitschaft vollziehen sie systematisch und auf jeweils höherer Stufe: die Familie – die Schule – die Staatsjugend. Das schwächste Glied ist auch das ursprüngliche. Die Familie, die die Nazis in ihrer Propaganda gegen den Bolschewismus angeblich verteidigen wollten, ist im neuen Deutschland in Wirklichkeit zerstört worden. Das private, das individuelle Leben ist verpönt, Aufopferung für »Führer« und Volk ist angesagt, ein wirklicher Deutscher ist ein Nazi und verschreibt sich mit Leib und Seele dem Kampf fürs Deutschtum, gegen die Juden und die Freimaurer, gegen die Vernunft und für den blinden Gehorsam. Wenn es nicht so gefährlich wäre, man müßte es einfach nur lächerlich nennen; zum Lachen wie die Witze, die die Autorin zitiert:

»Der Vater kommt heim, findet niemanden zuhause. Ein Zettel liegt auf dem Tisch: ›Bin im NS-Frauenbund. Komme spät zurück. Mutter.‹ Da legt er seinerseits einen Zettel hin: ›Gehe auf die Parteiversammlung. Es wird spät werden. Vater.‹ Als nächster kommt Fritz, der Sohn. Er hinterläßt einen Zettel: ›Haben Nachtübung, wird bis morgens dauern. Fritz.‹ Hilda, die Tochter, ist die letzte. Sie schreibt auf: ›Muß auf Nachtversammlung des BDM. Hilda.‹ Als die kleine Familie sich gegen zwei Uhr morgens zusammenfindet, sind Diebe dagewesen und haben alles gestohlen, was nicht niet- und nagelfest war, – die Wohnung ist kahl und leer. Auf dem Tisch aber liegt ein fünfter Zettel: ›Daß wir hier stehlen konnten, danken wir unserm Führer. Heil Hitler! Die Diebe.‹«[35]

Aber – so erklärt Erika Mann weiter – es sind nicht nur die Parteiverpflichtungen, die die Familie zerstören. Das Zerstörungswerk beginnt viel früher: bei der Angst des Vaters vor dem vierzehnjährigen »Pimpfenführer« seines zwölfjährigen Sohnes. Weil er krank war, hatte der Vater den Sohn eine nächtliche Wanderung nicht mitmachen lassen, nun gilt er als Schwächling und Muttersöhnchen, und der »Vorgesetzte« des Sohnes macht dem Vater Vorhaltungen, droht mit »Meldung«. Es wird nicht wieder vorkommen, versichert der Vater, denn er malt sich aus, welche Folgen es für ihn und seinen Sohn hätte, würde er den Jungvolk-Grünschnabel einfach aus dem Hause weisen. Das allerdings wäre die einzig adäquate Reaktion. Ein Geflecht aus Angst und Opportunismus, aus Vorsicht und Verschlossenheit, aus Anpassung und Gleichgültigkeit umgibt das Kind von klein auf. In einem System von Uniformen, Härtetests und Wehrsportübungen wird es dressiert und gedrillt, abgehärtet gegen sich und hart gegen andere.

Ödön von Horváth hat 1938 seinen Roman *Jugend ohne Gott* darüber geschrieben. Max Horkheimer und Theodor W. Adorno werden nach dem Kriege den autoritären Charakter und sein Ideal der Gefühlskälte, der Gleichgültigkeit gegen den Schmerz, analysieren. Erika Mann schildert und veranschaulicht 1938, was seit fünf Jahren in Deutschland mit der Jugend geschieht. Sie erzählt, obwohl sie dokumentiert und keinen Roman schreibt; sie analysiert und zitiert, obwohl sie keine Theorie entwickeln will. Sie will, was sie mit der Pfeffermühle wollte und was sie auch in ihren Vorträgen will: anschaulich machen, um das Vorstellungs- und Einfühlungsvermögen ihrer Zuhörer und Leser zu wecken, um gegen die verordnete und vollzogene Abgestumpftheit, die in Deutschland inzwischen herrscht, die Aufmerksamkeit, den Protest, die Menschlichkeit in den Exilländern zu setzen.

Auf knapp 200 Seiten und in vier großen Kapiteln zeigt sie, wie es funktioniert: in der deutschen Schule, die ehemals einen guten Ruf hatte, in den Organisationen der »Hitlerjugend«, die sich zu Unrecht auf die Tradition der liberalen bündischen Jugend der Vorkriegszeit berufen. Erziehung zu Mittelmäßigkeit und Haß sind die Leitlinien der nationalsozialistischen Schulpolitik. Der Begriff Bildung kommt nicht vor, er hat in Deutschland inzwischen einen negativen Klang. Auf Erbanlagen und rassische Gesinnung, auf charakterliche und körperliche Härte und erst an letzter Stelle auf gründliches Wissen, auf gesicherte Kenntnisse und Fertigkeiten ist der Unterricht ausgerichtet. Wehrerziehung und Rassenlehre, Biologie und Geopolitik sind Bestandteil der Allgemeinerziehung; Objektivität und Wahrheit aber, Vernunft und Geist werden nicht nur nicht angestrebt, sie erscheinen als verwerflich. Schulbücher und Unterrichtshilfen für Lehrer, Rahmenpläne und Veröffentlichungen der NS-Lehrerschaft läßt Erika Mann zu Wort kommen, um zu illustrieren, wie es im »Volk der Dichter und Denker« pädagogisch inzwischen zugeht. Erziehung zur Barbarei nennt sie es mit Recht, aber auf die Überwindung, auf das Ende dieser Barbarei zielt das Buch. Auf die Dauer wird man in Deutschland die Öde, die Abgestumpftheit, die Mittelmäßigkeit nicht ertragen. Auch die Kirche hat vielleicht ihren Einfluß auf die Jugend noch nicht völlig verloren. Es gibt Opposition bei den jungen Arbeitern, und die Frauen und Mütter werden des Schlangestehens nach Ersatzfett, schimmliger Marmelade und feuchtem Brot gewiß – wenn nicht bereits geschehen – bald überdrüssig werden. Hoffnung setzt Erika Mann gegen die hoffnungslos bedrückenden Verhältnisse, Aufklärung gegen die verordnete Dummheit, eine gewisse Heiterkeit gegen die freudlose Alltäglichkeit im Dritten Reich. In seinem Vorwort hat Thomas Mann es treffend formuliert:

»Es hat einen abscheulichen Gegenstand, dieses Buch; es spricht, sehr kenntnisreich, sehr wohlfundiert, von Erziehung in Nazi-Deutschland, von dem, was der Nationalsozialismus unter Erziehung versteht. Aber, sonderbar, es ist das Gegenteil einer abscheulichen Lektüre. Die Anmut seines Zornes und seiner Trauer, sein intelligenter Sinn für Komik, der milde Spott, in den seine Verachtung sich kleidet, sind danach angetan, unser Entsetzen in Heiterkeit aufzulösen; durch sich selbst, durch den Reiz seiner Sprache, die Lauterkeit der Kritik, mit der es das Leidig-Dokumentarische umrankt, setzt es dem empörend Negativen, Falschen und Böswilligen das Positive und Rechte, Vernunft, Güte und Menschlichkeit tröstlich entgegen.« (S. 5)

Mit einem pädagogisch-humanen Optimismus, den das Nazireich in Schule und Staatsjugend ständig pervertiert, schreibt Erika Mann gegen die Verhältnisse an. Gegen einen »völkisch-nationalen« Sprachunterricht, der dazu erziehen soll, den blumig-schwülstigen, militaristisch-vulgären Stil des »Führers« zu sprechen. Mit Spott und Hohn bedenkt sie dessen sprachliche Ambitionen.[36]

Victor Klemperer, der Philologe, hat in seinem 1946 erschienenen *Notizbuch* die Nazisprache anschaulich analysiert. Dolf Sternberger, Gerhard Storz und Wilhelm Emanuel Süskind haben zwischen 1945 und 1948 im *Wörterbuch des Unmenschen* die Verarmung und den Verfall der deutschen Sprache im Dritten Reich profund dokumentiert.[37] Bücher von hohem Aufklärungswert für die Zeit »danach«. Das Buch über die Sprache und die Erziehung in Deutschland *in ihrer Zeit* und gegen sie hat Erika Mann geschrieben.

Drei Monate nach seinem Erscheinen im September 1938 waren bereits 40.000 Exemplare verkauft.[38] Auf dem amerikanischen Kontinent wurde Erika Manns englisch geschriebenes Buch – eingeleitet durch ein einfühlsames väterliches Vorwort – als billige Taschenbuchausgabe verbreitet. Beeindruckt von der engagierten Leichtigkeit ihres Stils, von der heiteren Intensität ihrer Erzähl- und Dokumentationsweise, waren die Kritiker zugleich schockiert und entsetzt über das, was sie hier über »Wehrphysik« und »Nationalpolitische Übungsstoffe für den Rechenunterricht« erfuhren.[39] Daß ein deutsches Kind »fünfzig bis hundertfünfzigmal am Tag« mit ausgestrecktem Arm, aber eben völlig acht- und ahnungslos »Heil Hitler« sagt, das öffnete den Amerikanern tatsächlich die Augen.[40] Erika Manns Schlußfolgerungen leuchteten nur allzu sehr ein: Jüdische Kinder, sofern sie noch in deutsche Schulen gehen dürfen, werden erniedrigt und gequält. Das ist fürchterlich und schrecklich. Aber fürchterlich ist auch, was mit den »arischen« Kindern geschieht, denn die werden verdorben, sind auf unbestimmte Zeit für sich gefährdet und für die Welt gefährlich: »Ihnen ist jedes Gefühl für Recht und Menschlichkeit genommen; ihnen fehlt bis auf weiteres der Sinn, nach dem wir alle leben, der unser Gleichgewicht bestimmt und kraft dessen wir aufrecht gehen durch diese Welt, – der Sinn für die Wahrheit.«[41] »Bis auf weiteres« sagte die Autorin, denn sie konnte sich nicht vorstellen, daß es immer so weiter gehen, daß nicht ein Ende sein würde mit der Erziehung zu Haß und Gewalt, zu Lüge und Terror. Mit ihren Mitteln und ihren Worten, mit ihrem Buch kämpfte sie für das baldige Ende. Aber sie mußte erleben, was zu ertragen nicht nur für sie unerträglich war.

Als Ende September 1938 *School for Barbarians* erschien, hatte Hitler mit dem »Anschluß« Österreichs (März 1938) und mit dem Münchener Abkom-

Katia, Erika und Thomas Mann ca. 1938

men (September 1938) zwei Siege errungen, die Erika Mann den Atem raubten, die nicht nur bei ihr Entsetzen und Verzweiflung auslösten; zumal diese Erfolge auch der Appeasement-Politik der europäischen Demokratien zuzuschreiben waren. Der Einmarsch in Österreich, das Verhandlungsergebnis in München und damit die vertraglich akzeptierte Besetzung des Sudetenlandes waren für Erika Mann Niederlagen der Demokratie, Zugeständnisse an ein Regime, das auf Krieg angelegt war. Schlimmer noch, es waren Zugeständnisse, die sich mit der trügerischen Hoffnung verbanden, der Krieg sei zu vermeiden, wenn man Hitler am Verhandlungstisch entgegenkäme. Aus dem Material ihres Buches machte Erika Mann Vorträge für die lecture tours,[42] gegen Hitler argumentierte sie vor den Amerikanern. Aber *für* Hitlers Opfer, für die Emigranten aus Österreich, der Tschechoslowakei, für die Spanienkämpfer und die Flüchtlinge aus dem Reich arbeitete sie in Amerika ganz praktisch.

Im Februar und März 1938, Thomas Mann und seine Frau Katia waren zum vierten Mal in Amerika, begleitete Erika ihren Vater auf einer großen lecture tour durch den Kontinent. Sie half ihm bei den englischen Vortragstexten, sie übte mit ihm ebenso geduldig wie erfolglos die englische Aussprache, sie übersetzte in der an die Vorträge sich anschließenden question period die

Fragen für den Vater. An seiner Stelle antwortete sie. Sie gab Interviews für ihn, assistierte und managte den Rummel um den großen Schriftsteller.[43] Gleichzeitig erfüllte sie eigene Vortragsverpflichtungen, sorgte für Fahrkarten und Hotelzimmer, erleichterte und entlastete den allseits begehrten und bedrängten Dichter, wo es irgend ging. Unterwegs zwischen New York und Philadelphia erreichte die Familie die Nachricht vom Einmarsch deutscher Truppen in Österreich, vom »Anschluß«. Thomas Mann beschloß, seinen Wohnsitz endgültig nach Amerika zu verlegen. Erika sollte den Haushalt in Zürich auflösen, alles regeln und für geordnete Verhältnisse sorgen. Natürlich würde sie das in die Hand nehmen, ohnehin hatte sie für den Sommer eine Europa-Reise geplant.[44]

Vorerst jedoch galt es in Amerika etwas anderes in die Hand zu nehmen. Die Okkupation Österreichs hatte eine neue Fluchtwelle ausgelöst, zugunsten der österreichischen Flüchtlinge mußte die amerikanische Öffentlichkeit mobilisiert, Geld mußte beschafft werden. Es gab in Amerika seit Mitte der dreißiger Jahre Hilfskomitees für Emigranten, für deutsche Schriftsteller, spanische Bürgerkriegskämpfer, für jüdische und nichtjüdische Flüchtlinge aus Prag. Eine von ihnen, die »American Guild for German Cultural Freedom«, hatte 1935 der emigrierte deutsche Publizist Hubertus Prinz zu Löwenstein gegründet.[45] Die »Guild« verstand sich als Hilfsorganisation für das exilierte deutsche Geistesleben, seinem Präsidium gehörten prominente Amerikaner an, Thomas Mann war chairman des European Council der »Guild«. Sehr bald nach dem Pfeffermühlen-Debakel hatte Erika sich für die »Guild« engagiert, zeitweilig plante sie sogar, diese Organisation von Chicago aus neu und »besser« aufzuziehen.[46] Denn man mußte Geld besorgen, Spenden auftreiben, Reden für die »Guild« halten, damit das Geld kam. Stipendien bzw. Beihilfen an emigrierte Autoren mußten vergeben, für solche »scholarships« mußten Vorschläge und Begründungen geschrieben werden. Im Namen von Thomas Mann oder auch nur mit seiner Befürwortung hat Erika Stipendien, die häufig zur Finanzierung der Ausreise benötigt wurden, für Hermann Broch und Hans Sahl, Elias Canetti und Bodo Uhse, Hilde Walter und Elisabeth Castonier beantragt. Bekannte und weniger bekannte, konservative und kommunistische Autoren versuchte Erika in diesen Jahren durch die »Guild« zu unterstützen. Seit 1937 hat sie vielfältig für die »Guild« gearbeitet, auch war sie zeitweilig »Chairman of the scholarship Committee«.[47] Besonders »money raising« für diese und weitere Hilfsorganisationen lag ihr und machte ihr Spaß.

Gemeinsam mit Thomas Mann sprach sie am 1. April 1938 zugunsten der österreichischen Flüchtlinge in Los Angeles. Thomas Mann hielt seine berühmte

Rede *Vom kommenden Sieg der Demokratie*, Erika erklärte anschließend, daß zunächst einmal Spenden und viel Geld erforderlich seien, um den Flüchtlingen und damit auch der Demokratie zu helfen.[48] Immer wieder gab es kleinere, spontane Initiativen – eine dinner party oder eine Galavorstellung – zugunsten der aus Europa Vertriebenen; jemand mußte schnell ein paar anrührende Worte sprechen, der versammelten Prominenz das Schicksal derer, denen geholfen werden mußte, eindringlich und anschaulich vor Augen führen. Erika Mann war wie gemacht für diese Aufgaben, die schnell erfüllt werden mußten und nur in seltenen Fällen historische Spuren hinterlassen haben. Praktisch-politische Arbeit in diesem Sinne lag ihr ebenso wie das Erzählen von dieser Arbeit, und sie konnte plastisch und eindringlich erzählen.

Im Sommer 1938 reiste Erika nach Europa, denn sie mußte selbst spüren und erleben, wie es dort zuging. Zwar waren nebenbei noch so gewichtige Dinge wie Thomas Manns Übersiedlung nach Amerika zu organisieren, aber persönlich prägend wurde für Erika etwas ganz anderes. Zusammen mit Klaus fuhr sie in der zweiten Junihälfte von Paris über Perpignan nach Spanien. Dort tobte seit zwei Jahren der Bürgerkrieg zwischen Franco-Anhängern und demokratischen Republikanern.[49] Unter den Augen der europäischen Demokratien, die sich zur Verteidigung der spanischen Demokratie und ihrer legal gewählten Regierung nicht entschließen konnten, wurden Franco und der spanische Faschismus von Hitler und Mussolini mit Waffen und der Legion Condor unterstützt. Seit Herbst 1936 kämpften Internationale Brigaden, Freiwilligenverbände vieler Länder, auf der Seite der Republikaner, unter ihnen emigrierte Schriftsteller und Intellektuelle, Künstler und Journalisten aus Deutschland: Ludwig Renn und Bodo Uhse, Alfred Kantorowicz und Arthur Koestler, Ernst Busch und Erich Weinert, Franz Dahlem und Hans Kahle. Überwiegend wiewohl nicht ausschließlich waren es moskautreue Kommunisten, die in den Internationalen Brigaden Dienst taten. Trotz parteipolitischer Differenzen war die Bewunderung für den Kampf der spanischen Demokraten gegen den Faschismus unter den deutschen Emigranten einhellig. Viele schlossen sich den Internationalen Brigaden an, weil man hier – als Soldat oder Journalist, als Ingenieur oder als Arzt, als Schriftsteller und Lehrer – praktisch etwas tun konnte. In Spanien wurde der Faschismus militärisch bekämpft, im Reich, in Österreich, in der Tschechoslowakei mußte man ohnmächtig mitansehen, wie er einen Sieg nach dem anderen errang.[50]

Drei Wochen reisten Erika und Klaus durch das schwer umkämpfte republikanische Spanien; Barcelona und Valencia, das völlig zerstörte, zur Gespensterstadt gewordene Tortosa, Luftangriffe und die Ebro-Offensive erlebten sie.[51] Sie sprachen mit dem Außenminister der spanischen Volksfront Alvarez Del Vayo, dessen Persönlichkeit sie tief beeindruckte, an Beneš und Masaryk, an Roosevelt erinnert hat. Und schließlich waren die Geschwister »zu Gast« bei den Internationalen Brigaden, in denen sie Freunde aus Deutschland trafen. Gemeinsam haben Erika und Klaus anschließend über ihre Erlebnisse geschrieben: im *Pariser Tageblatt*, in der Moskauer Zeitschrift *Das Wort*.[52]

Ihre eigenen Gedanken und Eindrücke beschrieb Erika Mann in einer fünfteiligen Serie für die New Yorker *Neue Volkszeitung*.[53] Von Alltäglichem, das aber doch so ungewöhnlich sei, erzählt sie. Wie gelassen und zuversichtlich, wie lebensgefährlich und lebensfroh man in Spanien für die Demokratie kämpfe. Die Luft zum Atmen sei trotz Rauchschwaden und Brandgestank besser als überall in Europa, wo man in einer Atmosphäre aus Lähmung und Nervosität schier ersticke. Gebannt und untätig warte man in Europa auf den Krieg, hier in Spanien aber werde er bereits gekämpft. Erika war begeistert von dem, was sie im kämpfenden Spanien sah.[54] Wie viele ihrer Freunde und Zeitgenossen, wie Ernst Toller und Ernest Hemingway, wie Anna Seghers und Egon Erwin Kisch, kam sie mit Zuversicht und neuem Mut aus Spanien zurück, überzeugt vom Volksfrontgedanken und vom Sieg der Demokratie.

Ins Schwärmen aber gerät Erika, wenn sie von General Hans erzählt, dem deutschen Weltkriegsoffizier, den der Krieg zum Pazifisten und den Hitler zum Emigranten gemacht hatte. Von Hans Kahle ist die Rede, vom Kommandanten der 45. Division, der 14.000 Soldaten befehligte, vom ranghöchsten Militär unter den Interbrigadisten.

Er war Journalist, bevor er nach Spanien ging; ein Mann mit Bildung und Geschmack; Liebhaber schöner Frauen und gepflegter Geselligkeit. Er empfängt Erika und ihren Bruder in seinem Quartier, man verbringt einen wunderbaren Abend, man spricht, man diskutiert, man versteht sich, und doch herrscht Krieg. Er ist ein Mann der Tat und der Entschlossenheit, des klaren Blicks und des aufrechten Gangs. Würden die Österreicher gehandelt haben, würden die Tschechen so handeln wie die Spanier, Hitler wäre längst besiegt, erklärt er. Die Feinde der Demokratie mit demokratischen, will heißen, friedlichen Mitteln bekämpfen zu wollen, ist eine Illusion, die Grundtorheit unserer Epoche.[55]

Er hat es ihr angetan, der General Hans, mit seiner Klarheit und seiner Tatkraft, seiner Heiterkeit und seiner Entschiedenheit. Die Sympathie für ihn merkt man Erikas Sätzen wohl an; aber natürlich stand nicht in der Zeitung, was wirklich geschah: Sie hatte sich verliebt. Der Oberst und die »Frau Senator« – wie er sie nennt –, der Kommandeur der antifaschistischen Armee und die gute »Frau Staatsrat« – wie sie sich gern titulieren läßt – sie passen zusammen, aber ihre Liebe bleibt Episode, denn die Ereignisse jener Zeit ließen dafür keinen Raum.[56]

Er kämpfte in Spanien, wird es bis zum Sieg der spanischen Faschisten tun, um sodann nach England zu gehen; sie fuhr in die Schweiz, um den elterlichen Haushalt aufzulösen, den Bruder von der Notwendigkeit einer neuerlichen, radikalen Entziehungskur zu überzeugen, in Paris den Vater gegen Angriffe aus Emigrantenkreisen in Schutz zu nehmen[57] und in Prag und Budapest das Entsetzen über das Münchener Abkommen zu erleben.[58] Briefe werden bleiben und – wie so häufig – Erikas Fürsorge, ihre Anhänglichkeit, ihr Verantwortungsgefühl. Sie besorgte ihm eine kurzfristige Unterstützung durch die »Guild«, Thomas Mann sprach höchstpersönlich eine Einladung in sein Haus in Princeton aus. Hans Kahle dankte,[59] aber höflich und ritterlich lehnte der »alte Krieger« ab. So bald es geht, will er in Frankreich den Kampf weiterführen, denn der bourgeoisen Bequemlichkeit, die ihn in Erikas liberalen Kreisen erwartet, vermag er nichts abzugewinnen. Er schreibt es ihr ein bißchen selbstironisch, aber doch überzeugt von seiner Mission als kommunistischer Kämpfer. Sie liest und versteht, ein bißchen traurig, aber doch überzeugt von ihrer Arbeit in Amerika. In England wurde Hans Kahle 1940 interniert; die radikal Liberale, die den Komfort liebte, aber nicht vergötterte, versuchte alles, um ihn freizubekommen. Für seine Freunde, für Bodo Uhse und Ludwig Renn, beschaffte sie Ausreisepapiere für Mexiko. 1946 wird Hans Kahle nach Deutschland zurückkehren; bis zu seinem Tode 1947 war er Polizeichef in Mecklenburg.

»Wer spricht von siegen? Überstehn ist alles«

Die Schlußzeile aus Rilkes *Requiem für Wolfgang Graf von Kalckreuth*, die Klaus Mann unter anderem zum Motto seiner Autobiographie *Der Wendepunkt* machte, wurde seit 1938 für Erika zu einer stehenden Redewendung. Auf bezeichnende Weise zog sie aus dem Wort des großen Dichters eine persönliche Lebensmaxime, von der sie je länger, je heftiger auch den Bruder zu überzeugen suchte. In einem Brief an Klaus aus diesen Jahren heißt es: »Ich möchte, komischerweise, nicht sterben, sondern alles miterleben. Nur möchte ich, andererseits, nicht allein auf der Welt verbleiben.«[60]

In Spanien wurde Erika etwas klar, was geschrieben und ausgesprochen unglaublich banal klang. Aber sie fürchtete die Banalität nicht, Schreiben und

Sprechen war inzwischen ihr Beruf, also schrieb sie: »Es ist merkwürdig, daß Wissen und Sich-vorstellen können zwei so grundverschiedene Dinge sind ... Was ich über Spanien wußte, das wußte ich eben nur – entfernt war die Realität.«[61]

Die Begegnung mit der Realität, mit der Zuversicht und Unerschrockenheit der spanischen Kämpfer für Demokratie und Humanität und gegen die faschistische Bedrohung veränderte Erika Manns politische Ansichten gründlich; vieles von dem, was sie zu wissen glaubte, wovon sie überzeugt war, wurde durch diese Reise, durch die Realität in Spanien widerlegt. Dies galt insbesondere für eine Überzeugung, die ihr jahrzehntelang, ja noch in den letzten Jahren felsenfest und unumstößlich erschienen war. Den Intellektuellen der späten Weimarer Republik, der liberalen Kabarettistin am Ende der zwanziger Jahre, der Emigrantin aus berühmtem Dichterhause, ihnen allen war eine pazifistische Grundeinstellung gemeinsam. Auch wenn man nicht aktiv und kontinuierlich für pazifistische Bewegungen gearbeitet hatte, irgendwie war man vom Pazifismus überzeugt, hatte ihn z.T. auf diffuse Weise zum persönlichen Credo gemacht. Das galt für Klaus und Heinrich Mann, es galt selbstverständlich für die großen Pazifisten der Weimarer Republik, für Kurt Tucholsky und Balder Olden, für Alfred Kerr und Carl von Ossietzky. Es galt auch für Erika Mann. Spätestens seit der Spanienreise, seit den Ereignissen des Jahres 1938 galt es nicht mehr, für sie nicht und auch nicht für Klaus. Zwar blieb die Feder ihre Waffe – erst 1943 meldeten sich die Geschwister für unterschiedliche Funktionen in der amerikanischen Armee –, aber die »Reichskristallnacht« vom 9. November 1938 und die völlige Zerschlagung der Tschechoslowakei im März 1939, zuvor der »Anschluß Österreichs« und das Münchener Abkommen, all diese Ereignisse veränderten ihre Einstellungen, radikalisierten ihre Ansichten.

Praktisch und direkt wollte sie etwas bewirken, und praktisch und direkt bemühte sich Erika im Sommer 1938 – zurückgekehrt aus Spanien und die drohende Katastrophe von München vor Augen – in Paris im Auftrag ihres Vaters um eine Einigung unter den deutschen Emigranten.[62] Das konnte schwieriger und aussichtsloser kaum sein, denn die politischen Repräsentanten der deutschen Emigration waren durch Intrigen und Rivalitäten, Meinungsverschiedenheiten und politische Feindbilder noch aus den Zeiten der Weimarer Republik hoffnungslos zerstritten.

Nun aber galt es, sie in einer sehr konkreten Angelegenheit zu einigen. Aus ihm selbst offenbar unbekannter Quelle waren Thomas Mann 1938 ca. 20.000 Dollar zugeflossen, die als Thomas Mann-Fonds für Zwecke der antifaschistischen Aufklärung und Propaganda in Deutschland verwendet werden sollten.[63] Erika Mann sondierte Anfang September 1938 in Paris das Terrain; rechte und linke politische Köpfe der Emigration sollten an einen Tisch gebracht werden: der in Erikas Augen schrecklich reaktionäre Hermann Rauschning, der katholische Zentrumspolitiker und frühere Reichsbeauftragte zur NS-Bekämpfung Karl Spiecker, die Sozialdemokraten Friedrich Stampfer und Julius Deutsch, die Führer der Kommunisten Franz Dahlem und Otto Katz. Bei der entscheidenden Sitzung am 16. September 1938 im Pariser Hotel Scribe waren auch Willi Münzenberg – kommunistischer Pressezar und zu diesem Zeitpunkt wegen seiner Kritik an den Moskauer Prozessen bereits aus der KPD ausgeschlossen – Heinrich, Thomas und Erika Mann anwesend. Da es um Geld ging, gab man sich friedlich und kompromißbemüht. Hinter den Kulissen hatte Thomas Manns Tochter dafür schon gesorgt, durch Telefonate mit Max Braun, dem Herausgeber der in Paris erscheinenden sozialdemokratischen Wochenschrift *Deutsche Freiheit*, durch Briefe an Karl Spiecker. Mit Charme und Beharrlichkeit hatte sie versucht, was nicht nur und nicht einmal primär an den unüberbrückbaren Gegensätzen zwischen den politischen Parteien scheiterte, sondern an der tiefen Furcht des Vaters, vor irgendeinen politischen Karren gespannt zu werden. In seinem von Erika redigierten Einladungsschreiben hatte Thomas Mann Anfang September noch von sich erklärt: »Die Heimsuchung Deutschlands nun gar durch den Hitlerismus hat diesen ursprünglich unpolitischen Schriftsteller zu einem aus tiefster Seele Protestierenden gemacht gegen den schändlichen Mißbrauch, der von diesem verabscheuungswürdigen Regime mit dem deutschen Namen getrieben wird, sie hat ihn zum Emigranten und politischen Kämpfer gemacht.«[64]

Solch schicksalsschwerem Pathos folgte jedoch nicht viel Konkretes. Einen von der Versammlung am 16. September beschlossenen Friedensappell durfte Erika – so die telegrafische Anweisung – mit dem Namen des Vaters nicht versehen.[65] Obwohl er sich, eigentlich froh, den leidigen Aufruf loszusein, noch im November an Karl Barth wandte und ihn beziehungsweise das protestantisch-bürgerliche Lager zur Mitwirkung am Koalitionsausschuß des Thomas Mann-Fonds aufforderte,[66] ließ ihn die Sorge um sein Image als überparteilicher Sachwalter in allen Fragen des Exils und der Repräsentation des anderen, des besseren Deutschland nicht mehr los. Erika hatte denn auch wieder ihre liebe Not, dem ängstlichen Vater die Sorge um seine kommunistische, sozialdemokratische oder auch nur irgendeine politische Vereinnahmung auszureden. Bezeichnenderweise teilt sie seine Prämissen, um sie auf die ihr eigene Art zu modifizieren:

»Es ist meine wohlfundierte Überzeugung, daß nur Überparteiliches Dir zu Gesichte steht und Deinem Namen für den Kampf nutzen kann. Allenfalls mit der Niemöller-Gruppe könntest Du Dich gesondert einlassen (schon mit den Katholischen nicht, deren Rolle in Spanien denn doch zu tierisch ist) – ganz gewiß nicht mit den Kommunisten und ganz gewiß nicht mit der verschimmelten SPD.«[67]

Was folgt, ist eines jener vielen brieflichen Lehrstücke an die Adresse des Vaters, den es zu beruhigen und zu aktivieren, in seiner durch und durch zaghaften Haltung gegenüber allem Politischen zu irritieren und zu agitieren galt. In dieser Hinsicht brachte Erika es zu einiger Meisterschaft, der Vater selbst zögerte nicht, es zu bestätigen. Den größten Erfolg hatte Erika immer, wenn sie amüsant und präzise eine aus der Sicht des Dichters und Vaters ungemein komplizierte Wirklichkeit aufschlüsselte. Sie selbst war dabei ganz in ihrem Element. Sie liebte die direkte politische Aktivität, die endlosen politisch-ideologischen Debatten langweilten sie. Die Zerwürfnisse unter den Emigranten über die richtige Linie, über Volksfront, Einheit und die Bedeutung der Sowjetunion in allen Fragen der Politik gegen Hitler fand sie lähmend und blöd; alltägliches Tun und gesunden Menschenverstand setzte sie dagegen. So auch jetzt, als sie dem Vater die politischen Querelen um den Thomas Mann-Fonds schlicht und einfach auseinandersetzte. Jede Anti-Hitler-Aktivität sei wichtig und wertvoll. Die gegenwärtige in Gestalt des Thomas Mann-Fonds sei zwar sozialdemokratischen Ursprungs, aber was besage das schon. Das englische Geld – fährt sie fort – sei zwar gewiß *nicht* kommunistischen Ursprungs, wie inzwischen öffentlich behauptet wurde, aber was wäre eigentlich so schrecklich, würde dem so sein. In der ganzen Angelegenheit hätten die Kommunisten den ebenso richtigen wie im Ergebnis bescheidenen Versuch der Einigung gemacht. Demgegenüber verbreite Friedrich Stampfer, »ein ziemlich verkalkter Vertreter derjenigen Partei, die sich in Deutschland am ärgsten und in nie wieder gutzumachender Weise blamiert hat«,[68] das haltlose, den Vater völlig unnötig erschreckende Gerücht, er, Thomas Mann, sei »in ganz Paris« als »Kommunistenliebchen« verschrieen. Der Sopade-Mann versuche dabei doch nur eben das mit Thomas Mann zu tun, was jener den Kommunisten vorwerfe: ihn für sozialdemokratische Zwecke zu benutzen. Dabei sei die Ehrfurcht der Kommunisten vor Thomas Mann viel zu groß, als daß sie so etwas überhaupt wagen könnten. Und überdies – so endet Erikas politischer Aufklärungs- und Beruhigungsversuch – wäre es ja vielleicht das Beste, das Geld, über dessen parteipolitischen Ursprung man sich unnötig parteipolitisch zerstreite, auszugeben und auf diese Weise zu sehen, ob es denn überhaupt existiere und wem es nutzen könne. Erika tat ihr Bestes: um den

Vater zu beruhigen und in ihrem Sinne zu beeinflussen, um politisch Konkretes zu bewirken, um Gelder, deren ungeklärte Herkunft wildeste Gerüchte und ideologische Verdächtigungen auslöste, einfach zu verwenden. Viel Erfolg hatte sie nicht.

Das von Julius Deutsch vorgeschlagene Projekt einer Pariser Volkshochschule unterstützte sie sehr nachhaltig, auch in Amerika beriet sie den Vater in dieser Angelegenheit immer wieder.[69] Inoffiziell übernahm sie damit eine Rolle, die andern ein Ärgernis, ihr jedoch ein wahres Vergnügen wurde. Hans Staudinger, der ehemalige preußische Staatssekretär und im New Yorker Exil Professor an der New School for Social Research, drückte es in einem Brief an seinen sozialdemokratischen Parteifreund Friedrich Stampfer so aus: »Er [Thomas Mann, sc.] ist also in der letzten Zeit völlig in die Hand der Erika geraten, die nun scheinbar über den Mann-Fonds verfügt.« Überdies folge die »politische Führung« Thomas Manns durch seine Tochter einer Richtung, »die Sie kennen und die wir beide nicht teilen«.[70] Welche »Richtung« damit gemeint war, läßt sich unschwer erraten. Nicht das bürgerlich-liberale Lager, dem, wenn überhaupt, Erika Mann zuzuordnen gewesen wäre und dem sie sich vage auch immer selbst zugehörig erklärte, war gemeint. Wenn führende Sozialdemokraten im Exil von einer »Richtung«, die »wir nicht teilen«, sprachen, so war nur eine Partei gemeint: die kommunistische. Gegenüber keiner anderen Partei und Gruppierung taten die Sozialdemokraten im Exil sich so schwer wie gegenüber der Partei Ernst Thälmanns. Die Erfahrungen der Weimarer Zeit waren dafür ausschlaggebend, als Komintern und KPD in fataler Fehleinschätzung der politischen Entwicklung die SPD und den »Sozialfaschismus« glaubten bekämpfen zu müssen und diesen Kampf für wichtiger gehalten hatten als den Kampf gegen Hitler. Verspätet und vergeblich versuchte die KPD seit 1934 mit der Volksfrontpolitik diesen folgenschweren Fehler, der Hitler mit zur Macht verholfen hatte, zu korrigieren. Aber das Mißtrauen bei der SPD saß tief, durch die Moskauer Prozesse erwies es sich als allzu berechtigt. Das Klima zwischen den Vertretern der großen Arbeiterparteien war und blieb aufgeheizt. Verdächtigungen und Verleumdungen beherrschten die Atmosphäre, und die Behauptung, der oder jener sei Gestapo- oder Stalinagent, gehörte zum politischen Alltag des Exils. Vernünftige Überlegungen und praktische Aktivitäten wurden auf diese Weise häufig blockiert, der vergleichsweise harmlose Fall des Thomas Mann-Fonds im Jahre 1938 beweist es.

Schon das Gerücht, jemand vertrete prokommunistische Standpunkte, reichte aus, den Betreffenden in heillose Schwierigkeiten zu bringen. Zwar hatte Erika – im Unterschied zu Klaus – aus ihrer Abneigung gegenüber kommunistischer Politik nie ein Geheimnis gemacht,[71] doch sie hatte umgekehrt zumindest bis zum Hitler-Stalin-Pakt auch keinerlei Berührungsängste gegenüber den Kommunisten. Bis zum Ende des Krieges hat sie den Grundsatz vertreten, daß einfach jede Anti-Hitler-Aktivität wichtig sei. Mit prominenten Vertretern der KPD im Exil kam sie ebenso unverkrampft zusammen wie mit Repräsentanten anderer Parteien. In ihrer Reaktion dominierte immer das Interesse für Konkretes, in ihrer persönlichen Wahrnehmung dominierte das Menschlich-Individuelle. »Unerträglich langweilig« fand sie den Herausgeber der *Neuen Weltbühne*, Hermann Budzislawski, sehr spritzig hingegen das schwarze Schaf der KPD, Willi Münzenberg. Die ehemalige Kabarettistin hatte ihre helle Freude an dem »Stunk«, den er »in Linkskreisen« machte,[72] denn sie liebte solchen »Stunk« als Ausdruck des Individuellen, und sie haßte die Humorlosigkeit der Ideologen, gleich welcher politischen Couleur sie waren. Trotz ihrer vielfältigen Kontakte, trotz zahlreicher gemeinsamer politischer Bemühungen und obwohl ihr die Ideologisierung der Politik zuwider war, behielt Erika Mann einen klaren Blick für unüberbrückbare Differenzen. Sehr früh, Ende April 1938, nach der Katastrophe in Österreich, schrieb sie an ihren Bruder Klaus:

»Ich hasse die Kommunisten! Denn warum? Aus tausend Gründen, allgemeiner Natur. Dann aber auch, weil jede Zusammenarbeit mit ihnen es lehrt, daß sie genauso lügen wie die Nazis, aber auch ganz genau so, daß sie einen immer in der niederträchtigsten Weise hineinlegen und daß sie einen benutzen, wobei sie im übrigen natürlich fürchterlich unbegabt sind. Die einzig gravierenden Unterschiede zwischen ihnen und den Nazis sind die, daß man mit jenen a) nicht umgeht, so daß sie einem letztendlich nichts anhaben können, daß sie aber b) wenigstens geschickter sind in ihren Arrangements, – denn schlechtere Organisation als eben die kommunistische ist auf der Welt nicht aufzufinden. Was aber die Differenz in der Qualität der Ideen angeht, so ist es meine Ansicht, daß der Zweck die Mittel nicht nur nicht heiligt, sondern daß schlechte Mittel den besten Zweck zu versauen im Stande sind, – und soweit ist es nun bei jenen.«[73]

Erika schätzte die Kommunisten nicht, aber sie fürchtete sie auch nicht. Am wenigsten fürchtete sie das Gerücht, sie sei eine »Sympathisantin«, obwohl sie die Folgen solcher Gerüchte ihr Leben lang zu spüren bekam.

Ein erstes, vergleichsweise harmloses Beispiel brachte der Winter 1938. Unter dem Eindruck des Novemberpogroms hielten Klaus und Erika am 8. Dezember 1938 in der Oper von San Francisco einen Vortrag zum Thema: »To fight or not to fight«. Erika war in blendender Verfassung, sie hatte sich unter den spanischen Kämpfern, in dieser Atmosphäre aus Aktivität und

Kalkül, militärischer Strategie und menschlicher Unerschrockenheit ausgesprochen wohl gefühlt, und sie konnte davon mitreißend erzählen. Klaus, eher zögerlich und der praktischen Politik ohnehin nicht sehr zugetan, fand den Enthusiasmus der Schwester bedenklich, war mit dem Vortragsthema auch eigentlich gar nicht einverstanden.[74] Aber Erika setzte sich – wie so oft – im Sturm über seine depressiven Bedenklichkeiten hinweg. Sie schilderte – hier erstmalig und später noch sehr oft – als Kriegsberichterstatterin, was sie in Spanien gesehen hatte, was sie nach den gräßlichen Ereignissen vom November 1938 für die Zukunft voraussah: Hitlers Krieg gegen die Demokratien und die zaghafte Reaktion dieser Demokratien im Namen der Friedens- und Appeasementpolitik. Wie so oft, wenn Erika in glänzender Verfassung war, war ihr Auditorium fasziniert, und wie so oft waren die Vertreter der rechtskonservativen Presse außer sich. Der anwesende Vertreter des deutschen Konsulats leitete seine Berichte über die Washingtoner Botschaft unmittelbar ans Berliner Auswärtige Amt weiter.

»Abusing Hospitality« überschrieb das offizielle Organ des Erzbischofs von San Francisco *The Monitor* seinen Leitartikel gegen die Mann-Geschwister.[75] Professionelle Flüchtlinge seien sie, die das Gastrecht mißbrauchten, um prokommunistische Reden zu führen, ihr Vaterland auf fremdem Boden schlecht zu machen, den Krieg in Spanien zu verherrlichen, wo doch bekanntlich die Kommunisten in Spanien die Kirchen angezündet hätten. Die Geschwister verfaßten einen öffentlichen Antwortbrief.[76] Aus Pfeffermühlen-Zeiten wußte Erika nur zu gut, was eine klerikal-konservative Presse mit dem Kommunismusverdacht auszulösen vermochte. Und aus Pfeffermühlen-Zeiten war sie im Antwortschreiben geübt. Im Leserbrief an *The Monitor* zeigen sich die Geschwister von den Vorwürfen tief betroffen. Zugleich geben sie sich höflich und gebildet, antworten aber im Kern »mit dem Blick nach Deutschland«. Der geschätzte Kommentator wisse wohl nicht, daß der Faschismus der Feind des Christentums sei, ihm sei wohl auch nicht bekannt, welch großartige Rolle einzelne katholische Geistliche derzeit im Widerstand gegen Hitler spielten. So könne es denn wohl nicht verwundern, wenn der Erzdiözese von San Francisco bisher nicht zu Ohren gekommen sei, daß hingegen der Wiener Kardinal Theodor Innitzer bei seinem Versuch, sich mit den Nazi-Machthabern zu arrangieren, kläglich gescheitert sei. Der Kardinal sei in ihrem Vortrag nur ein Beispiel gewesen, Beispiel für ein grundsätzliches, ein gefährliches Mißverständnis; denn es gebe kein Arrangement mit den Machthabern in Deutschland, die Geschichte seit 1933 beweise es, und der Fortgang der Ereignisse werde den englischen und französischen

Ministern, die mit dem Abkommen von München neuerdings die Illusion eines solchen Arrangements bestätigten, wohl noch die Augen öffnen.

Erika und Klaus verteidigten sich, nicht weil sie sich tatsächlich angegriffen und schmerzlich mißverstanden fühlten – wie sie selbstverständlich wortreich behaupten –, sie verteidigten sich, um zu attackieren und zu bekräftigen, was ihr eigentliches Anliegen war. Insbesondere Erika zögerte nicht, zum direkten Gegenangriff überzugehen; die Politik war ihre Leidenschaft geworden, einen Ruf hatte sie nicht mehr zu verlieren, dank der familiären Berühmtheit mußte sie um ihre Aufenthaltserlaubnis nicht wirklich bangen.

Warum also Rücksicht nehmen, wenn die Wahrheit überdies so einfach, die Tatsachen so denkbar klar waren! Auch liebte sie die Schlagzeilen wie das Rampenlicht. Also stritt sie gleich nach der »Monitor«-Affäre mit einem amerikanischen Senator und fand sich dafür im Sitzungsprotokoll des amerikanischen Kongresses wieder. Die Angelegenheit hatte denkbar harmlos begonnen. Ende Januar 1939 während einer lecture tour hatte Erika Mann dem renommierten New Yorker *World Telegram* ein Interview gegeben und darin ihre Ansichten über die Weltlage dargelegt. Wer sie kannte, ihre Vorträge und Zeitungsartikel gehört oder gelesen hatte, konnte nicht viel Neues in diesem Interview entdecken. Nach München und nach dem Novemberpogrom werde doch kein vernünftiger Mensch mehr an ein wirkliches Auskommen mit Hitler denken, auch Amerika, der Garant der Freiheit und der Menschenrechte, dürfe sich einer solchen Illusion nicht hingeben.

So einfach diese Ansichten auch waren, für konservativ-isolationistisch gesinnte Kreise Amerikas enthielten sie Zündstoff.[77] Dort nämlich war das Unbehagen an Roosevelts liberaler Einwanderungspolitik, an der von ihm verkörperten Politik der Öffnung Amerikas für die Welt schon lange sehr groß. Interventionistisch nannte der Washingtoner Senator Reynolds denn auch Erikas Ausführungen, die er erbost zitierte und mit der rhetorischen Frage einleitete, wer denn eigentlich Erika, wer denn überhaupt Thomas Mann sei. Offenbar doch Ausländer.

Die Senatsrede Reynolds ist wohl die ausführlichste Attacke eines amerikanischen Politikers auf einen deutschen Emigranten.[78] Erika Mann wurde Thema im amerikanischen Parlament; wiewohl nur Episode, war die Sache doch brisant. Aber der innenpolitische Konflikt zwischen Isolationismus und Interventionismus war ein Stoff, den die konfliktfreudige Publizistin sich nicht entgehen ließ, den sie sofort aufgriff. Unerschrocken antwortete sie dem Senator, der sich über die Ausländerin empört hatte, die ihrem Gastland kriegstreiberische Ratschläge zu geben wagte. Falsch zitiert habe der Herr

Senator und Dinge behauptet, die sie nie gesagt habe. Und überdies habe sie ihre ganz persönlichen Ansichten über die Weltlage geäußert. Amerika aus seiner Neutralität heraus und in einen Krieg zu treiben, liege ihr völlig fern, und sie sei dazu ja auch praktisch gar nicht in der Lage. Aber ihre individuelle Meinung werde sie doch wohl äußern dürfen, ohne der Einmischung in innere Angelegenheiten Amerikas und des Mißbrauchs des Gastrechts bezichtigt zu werden. Anschließend wiederholte sie wörtlich, was der Senator entweder nicht gelesen oder falsch verstanden oder bewußt gegen den Strich interpretiert habe:

»›to be a pacifist in the old way, to declare that we wouldn't fight under any circumstances, is to help the Fascist and Nazi program.‹ I felt then, as I feel now, that the many millions of people throughout the world who have faith in democracy cannot refuse to accept Fascism's challenge to their ideals. I have as little desire to see blood shed by any one in any war for any purpose as has any other person in this world. This does not mean, however, that those who love democracy must necessarily bow before the rule of force or hate.«[79]

Anfang April 1939 – Hitler hatte inzwischen die »Rest-Tschechei« annektiert und das »Protektorat Böhmen und Mähren« errichtet – erschien Erika Manns öffentliche Replik. Sie selbst zitterte nicht wenig, denn auch in ihren Augen war der Wortlaut geeignet »to bring me into trouble«.[80]

Die deutschen Konsulate meldeten über die Botschaft in Washington auch diesen Vorgang geflissentlich nach Berlin. In Erika Manns deutscher Akte finden sich amerikanische Presseberichte, Protokollnotizen deutscher Konsularbeamter von ihren Reden und Vorträgen sowie der wiederholte Hinweis, ihr »unechtes Wesen und (ihr) maßloser Haß« stießen bei den Amerikanern mehr und mehr auf Unverständnis. Die deutsche Botschaft und die deutschen Konsulate zwischen Kalifornien und Boston hatten 1937 aus Berlin Anweisung erhalten, über die Tätigkeit der »Emigrantin Erika Mann« regelmäßig und genau Bericht zu erstatten.[81] Das geschah, hatte aber – soweit sich übersehen läßt – für Erika keine direkten Auswirkungen. Ob und wenn ja, in welchem Ausmaß es je eine Kooperation zwischen den deutschen Dienststellen in Amerika und dem Department of Justice, Abteilung FBI, gegeben hat, ist für den Fall Erika Mann ebenfalls nicht zu klären.

Eindeutig hingegen ist, daß das FBI seit Anfang Juni 1940 ein Dossier über Erika und Klaus Mann führte, das in Erikas Fall bis 1954 reicht und knapp 200 Seiten stark ist.[82] Aus den ersten Eintragungen geht hervor, daß Erika im Frühsommer 1940 von sich aus Kontakt zum FBI gesucht hatte. Keinem Geringeren als dem Solicitor General Francis Biddle,[83] dem Justizminister der

Regierung Roosevelt, erzählte sie von den pronationalsozialistischen Briefen beziehungsweise anonymen Drohungen, die Thomas Mann und auch sie selbst nach ihren Vorträgen in Amerika erhielten. Offenbar um die Nazis unter den Emigranten New Yorks zu »enttarnen«, hat Erika dem FBI kurzfristig ihre Dienste angetragen. Trotz der guten Beziehungen zwischen Thomas Mann und seiner Familie und dem Weißen Haus in Washington blieben Erikas »Dienste« für das FBI wohl mehr als peripher. Die Masse des Aktenmaterials bezieht sich denn auch seit 1941 auf sie selbst. Für sie wie auch für Klaus wurde zeitweilig Telefon- und Postüberwachung angeordnet.[84] Durch die gesamte Akte zieht sich die von auswärtigen Stellen übermittelte Information, Erika Mann sei schon vor 1933 »aktiver Agent der Komintern in Berlin« gewesen. Im übrigen sei sie wie ihr Bruder »sexuell pervers«. Darüber habe Thomas Mann sogar ein Buch geschrieben: *Unordnung und frühes Leid*.[85] In der McCarthy Ära, nach dem Sieg über Hitler, wird all das noch eine große Rolle spielen.

Im Augenblick setzten Schwierigkeiten und Strapazen ganz anderer Art Erika zu, zwangen zu Aktion und Reaktion. Seit Mitte 1937 hatte sie einen »Beruf« ergriffen, der professionelle Rastlosigkeit bedeutete. Organisiert durch die New Yorker Agentur Feakins Inc., reiste sie zwischen Oktober und Mai, nur durch die Weihnachtstage unterbrochen, quer durch den amerikanischen Kontinent, um zu »lecturn«, Vorträge über allgemein interessierende Themen zu halten. In ihrem Fall über Politik und Alltag in Nazideutschland, über ihre Erlebnisse im Spanischen Bürgerkrieg, die Situation im besetzten Prag, die Lage der österreichischen und tschechischen Flüchtlinge. Themenwahl und inhaltliche Gestaltung waren völlig Sache der Redner, nur eines war unumgänglich: Vor dem amerikanischen Publikum mußte man anschaulich, unterhaltsam und frei sprechen; Bedingungen, die die Schauspielerin und Kabarettistin Erika Mann mühelos erfüllte. Von außen betrachtet hatte sie also einen Beruf gefunden, der maßgeschneidert war für eine Frau mit ihren Qualitäten und Begabungen; denkbar geeignet für ihre politischen Absichten, zugeschnitten auf die Situation einer Emigrantin.

Viele Emigranten haben während ihres amerikanischen Exils als lecturer ein wenig Geld zu verdienen versucht.[86] Kaum einer von ihnen hat diesen Beruf mit soviel Erfolg ausgeübt und seine Strapazen über so lange Zeit ertragen. Im übrigen verdiente man nicht viel, war bei einem Agenten unter Vertrag, der die Termine, die Stationen und die Honorare aushandelte. Vier bis fünf Monate dauerte eine »Saison«, vier bis fünf Termine in der Woche waren die Regel.[87] 50 Prozent des Honorars kassierte der Agent, der für

Werbung und Reisekosten aufkam, während der Redner Hotels und Mahlzeiten und alle sonstigen Nebenkosten zu tragen hatte. 50 bis 100 Dollar verdiente Erika pro Abend in der Wintersaison 1938/39, bisweilen 200 waren es im darauffolgenden Winter, und jeweils nur die Hälfte brachte der gemeinsame Auftritt mit Klaus ein. Das Publikum, das Erika antraf, konnte aus 200 oder 2000 Leuten bestehen. Jeden Abend war es ein anderes: Studenten oder Hausfrauen, Mitglieder christlicher Wohlfahrtsvereine oder jüdischer Hilfskomitees. Immer wieder gab es Drohungen und Erpressungen durch Nazisympathisanten, die sich im Auditorium befanden und in der »question period« provokante Fragen stellten oder anonyme Briefe schrieben, die, mit Hakenkreuzen geziert, ihr den Strick in Aussicht stellten.

Das alles durfte sie nicht irritieren, noch weniger ängstigen. Unerschrocken und überzeugt von der Notwendigkeit ihrer Arbeit mußte sie vor ihr Auditorium treten und zum Beispiel zum Thema »Business and professional women in Exile« sprechen. Was Erika Mann hierzu zu sagen hatte, entstammte nur zum geringsten Teil der eigenen Erfahrung und traf die Realität von Frauen im Exil doch sehr genau:

»In dem Flüchtlingsmeer, das sich, aus den Diktaturländern kommend, über die Erde ergießt, finden sich viele Frauen. Es sind mehr Frauen unter den Flüchtlingen, als dem Prozentsatz entspräche. Denn nimmt man an, daß außer den aus Rassengründen in Deutschland (und nun auch in Italien) Verfolgten, in der Hauptsache die politisch Aktiven es sind, die von den Diktatoren die Kerker- oder Todesstrafe zu fürchten haben, und bedenkt man ferner, wie wenige Frauen (wiederum prozentual) officiell aktiv politisch tätig waren, dann überrascht die Zahl der weiblichen Exilierten durch ihre Größe. Überdies gibt es unter den exilierten Männern viele, die auf Zureden ihrer Frauen die Heimat verließen. Und fast scheint es, als ob die Frauen im allgemeinen schneller und gründlicher als die Männer zu der Erkenntnis gekommen seien, daß in der faschistischen Diktatur zu leben qualvoll und schändlich sei. Man hat gesagt, Frauen seien wie Kinder, – viele von ihnen seien ›verspielt‹ –, sie steckten voller ›Phantasien‹ und entbehrten häufig einer starken und bindenden Beziehung zur Realität. Daran mag Wahres sein. Vielleicht aber ist es gerade dies, dies niemals völlig Gebundensein an das Jetzt und den Augenblick, das den Frauen die Möglichkeit gegeben hat, sich eine Zukunft vorzustellen, die so völlig anders, so gänzlich verschieden von dem war, was sich augenblicklich Realität nannte. Ein Mann, der – nehmen wir an – seit 30 Jahren an ein und derselben Universität tätig ist, kann sich nicht vorstellen, seinen Platz zu verlassen; er kann es sich auch dann häufig noch nicht vorstellen, wenn ein hoher ›Führer‹ plötzlich von ihm, dem Mathematiker, verlangt, er solle vor aller Öffentlichkeit bekunden, daß 2 und 2 gleich 5 sei. Die Frau dagegen auf Grund ihrer leichteren Körperlichkeit, auf Grund ihrer Phantasie, die man ›verspielt‹ oder begabt nennen möge, kann sich das Verschiedenste vorstellen: Sie wurzelt in der Realität des Augenblicks nicht so unbedingt, nicht so erdenschwer wie der Mann. Dafür kann es sein, daß gewisse menschliche Begriffe, gewisse Vorstellungen in ihr tiefer wurzeln als beim männlichen Partner. So ist es, um ein praktisches Beispiel zu geben, sehr selten vorgekommen, daß eine ›arische‹ Frau ihren Mann verließ, weil er jüdisches Blut hatte und weil das deutsche Gesetz also verlangte, daß sie ihn verlasse. Wieviele von den ›Arierinnen‹ sind lieber mit ihrem ›anrüchigen‹ Gatten in die Verbannung gegangen, als sich von ihm zu trennen. Ja, es gab bei den meisten von ihnen kaum eine Überlegung. ›Aber ich liebe ihn doch‹ – das war alles, was in Beantwortung dieses ›Problems‹ zu sagen war. ›Arische‹ Männer dagegen *haben* ihre ›nichtarischen‹ Gattinen verlassen und zwar Zahllose unter ihnen. Mag sein, daß der Mann, der an seinem Beruf hängt, ein Recht hat, weniger ›gefühlvoll‹, weniger ›verspielt‹ zu sein als die Frau. Uns aber kommt vor, als ob es auf dieser Welt nur *eine* ›Treue‹ gäbe und als ob also einer, der aus Berechnung realistischer Art (›ich verliere meine Stellung, ich mag nicht weg von dem Ort, an dem ich solange gelebt habe‹) einem Menschen, den er zu lieben vorgibt, die Treue bräche, auch sonst seinen Idealen, seinem Berufe, seinem Lande gegenüber die wahre Treue nicht kennte.«[88]

Fremd waren die Orte, an die sie kam, fremd das Auditorium. In dieser Fremdheit und gegen sie hatte Erika Mann sich grundsätzlich zu behaupten. Deswegen liebte sie die gemeinsamen lectures mit dem Vater oder Bruder ganz besonders, aber die waren die Ausnahme. Die Regel war, daß sie Tausende von Kilometern allein reiste, um vor unzähligen Menschen allein zu stehen und noch dem dreißigsten Women's Club das Gefühl zu geben, sie sei einzig für ihn gekommen, sei ausschließlich an seiner Informierung und Unterhaltung interessiert. Für ein Ereignis, das mit Vortrag, Diskussion und anschließender cocktail party vielleicht drei Stunden dauerte, war sie Tag und Nacht unterwegs, umgetrieben von der Angst, den Zug zu verpassen oder in einen Busfahrerstreik zu geraten. Fast alle Kraft ging in die Anstrengungen der Reise; in den Zwang, rechtzeitig am lecture-Ort anzukommen und den Termin einzuhalten.

Erika sprach und warb in der High School von Tulsa, dem Frauenverein von Pittsburgh, der Junior League in New York oder dem American Jewish Congress in Chicago; sie sprach über Deutschland und seinen Weg in die Diktatur, sie erzählte und fingierte Selbsterlebtes und Erdachtes, sie inszenierte und appellierte. Immer ging es darum, daß das Auditorium sich vorstellen, durch ihre Worte erleben sollte, wie groß die Gefahr eines von Deutschland ausgehenden Krieges und wie notwendig eine notfalls auch militärische Reaktion des Auslandes sei. In Thematik und Diktion wurden Erika Manns Vorträge seit 1938 radikaler und kompromißloser.

Hitlers Erfolge, die sie 1936 nach Amerika und zuvor durch ganz Europa getrieben hatten, trieben Erika Mann nun mit veränderten Ansichten durch den amerikanischen Kontinent. In knapp fünf Monaten sprach sie über fünfzigmal an jeweils anderem Ort. Den »Pullmanwagen« nannte sie ihr neues Vaterland, aber auch mit Flugzeug, Bus und Taxi war sie unterwegs. Bisweilen verbrachte sie bis zu 90 Stunden pro Woche in der Eisenbahn. Es war ein ewiges »Abhaspeln«, Hetzen zwischen Bahnhof, Hotel und Vortragssaal, mit wenig und schlechtem Schlaf, aufreibenden Diskussionen nach den Vorträgen, aufrüttelnden Radionachrichten anschließend in der Eisenbahn. Ein annähernd normales Privatleben war unter solchen Umständen nicht möglich, bei Gesundheit zu bleiben eigentlich ein Wunder, und die gute Laune zu behalten fast noch ein größeres. Dabei gelang letzteres noch immer am besten; wenn man den privaten Briefen an Mutter und Bruder und an die Freundinnen Eva Herrmann und Lotte Walter trauen darf.

Denn vieles ließ sich brieflich fingieren, und im Schreiben stellte sich die gute Laune wieder her. Amüsant und trotz der Qual des ewigen Gehetztseins in Höchstform präsentierte sich die lecturnde Erika aus der Ferne: »Bin erfolgreich – Du auch?« telegrafierte sie aus heiterem Himmel an den Bruder Klaus. In zweieinhalb Tagen galt es nicht nur per Eisenbahn von Los Angeles nach Chicago zu gelangen, sondern gleich auch noch zwei neue Vorträge »zusammenzumetzeln«.[89] Schwer erkältet, mit Heiserkeit und Fieber war sie unterwegs, Gesundheit spielte keine Rolle, und Rücksicht auf sich selbst war und blieb ihr fremd. Aber dafür mußte sie bezahlen: mit Schlaflosigkeit und Aufputschmitteln, mit unendlich vielen Zigaretten und chronischer Nervosität. Gereizt und nervös reagierte sie vor allem auf alle, die ihr Vorhaltungen machten und gute Ratschläge geben wollten: Martin Gumpert zum Beispiel, der ihrer ständigen Abwesenheit wegen ohnehin zuviel jammerte und bei dem Mutter Katia höchst persönlich um Verständnis für die vielbeschäftigte Tochter werben mußte. Denn Erika begleitete auch noch die väterliche lecture tour.[90] Der »liebe Dr. Gumpert« zeigte sich gegenüber der Mutter zwar einsichtig, aber er grollte bei Erikas Rückkehr. Verständlich, aber unerträglich für sie, die ihm überdies erklärte, sie werde am 6. Juni 1939 ihre Eltern auf eine mehrmonatige Europa-Reise begleiten.

Die privaten Kalamitäten konnten größer nicht sein, für Erika Grund genug, um noch mehr zu arbeiten und sich in neue Schwierigkeiten zu stürzen. Die Rastlosigkeit des lecture-Daseins und die innere Ruhelosigkeit, die zu ihrem Wesen gehörte, ergänzten sich in diesen Jahren auf gefährliche und auf fatale Weise. Last und Los der ganzen Welt lud sie auf ihre Schultern, Politik und Privatleben boten dazu ausreichend Gelegenheit. Auf anfängliche Ruhe, auf ein wenig Atemholen nach dem gescheiterten Pfeffermühlen-

Experiment in Amerika folgte in Erika Manns Leben eine Phase innerer und äußerer Gehetztheit, ein berufliches und privates Umhergetriebensein, das bis zur Rückkehr in die Schweiz 1952 andauern sollte. Pausen, Einhalten und sich Besinnen gab es in diesen Jahren nur erzwungenermaßen: entweder weil Krankheit und akute Schwächezustände es erzwangen oder weil ein Flugzeug nicht flog, eine Schiffspassage ausgebucht war, ein Eisenbahnanschluß verpaßt wurde. Immer handelte es sich dann nur um Pausen von wenigen Tagen, und immer verursachte ihr erzwungene Tatenlosigkeit die übelste Laune. In Wutanfälle und gotteslästerliche Schicksalsverfluchungen pflegte sie auszubrechen; »weiß der Hitler«, womit sie diese »kriegerische Zugverspätung« verdient hatte, aber bei nächster Gelegenheit würde sie es den »Tieren« schon heimzahlen. Der Humor siegte, wenn sie jemandem erzählen, wenn sie brieflich und nachträglich aus den Mißgeschicken, die ihr widerfuhren, kleine Bühnenstücke machen konnte.[91]

Aber das ging nicht immer. Die Ereignisse im Sommer 1939, die Erlebnisse während des Europaaufenthalts und bis zum Kriegsausbruch am 1. September setzten Erika mächtig zu. Oft wußte sie gar nicht, ob das Private oder das Politische ihr mehr zusetzte.

Am 22. Mai hatte sich in New York Ernst Toller das Leben genommen, ein furchtbarer Schock für Erika und Klaus, die seit den Münchener Tagen mit dem ehemaligen Mitglied der bayerischen Räteregierung, dem expressionistischen Dramatiker und Autor von *Masse Mensch* befreundet waren. Lähmendes Entsetzen herrschte unter den New Yorker Freunden und Bekannten, die Zeitungen brachten die Nachricht groß heraus. Im Pariser Exil las es am nächsten Tage der schwer alkoholkranke Joseph Roth, offenbar unter dem Eindruck dieser Nachricht brach er zusammen. Im Delirium tremens starb er, fünf Tage nach Toller, am 27. Mai in einem Pariser Krankenhaus. Noch bevor die neue Todesbotschaft nach New York gelangte, hatte man sich dort die heftigsten Vorwürfe gemacht. Insbesondere Klaus, der wie andere auch vom privaten Elend Tollers wußte und sich nun vergeblich fragte, ob man nicht hätte etwas tun müssen.[92] Auch Erika war wohl informiert und in gewisser Weise verwickelt in die persönliche Tragödie Tollers. Dessen Ehe war 1938 auseinandergegangen, weil seine Frau Christiane Grautoff sich ebenso leidenschaftlich wie unglücklich in Martin Gumpert verliebt hatte, der seinerseits aber leidenschaftlich und beharrlich an Erika hing.

Erikas größte Sorge galt in den Tagen nach dem furchtbaren Ereignis den selbstmordgefährdeten Freunden Tollers: dem Bruder Klaus und seinem Verleger Fritz Landshoff. Sorge bereiteten auch die Kosten der Beerdigung.[93]

Erika kümmerte sich um alles, und wie üblich tat sie es mit großem persönlichem Einsatz. Landshoff schlug sie vor, am 6. Juni mit nach Europa zu fahren. Sie nahm sich seiner an, wie man es sonst nur gegenüber dem Bruder Klaus kannte.[94] Aber Landshoff brauchte in ihren Augen Hilfe im Augenblick dringender als Klaus, und im Grunde kämpfte sie um beide. Denn beider Todessehnsucht, beider Flucht aus dem Leben in die Droge, erschreckte und ärgerte sie maßlos. Sich »davonzustehlen«, das gestattete sie sich nicht, noch weniger wollte sie es ihren Freunden gestatten. So wie sie es früher bei Annemarie Schwarzenbach getan hatte, so kämpfte sie auch jetzt einen ziemlich aussichtslosen Kampf, der im Falle von Landshoff immerhin erfolgreicher war als bei Klaus. Die Schiffsreise mit den Eltern und Fritz Landshoff wurde ein wahres Drama, und auch der anschließende Aufenthalt in Amsterdam brachte kein Ende des Fiaskos.[95] Tag für Tag nahm sie dem Freund das feierliche Versprechen ab, er werde heute nichts »nehmen«, Tag für Tag tat er es doch, log sie an, wurde krank, ungerecht und unberechenbar, aber gelobte stets Besserung und Einsicht. Erika machte sich nicht die geringsten Illusionen, aber sie kämpfte. Die Autorität ihres Vaters bot sie auf; er mußte sich in die Kabine des schwerkranken Landshoff begeben, um ihm gut zuzureden, ihn vom Sinn des Lebens und der Freude durch Arbeit und Erfolg zu überzeugen. Irritiert, aber folgsam tat der Vater, was die Tochter verlangte.[96] Die aber ging noch viel weiter, wagte sich weit über die Rolle der »psychischen Pflegerin« hinaus. Tatsächlich trug sie Landshoff quasi die Ehe an, schlug ihm in unendlichen Gesprächen und Telefonaten vor, er möge seine Freundin Rini verlassen und zu ihr kommen. Zwar liebte sie ihn, der ihrem Charme schon früher nicht zu widerstehen vermochte, nicht wirklich, aber sie liebte das Leben und ertrug nicht, daß jemand in ihrem Leben sein eigenes einfach wegwarf. Es konnte und durfte nicht sein, daß Tod und Unvernunft den Sieg davontrugen. Für Erika durfte das weder im Persönlichen noch im Politischen der Fall sein, und deswegen kämpfte sie unter Einsatz ihres eigenen Lebens. Sie tat es nicht aus weiblicher Opferbereitschaft und auch nicht mit dem Mut der Verzweifelten. Im Kreise ihrer selbstmordgefährdeten Freunde war sie weder verzweifelt noch masochistisch. Sie wollte einfach nicht, daß ihre Freunde sich umbrachten, sie empfand es als persönlichen Verrat; hintergangen und »häßlich getroffen« fühlte sie sich durch solche Neigungen. Und solange sie es verhindern konnte, würde sie es zu verhindern suchen. Bei Landshoff gelang es schließlich, auch wenn es im Juli 1939 nicht danach aussah; den ihr liebsten Menschen jedoch, den eigenen Bruder konnte sie nicht dauerhaft zurückhalten. Klaus starb von eigener Hand am 21. Mai 1949.

Fast genau zehn Jahre zuvor, im Sommer 1939, saß Erika in einem Pariser Café und schrieb für sich, für Klaus, für die Freunde und Weggenossen, die es nicht mehr gab, ein Gedicht. Sie legte es einem Brief an Klaus bei.[97] Es hat keinen Titel, lediglich die Orts- und Zeitangabe:

Paris, – Juni 1939

Noch ein paar Tote, – und die Welt ist leer, –
Bewohnt von Feinden nicht, – bewohnt von Fremden.
Die Feinde sind so niedriges Gelichter,
So trübe, trostlos-triste Finsterlinge,
Daß sie den Raum nicht einmal füllen können,
Der dunkel bleibt, trotz ihren Flammenwerfern.
Noch ein paar Tote und die Welt ist leer.

Ach, wie bescheiden war man schon geworden!
War man nicht dran gewöhnt, im Kreis zu sitzen
Der Freunde, welche Tag und Nacht belebten
Und heimatlich die fernste Ferne färbten?:
Gespräche, Einverständnis und Gelächter, –
Gehässigkeiten, ohne Haß ersonnen,
Von gleich zu gleich, – lebendiges Geplänkel, –
Freiwillig alles, – Kampf, Gefahr, Entfernung, –
Denn immer wartet' schützend das Zuhause.

Es ist versunken, – doch die Weitversprengten
Vermochten sich nach kurzer Angst zu sammeln, –
Die Fähnlein flatterten in einem Winde,
Der giftig war und Blutgeruch verströmte.
Kalt war die Einsamkeit; die, welche froren,
Ermunterten sich zitternd an der Wärme
Von Freunden, die noch nah, noch greifbar waren.

Jetzt, da das Nichts so viele angesogen, –
Hier einer mörderischem Zufall zufiel, –
Dort einer stürzte vor der Wucht des Sturmes, –
Und da ein andrer müden Abschied winkte,
Hochmütig-treulos und der treusten einer, –
Jetzt stehen schmal die dunklen Silhouetten
Der unsern gegen einen kahlen Himmel,
In den entlaubt die armen Bäume ragen.
Noch ein paar Tote, – und die Welt ist leer.

Als Erika im Juli 1939 von Amsterdam in die Schweiz aufbrach, hatte Fritz Landshoff ihr Angebot abgelehnt, sehr zu ihrer Erleichterung im übrigen, denn wie hätte sie sich andernfalls mit Gumpert arrangieren sollen. Immerhin gab Landshoff das Versprechen, regelmäßig telefonisch ihre »Privatpraxis« zu konsultieren. Dies geschah, und wie auf ein Kind redete sie am Telefon auf den 38jährigen ein, er solle nun endlich das Gift weglassen. Zwei Tage ging es gut, dann begann das Elend von vorne, und Erika konnte nichts tun als bekümmert sein. Dazu wiederum fehlte ihr die Zeit, und es entsprach auch nicht ihrem Naturell. Neue Katastrophen standen bevor, in privater und in politischer Hinsicht.

Die letzten Augustwochen machten die Wirklichkeit zum Alptraum; Erika, in die Schweizer Berge verreist, um sich auf ihre Arbeit zu konzentrieren, wußte nicht mehr, war es ein Gruselkabinett, ein schlechter Film oder eine griechische Schicksalstragödie, was sie erlebte. Furchtbar schon war der Beginn: Am 21. August wurde Gretel Walter, Bruno Walters jüngere Tochter und seit Kinder- und Mimikbundtagen enge Freundin von Erika und Klaus, von ihrem Mann, dem Filmproduzenten Robert Neppach, erschossen. Die Ehe war unglücklich von Anfang an, Gretel lebte schon seit einiger Zeit von ihrem Mann getrennt bei ihren Eltern. In Zürich sollte es zu einer »letzten Aussprache« kommen, die Gretel gegen den Rat Erikas gewährte. Der Ehemann nutzte die Begegnung zu einer Bluttat, in deren Verlauf er zunächst seine Frau und anschließend sich selbst tötete. Erstarrt in ihrem Schmerz erlebte Erika im Zürcher Krematorium die Trauerfeier für die langjährige Freundin. Sie hörte und sah, wie Bruno Walter sich und den Anwesenden zum Trost den ersten Satz aus Beethovens Mondscheinsonate spielte. Arturo Toscanini, Adolf Busch und der Zürcher Verleger Emil Oprecht, viele Emigranten und Freunde hatten sich eingefunden, erschüttert über eine so sinnlose Tat in schwerer Zeit.[98]

Vielleicht um sich abzulenken, vielleicht aus Gewohnheit, ganz gewiß aber ohne böse Ahnung drehte Erika später das Radio an: und hörte die »politische Elendsnachricht«. Der deutsche Außenminister Joachim von Ribbentrop flog nach Moskau, um mit den Kommunisten einen Nichtangriffspakt abzuschließen. Erika konnte es nicht glauben, gespenstisch unwirklich erschien ihr alles, was geschah. Mißgeschicke schlimmster Art brachten auch die nächsten Tage.[99] Am 26. August sollte sie von Rotterdam aus nach Amerika zurückkehren. Die Reise von Zürich nach Holland mußte wegen des drohenden Kriegsausbruchs mehrfach unterbrochen werden, verspätet traf Erika im Hafen ein. Das Schiff war längst weg, aber damit nicht genug, auch ihr sämtliches Gepäck, Garderobe und Wertsachen, vor allem die fast fertigen Manuskripte gleich zweier Bücher, die im Sommer entstanden waren, schienen verloren. Stundenlange Auseinandersetzungen mit der Amsterdamer Polizei, verzweifelte Verhandlungen mit Flug- und Schiffsgesellschaften wegen anderer Rückkehrmöglichkeiten gaben ihr den Rest. Nichts ging mehr, und als sie sich in ihrer Not telefonisch bei den in Stockholm weilenden Eltern Trost holen wollte, erfuhr sie, daß man dort angesichts der politischen Lage eigentlich gar nicht wußte, wie man ohne Erikas tätige Hilfe noch irgendeinen Schritt wagen sollte. Der Vater hatte zwar großes Mitleid mit der Tochter, aber eigene Bedürfnisse.[100] Also änderte Erika ihre Pläne, und diesmal hatte das Schicksal auch ein Einsehen. Innerhalb von zwei Tagen bekam sie einen Teil ihres Gepäcks zurück – darunter die Manuskripte – und außerdem ein Flugticket nach Stockholm. Der Flug dorthin weckte neue Schreckensvisionen; wegen der Kriegsgefahr flog die Maschine in nur 500 Meter Höhe, über Deutschland mußte sie noch tiefer herunter, und Erika stellte sich vor, daß man zur Landung gezwungen und sie den Nazis ausgeliefert werden würde.[101] Doch sie kam planmäßig am 30. August in Stockholm an und traf dort auf die erleichterten Eltern. Am Radio verfolgte man atemlos die Stunden des Kriegsausbruchs. Fassungslos angesichts der vergangenen und der unmittelbar bevorstehenden Ereignisse, im fortdauernden Gefühl der Unwirklichkeit und gnadenlosen Eindeutigkeit des Geschehens schrieb Erika am 2. September an Klaus, der in New York fieberhaft auf Nachrichten wartete:

»Was soll man spüren, was also kritzeln. Ich nähre noch immer eine unsinnige Hoffnung, daß die Deutschen, nun, da sie mutterseelenallein der Welt gegenüber stehen, morgen nicht marschieren werden, oder doch übermorgen aufhören, es zu tun. Gott verdürbe sich seine *gesamte* Biographie, ließe er zu, daß Europa, um des kranken Tieres willen, verblutete. Daß sie es morgigen Tages absetzen, das hoffe ich noch immer. Bis zu diesem Augenblick haben sie keine Ahnung davon, daß Weltkrieg sein soll ...«.[102]

Auch an Martin Gumpert schrieb sie aus Schweden, wo sie zusammen mit Thomas und Katia Mann festsaß, denn der Krieg hatte alle Reisemöglichkeiten blockiert. Ob man je irgendwelche Fahrkarten nach Amerika bekam, hing ausschließlich von Erikas Geschicklichkeit, Ausdauer, von ihrem schauspielerischen Talent ab. Von allem hatte sie bekanntlich viel, aber die Lage, in der sie sich befand, am Radio die Kriegsereignisse, die Besetzung und Zerschlagung Polens, die Reden der alliierten Politiker verfolgend, all das setzte ihr mehr zu, als sie sich eingestand. Sie wolle so schnell wie möglich bei ihm sein, schrieb sie Martin Gumpert. Nach seiner Nähe, seiner Ruhe, der Geborgenheit bei ihm sehne sie sich mehr denn je; auch er solle sich nicht umwerfen lassen, von niemandem, von nichts, »was uns bevorsteht«. Beiden, dem Bruder und dem

Freund, sprach sie Mut zu, vor allem vor Wehleidigkeit und Selbstmitleid warnte sie, denn »wir haben es doch immer gewußt, daß höheren Ortes das Unholdeste geplant ist. Jetzt dürfen wir nicht die Überrumpelten spielen. Überstehen wollen wir es vielmehr«.[103] »Wir sollten keineswegs verzweifeln«, so Erikas Motto in diesen ersten Kriegstagen und -wochen; sich selbst und den Nächsten sprach sie gut zu, den Deutschen aber wünschte sie nichts Gutes:

> »Die Deutschen wissen noch nicht, daß ihr Krieg nicht ›lokalisiert‹ bleiben wird, die Reichssender lügen in einem unvorstellbaren Maße ... wenn die Deutschen in diesen Weltkrieg rennen, – haben sie nichts verdient als den Untergang, und keine Revolution nach der Niederlage wird sie retten ... Ach, – vielleicht rennen sie nicht, – oder doch nur ein paar Tage lang«.[104]

Bekanntlich wurde Erikas Hoffnung gründlich enttäuscht. Nach dem ohne Kriegserklärung erfolgten Angriff der deutschen Wehrmacht und der Errichtung des »Generalgouvernements« in Polen im September 1939, dem Überfall auf Dänemark und Norwegen im April 1940, der Kapitulation der holländischen und belgischen Armeen im Mai, dem Waffenstillstand mit Frankreich im Juni, mit Beginn der deutschen Luftoffensive auf England im August des gleichen Jahres hatte Hitlers Deutschland tatsächlich innerhalb weniger Monate ganz Europa mit Krieg überzogen, und dies bisher und auf offenbar unabsehbare Zeit auch noch siegreich. Auch wenn man längst wußte, daß Hitlers Politik auf Krieg zielte, daß Hitlers Deutschland insgeheim Hochrüstungs- und scheinheilige Vertragspolitik betrieb, um den Krieg vorzubereiten, mit diesen Erfolgen in knapp einem Jahr hatte niemand gerechnet, die Deutschen selbst nicht, die Emigranten nicht, die politische Schwarzseherin Erika Mann nicht. Nicht zu verzweifeln in solchen Zeiten fiel schwer, und nicht ohne sarkastischen Unterton zitierte Erika fortan bei allen Gelegenheiten – öffentlich und privat – die Rilke-Zeile »Wer spricht von siegen? Überstehn ist alles«. Aber im Grunde wollte Erika natürlich nicht nur überstehen, sie wollte siegen: über die Verzweiflung und die Todessehnsucht in ihrem privaten Umkreis, über die kleingeistigen und intriganten Streitereien unter den politisch verfeindeten Emigranten, über die durch den Krieg noch schwieriger gewordenen Bedingungen des Exil- und Flüchtlingsdaseins. Vor allem aber über die Nazis wollte Erika siegen, an diesem Sieg wollte sie mitwirken, wenn er errungen würde, wollte sie und mußte sie dabeisein. Viele kleine Schritte waren für dies alles erforderlich, sie würde sie tun, ohne je sicher sein zu können, daß sie richtig waren; sie wird ungeduldiger werden über die Jahre, denn der für sie, für die Welt entscheidende Sieg ließ auf sich warten; im Winter 1939/40 schien er ferner denn je.

Blaß, überanstrengt und gesundheitlich sehr angeschlagen erreichte Erika zusammen mit den Eltern am 19. September wieder den amerikanischen Kontinent, herbeigesehnt von Martin Gumpert, der im New Yorker Hafen auf sie wartete. Für seine schönen lyrischen *Berichte aus der Fremde* und für Erika hatte er in der Zwischenzeit geschrieben.[105]

Durch Jahre geht mein Blick voran. Und Greisenhände
Werden noch immer Deine Hände suchen
Und Deiner Stimme folgen durch das Dunkel
Wie fernem Licht in einer fernen Hütte.

Was war Dir zugefügt, seit Du allein warst,
Hat Dich ein Schmerz gebeugt, ein Leid gepeinigt,
Hat Dich ein Leichtsinn an die Hand genommen,
Hat ein Gesicht Dir Deine Ruh geraubt?

[...]

Wie wird Dein Mantel sein, wie Deine Mütze,
Dein neues Kleid, das in der Schweiz erstanden,
Wie Deine Haltung, wie Dein Knabengang,
Wenn Du am Steg erscheinst, herabzusteigen?

Wie ich im Lärm der Ankunft fast verschwinde,
In der Musik der Rufe untergehe,
Einer von vielen, die auf viele warten,
Und doch so sehr von allen unterschieden.

Seit Tagen schon verschlingen meine Augen
die Shipping List der New York Times,
Den Namen Deines Schiffes, ›Ile de France‹,
Das unaufhaltsam sich dem Hafen nähert.

[...]

Schon knirscht der Stahl an Pfählen und an Planken,
Die Taue fallen und verwinden sich,
Die Anker greifen in den Schlamm des Grundes
Und Brücken strecken ihre Arme aus.

Und wie ein Ausbruch aus Gefangenschaft
Quillt schon die Menge über alle Stege,
Ich aber halte meinen Atem an –
Denn da stehst Du.

Erika mochte diese Zeilen, sie liebte den Lyriker Gumpert. Aber für wirklichen Genuß, für Ausspannen und sich wieder Einfinden in die New Yorker

Verhältnisse blieb kaum Zeit. Anfang Oktober begann das »Abhaspeln« von neuem, die neue lecture tour, 28 Vortragstermine waren bis Weihnachten zu absolvieren, Zeitschriftenartikel, eine Gesprächserzählung und die Einleitung zu einem neuen Buch mußten unterwegs geschrieben beziehungsweise umgeschrieben werden.

»Mein Gott, die Bücher«

In den zwanziger Jahren hatte Klaus Stücke geschrieben, verrückte, mißglückte, aber immer spektakuläre, in denen Erika die Hauptrolle gespielt hatte. Auf Tournee waren sie gegangen, und für Schlagzeilen hatten sie gesorgt. Auch Bücher haben die Geschwister schon vor der Emigration geschrieben, Bücher über ihre Reisen, über Begegnungen mit Kontinenten und Menschen, mit Außergewöhnlichem und Alltäglichem. Albern und ein bißchen überspannt, übermütig und bisweilen quälend tiefsinnig waren die Bücher und Bühnenauftritte der Geschwister in den zwanziger Jahren gewesen. Der Sinn für Auftritte, das Gespür für publikumswirksame Inszenierungen ging Erika und Klaus auch in der Emigration nicht verloren. Der Kampf gegen Hitler raubte ihnen nicht den Humor, aber er veränderte die Thematik ihrer Bücher. Denn Bücher schrieben sie noch immer, jetzt erst recht und jetzt recht eigentlich gemeinsam. In zwei aufeinander folgenden Jahren waren es gleich zwei: Im April 1939 erschien *Escape to life*, ein Führer durch die deutsche Emigration.[106] Es wurde ein »Who is who in exile«, mit dem die Geschwister dem amerikanischen Gastland zeigten, wen es inzwischen beherbergte: unter anderen Albert Einstein und Lotte Lehmann, Bruno Walter, Franz Werfel, Stefan Zweig, Max Reinhardt und Elisabeth Bergner, Ernst Lubitsch und Erich Maria Remarque. Das Buch dokumentiert, illustriert und erzählt davon, wie sehr die Emigration aus Deutschland eine Migration durch Europa und in die außereuropäischen Kontinente wurde. Gewidmet ist es den anderen: denen, die trotz der vielen Namen in diesem Buch nicht namentlich genannt werden konnten. Das Motto liefert zu Beginn die große amerikanische Journalistin Dorothy Thompson: »Practically everybody who in the world opinion had stood for what was currently called German culture prior to 1933 is now a refugee«. *Escape to life* ist ein Buch über Menschen, über berühmte und weniger berühmte, über Schriftsteller und Wissenschaftler, Politiker und Künstler, über Schauspieler, Sänger und Dirigenten, über Linke und Konservative, Politische und Unpolitische. Der ehemalige Reichskanzler Brüning findet sich portraitiert, dem kurz vor seinem Tod nach London emigrierten Sigmund Freud wird ein liebevolles Denkmal gesetzt. Die wenigen Schriftstellerinnen der Weimarer Republik (Irmgard Keun, Adrienne Thomas, Gina Kaus, Christa Winsloe) bekommen bestätigt, daß sie erst als Exilierte ein wirklich internationales Publikum gewonnen haben. Ihre männlichen Kollegen hingegen stehen trotz vielleicht höherer literarischer und intellektueller Begabung beiseite und schreiben entweder nur für einen kleinen Zirkel oder finden gar nicht erst einen Verleger. Auf die männlichen Angehörigen der Mann-Familie trifft das selbstverständlich nicht zu, mit dem Kapitel über ihren Vater und mit den liebenswürdigen Erzählungen vom Onkel Heinrich belegen Erika und Klaus das hinlänglich.[107] Ein bißchen verklatscht und ein bißchen pro domo ist es geschrieben, das erste gemeinsame Exilbuch der Geschwister. Es enthält Begegnungen mit Menschen und lebt von der naiven Fiktion, daß Erika und Klaus sie alle ganz persönlich kennen. In vielen Fällen stimmt das auch, in andern wird so getan. Das liest sich gut und kommt gut an und ist überdies für einen guten Zweck. Und den, in der Tat, verlieren die Geschwister niemals aus dem Auge. Ausführlich wird die Arbeit des Prinzen Löwenstein und der »American Guild« behandelt,[108] und einprägsam werden die Ereignisse nach dem Reichstagsbrand, das Ende Österreichs, die Folgen der Novemberpogrome geschildert. Das Kapitel über den Spanischen Bürgerkrieg und die Internationalen Brigaden ist weitgehend identisch mit Klaus' und Erikas früheren Reiseberichten. Die innere und äußere Opposition gegen Hitler kommt zu Wort. Ebenso die Kultur im Dritten Reich, die diesen Namen zwar kaum mehr verdient, aber Leuten wie Hanns Johst, Erwin Guido Kolbenheyer, Josef Ponten und Gustaf Gründgens zu guten Verdienstmöglichkeiten verhilft. Freundlich ist es nicht, was Erika über ihren früheren Ehemann schreibt, aber für den narzißtischen Karrierismus des großen Schauspielers konnte sie nicht freundlich empfinden.

Persönlich ist die Präsentation des vielfältigen und materialreichen Buches, politisch ist seine Absicht. Nach dem Bestseller-Erfolg ihres ersten Buches über die Erziehung in Nazideutschland wird *Escape* einer der bedeutendsten publizistischen Erfolge für Klaus im Exil werden. Wie sich das gemeinsame Schreiben praktisch vollzog, welche Teile des Buches aus Erikas, welche aus Klaus' Feder stammen, ist nicht immer exakt festzustellen.[109] Eines aber ist gewiß: Das Schreiben war weniger schwierig und weniger konfliktreich als beim zweiten gemeinsamen Buch, *The other Germany*, das 1940 erschien.

»Das andere Deutschland«, das Deutschland der Dichter und Denker, der großen Musik und der bewunderten großen Männer, das nach Bismarcks kriegerisch herbeigeführter Einigung, nach mitverschuldetem und verlorenem Krieg und gescheiterter Revolution, nach verpaßter demokratischer Chance nun dem Anstreicher aus Österreich in die Hände gefallen ist, diesem Deutschland versuchen die Geschwister auf die Spur zu kommen. Sie wollen seine Entwicklung verstehen, und sie wollen eine gängige Behauptung widerlegen; nämlich die Behauptung, Hitlers Nationalsozialismus sei in der deutschen Geschichte seit langem angelegt, und im deutschen Charakter liege eine faschistische Neigung. Mit immer wiederholtem Nein beantworten sie die Frage, ob die Deutschen Nazis seien. »Are the Germans Nazis« sollte auch ursprünglich ihr zweites Buch heißen, das – in brisanter Zeit geschrieben – ein brisantes Thema behandelt.[110] Es hat den Plauderton des vorherigen und den fast amüsanten Erzählstil von Erikas erstem Buch. Es handelt von deutscher Geschichte und deutschem Charakter, von Luther und Goethe, von Heine und Nietzsche, von der merkwürdigen, irritierenden, gefährlichen Neigung der Deutschen, »politisch Lied« ein »garstig Lied« zu nennen und Politik für etwas zu halten, was man besser anderen überläßt. »Das andere Deutschland« kommt in diesem Buch eigentlich gar nicht vor, und wenn, dann nur in Frageform; im teilnehmenden, ungläubigen Erstaunen über die zwei Seelen in der Deutschen Brust: die großartige und die schreckliche, die gute und die gräßliche. In ihrem zweiten Buch riskieren die Geschwister einen sehr gewagten Parforceritt durch die Geschichte. Nicht weniger gewagt ist ihr Umgang mit dem »Nationalcharakter« eines Volkes. Sie sehen es selbst, finden es selbst auch ein wenig bedenklich, und vor allem Erika appelliert dringlich und regelmäßig an den Bruder, nicht so theoretisch, nicht so abstrakt zu schreiben. »More power to your pen« kabelt sie im Juli 1939 von Küsnacht nach New York.[111]

Tatsächlich kam zu der thematischen noch eine ganz praktische Schwierigkeit. Das gemeinsame Buch entstand auf zwei Kontinenten, dazwischen lag der Ozean der Mißverständnisse und Kommunikationsschwierigkeiten, der Abgrund der aktuellen politischen Ereignisse. Während Klaus sich in Amerika in deutsche Vergangenheit vertiefte und nach den historischen Zäsuren suchte, die deutschen Untertanengeist und deutsche Großmannsucht illustrieren, entwarf Erika in den Schweizer Bergen die Gestalt eines sympathischen, neutralen Beobachters.[112]

Er ist schwedisch-holländisch-schweizerischer Abstammung, und am Abend des 30. Januar 1933 beobachtet er in seinem Zimmer im Berliner Hotel Adlon den Fackelzug »Unter den Linden«. Er sieht die begeisterten und betrunkenen Massen und weiß nicht recht, soll er bewundern oder verabscheuen. Als

Neutraler aus Prinzip, als Kosmopolit mit Sinn für Ausgewogenheit, Toleranz und Einfühlungsvermögen verbietet er sich voreilige Gefühle und Urteile. Er beschließt: nachzudenken. Ohnehin zu aufgerüttelt, um schlafen zu können, läßt er sich – gegen alle Gewohnheit und zum Erstaunen des Kellners – ein Glas warme Milch bringen und beginnt: zu schreiben.

Während Klaus an seinem New Yorker Schreibtisch deutsche Geschichte studierte, erzählte Erika Geschichten aus Deutschland. Wahre und wahrscheinliche, mögliche und naheliegende, einfache und alltägliche Geschichten. Sie erfand und ließ erfinden, sie stellte Fragen, die sie ihren fiktiven Helden in den Mund legte, während Klaus an Antworten bastelte, die in Erikas Augen viel zu trocken und abstrakt ausfielen. Es gab Ärger zwischen den Geschwistern, Meinungsverschiedenheiten über die richtige Sprache, den richtigen Ton für dieses so wichtige Buch. Klaus ärgerte sich, denn er sah, daß Erika recht hatte. Ein bißchen verbittert und mit wachsendem Mißmut stellte er fest,[113] daß die Schwester als Geschichtenerzählerin und als Publizistin, als Frau und als politisch aktiver Mensch mehr Erfolg hatte als er. Dabei mochte sie nichts weniger als Streit mit ihm, nichts so sehr wie die Übereinstimmung zwischen ihnen beiden, und am wenigsten wollte sie irgendetwas auf seine Kosten oder gar zu seinem Leidwesen. Aber er sollte sich auch nicht so anstellen und empfindlich sein, wo es nicht um Fragen des Gefühls, sondern der politischen Vernunft, des vernünftigen und angemessenen Erzählens und Beschreibens ging.

So ähnlich sieht es auch Erikas Held im Berliner Hotel Adlon. Wie war das alles möglich, so fragt sich der gebildete, gutaussehende und ökonomisch unabhängige Beobachter der deutschen Januarereignisse. Er fragt es sich und blättert dabei in seinem Tagebuch, liest Aufzeichnungen aus vergangenen Jahren. Wie er Hitler im Münchener Hofbräuhaus hatte reden hören, wie er ihn aus nächster, unangenehmer Nähe in der Carlton Teestube hatte beobachten können. Ohne Bildung und ohne Kultur, derb und ungehobelt, aber besessen und faszinierend war er ihm erschienen, der jetzige Führer der Deutschen. Erikas neutraler Deutschlandfreund hat schon vor Jahren die unsympathische Physiognomie, die schlichtweg enttäuschende Erscheinung eines Mannes portraitiert, der mehr einem Verbrecher als einem Messias ähnelt. Der neutrale Kosmopolit in Münchens Teestube beziehungsweise in Berlins Prominentenhotel stößt im übrigen in seinem Tagebuch auf Notizen, die man zwei Jahre später in Klaus Manns ›authentischer‹ Autobiographie *The turning point* wieder lesen kann: Klaus – anno 1932 – im Münchener Carlton, und am Nebentisch sitzt Adolf Hitler und brüllt.[114]

Sommer 1939: ein Buch zwischen zwei Kontinenten, geschrieben von zwei Menschen. Ein Buch über Deutschland und die Deutschen, das nicht gegen die Deutschen Stimmung machen will, das an ihrer Geschichte, ihren Charakterzügen, ihren Fähigkeiten und Mängeln sichtbar machen will, wie es möglich war. Es war, es ist möglich – so die vorsichtig und erzählerisch immer neu illustrierte These –, weil den Deutschen der Sinn, das Gefühl, das Talent für Politik fehlt; weil sie einen politischen Realitätssinn, wie ihn die Engländer gentlemanlike und die Franzosen bisweilen enthusiastisch entwickelt haben, nicht besitzen; weil insofern für die Deutschen in der Politik gleichsam alles erlaubt ist: die Gesinnungslosigkeit und die Brutalität, die skrupellose Machtgier und die Gewalt. Anders als Franzosen, Engländer, Spanier, Amerikaner und Holländer sind die Deutschen keine Nation geworden; es fehlt neben dem geographischen auch ein kulturelles Zentrum, zwischen Potsdam und Weimar, zwischen dem preußisch-friderizianischen und dem humanistisch-klassischen Geist bewegt sich deutsche Geschichte hin und her, auf und ab. Dabei halten sie es so gern mit der Macht, besonders das deutsche Bürgertum hält es so gerne mit der Macht; mit der Macht des Kapitals oder mit der Macht der Monarchen, mit der Macht der Geschichte oder mit der Macht der Diktaturen.

Sympathisch klingt das alles nicht, und originell ist es natürlich auch nicht, was Erika und Klaus Mann teils beschreiben, teils erzählen. Ihnen und vielen Emigranten, die die Frage nach dem Warum der nationalsozialistischen Diktatur umtrieb, wurde das »Janusköpfige« der deutschen Geschichte ein wichtiges Thema. Daß die Deutschen ihre Freiheit nie durch eine Revolution erkämpft hatten, daß sie ihre Welt unendlich gut und tiefsinnig zu interpretieren, aber nicht wirklich und nicht eigenständig zu verändern wußten, das fiel nicht nur Erika und Klaus Mann aus Anlaß ihres Buches und ihrer Beschäftigung mit deutscher Geschichte wie Schuppen von den Augen. Die historische Entwicklung der letzten achtzig Jahre, im Grunde sogar die deutsche Geschichte seit der Reformation, erwies sich plötzlich als Schlüssel zur Gegenwart. Die Antwort auf die Frage nach dem Scheitern der Weimarer Republik fand sich wie von selbst, drängte sich geradezu auf. Die Revolution von 1848 war bloße Episode geblieben, die Umgestaltungsversuche nach dem Ersten Weltkrieg waren höchst kläglich ausgefallen. Im Militär und in der Verwaltung hatten die alten Eliten nach 1918 ihre Macht behaupten können, die Besitzverhältnisse hatte niemand angetastet. Und etwas Entscheidendes kam hinzu: Die Republik von Weimar war eine Republik ohne Selbstbewußtsein und ohne politischen Realitätssinn. Sie duldete, daß in ihren Schulen und Bildungseinrichtungen, auf der Straße und im Klassenzimmer gegen sie Stimmung gemacht wurde.[115]

Um diese zentrale These des Buches zu verdeutlichen, läßt Erika Mann den »Studienrat X« auftreten. Er ist ein antirepublikanisch gesinnter Philologe preußischer Provenienz, der sich in Hohn und Spott auf Parlament und Demokratie ergeht. Nur Verachtung und Haß kann er der Republik gegenüber empfinden, und darin ist er der gute Repräsentant des deutschen Bildungsbürgertums. Dem Studienrat X allerdings wird es auch unter den Nazis nicht besser, es wird ihm sogar schlecht ergehen. Er verliert sein Amt, weil er die Niveaulosigkeit und die parteipolitische Vetternwirtschaft in den Schulen des erwachten Deutschland kritisiert hat. Er kann froh sein, daß seine Frau – ehemals stolze Studienratsgattin aus besseren Kreisen – als Krankenschwester im Arbeitsdienst nun immerhin für den Lebensunterhalt sorgt. Der Studienrat X, der 14 Jahre lang vom Lehrerpult aus gegen die Republik agitieren konnte, verliert nach dem Untergang dieser Republik Lohn und Brot. Er versteht die Welt nicht mehr, und die ist eigentlich auch nicht mehr zu verstehen. Erika Manns neutrale Beobachter, ihre Studienräte oder Hausmütter stellen sich alle die gleiche Frage, und sie alle bleiben ohne Antwort: Wie war ein solches Scheitern, eine solch gigantische Kapitulation deutschen Geistes und deutscher Seele möglich, und was ist nun, zum Zeitpunkt, da Hitler Europa und der Welt den Krieg erklärt hat, noch möglich, was ist nötig?

Nötig und möglich ist vor allem eines: davon zu erzählen, dagegen zu schreiben. Und das tun Erika und Klaus Mann beide, jeweils auf ihre, aber eben auch auf gemeinsame Weise mit Ausdauer und Leidenschaft. Alle Phantasie und alle Erzählfreude mobilisiert Erika, um Szenen und Bilder vom Alltag im Exil und in Deutschland zu entwerfen. Sie erzählt und schreibt von deutscher Geschichte und deutschen Menschen, von großen Ereignissen und kleinen Leuten; sie schreibt, um Verhältnisse und Menschen zu verändern, um anzukämpfen gegen die verordnete nationalsozialistische Normalität. Sie erzählt einfach und ohne Anspruch auf Originalität, sie erfindet Personen, Augenzeugen in Deutschland, die außerhalb Deutschlands als unverdächtige Kronzeugen berichten. Klaus möchte es immer ein wenig grundsätzlicher, ein bißchen tiefsinniger, er möchte es in seinem Sinne origineller haben. Er fühlt sich als Schriftsteller und als Dichter seinem Werk verpflichtet, und er braucht die Bestätigung und den Ruhm. Erika wußte das nur zu gut, sie akzeptierte und sie förderte es, aber ihre Art war eine andere. Ihr Anliegen war ein elementar politisches, ihr Streben galt nur einem Werk, der Aufklärung über Hitler und dem Kampf gegen ihn; berühmt wurde sie dabei ganz von selbst.

Im zweiten gemeinsamen Buch setzte Erika sich durch; möglichst viel neues und anschauliches Material mit möglichst vielen fiktiven und persönlichen

»Schnurren« verbrämen und nicht zu viele Betrachtungen anstellen, so lautete die Devise, die sie immer wieder an Klaus nach Amerika ausgab.[116] Notgedrungen mußte er einwilligen, inzwischen wußte er schon im vorhinein, was die Schwester wieder alles ändern würde.

In einer Hinsicht allerdings waren die Geschwister sich völlig einig, in der Grundthese nämlich, die ihr Buch *The other Germany* bestimmte. Aus der Geschichte kann man nicht nur, man muß aus ihr lernen. Man muß es nur wollen, aber gerade im Blick auf »The Rise and Fall of the Germanic Republic« ist das gar nicht so schwer, man hat diese Geschichte schließlich selbst erlebt und war ein Teil von ihr. Aus der Sicht der Geschwister Erika und Klaus Mann sind der individuelle und der nationale Erziehungs- und Lernprozeß nur graduell verschieden; im Grunde vollziehen sie sich ähnlich, und damit sie sich möglichst einfach vollziehen können, schreiben die beiden ein möglichst anschauliches, bisweilen indes auch ziemlich schlichtes Buch.

Der Schluß von *The other Germany* machte beiden große Sorgen, denn im August und September, da sich die politischen Ereignisse zuspitzten, da Hitlers Deutschland der Welt den Krieg erklärte, war von einem »anderen Deutschland« nun wirklich nicht mehr viel zu sehen. Die veränderten historischen Umstände, der Hitler-Stalin-Pakt und der unmittelbar hervorstehende Kriegsausbruch, das alles fand Eingang in ein Kapitel: »Three Weeks of Personal History«.[117] Darin geht es nach bewährtem Erika-Muster zu.

In den Bergen von Arosa sitzen Klaus und Erika, sie genießen das wunderbare Augustwetter, die stille Schönheit der Gebirgslandschaft, und sie empfinden schmerzlich und ein wenig beschämt den aberwitzigen Kontrast zwischen ihrer Ferienidylle und den Schreckensmeldungen aus Radio und Zeitung. Ein Freund, diesmal ist er norwegischer Abstammung, ist zu Besuch gekommen. Er hat ein paar Tage in Deutschland verbracht, und Erika hat ihn nun in ihrem »Rumpelford« aus Zürich abgeholt. Natürlich gibt es nur ein Thema, und natürlich spricht der Freund aus Norwegen aus, was Erika ihm in den Mund legt. Er spricht von Deutschland und den Deutschen, er erzählt von seinen Eindrücken, von der Atmosphäre, die er dort gespürt hat. Er erzählt, was Erika will; er macht sichtbar, was Erika am Ende dieses Buches über Deutschland sichtbar gemacht haben möchte. Nämlich dies: Die Deutschen wollen diesen Krieg nicht, aber sie werden Hitler folgen. Sie wissen nicht, warum sie Hitler und seinem Regime gehorchen, aber gerade weil sie es nicht wissen, tun sie es und werden es auch in Zukunft tun. Erikas norwegischer Freund hat Mühe, die richtigen Worte zu finden. Im Grunde ist auch er sprachlos, tatsächlich hat er Vergleichbares auf früheren Reisen nach

Deutschland oder in andere Länder nie erlebt: ein ganzes Volk in solch hoffnungsloser Verzweiflung. Gewiß wollen die Deutschen keinen Krieg, aber seit Jahren leben sie in der Vorbereitung auf den Krieg. Ersatzfette und staatlich verordneter Eintopf, Arbeitsdienst und Parteiverpflichtung, Verdunkelungsübungen und Lebensmittelverknappungen haben sie an den Krieg gewöhnt, ehe er ausgebrochen ist. Ihre Indifferenz trägt aggressive Züge, sie sind erfüllt von einem bedrückenden, nihilistischen Pessimismus. Und eben deswegen werden sie Hitler in den Krieg folgen. Die Diagnose des Freundes ist erschütternd. Die Deutschen sind nicht glücklich unter Hitler, aber sie äußern es nicht, und vor allem ändern sie nichts. Was also kann geschehen und was wird geschehen? Das Alpengespräch im Freundes- und Geschwisterkreis dreht sich im Kreis und landet bei der einen, der einzig möglichen Hoffnung. Es ist die Hoffnung auf einen schnellen Sieg der Alliierten über Hitler, die Hoffnung auf ein neues Europa nach diesem Sieg, auf ein dann tatsächlich anderes Deutschland, das zu Demokratie und Humanität zurückgefunden hat und ein Teil jener Vereinigten Staaten von Europa zu sein vermag, für die Klaus und Erika abschließend plädieren: »The war of defense *against* Hitler must become the struggle *for* a new Europe«[118]

Zukunftsmusik ist das, und in weite Ferne bewegen sich die Visionen, mit denen die Geschwister ihr Buch enden lassen. In eine bedrückende und bedrängende Gegenwart holte sie der Alltag zurück.

Der berufliche und politische Alltag verlangte Erika viel ab in diesen Monaten, und sie stellte sich solchen Anforderungen wie eh und je. »Mein Gott, die Bücher«, stöhnte sie nicht ganz zu Unrecht,[119] denn sie hatte, während sie mit Klaus über *The Other Germany* stritt, gleich noch ein Buch geschrieben; diesmal allerdings allein. Ihr »Oxford-Buch« nannte sie es lakonisch, denn der renommierte New Yorker Verleger Paul Willert hatte mit ihr einen Vertrag für die Oxford University Press abgeschlossen. »Our Nazitown« sollte es heißen, Erika Manns zweites Buch im amerikanischen Exil. Es erschien im gleichen Jahr wie *The Other Germany* unter dem Titel *The lights go down*. Es entstand in der gleichen Zeit, im Sommer 1939 in Europa. In knapp drei Monaten anderthalb Bücher: Erika wußte selbst kaum, wie das gehen sollte.[120] Aber es ging, und es machte ihr Spaß. Denn wieder wird es ein Geschichten-Buch, ein Dokumentarbericht mit illustrierenden Episoden. Sein Thema: Alltag unterm Hakenkreuz; sein Tenor: Der Alltag in Nazideutschland macht die Menschen nicht zufrieden, es geht ihnen nicht gut unter Hitler, im Grunde ist normales, alltägliches Leben gar nicht möglich.[121]

Schauplatz der Geschichte: eine süddeutsche Kleinstadt mit Universität und mittelalterlicher Kathedrale. Romantische Gassen, pittoreske Ausblicke, bürgerliche Wohlanständigkeit und mittelständische Behäbigkeit. Die Szene: ein Amerikaner mit Sinn für deutsche Kleinstadtromantik, ein Fremder in den verwinkelten Sträßchen, der die Atmosphäre des deutschen Mittelalters genießen möchte. Stattdessen hört er Stiefelknallen und schrille Lautsprechertöne. SA marschiert, und der Führer kreischt über den Äther.

Krasser könnte der Kontrast nicht sein, mißmutig verläßt der amerikanische Gast das Städtchen. Aber neugierig und aufmerksam führt Erika Mann ihre Leser ins Innere der Häuser, in die Küchen und Wohnzimmer, hinter die Fassade.

Sie erzählt zehn Geschichten aus jeweils typischem Milieu. Banalitäten des Alltäglichen, Schlaglichter auf eine verordnete Normalität. Nichts Besonderes, aber viel Erschütterndes; nichts als Durchschnittliches, aber Signale des Ungeheuerlichen. Da erschießt sich ein Liebespaar, das eigentlich mit dem Regime übereinstimmt, nachdem die junge Frau einige Tage in der Münchener Klinik eines ›liberalen‹ Arztes verbracht hatte. Ausdrücklich hatte der keine Schwangerschaft feststellen können. Aber die mehrtägige Abwesenheit bringt das Paar in den Verdacht einer Abtreibung. Man weiß sich keinen Rat, es gibt keinen Schutz vor Verleumdung und Denunziation. Da ist ein Kolonialwarenhändler, auch er keineswegs ein Gegner des Regimes, der regelmäßig seine Bilanzen frisiert, denn andernfalls würde er die staatlichen Rentabilitätsnormen nicht erfüllen und die hohen Steuern nicht aufbringen können. Und schließlich gibt es in »our city« noch den Fabrikanten, Herrn Huber. Er möchte seine jüdische Sekretärin heiraten, muß jedoch von ihr erst darüber belehrt werden, daß das wohl angesichts der Nürnberger Gesetze nicht mehr möglich ist. Ohnehin ist der Chef sich offenbar gar nicht im klaren, daß ihn die Liebe zu seiner Sekretärin längst in Verruf gebracht haben könnte. Kummer und Resignation, Verzicht und Ohnmacht stehen am Ende. Herr Huber allerdings stellt sich die alles entscheidende Frage; die Frage, die die Autorin und Erzählerin sich und den ›normalen‹, durchschnittlichen Deutschen immer wieder stellt. Warum fügen sie sich in ihr Unglück, warum lassen sie mit sich geschehen, was einfachen, alltäglichen Gefühlen widerstreitet, was gegen alle Vernunft und allen Menschenverstand geschieht? Die Antwort ist wahrlich niederschmetternd:

»He was a typical citizen of our city, Herr Albert Huber, the manufacturer. The others were like him: wretched and confused, ›the victims of circumstance‹. That's destiny, they thought, our destiny, Germany's destiny. And only in rare moments of terrifying lucidity did they formulate the question upon the answer to which everything depended. Why, they asked themselves in such moments, *why* do we follow in blind obedience a destiny whose name is Adolf Hitler? *Why do we obey?*

But since no answer came, they continued – for the time being – to obey.».[122]

Der Mittelstand, die kleinen Leute in Nazideutschland, finden sich in Erika Manns Buch portraitiert. Ohne empörten Unterton, ohne entrüstet erhobenen Zeigefinger erzählt sie, wie es ihre Art ist. Auch vom einfachen Polizeichef, der den verordneten Terror der »Reichskristallnacht« nicht mitmacht, Befehle ›überhört‹ und Schikane unterläßt. Man kann mitmachen, aber man kann durch einfache Unterlassung auch *nicht* mitmachen. Tragische Größe erwächst aus beidem nicht, es gibt keine ›Helden‹ in diesem deutschen Durchschnittsalltag. Es gibt nur die eine, die große Hoffnung, daß es bald vorbei sei, daß die Lichter wieder angehen.

Wie ihr erstes, so hat Erika Mann auch ihr zweites Buch im Exil ein »politisches Lehrbuch« genannt, und wie im Falle von *Zehn Millionen Kinder* hat sie nationalsozialistische Zeitungen und Zeitschriften studiert, Interviews gemacht und Gespräche geführt, um es schreiben zu können. Bei jeder Gelegenheit, in Paris oder Amsterdam, in Zürich oder Stockholm sammelte sie Material – wie eine gute Journalistin – und machte anschließend daraus stories – wie eine professionelle Erzählerin. Im Familienkreise las sie einzelne Kapitel vor, der Verleger und die Freunde lasen mit: überall Begeisterung und Applaus.[123] Ende des Jahres war sie fertig; obwohl noch Umarbeitungen erfolgen würden, hatte sie fürs erste ihre Schularbeiten – wie sie diese und andere Verpflichtungen mit Vorliebe nannte – gemacht. Als das Buch im Sommer 1940 erschien, hatte sie in der Zwischenzeit noch zwei weitere große Erzählungen geschrieben. Die eine war Erika Manns Beitrag für das in Amerika erschienene Anti-Kriegs- beziehungsweise Anti-Hitler-Buch *Zero Hour,*[124] in dem sie nach bewährtem Muster eine alltägliche Situation zum Anlaß grundsätzlicher politischer Plädoyers nahm.

Don't make the same mistakes lautet der Titel, der auf eine verbreitete Stimmung in Amerikas politischer und intellektueller Öffentlichkeit anspielt: So jemand wie Hitler, so etwas wie Faschismus ist in Amerika nicht möglich. In der Eisenbahn zwischen Chicago und Los Angeles trifft Erika auf einen jungen, gebildeten und ungemein sympathischen Amerikaner, den sie diese Position vertreten läßt und der sich nun – mehrere Stunden dauern Zugfahrt und Gespräch – die deutsche und ihre, Erikas persönliche Geschichte aus den späten Weimarer Jahren und den Jahren nach Hitlers Machtantritt erzählen lassen muß. Natürlich zeigt er sich beeindruckt, denn Erika kann mit großem

Elan erzählerisch argumentieren, und natürlich gibt sie sich Mühe, denn schließlich will sie nicht schon wieder ihr Gastrecht in Amerika mißbrauchen und den Amerikanern sagen, was sie zu denken und zu tun haben. Aber in Sachen Hitler und europäischer Krieg will sie vorrangig eines: vor der Wiederholung eines furchtbaren Fehlers warnen, der darin bestand, Hitler und sein Welteroberungsprogramm zu unterschätzen.

Mit immer ähnlichen Mitteln, häufig mit nur geringfügig variierten Erzähleinheiten schrieb Erika Mann ihre Bücher und Aufsätze, ihre Vorträge und Novellen. Sie schrieb in propagandistischer Absicht, sie schrieb, weil es ihr Spaß machte. Übermut und Albernheit, Naivität und Entschiedenheit – alles konnte sie in ihren Büchern, in ihrer Art zu erzählen unterbringen. Noch das ernsteste Thema bekam einen humorvollen, einen witzigen Anstrich. Ihr Sinn fürs Groteske fand denn auch in der amerikanischen Realität, er fand natürlich auch immer wieder in der Realität des Exils geeignete Stoffe. Da hat ein Mann vor den Nazis aus Skandinavien fliehen müssen, krank und ohne seine Familie sitzt er in einem New Yorker Hochhaus. Er darf es nicht verlassen, und er kann es auch nicht verlassen, denn er ist gebannt. Gebannt vom Radio, vom amerikanischen System, news mit Reklame zu vermischen. Er weiß gar nicht, wie ihm geschieht, der Flüchtling aus Europa. Von Krieg und Katastrophen berichtet der Nachrichtensprecher, und sofort anschließend empfiehlt die »Coast to Coast Insurance Company« Lebensversicherungen in allen Preislagen. *Cocoico*[125] heißt die Novelle – nach der Lebensversicherungsgesellschaft und ihrem Reklameslogan; in der Familie und während eines »Abends der Dichterinnen«, den im Mai 1940 der New Yorker German Jewish Club veranstaltete, hat Erika sie vorgelesen.[126] Gedruckt wurde sie nie. Ungedruckt und unvollendet blieb vieles, was Erika Mann schrieb, zu schreiben plante, bereits begonnen hatte. Aber es gab immer so viel anderes zu tun, die Ereignisse waren schneller als die Bücher, Erika blieb sehr häufig nur die Zeit, Briefe zu schreiben oder zu telegrafieren.

Zu Telegramm und Telefon gleichzeitig mußte sie greifen, um in eine »Katastrophe« einzugreifen, die man in ihren Augen hätte vermeiden, nun aber nur durch ihre Mitwirkung würde meistern können. Das neue Unheil war politischer und gleichzeitig privater Art. Der »Schweinepakt«, der Ende August zwischen Hitler und Stalin geschlossene Nichtangriffspakt, der Hitler freie Hand für den Angriffskrieg gegen Polen und Stalin die Möglichkeit zur Annexion des Baltikums und des Angriffs auf Finnland und Polen gegeben hatte, dieser Vertrag sorgte im Lager der Emigranten, unter Linken und

Kommunisten für Verwirrung und Zerwürfnisse.[127] Nach den Moskauer Prozessen war es für die einen ein furchtbarer Schock und der letzte Grund, der Partei den Rücken zu kehren, für die anderen ein genialer Schachzug, der dem Stalin-Mythos neuen Auftrieb gab.

Für Erika Mann war der Pakt zwar eine furchtbare Schweinerei, aber die schließliche Annäherung zwischen den Diktaturen war für sie keine Überraschung. Daß nun aber die moskautreuen Kommunisten die englisch-französische Kriegserklärung an Deutschland und damit den Krieg gegen Hitler einen »imperialistischen Raubkrieg« nannten, stellte alles auf den Kopf. Zwischen dem stalinistischen und dem faschistischen Welteroberungsprogramm sah Erika keinen Unterschied, zornerfüllt setzte sie dem Bruder und den Freunden auseinander, daß sie nicht gegen Hitler kämpfe, um nach dessen Sturz in einem zum »Nationalbolschewismus« befreiten Land zu leben.[128]

Eine New Yorker Zeitschrift hatte Mitte September 1939 Klaus Mann und andere prominente Autoren zu einer Stellungnahme aufgefordert. Ja oder Nein sollte die Antwort lauten, und eine kleine Begründung sollte man schreiben. Klaus, nachdenklich und um Fairness bemüht, höflich, aber auch ein wenig unbedacht, antwortete tatsächlich, was er dachte. Man könne im Augenblick weder »ja« noch »nein« sagen zu diesem in der Tat überraschenden Bündnis. Unpassend und allzu simpel müßte eine eindeutige Antwort ausfallen, die Hintergründe und Absichten dieses Paktes seien derzeit schwer kalkulierbar, noch weniger durchschaubar, alles sei »unentschieden, fließend und geheimnisvoll«.[129] So erklärte Klaus am 13. September; zu einem Zeitpunkt, da die Weltöffentlichkeit das Geheime Zusatzprotokoll über die Aufteilung Osteuropas nicht kannte und die Okkupation des Baltikums durch Stalin noch bevorstand. Aber das half ihm nicht, mit seiner Erklärung hatte Klaus eine Lawine ausgelöst.

In der Exilpresse, in einem anonymen Artikel in Leopold Schwarzschilds *Neuem Tage-Buch* wurde er als »Sowjetagent« bezeichnet, als ein Mann »ohne ernstliche Reife, ohne erarbeitetes Wissen und wetterfeste Kriterien«, von dem man sich in Moskaus Planwirtschaft wohl gute Dienste erwarte. Was nun begann, war einer jener wortreichen, aber kleingeistigen Politskandale, an denen das Exil so erbärmlich reich ist; eine jener zahlreichen Fehden, an denen Freundschaften zerbrachen und die unwiderrufliche Feindschaften zur Folge hatte. Erika kannte den Charakter und den Verlauf solcher Auseinandersetzungen allzu gut, und allzu gut wußte sie auch, was aus der liebenswürdigen Unbedachtsamkeit des Bruders entstehen konnte. Nun war der wirklich kein Parteigänger der Kommunisten, noch weniger war er ein Agent

Stalins; ein Intellektueller war er mit Sympathien für große Ideen, und ein engagierter Schriftsteller mit Abneigung gegen vereinfachende, voreilige Eindeutigkeiten. Erika wußte auch das, mehr noch, sie wußte und hatte ihm oft genug auseinandergesetzt, daß solche intellektuelle Neugier, solche sympathische Zögerlichkeit ganz schnell und ganz heftig falsch ausgelegt, gegen den Bruder gewendet werden konnte.

So auch diesmal, und diesmal ganz besonders ärgerlich, weil sie auch in der Sache nicht mit ihm übereinstimmte. Die Frage, ob er dem Hitler-Stalin-Pakt positiv oder negativ gegenüberstehe, hätte er entweder gar nicht oder entschieden ablehnend beantworten müssen.[130] Dieses Bündnis sei kein Gegenstand vorsichtigen gedanklichen Abwägens. Hier hätte nichts oder nein gesagt werden müssen, denn hier ging es nicht um politische Ideale oder Utopien, hier ging es um harte Macht- und Interessenpolitik. Hier war Eindeutigkeit geboten. Nach dem Desaster des Paktes nun das Desaster um Klaus. Erika regte sich furchtbar auf, forderte dem Bruder telegrafisch das Versprechen ab, seine Gegenerklärung, die natürlich sofort an die Adresse Schwarzschilds zu schreiben war, nicht abzuschicken, ehe sie sie nicht gesehen, ehe man jedes Wort gründlich geprüft habe. Das geschah, nur weigerten sich das *Neue Tage-Buch* und sein Herausgeber Leopold Schwarzschild, die die Denunziation verbreitet hatten, Klaus Manns Erklärung abzudrucken. Erst im Januar 1940 druckte die New Yorker *Neue Volkszeitung* seinen Selbstrechtfertigungsversuch.[131]

In dieser leidigen und in ihren Augen durch und durch unnötigen Affäre unterstützte Erika ihren Bruder nach Kräften, mit eigenen Briefen an Leopold Schwarzschild mischte sie sich ein. Noch ein Jahr später war die Angelegenheit für sie nicht vergessen,[132] noch Jahre danach geriet sie in Rage über die Denunziationssucht unter den Emigranten. Für Klaus, der zu den frühen und ausdauernden Befürwortern der Volksfrontpolitik gehörte, war die ganze Affäre ein schwerer Schlag. Er war getroffen und gekränkt, fast ein wenig sprachlos über so viel Infamie. Sein Antwortschreiben, seine Briefe in der Angelegenheit waren scharf und bitter, heftig beschuldigte er Willi Schlamm, der Verfasser des anonymen Artikels zu sein; so heftig, daß der Beschuldigte bei Thomas Mann persönlich Schutz suchte, was wiederum Klaus zu höhnisch-bissigem Dementi veranlaßte.[133] Wie so oft war Erika zwar furchtbar wütend, aber in ihren Reaktionen souveräner; sie war empört, aber nicht gekränkt. Tatsächlich erwog sie, ob man in der Angelegenheit nicht die Gerichte anrufen sollte; und tatsächlich ließ sie keine Gelegenheit aus, die Schweinerei – den Pakt der Diktatoren und die Denunziation des Bruders – öffentlich anzuprangern. Das trügerische Bündnis zwischen Rußland und Deutschland wurde zum Thema einer großen lecture.

Zwei Ansichten, die bisher ohnehin nur politisch naive Zeitgenossen hatten vertreten können, erwiesen sich – so Erika Mann – als Illusionen: Hitlers angeblicher Antibolschewismus und Stalins angeblicher Antifaschismus. Es war ein ideales Thema für Erika, noch dazu, da ein »Doppelkonzert« mit Klaus bevorstand; eine gemeinsame lecture mit dem Bruder, Anfang Dezember in Albany. Für diesen Auftritt entwarf Erika ein Konzept, das ganz auf die aktuelle Lage zugeschnitten war. Es wurde ein szenischer Dialog, ein Pro- und Contra-Streitgespräch zwischen Bruder und Schwester auf der Bühne, vor dem Publikum, über den Pakt. Das Thema hieß zwar »After Hitler what?«, aber das konnte nur behandelt werden, wenn man zuvor über »Under Hitler what?« geplaudert hatte.[134] Die beiden neuesten Bücher, das letzte gemeinsame und Erikas eigenes, boten dazu hinlänglich Material. Auf die Schilderung deutscher Zustände folgte – so Erikas Stichwortzettel – die Frage nach der Opposition gegen Hitler inner- und vor allem außerhalb Deutschlands. These: Die Opposition, die Emigranten sind zersplittert und zerstritten und eben deswegen ohne Wirkung. Es folgte die politische und persönliche Aktualisierung: Wir wissen nicht, wie weit Stalin die Linke in Deutschland gespalten hat. Wir wissen nicht, in welchem Maße er dies beabsichtigte, aber wir wissen, wie gefährlich gespalten die Situation unter den deutschen Exilierten ist, von denen die einen unter allen Umständen den Pakt und die Invasion Polens und Finnlands verurteilen, während die andern denken, daß Stalin Polen und Finnen befreit habe, so wie er auch uns befreien werde. An dieser Stelle soll Klaus erregt auf- und einspringen, die falsche, die gefährlich einseitige Betrachtungsweise kritisieren und für Behutsamkeit im Urteil plädieren. Dann soll er sich noch einen passenden Schluß ausdenken – aber nicht zu theoretisch bitte – und ihr alles schnell zur weiteren Bearbeitung schicken.

Es wurde ein guter Auftritt im City Club of Albany im Staate New York am 9. Dezember 1939, und er brachte den Geschwistern zusammen 300 Dollar ein.[135] Nach einem dreiviertel Jahr waren sie wieder gemeinsam auf der politischen Bühne, nach den Anstrengungen der vergangenen Monate, den Büchern und den Kontroversen, nach den Konflikten und Querelen gab es einen Lichtpunkt, einen Hoffnungsschimmer. Trotz aller Zerwürfnisse und Zusammenbrüche war das Bündnis der Geschwister stabil, ihre private und politische Übereinstimmung unanfechtbar. So Erikas Hoffnungen am Ende dieses todessüchtigen Jahres 1939, so ihre Gewißheit, so ihr Gefühl, nicht nur aus Anlaß des öffentlich inszenierten Politdialogs.

Klaus hingegen notierte am Ende des gleichen Jahres in seinem Tagebuch: »E., bemüht; aber völlig abgelenkt durch eigene Aktivität, eigenen Ehrgeiz, und die Bedrängnis anderer Menschen, die sich penetranter manifestiert als die meine.«[136]

Kapitel V

An allen Fronten

Journalistin, Kriegskorrespondentin und Reporterin (1940-1951)

»Die Eri muß die Suppe salzen«

»Die Eri muß die Suppe salzen«[1] – so wurde im Familienkreise ausgerufen, wenn niemand mehr weiter und keiner mehr aus noch ein wußte. Im Kriegswinter 1917 war es gewesen, daß im Hause Thomas Manns in Münchens Poschingerstraße eine Pilzsuppe aufgetragen wurde, die niemandem schmeckte. Alles verzog das Gesicht, der gestrenge Zauberer mäkelte, der empfindsame Klaus fürchtete gar eine Vergiftung. Erika kommt verspätet dazu, nimmt einen Löffel, kostet und sagt den denkwürdigen Satz: »Da fehlt doch nur das Salz«. Tatsächlich hatte nur das gefehlt, und tatsächlich hatte Erika mit dieser Episode ihre Rolle für immer fixiert. Sie erfüllte das geflügelte Wort, häufig mußte sie gar nicht erst gefragt werden. Als Thomas und Katia Mann sich 1940 zum Umzug von Princeton nach Kalifornien entschlossen, kümmerte Erika sich um das passende Haus an der Westküste.[2] Als Klaus, zwischen 1940 und 1942 mit der Planung und Herausgabe seiner neuen Zeitschrift *Decision* beschäftigt, völlig vergaß, wie ein solches Projekt denn zu bezahlen sei, war es Erika, die den rettenden Einfall hatte. Sie schrieb an Thomas Manns vermögende Verehrerin in Washington, an Agnes Meyer, und bat um 15.000 Dollar für Thomas Mann. Er, Thomas Mann, wolle sich von 12.000 Dollar ein Haus bauen, die restlichen 3000 aber reichten gerade zur Rettung von *Decision*.[3]

Der Plan war ein echtes Husarenstück, nur wurde es leider nichts mit der so hübsch eingefädelten »Machenschaft«. Die reiche Frau Meyer wollte zwar gerne zahlen, aber eine finanzielle Kuppelei zwischen einem Haus für den Dichter und einer Zeitschrift für den Sohn war denn doch zu peinlich. Geradezu empört zeigte sich der Vater über den verwegenen Geschäftssinn des sonst so geliebten »Erikindes«. Die wurde nicht müde, für die Sache des

Bruders, für die Angelegenheiten der gesamten Familie einzutreten. Wenn dem Vater ein Manuskript zu lang geriet, kürzte sie es auf die erforderliche Seitenzahl herunter, wenn unanstellige Dienstboten im Hause waren, suchte sie die neuen, und wenn die Enkelkinder Thomas Manns, die beiden Söhne Michael und Gret Manns, die beiden Töchter Medi und Antonio Borgeses, zu Besuch kamen, dann übte die Tante Erika mit ihnen Geburtstagsständchen für die Großeltern.

»Die Eri muß die Suppe salzen«: Oft genug war sie selbst das Salz in der Suppe, und häufig wagte sie sich sehr weit vor. Tollkühn und dreist fuhr sie eines Tages, Ende April 1940, von New York nach Los Angeles. In Detroit unterbrach sie die Reise und klingelte bei einer ihr völlig unbekannten Person. Die Frau hieß Virginia Stuercken, war verheiratet, wurde aber von Erikas Freund, dem späteren Besatzungsoffizier und zeitweiligen Sekretär Thomas Manns, Konrad Katzenellenbogen, leidenschaftlich geliebt. So leidenschaftlich liebte der Konny die Virginia aus Detroit, daß er ohne sie nicht länger leben wollte. Und so verrückt war Erika, daß sie diese Frau aus Detroit kurzerhand »entführte«, nach Kalifornien brachte und dort die Hochzeit des Paares arrangierte.[4] Wie sie es angestellt hat, aus dem Wohnzimmer eines Detroiter Durchschnittshauses heraus eine verheiratete Frau ihrem angetrauten Manne weg- und einem anderen zuzuführen, hat sie nicht verraten. Sie war erfolgreich, und man hat ihr applaudiert.

Eine andere Geschichte hat sie nicht für sich behalten, die hat sie dem Bruder, den Geschwistern, den kalifornischen Freunden freimütig und genüßlich erzählt. Sie spielt in Lissabon, im Hochsommer 1941. Seit Tagen saß Erika hier fest, denn sie wartete auf den Weiterflug nach London. Dort wollte sie arbeiten, wie schon im Jahr zuvor.

Wie damals geht die Reise über Lissabon, aber ganz anders als vor einem Jahr, da die Stadt überfüllt war von Flüchtlingen, Transitreisenden, Wartenden aus allen von Hitler überfallenen Ländern,[5] ganz anders als damals ist die Stadt jetzt quasi leer; kaum noch »Vogerln« (Emigranten) in den stickigen Bars, sondern nur noch »Scheißmücken« (Nazis), die sich unter blauem, südlichem Himmel in der Sonne lümmeln. Erika wird schier übel bei ihrem Anblick, überdies haßt sie es, zu warten und untätig zu sein. Sie langweilt sich, die Atmosphäre ekelt sie an. Die besten Ideen hat sie immer dann. Kurz entschlossen betritt sie das Gestapo-Gebäude, verfällt in sächsischen Dialekt und gibt sich als Frau Ruppelt aus. Zum nächsten Würstchenabend der SS möchte sie gern eingeladen werden, denn ihr Gatte, der als Geschäftsmann in Madrid lebe, sei auch hier auf ihrer kleinen Reise nach Lissabon ständig unterwegs, und nun habe sie gar keine rechte Ansprache. Zum Glück ist der Gestapochef, der sie vermutlich erkannt hätte, nicht im Dienst, seine Unterführer nehmen die Wünsche der Dame aus Sachsen pflichtschuldig zu Protokoll, während Erika sich ungestört umsieht, Plakate und Papiere studiert und alles heimlich schon für einen Korrespondentenbericht zusammenstellt. Man begegnet ihr höflich, und auch daß sie den Hitlergruß nicht zustande bringt, sieht man der vereinsamten Geschäftsfrau aus Madrid für dieses Mal noch nach. Ein nächstes Mal gibt es nicht, auch der Würstchenabend muß ausfallen, denn am nächsten Tag hat Erika Mann das Ticket für London.[6]

Sie salzte die Suppe, und sie hatte gepfefferte Einfälle. Ihr Charme und ihr Erfolg, ihr Humor und ihre Albernheit, alles machte sie unwiderstehlich. Aber oft genug machte sie sich auch verhaßt. Sie ging ihrer Umwelt bisweilen mächtig auf die Nerven, ihre unberechenbare Vitalität machte manchen neidisch, viele hämisch. Auch Klaus war von solchen Empfindungen nicht frei; und eine, die in der Familie einen wirklich schweren Stand hatte, die Schwester Monika, nahm überhaupt kein Blatt vor den Mund. Triumphierend und befreit zitierte sie später ihren Bruder Michael, der nach Erikas Tod das Kilchberger Haus betreten und ausgerufen hatte: »Jetzt ist es eigentlich ganz gemütlich hier.«[7]

Erika Mann konnte sehr schnell sehr ungemütlich werden; sie wurde es immer dann, wenn die Dinge nicht nach ihrem Kopf gingen, wenn sie nicht durchsetzen konnte, was sie sich vorgenommen hatte. Im Frühjahr 1940, als sie erstmalig seit Beginn des amerikanischen Exils Ferien machte, in Sun Valley Ski fuhr, im swimming-pool lag und Goethe, Stendhal und Karl Kraus las, da ging ihr zweierlei durch den Kopf. Erstens wurde beschlossen, diesen Urlaub auf genau vier Wochen und einen Tag auszudehnen, denn mit dem einen überzähligen Tag gab der Hotelier einen Preisrabatt von zehn Prozent für die gesamte Zeit; und zweitens würde sie Duff Coopers Angebot annehmen.[8]

Auch wenn es gefährlich war und alle ihr abrieten. Gegen Hitlers Erfolge geschah nicht genug, sie selbst fühlte sich nicht am richtigen Platz, und eben den hatte der berühmte, sympathische und überdies für Erika schwärmende britische Informationsminister ihr in London angeboten. Sie sollte nach London kommen und für die deutschen Sendungen der BBC arbeiten, sie sollte direkte Rundfunkpropaganda nach Deutschland machen, am Ätherkrieg gegen die Nazis teilnehmen können.[9] Neinsagen war ausgeschlossen, denn schließlich war es ihre eigene Idee; und daß sie sich in Gefahr begab – die deutsche Luftoffensive gegen England war keine leere Drohung Hitlers –, das mochte die Familie bekümmern,[10] sie hatte keine Wahl. Überdies sollte es sich zunächst nur um einen befristeten Aufenthalt handeln, im Winter mußte sie ihren amerikanischen lecture-Verpflichtungen ohnehin wieder nachkommen. Und auch für diese konnte nichts günstiger sein:

»*Wichtig* und *wirklich* nützlich kann ich nicht sein, weder dort noch hier, sodaß ich mir kaum zu überlegen brauche, wo ich mehr ausrichten könnte, dort, oder hier. Wahr ist aber, daß ich im Sommer hier so gut wie *nichts* ausrichte, und im Winter auch dann nur *irgend*was, wenn ich im Sommer Neues und Erzählenswertes mitgemacht. Es ist mein *Beruf*, im Winter zu schwatzen und im Sommer das zu Beschwatzende für die zu Beschwatzenden mitanzusehen. Und überdies: da die Dinge sich nun einmal so gefügt haben, daß ich fahren soll, *schickt* es sich, Geschichten zu machen, krank zu werden, oder nach England mitzuteilen, ich hielte mich zur Zeit für in Washington ganz einfach unentbehrlich? Es geht mir, – sehr natürlich, – *ungemein gegen den Strich*, das bißchen, was ich tun kann und was zu tun man mir erlaubt, *nicht* zu tun, weil es mir zu gefährlich ist.«[11]

Die Gefahr zog sie an, aber ihren persönlichen Einfluß überschätzte sie nicht. Zweimal – zwischen August und Oktober 1940 und in den Monaten Juni bis September 1941 – war Erika Mann in London und arbeitete unter anderem für die BBC. Während der Bombenangriffe, im September 1940, saß sie im Senderaum und erklärte den Deutschen, wie sinnlos und unvernünftig dieser Krieg sei, den sie mit Sicherheit verlieren würden. Die Londoner Straßen waren übersät von Trümmern und Glassplittern; sie glichen einer Wüste, Erika selbst wurde ausgebombt, Manuskripte und auch die Schreibmaschine gingen verloren. Trotzdem setzte sie sich hin und schickte für den New Yorker *Aufbau* und für das liberale Wochenmagazin *Nation* einen Bericht über die Londoner Bombennächte nach Amerika.[12]

So schrecklich die Bedrohung, so bewundernswert seien die Briten in ihrer Gelassenheit und in ihrem Kampfesmut gewesen. Mit Beginn des Blitzkrieges hatten die Deutschen einen neuen Bombentypus eingesetzt, nämlich kleine Brandbomben, die an unzähligen Stellen Feuer legen sollten. Tatsächlich richteten diese Brandbomben aber nur sehr geringe Schäden an, und vergnüglich erzählte Erika den Amerikanern, wie sie zusammen mit vielen Londonern eine Nacht lang unterwegs gewesen sei, um die »niedlichen kleinen Feuerchen« mit Hüten und Stöcken zu jagen und zu löschen. Es war wie in Spanien: Wo direkt gekämpft, wo unmittelbar gegen Hitler vorgegangen wurde, da war sie zu Hause, da wollte sie bleiben.

In der Familie herrschte nicht wenig Aufregung über Erikas »Abenteurertum«. Wochenlang wurde London täglich bombardiert, und Erika schickte ausgelassene Telegramme. In Princeton hatten die Eltern Mühe, sich zu beruhigen, zumal andere Sorgen hinzukamen. Viele Freunde, aber auch nächste Angehörige saßen in Südfrankreich in der Falle.[13] Seitdem die französischen Behörden mit der Internierung deutscher Flüchtlinge begonnen hatten, mußte man um deren Leben zittern. Vergeblich versuchte sich Klaus im New Yorker Hotel Bedford auf seine Arbeit zu konzentrieren. Die Angst um Erika ließ ihn nicht los; auch wenn es in der letzten Zeit häufig Streit zwischen ihnen gegeben hatte: über die Politik, die Kriegslage, das Verhalten der kommunistischen Emigranten. Klaus ertrug nur schwer, daß Erika aktiver war als er: »Ich kann die Gefühle nicht zusammenfassen, die mir das Herz verwirren. Angst – Neid – Stolz – Traurigkeit – das Gefühl, *zurück zu bleiben.* – – –«[14]

Von London aus appellierte Erika an die Amerikaner[15] und an die Deutschen. Den einen sollte deutlich gemacht werden, daß auch sie in diesen Krieg eintreten müßten, daß Hitler auch sie bedrohe; die anderen warnte sie vor der drohenden Niederlage und der mit Sicherheit kommenden Katastrophe. Wieder einmal hatte Erika Mann den Beruf gewechselt, das Rundfunkmikrofon und die Tageszeitung wurden ihr neues Medium. Die Arbeit machte ihr großen Spaß, begeistert und beflügelt fühlte sie sich, daß sie über den Äther direkt und ungeschminkt gegen Goebbels loslegen konnte. Obwohl während des Krieges im Deutschen Dienst der BBC nur Engländer als persönliche Sprecher zugelassen wurden, machte man bei Erika, die die englische Staatsangehörigkeit besaß, eine Ausnahme, so wie später bei Thomas Mann, dessen Ansprachen an die »Deutschen Hörer« 1941 begannen und von Erika anläßlich ihres ersten Londoner Aufenthalts vorbereitet wurden. Sie selbst trat im Herbst 1940 insgesamt neunmal vor das Rundfunkmikrofon, nur drei ihrer Reden aus dem Jahre 1941 sind im Manuskript erhalten geblieben.[16] Erhalten geblieben ist auch, was in Reaktion auf Erika Manns Londoner Tätigkeit im *Völkischen Beobachter* stand: »Ist Mister Duff Cooper also schon bis zur Erika Mann hinabgestiegen? Besser als alle erlogenen Albernheiten, die er täglich über die Antennen jagt, spricht die Wahl dieser politischen Gebrauchsdirne aus dem Hause Mann. Denn nur dort, wo das Salz dumm geworden ist, wo sich die Geistlosigkeit mit dem Unrat der Gosse vermählt, da erscheint dieses Paradestück, das zu dem einst so hoch literarischen und charakterlich so verlumpten Thomas Mann ›Vater‹ sagen darf.«[17]

Als Erika Ende Oktober 1940 fürs erste nach Amerika zurückkehrte, wurde in Goebbels' Propagandaministerium der Presse folgende Weisung erteilt: »Die Tatsache, daß Erika Mann von England nach New York abgeflogen ist, soll dahingehend ausgewertet werden, daß sie als Musterbeispiel dafür gezeigt wird, wie gewisse Kreise erst den Krieg gegen Deutschland geschürt und ihn auf Englands Seite propagiert haben und wie diese selben Kreise nun nach Amerika zu verschwinden trachten.«[18]

Erika als Korrespondentin in London: Sie war aktiv und engagiert wie selten, ihre Berichte waren gepfefferte Attacken. Aber nicht alle erlagen ihrem Charme, mancher fand ein Haar in der Suppe. Einer von ihnen war Carl Brinitzer, selbst Mitarbeiter bei der BBC in jenen Jahren, Autor vieler Bücher, unter anderem eines über die Geschichte des Deutschen Dienstes der BBC. Über Erika Mann schreibt er: »Sie hielt sich von allen Mitgliedern der Abteilung fern, wahrte die *splendid isolation* eines Stars oder einer Prinzessin und stand wohl nur mit Walter Rilla auf freundschaftlichem Fuß. Aber das war ganz natürlich. Rilla war bis 1933 sehr prominent gewesen, stand also auf der gleichen Stufe. Im übrigen redete er ihre Sprache, die Sprache Thomas Manns, wobei er sich allerdings meist auf die Manierismen und mehr preziösen Formulierungen seines erhabenen Vorbildes beschränkte. Ich glaube nicht, daß ich mit Erika Mann mehr als ein paar konventionelle Worte gewechselt habe.«[19] Prinzessin trifft vielleicht nicht ganz, denn behütet und unberührbar war sie wahrlich nicht; Starallüren indes waren ihr nicht fremd, bisweilen bediente sie sich ihrer, um zum Ziele zu gelangen. Wie beispielsweise sollte man die auf der Isle of Man als feindliche Ausländer internierten Freunde freibekommen, wenn man nicht mit der Würde Thomas Manns im Hintergrund und der flotten Aufdringlichkeit einer amerikanischen Korrespondentin auftrat?

Wieviel Fürsorge und Einfühlungsvermögen, wieviel praktischer Rat und spontane Hilfe waren nötig, wenn ein furchtbarer Schicksalsschlag die eigene Schwester traf. Monika Mann hatte 1939 den ungarischen Kunsthistoriker Jenö Lányi geheiratet, in London lebte sie mit ihm und wartete auf die Ausreise in die Vereinigten Staaten. Das Schiff, auf dem das Paar einen Platz bekommen hatte, war die »City of Benares«, ein britischer Passagierdampfer, der viele englische Kinder an Bord hatte, die nach Kanada evakuiert werden sollten. Auch deutsche Emigranten, unter ihnen der berühmte Publizist und Strafverteidiger Carl von Ossietzkys, Rudolf Olden, und seine Frau, gehörten zu den knapp 400 Passagieren des Schiffes. In der Nacht vom 17. September 1940 wurde die »City of Benares« im Nordatlantik von einem deutschen Torpedoboot versenkt. 19 der 92 Kinder konnten gerettet werden, unter den Erwachsenen, die ums Leben kamen, war auch Monikas Mann. Sie selbst wurde gerettet, im Schockzustand brachte man sie in ein Krankenhaus nach Schottland. Sofort fuhr Erika von London aus dorthin, vereinbarte und organisierte, daß die Schwester nach Lissabon und von dort mit ihr zusammen nach New York kommen konnte.

Den bei dieser furchtbaren Katastrophe ums Leben gekommenen Kindern setzte Erika mit ihren Mitteln ein Denkmal: mit dem 1942 entstandenen Kinderbuch *A Gang of Ten*,[20] das von zehn Kindern unterschiedlicher Nationen handelt und in einer New World School in Kalifonien spielt. Einer Bande von Saboteuren und Barbaren, einem im Auftrag Hitlers agierenden Mister X müssen die Kinder das Handwerk legen. Ein Abenteuerbuch unter Emigrantenkindern, die die Welt auf neue, auf übernationale Weise gestalten wollen.

Für die Kinder, die von den Nazis ermordeten, durch die Nazis zur Flucht gezwungenen, für alle Kinder, die so sind wie Robin, war eine unveröffentlichte Geschichte gedacht. *Reise mit Robin* ist sie überschrieben.[21] Der Schauplatz ist ein schmutziger Frachtdampfer, der nur sechs Passagieren Platz bietet. Neben Erika sind es zwei Kinder; der eine, der Jugoslawe Robin, ist mal eben zehn Jahre alt und hat es Erika besonders angetan. Sein ganzes bisheriges Leben bestand aus Reisen, immer mußte er fliehen, nun haben ihn seine Eltern von Philadelphia nach Australien geschickt. Dort lebt die Großmutter, und dort soll er auf die Eltern, auf den Frieden warten. Während der Reise kommt die Nachricht vom alliierten Sieg in Nordafrika (13. Mai 1943), die kleine Gesellschaft des Frachters feiert eine Siegesparty, aber auf Robins Frage, ob denn nun der Frieden kommen und ob der denn auch für immer bleiben werde, muß Erika antworten, daß dafür wohl noch weitere Kämpfe, noch weitere Siege nötig seien. Sie selbst, die Erwachsene auf dem Ozeanfrachter, stellt sich vor, wie es wäre, wenn das kleine Schiff plötzlich von einem deutschen U-Boot aufgebracht würde. Wenigstens die deutschen Namen streicht der Kapitän auf ihre Bitte hin aus der Passagierliste.

Während der Skiferien in Sun Valley, im Frühjahr 1940, hatte sie gute Vorsätze gefaßt: gesünder und ruhiger leben, regelmäßig essen, nicht so viel Whisky, vor allem aber weniger rauchen. Sie fand enorm vernünftig, was sie sich vorgenommen hatte. Dem krankhaft unvernünftigen Klaus könnte sie damit ein rechtes Vorbild sein. Allein, den störte das schwesterliche Gouvernantengehabe ohnehin, und auch Erika selbst konnte von ihren Vorsätzen nicht viel verwirklichen. Dafür waren die Zeiten zu aufregend, sie selbst von Natur aus zu nervös und zu agil. Schmal, fast hohlwangig wirkt sie auf den Photos der vierziger Jahre, entschlossen und ein wenig traurig schauen die dunklen, sehr aparten Augen auf die Welt, meistens am Betrachter vorbei ins Ungefähre. Schalk und Schabernack sitzen ihr zwar im Nacken, bestimmen häufig ihr Tun, spiegeln sich aber nicht in ihren Gesichtszügen vor der Kamera. Dabei ist ihr Lächeln in der Regel ebenso gewinnend wie ihre tiefe und gut ausgebildete Stimme, deren rätselhaftes Timbre ihr Gegenüber sehr schnell einnehmen konnte.

Einem berühmten Mann, Politiker und Publizist, erging es so, als sie ihn in Denham Place, in seinem Landhaus aus dem 17. Jahrhundert aufsuchte. Während ihres zweiten Englandbesuchs im Kriege, 1941, hatte Erika sich vorgenommen, einen Mann kennenzulernen, der nun zurückgezogen lebte und einst die englische Außenpolitik bestimmt hatte, der nur noch Bücher schrieb und eigentlich keine Interviews gab. Bei ihr, die ausgerechnet der Nation entstammte, gegen die sich seine Skepsis und seine Bücher richteten, bei der gebürtigen Münchnerin Erika Mann machte er eine Ausnahme. Von Lord Vansittart, dem seit 1929 im britischen Außenministerium als Unterstaatssekretär tätigen Diplomaten ist die Rede, der 1937 seines Postens enthoben und aufs politische Abstellgleis geschoben worden war. Für die Regierung Chamberlain war er nicht mehr tragbar, denn Vansittart hatte die Appeasement-Politik aufs schärfste kritisiert. Hitlerfreundlich nannte er mit Recht die Politik seiner eigenen Regierung, und in seinem 1941 erschienenen Buch *Black Record* (Finstere Vergangenheit) erklärte er die Deutschen ziemlich massiv und pauschal zu Nazis.[22] Er war der politische und intellektuelle Kopf der innerenglischen Opposition, ein nun sechzigjähriger Mann, der spätestens seit 1939 Grund zum Triumph gehabt hätte. Aber Lord Vansittart triumphierte nicht, er schrieb Bücher; zum Beispiel über den finsteren, gewaltbegeisterten und obrigkeitshörigen Nationalcharakter der Deutschen. Den meisten deutschen Emigranten in England oder in Amerika gefielen die Ansichten des englischen Lords überhaupt nicht, schließlich – so insbesondere der empörte Einwand der Kommunisten – gab es den tapferen und aufopfernden Widerstand gegen Hitler unter der Führung der KPD. Vansittartismus, ›Antigermanismus‹ wurde in Emigrantenkreisen eine politische Ansicht genannt, die den fundamentalen Zweifel an der Friedfertigkeit der Deutschen teilte. »Antigermanistisch« war auch, wer zögerte, das »andere Deutschland« und die »guten« Deutschen gegen Hitlers Deutschland ins Spiel zu bringen.

Weil sie ihn aufsuchte, weil sie mit ihm diskutierte und seine Bücher öffentlich verteidigte, weil sie Lord Van's Ansichten plausibel fand und nicht zuletzt, weil sie einige seiner Gedanken übernahm, wird sich auch Erika Mann, ähnlich wie Emil Ludwig, Wilhelm Förster oder Alfred Kerr, den Vorwurf des Vansittartismus zuziehen. Da man ihr schon viel vorgeworfen hatte, kümmerte sie das wenig, denn der Mann faszinierte sie. Aus ihrer ersten Begegnung, als Erika verspätet, nach unvorhergesehenem Fußmarsch über nasse Felder regendurchnäßt und etwas abgerissen vor seiner Tür stand, entstand nicht nur ein gedrucktes Interview,[23] es entwickelte sich über Jahre hin ein regelmäßiger brieflicher Kontakt. Auch wenn sie öffentlich immer für ihn einstand,[24] zeigen ihre Briefe, daß sie ihm widersprach, daß seine Skepsis gegenüber den Deutschen in ihren Augen doch auch Züge des Hasses trug, die sie nicht teilen konnte, gegen die sie Stellung nehmen mußte.[25]

Regelmäßig kam sie in den Kriegsjahren nach London, und häufig suchte sie dann das Gespräch mit ihm, fühlte sich angeregt und bestärkt und vielleicht auch ein wenig geschmeichelt in der Gegenwart dieses gutaussehenden, gebildeten und klugen Gentleman. In einer Frage wußte sie sich völlig mit ihm einig, auch wenn sie sich damit in den Augen ihrer Gegner verdächtig machte. Aber sie konnte darauf verweisen, daß solche Gedanken schon in ihrem ersten Buch im Exil, in *School for Barbarians*, standen. Was soll, so hatte sie schon 1938 gefragt, und so fragte sie nun 1941 Lord Vansittart, was soll und was kann geschehen, um die Deutschen zu einer friedfertigen Nation, um aus Deutschland ein demokratisches Land zu machen? Zunächst müßte natürlich Hitler besiegt und bis dahin müßte den Deutschen immer wieder vor Augen geführt werden, daß der Sieg über Hitler nur eine Frage der Zeit sei. Nach der Niederlage müßte Deutschland zunächst entmilitarisiert und entnazifiziert werden. Wenn aber die Grundsätze der Atlantik-Charta, das Selbstbestimmungsrecht, auch in einem zukünftigen Deutschland gelten sollten, dann setzte das ganz andere Anstrengungen voraus, die schon jetzt Vorbereitungen und frühzeitige Überlegung verlangten. Denn Deutschland müsse – so der Lord und so auch Erika – nicht in erster Linie bestraft, sondern umerzogen werden.[26] Politische und psychologische Vorbereitungen für die Situation nach Hitlers Fall müßten getroffen werden, und die Umerziehung der Deutschen, die erforderlich sein werde, müsse ihr Preußentum und ihr Obrigkeitsdenken, ihren Dünkel und ihr Selbstmitleid, kurz sie müsse all das betreffen, was an den Deutschen so gefährlich sei.

Es war schon dunkel geworden, als Erika das Haus des Politikers verließ, tea time war längst überschritten, und während sie in ihr Londoner Hotel zurückfuhr, ging ihr ein Satz aus einem der früheren Bücher Lord Vansittarts durch den Kopf, ein Satz, den sie zitieren und dessen Wahrheit sie sofort am eigenen Leibe spüren wird. »The simple use of heart in politics is not always easy, it will even be suspect«.[27]

Verdächtig gemacht hatte sie sich schon immer: als verwöhnte Tochter mit berühmtem Vater, als verrückte Schwester eines homosexuellen Bruders, als bourgeoise »Lebedame« mit »kommunistischer« Neigung, als Stalins »fünfte Kolonne« oder als »Antigermanistin«, die Goebbels in die Hände arbeite. Als sie im September 1941 am 17. Internationalen PEN-Kongreß in London teilnahm und dort zum Thema »Germany today and tomorrow« das Wort ergriff, konnte sie ahnen, was ihr bevorstand. Denn die Frage der Umerziehung der Deutschen, ihrer kollektiven Schuld oder kollektiven Verantwortung für die nationalsozialistische Barbarei, war schon damals ein heißes Eisen. Entschlossen packte Erika es an, und ähnlich wie Alfred Kerr und Wilhelm Wolfgang Schütz erklärte sie, der Verstand der Deutschen sei »vergiftet«, sie seien »geistig krank«, und die »militärische Abrüstung« sei in ihrem Lande ebenso dringlich wie die »moralische Aufrüstung«. Die Alliierten müßten dies alles in die Hand nehmen, und die deutschen Emigranten sollten dafür lieber ihre Mitwirkung anbieten, als schon wieder vom »guten Deutschland«, das man als Ganzes nicht verurteilen dürfe, zu lamentieren.[28]

Die in der eigenen Familie zuweilen als kriegslüstern und rachsüchtig verschrieene Erika[29] stellte sich den Alliierten nicht nur zur Verfügung, sie drängte sich ihnen geradezu auf. Mit ihren BBC-Erfahrungen wollte sie auch in Amerika nützlich sein, und zwar bei einer Behörde, die nach dem Kriegseintritt der USA (8. Dezember 1941) unter der Leitung des berühmten amerikanischen Dramatikers und Pulitzer-Preisträgers Robert Sherwood stand. Er war der »Coordinator of Information« im OWI (Office of War Information), und mit Erika und Klaus, mit der Familie Mann war er seit langem gut bekannt. Erika wäre in seinem Amt gern einflußreich gewesen, sie hatte Ideen und Vorschläge, aber sie kam nicht recht zum Zuge.[30] Man weiß nicht, waren es ihre unpopulären Ansichten, war es ihr mangelnder Sinn für Ausgleich und Harmonie, durchkreuzte sie die Verbindlichkeiten, die man eingegangen war?

Wie so häufig nannte sie die Dinge erst einmal beim Namen. Offenbar fühle sich das OWI in Konkurrenz zur BBC und deren deutschen Sendungen. Wie töricht und wie unnötig in einer Zeit, da jede Propagandasendung nach Deutschland wichtig sei. Als zusätzlichen »consultant« habe man sie angeworben, und so fühle sie sich berechtigt, Konzepte zu entwerfen und Entwürfe anderer zu kritisieren. Wer im Deutschland Hitlers »Feindsender« höre, riskiere sein Leben, wer vom Ausland aus schlechte, langweilige, überflüssige Sendungen nach Deutschland konzipiere, der treibe Schindluder mit dem Risiko.[31] Lieber wollte Erika, daß nur zweimal pro Woche zu guten, d.h. wenig empfangsgestörten Zeiten gesendet, als daß täglich Überflüssiges produziert werde. Vor allem mit einem gleich mehrfach wiederholten Hinweis zog sie sich offenbar Ärger zu. Der »Volksempfänger« der deutschen Durchschnittshörer sei nur auf den Empfang der Mittelwelle eingerichtet, wer überwiegend

Kurzwellensendungen produziere und ausstrahle, solle sich klar sein, wen er damit in Deutschland erreiche: offizielle Regierungsmitglieder, privilegierte Nazis, große Industrielle, Luft- und Seeleute und Radiospezialisten. Wenn schon, dann müßten die Kurzwellenprogramme an diesen Personenkreis adressiert sein, nicht aber an das Volk, das sie nicht empfangen könne. Erika Manns Vorschläge waren ebenso einfach, wie naheliegend, wie offensichtlich strittig. Sie fühlte sich überflüssig in diesem Amt, hatte das Gefühl, daß sie beraten sollte, aber niemand ihren Rat wollte. Also quittierte sie den Dienst und trieb anderweitig Propaganda.

Auch von sich selbst machte sie wieder viel reden, wiewohl sie bekanntlich selten wirklich von sich selber sprach. Sie lebte – in diesen Jahren ganz besonders – in ihren Einfällen und durch ihre Aktivitäten, sie erlebte sich selbst in ihren Auftritten und durch ihre Triumphe. Und die feierte sie durchaus, bisweilen nur für sich, meist aber im Familienkreis. Noch während ihrer Arbeit im OWI gelang es ihr, eine vielversprechende junge Frau ins Studio zu holen. Es war keine geringere als Friedelind Wagner, die Enkeltochter Richard Wagners, dessen Todestag sich am 13. Februar 1942 zum 59. Male jährte. Aus diesem Anlaß wurde nachmittags in der »Met« der *Tannhäuser* gegeben, und abends im Radio hörte man Erika Mann im Gespräch mit Friedelind Wagner: »So feiern wir den großen Deutschen, obwohl unser Land im Krieg ist mit Deutschland, denn was wir bekämpfen, ist nicht der Geist Goethes, Beethovens oder Wagners, sondern Hitlers Ungeist und Welteroberertum.«[32] Sie habe Deutschland nicht leichtfertig verlassen, fuhr Friedelind Wagner anschließend fort, erst als sie die mörderischen Absichten des Regimes durchschaut habe, sei ihr klar geworden, daß sie emigrieren müsse und den Anpassungs- und Akklamationskurs von Haus Wahnfried und Mutter Winifred nicht mitvollziehen könne. Seit 1939 sei sie in England, anschließend nach Amerika gekommen. Seither habe sie die Frage verfolgt, was wohl ihr Großvater getan, wie wohl Richard Wagner sich zu den Nazis gestellt hätte. Ob er mit seinem Namen die Barbarei der Nazis gedeckt hätte? Ganz gewiß nicht, erklärte die Enkeltochter im Gespräch mit der Tochter Thomas Manns: Richard Wagner hätte unter Hitler nicht arbeiten können, und gewiß hätte er sich auch nicht dafür hergegeben, zu Ehren des »Führers« zu musizieren. Als Toter könne er sich nicht mehr gegen den Mißbrauch wehren, der mit seinem Namen und seiner Musik durch die deutschen Machthaber getrieben werde; aber sie, die Enkelin, spreche in seinem Geiste, wenn sie den Herren in Berlin über den Äther prophezeie, daß die Stunde ihrer Götter- und Götzendämmerung gewiß bald kommen werde. Erika war entzückt von diesen Worten, diesem von ihr arrangierten Auftritt; solche Sätze und solche Szenen waren ganz in ihrem Sinne und ganz nach ihrem Geschmack.

Etwas anderes war ganz gegen ihren Geschmack und hatte auch mit Musik zu tun. Seit Pearl Harbour (7. Dezember 1941), seitdem Amerika in den Krieg eingetreten war, brachte der amerikanische Rundfunk stündlich Kriegsnachrichten und aktuelle Informationen zur Weltlage. Soweit, so gut und so normal. Nachts, insbesondere in den Stunden nach Mitternacht, konnte der noch immer interessierte Radiohörer überdies viel klassische Musik hören: Bach, Brahms, Beethoven, Mozart, Schubert. Auch dies recht gut, in Erikas Empfinden sehr normal und sehr schön, denn sie liebte die Musik, und sie war nachts häufig unterwegs. Erleichtert und geborgen fühlte sie sich bei den Klängen von Beethovens Klaviersonaten, beflügelt bei op. 111, der für den *Doktor Faustus* so wichtigen Komposition ohne dritten Satz. Wenn aber die Schallplatten, die man nachts zwischen den Kriegsnachrichten im amerikanischen Rundfunk auflegte, Einspielungen mit Komponisten oder Interpreten enthielten, die mit Hitler an einem Tisch saßen beziehungsweise zu seinen oder Nazideutschlands Ehren spielten, dann war das nicht normal, dann hörte für Erika der Genuß auf, dann geriet sie außer sich. Sie schrieb einen empörten Brief an die *New York Times* und erntete ihrerseits sofort Protest.[33] Binnen weniger Wochen war wieder einmal ein öffentlicher Wirbel ausgelöst, in dem es Statements und Telegramme, Anrufe und Briefe hagelte.

Wieso, fragte Erika Mann, unterstütze Amerika, das gegen Deutschland Krieg führe, nazifreundliche Künstler und nicht die hochberühmten, von den Nazis vertriebenen, denen es überdies Asyl gewährt habe. Hatte sie schlafende Hunde geweckt, hatte sie einen empfindlichen Nerv getroffen, oder war sie einfach überspannt und überempfindlich? Amerikas berühmter Musikkritiker, Moderator einer beliebten Musiksendung und selbst Komponist, sah es genau so, und er nannte Erika Manns Ansichten »intellektuellen Faschismus«, er sah in ihnen die Aufforderung, Schallplatten zu zerbrechen, so wie die Nazis Bücher verbrannten. Deems Taylor attackierte Erika in seiner Sendung heftig, er nutzte die Pause während der Übertragung eines Konzerts der New Yorker Philharmoniker, um seine Hörer vor Erikas intoleranten und gefährlichen Ansichten zu warnen. Natürlich konnte sie eine solche Verunglimpfung nicht auf sich sitzen lassen; daß sie vom Geiste derer besessen sei, die sie bekämpfte, daß sie – wie die Nazis – Person und Werk nicht trennen könne, das waren harte Vorwürfe. In der Zwischenzeit nahm sich Deems Taylor des Themas in einer weiteren Sendung an und erzählte, er habe 212 ihm zustimmende und zwölf ablehnende Briefe in der Affäre erhalten. Weil Amerika ein demokratisches, freies und tolerantes Land sei und weil Minderheiten hier respektiert und nicht verleugnet würden, werde er jetzt aus den zwölf ablehnenden Briefen zitieren. Erika Mann verlangte von C.B.S., man möge ihr in der gleichen Sendung das Recht zur Gegenrede, zur Verteidigung geben. Die Forderung wurde abgelehnt, aber in einer Samstagnachtsendung durfte sie in fünfzehn Minuten ihren Standpunkt vertreten. Am 14. März 1942, zwischen 22 Uhr 15 und 22 Uhr 30 tat sie es, und sie tat es geschickt:

»There must have been some misunderstanding! – In an effort to clarify the situation I drew up a little list of all the possible view-points that might be taken in connection with our problem. I said: (1) Some people would like to ban Beethoven, because he was a German; I should most certainly not. (2) Some people might even wish to ban Arturo Toscanini; because, regardless of his anti-fascist convictions, he's an Italian; I should most certainly not. (3) Some people would like to ban Richard Strauss, because he's a Nazi. Mr. Taylor would not. I wouldn't either, because I wouldn't ban any cultural effort in a Democracy. But I would feel somewhat better, if we'd decide to drop Strauss from our repertories for the time being. (4) Some people would like to ban the records of those concert-artists who are Nazis in Nazi-Germany. Mr. Taylor would not; I wouldn't either, because I don't believe in bans. But I would feel a lot better, if I and all those who are waiting with anxiety for news from the theaters of war, were not *subjected* to having this news sandwiched in between recordings by musicians who, at the very moment, may be instigating the loss of a thousand American lives. I'd feel a lot better, if American radio-stations would decide to play records by Wladimir Horowitz or Artur Rubinstein instead of by the Nazi Walter Gieseking; by Myra Hess or Rudolf Serkin instead of by the Nazi Edwin Fischer; by George Gershwin, instead of by the Nazi Franz Lehar, and so forth and so on. To have the *choice* between the recorded music of living active Nazis and the equally fine recorded music of living decent democrats, and then deliberately to choose the Nazis, that's what doesn't seem right to me. It seems right to Mr. Deems Taylor.«[34]

Die Sache war delikat; wie immer, wenn Erika Alltägliches aufgriff, traf sie einen wunden Punkt, dieses Mal traf sie die Gelenkstelle zwischen Kunst und Moral, zwischen Genie und Politik. Wie sollte man es, wie sollte es Amerika halten mit Richard Strauss, dem genialen Künstler, der Adolf Hitler als Aushängeschild diente? Genügte das, was Bruno Walter, weltberühmter Emigrant und Stardirigent, Mahlerinterpret und väterlicher Freund Erikas, in der Angelegenheit gesagt hatte? »Ich kann nicht Meisterwerke der Kunst boykottieren, weil ich Person, Ansichten und Lebensweise des Komponisten, der sie hervorgebracht hat, verabscheue«. So Bruno Walter in der Februarausgabe von Klaus Manns neuer Zeitschrift *Decision*.[35] Das fand Erika Mann durchaus auch;

aber eine persönliche Antwort auf ein grundsätzliches Problem reichte nach ihrer Ansicht eben doch nicht. Dabei konnte auch sie nichts anderes als persönliche Überlegungen zu einem grundsätzlichen politischen Problem äußern. Richard Strauss sei doch ein »enemy alien« in des Wortes ursprünglicher Bedeutung, sollte man ihm, der für Hitlers »Winterhilfe« spielte, gute amerikanische Dollars zukommen lassen? Gesetzt den Fall, Hitlers Malereien wären Meisterwerke, würde man unter den gegebenen Bedingungen – es herrscht Krieg zwischen Amerika und Deutschland – seine Bilder in amerikanischen Galerien ausstellen und das Geld, das sie einbringen, ansparen, um es nach dem Krieg Herrn Hitler zu überweisen, so daß er neuerdings reich und mächtig wird?[36]

Es war schon ein wenig kasuistisch, was Erika hier aufbot, aber sie lebte und dachte, empfand und handelte in Einzelfällen, im besonderen Ereignis, in der alltäglichen, scheinbar banalen Situation. Sie hatte ein enorm gutes Gedächtnis, und während sie mit Deems Taylor über »Hitler's man in music« stritt, da standen ihr vielleicht ganz andere Bilder vor Augen, ganz andere Erinnerungen kamen hoch.

Es waren Bilder von den in Südfrankreich internierten deutschen Flüchtlingen, unter ihnen Franz Werfel und Alfred Döblin, unter ihnen Heinrich und Golo Mann. Zu ihrer Rettung war 1940 ein Komitee gegründet worden, das Emergency Rescue Committee [ERC], das Geld beschaffte für Schiffspassagen und Transitvisa, für Affidavits und Aufenthaltsgenehmigungen. Die Liste der Bedrohten und Gefährdeten, die in den berüchtigten Lagern Le Vernet oder Gurs ausharrten und aufgrund von Artikel 19 des im Juni 1940 abgeschlossenen Waffenstillstandsabkommens jederzeit nach Deutschland ausgeliefert werden konnten, wurde immer länger. Varian Fry und Lisa Fittko organisierten, der eine als Amerikaner für das ERC, die andere als deutsche Jüdin, in Südfrankreich den Fluchtweg über die Pyrenäen; den mehrstündigen Fußmarsch über die Weinberge, in den frühen Morgenstunden, ehe die südliche Hitze keine Bewegung mehr erlaubte. Von Portbou, der nordspanischen Grenzstadt, ging es weiter nach Madrid und Lissabon, von dort – wenn alles gut ging – nach Amerika, oft zunächst nach Ellis Island, der berühmt-berüchtigten Flüchtlingsinsel, auf der festgehalten wurde, wer den amerikanischen Behörden suspekt erschien. Viele hat Erika Mann dort herausgeholt, denn Hitlerflüchtlinge waren den Amerikanern suspekt.

Nicht wenigen wurde durch den European Film Fund geholfen, einem von Emigranten gegründeten Komitee in Hollywood, das deutschen Schriftstellern Drehbuchverträge mit Filmgesellschaften und somit Einreise und erstes Auskommen verschaffte.[37] Heinrich Mann und Alfred Döblin, Leonhard Frank und Wilhelm Speyer konnten unter anderem mit dieser Hilfe wieder Tritt fassen und die glücklich überstandene Internierung und Flucht aus Frankreich zu vergessen suchen. Die Bilder von diesen Schicksalen, die Erinnerung an diese Künstler auf der Flucht mag Erika Mann vor Augen gestanden haben, als sie sich über »music in war time« erregte. An diese Realität mag sie gedacht haben, wohl auch an ihre eigene Rolle dabei als Vermittlerin und Organisatorin, als Geld- und Spendenbeschafferin, als Rednerin und Bittbriefschreiberin. Und nun, nachdem Amerika endlich auf alliierter Seite gegen Deutschland kämpfte, sollte sie ruhig bleiben, wenn sie nachts Walter Gieseking und nicht Rudolf Serkin mit Beethoven im Radio hörte.

Wie lebt man mit einem Bild von sich, das andere gemacht haben; wie fühlt man sich, und wie empfindet man das eigene Leben, wenn man für das »Salz in der Suppe« zuständig, wenn man häufig selbst das Salz ist? Erika Mann verweigert die Antwort auf solche Fragen, es gibt keine Tagebücher und keine Autobiographie, die Auskunft erteilen könnten. Es gibt unzählige Briefe an den Vater, die Eltern, den Bruder Klaus, die Freundinnen Eva Herrmann und Lotte Walter. Aber es ist immer das gleiche: Rückzug hinter die Mauern der Ironie, Auskunft aus der sicheren Bastion amüsanter Anekdoten; Flucht in Geschäftigkeit und Hektik, wiederholt im fliehend-atemlosen Erzählen. Schreiben und reisen, streiten und wieder schreiben, reden und wieder zu neuen rhetorischen Schauplätzen aufbrechen. So ging es Woche um Woche, Monat für Monat, seit Jahren ging es schon so. Es gefiel ihr, aber sie hatte es auch satt; politisch richtig und bisweilen überzogen mochte sie ihr Tun nennen; aber wirklich nützlich, tatsächlich wichtig konnte sie das alles nicht finden. Andererseits mußte sie Geld verdienen, fürs traute Heim war sie nicht gemacht. Leben in Beständigkeit, mit einem geliebten Menschen, an einem Ort, im flirrenden New York oder an der paradiesischen kalifornischen Küste, schön wäre es wohl, aber die Zeiten, sie waren nicht so. Und sie, die Erika, die »Wotanstocher« und die »schöne Amazone«, sie war auch in anderen, in früheren und späteren Zeiten nicht so. Ihre Umwelt, der Vater und der Bruder, die Mutter oder Martin Gumpert, sie merkten es wohl eher als sie selbst: wie nervös und umgetrieben, wie unzufrieden und wie unausgeglichen sie in den letzten Monaten, im ganzen Jahr 1942 erschien. Die Politik machte sie krank: die wachsenden isolationistischen Tendenzen der amerikanischen Politik, die den Krieg gegen Hitler, kaum hatte man ihn begonnen, gleich wieder beendet sehen wollten.[38] Die Halbherzigkeit des englisch-amerikanischen Bündnisses, das Risiko einer deutsch-russischen Verständigung, die deutschen Erfolge auf dem Balkan; es gab so vieles, worüber sie die Fassung verlieren und so wenig, was sie beruhigen konnte. Überall mußte sie dabei sein und war doch von sich selbst sehr weit entfernt. Eine ihrer ältesten Freundinnen, Edith Loewenberg aus Berlin, mit der sie sich im Lunapark und auf den Partys von Otto Zarek amüsiert hatte, hat erzählt, es sei die Tragik in Erikas Leben gewesen, daß sie so vielfältig begabt und so wenig zielgerichtet im Umgang mit ihren Begabungen gewesen sei. Da sei die Politik dann schon ein Segen gewesen: an ihr und durch sie habe Erika den Halt und das Ziel, das Objekt und den Rahmen für die Fülle ihrer Fähigkeiten und Leidenschaften gefunden. Während der Zeit des Exils, in der Tätigkeit als Kriegskorrespondentin und seit 1943 als Angehörige der amerikanischen Armee wurde es sichtbar.

»I of all people« – Ausgerechnet ich!

Eigentlich wollte sie für die angesehene Bostoner Zeitung, den *Christian Science Monitor*, als Kriegskorrespondentin in die Sowjetunion geschickt werden. Zu Beginn des Jahres 1943 machte Erika neue Pläne. Ähnlich wie Klaus Mann, der seit 1942 seine amerikanische Einbürgerung, seinen Eintritt in die Army, seine praktische Tätigkeit im Kriege betrieb, versuchte auch die Schwester Grundsätzliches an ihrer beruflichen und persönlichen Situation zu verändern. Es hielt sie nicht länger in Amerika, selbst wenn sie im Winter wieder »das lecturn ist der Eri Lust« spielte. Im Januar 1943 betete sie verzweifelt zum Himmel: »O Jesu, Jesu hetze/ Mich weiter um die Erd.- / Wohin ich immer setze/ setz ich aufs falsche Pferd!«[39] Mit dem Bostoner *Monitor* und den Russen hatte sie wirklich aufs falsche Pferd gesetzt, aber dafür klappte es bei der *Chicago Herald Tribune*, bei *Toronto Star Weekly* und bei der liberalen Wochenschrift *Liberty Magazine*. Für alle diese Blätter ging Erika Mann zwischen 1943 und 1945 auf die verschiedenen Kriegsschauplätze, im Status einer Armeeangehörigen mit Offiziersrang, in Uniform, aber ohne Befehlsgewalt. In Schlips und mit breitrandiger Militärmütze, in herber Eleganz betrat sie die neue Bühne.

Im April fuhr sie zunächst nach London, von dort im Juli und August in Zentren militärischen Geschehens: nach Kairo, Marokko und Algier, nach Teheran, in den Irak, nach Palästina. Von überall sollte sie exklusive action stories für ihre Blätter schreiben, möglichst abenteuerliche, möglichst persönlich erlebte Geschichten.[40] Das gelang zwar und wurde auch ganz gut bezahlt,

Die Kriegskorrespondentin

aber so recht froh wurde sie dabei nicht. Die meiste Zeit verbrachte sie wartend in Hotels, im Kairoer Nobelhotel Shepard zum Beispiel, dort hoffte sie auf ein Interview mit dem amerikanischen Kommandeur im mittleren Osten, mit Major General Lewis H. Brereton.[41]

Berühmt und vielbeschäftigt war der Mann, soeben – Anfang August 1943 – hatte er das Bombardement der rumänischen Erdölraffinerien in Plösti kommandiert und den Achsenmächten damit erheblichen Schaden zugefügt. Ein erfolgreicher, selbstbewußter General trat der uniformierten Korrespondentin entgegen, die ihn nach Frau und Kindern, nach strategischen Details der jüngsten militärischen Operation und schließlich nach seiner Ansicht über Frauen in Uniform fragte. Von letzteren hielt er überhaupt nichts, Frauen gehörten ins Haus und nicht in den Krieg, schon gar nicht an die Front. Das lenke die männlichen Soldaten nur von ihrer Pflicht ab.

Wochenlang hatte Erika tatenlos in ihrem Kairoer Hotel gesessen und auf diesen Mann und das Gespräch mit ihm gewartet; in der Zwischenzeit waren die Alliierten in Süditalien gelandet, hatten den Sturz und die Verhaftung Mussolinis bewirkt, die Achse war zusammengebrochen. Kollegen in Kairo hatten ihr prophezeit, sie werde den General niemals zu Gesicht bekommen. Als sie nach dem Gespräch mit ihm in die Hotelbar kam, traf sie einen dieser Kollegen, nahm einen Drink mit ihm und hörte den Mann sagen: Du wirst niemals mit dem General sprechen, ganz einfach, er mag keine weiblichen Kriegskorrespondenten!

Action stories vom Kriegsschauplatz, Korrespondentenberichte vom soldatischen Frontleben, Interviews mit Generälen: Was Erika Mann als amerikanische Armeeangehörige für ihre Auftraggeber auf dem Kontinent verfassen sollte, machte ihr kein rechtes Vergnügen. Sie fand es eigentlich läppisch, vertat zuviel Zeit mit Warten und sinnlosem Herumfahren,[42] und am Ende kam nur seichtes Journalistengeschwätz dabei heraus. Trotzdem fühlte sie sich so wohl wie selten, die Uniform, ihr Status, die ganze Situation, der doch wohl jetzt schnell zu Ende gehende Krieg, Hitlers absehbares Ende. Erika fühlte sich im Zentrum der Ereignisse, fand mit Ausnahme ihrer Berichte alles spannend. Sie müßte noch ein bißchen mehr Wirbel, publizistisch noch ein bißchen mehr bewirken können.

Prompt wagte sie sich an ein politisch brennend heißes Eisen und fuhr von Kairo aus nach Jerusalem und Tel Aviv. Schließlich war sie die Tochter Thomas Manns, schließlich war der durch seine biblischen Romane, durch die im Januar 1943 endgültig fertiggestellte Joseph-Tetralogie im »Land der Väter« ein großer Mann. Als Gast der Journalistenvereinigung Tel Avivs sprach sie wieder einmal über das Werk ihres Vaters, und während ihres fünftägigen Aufenthalts in Jerusalem enthüllte sie den wartenden Journalisten ihr eigentliches Anliegen.[43] Land und Leute, vor allem das jüdisch-arabische Problem wollte sie studieren, über Möglichkeiten einer politischen Nachkriegsordnung für Palästina, eines Friedensplanes zwischen allen Bewohnern des Heiligen Landes nachdenken und möglichst an der Realisierung mitwirken. Ihr Auftritt beeindruckte in Jerusalem, die Presse war – wieder einmal – begeistert: von ihrem Charme, ihrer amüsanten Eloquenz, ihrer aparten Erscheinung in Uniform, mit der Zigarettenspitze in der einen, dem Cognacglas in der anderen Hand. »Charmante Frau, trinkt Cognac und spricht schlecht deutsch« – so zitierte der New Yorker *Aufbau* einige Wochen später den Habimah-Schauspieler Meskin über Erika Mann.[44] Sie genoß, daß sie umschwärmt wurde, aber sie sah auch überall sehr genau hin.

Die Geschichte Palästinas, die Balfour-Doktrin, die zionistische Einwanderung und den jüdisch-arabischen Konflikt, der trotz oder wegen des britischen Mandats zu eskalieren drohte, all das interessierte sie; soweit eben möglich, hatte Erika vor dieser Reise gelesen und sich sachkundig gemacht. Als Journalistin, als politisch neugieriger Mensch und als Emigrantin kam sie in das Einwanderungsland Palästina und spürte, daß der bewaffnete Konflikt zwischen Juden und Arabern in der Luft lag. Als Emigrantin aus Deutschland konnte sie selbstverständlich nicht dafür eintreten, daß es für die von Hitler bedrohten Juden in Palästina einen Einwanderungsstop gab. Als politisch wacher Mensch indes sah sie, welchen Konflikten, welcher wachsenden Zerreißprobe Palästina ausgesetzt war, wenn sich der Anteil der jüdischen Bevölkerung weiter erhöhte.[45] Andererseits fühlte sie sich berührt und tief beeindruckt von den zivilisatorischen, wirtschaftlichen und kulturellen Leistungen, die die Juden in diesem Wüstenland erzielt hatten. Die arabische, die moslemische und die christliche Bevölkerung profitierte von diesem Aufschwung, fühlte und fürchtete aber nicht ohne Grund die Konkurrenz und Dominanz der jüdischen Einwanderer. Erika Mann sprach mit Vertretern aller Gruppen: mit dem Vorsitzenden der Unabhängigen Arabischen Partei, mit dem Chefsekretär der britischen Mandatsregierung und schließlich mit David Ben Gurion. Alle fragte sie nach ihrer Sicht, nach ihren Ideen für eine friedliche Lösung, nach den Möglichkeiten, eine weitere militärische Auseinandersetzung mitten im Weltkrieg zu vermeiden.

Es war der Arbeiterführer und designierte jüdische Premierminister Ben Gurion, der Erika am stärksten beeindruckte. Wie ein proletarischer Einstein kam er ihr vor. Mit dem gleichen Nachdruck sagte er den Satz, den die Reporterin auch von den beiden anderen Männern zu hören bekam: »Natürlich ist es unser Recht, daß wir in diesem Lande leben«.[46] Das meinten die Araber ebenso, und auch die englische Mandatsregierung hielt ihre Anwesenheit für eine fraglose politische Notwendigkeit. Am ehesten – so erfuhr Erika – waren Juden und Araber sich noch über diesen Punkt einig: Das britische Mandat löste die Probleme nicht, verschärfte sie eher. Aber was konnte geschehen, wie war eine kriegerische Auseinandersetzung zu vermeiden? Es gab fünf verschiedene Modelle: Palästina wird ein unabhängiger arabischer oder Palästina wird ein unabhängiger jüdischer Staat; es entstehen zwei Staaten auf dem Territorium Palästinas, oder ein unabhängiger binationaler Staat wird gegründet, der die Größe der jüdischen Bevölkerung entweder beim gegenwärtigen Zahlenstand (= ein Drittel der Gesamtbevölkerung) festschreibt oder auf maximal 50 Prozent begrenzt. Das fünfte Modell: ein unabhängiger binationaler Staat, der die Immigrationsquoten nach ökonomischen Erfordernissen und Zweckmäßigkeiten bestimmen wird.

Das Land, das Erika Mann besuchte, das sie faszinierte, dessen Probleme sie aufregten, dessen Vergangenheit und Gegenwart es ihr angetan hatten, dieses Land wäre wahrscheinlich am ehesten durch den fünften Weg zu befrieden.[47] So glaubte Erika in ihren Gesprächen herausgehört zu haben, so schien es ihr auch selbst. Etwas indes ignorierten alle fünf Modelle, etwas, das die Reporterin empfunden, beschrieben und kritisiert hat. Der Haß der Araber auf die Juden, ihre Angst vor einer Majorisierung durch den jüdischen Bevölkerungsanteil, waren nicht nur irrational und nationalistisch, sie waren auch und nicht zum wenigsten Folge von Überheblichkeit und Herablassung, von Dünkel und eitlem Pioniergeist, den die Juden den Arabern gegenüber an den Tag legten. Sie hatte es selbst gespürt, und Erika Mann beschrieb und analysierte, was sie spürte. Ihr Auftraggeber, *Liberty Magazine*, strich genau das weg. Bitter schrieb sie dem Bruder: »Schlecht muß man sein, sonst gefällt's ihnen nicht«.[48]

In einer für Armeeangehörige verbotenen Bar vor den Toren Kairos geschah es, daß die Kriegskorrespondentin Erika Mann mit zwei Amerikanern ins Gespräch kam. Einer der beiden fragte plötzlich, wo sie denn herkomme. Aus Kalifornien, lautete die Antwort; aber wieso dann der britische Akzent in ihrem Englisch, wurde weitergefragt. Sie sei britische Staatsbürgerin, antwortete Erika wahrheitsgemäß. Wie aber, insistierte der Sergeant, komme sie denn dann zu dieser amerikanischen Uniform. Sie sei als Kriegskorrespondentin bei der US Army akkreditiert; Erika gab bereitwillig Auskunft. Aber eigentlich, so nahm der andere den Faden wieder auf, eigentlich sei ihr Akzent auch kein britischer, es sei ein merkwürdiger, ein ungewöhnlicher Akzent. Sie sei nicht in England geboren, erklärte die Befragte, das möge es wohl sein. Aber woher um Himmels willen stamme sie denn, irgendwo müsse sie doch geboren sein. Gewiß, sie konnte es nicht leugnen, sie sei in München geboren. Ein wenig geriet Erika ins Stottern. Doch nicht etwa in München in Deutschland, wurde gefragt. Zögernd bestätigte Erika auch das und fügte gleich hinzu, sie habe zwei Brüder, ebenfalls Amerikaner, beide auch in der Army; ihre Eltern lebten in Kalifornien und besäßen die tschechische Staatsbürgerschaft.[49]

»How come?« – wie ein Refrain klang die Frage der beiden Amerikaner in Erikas Ohren, und noch lange, nachdem sie bezahlt hatten und gegangen waren, saß Erika bei ihrem Drink in der verbotenen Bar und sann der Frage ihrer Gesprächspartner hinterher. Wie war es eigentlich gekommen, daß ausgerechnet eine Münchnerin mit britischem Paß in der Uniform der Amerikaner in Kairo saß und Reportagen schrieb. Erikas Gedanken durchliefen die letzten zehn Jahre, die Zeit des Exils zwischen 1933 und 1943. Sie dachte zurück, und sie plante nach vorn. Lange konnte der Krieg nun nicht mehr dauern, bald würde es mit Hitler und seinem mörderischen Regiment ein Ende haben. Und was würde sie dann tun, was würde aus ihr dann werden? Noch während sie so sann, entstand vor ihrem inneren Auge ein Buch. Die Szene in der Kairoer Bar, die »How come«-Frage wird den Prolog bilden, und es wird den Titel tragen *I of all people*. Es wird ein persönlich-politischer Erlebnisbericht über die vergangenen zehn Jahre sein. Renommierte Verlage werden sich für ihn interessieren, Gliederung, Prolog und erstes Kapitel werden schnell fertig sein.[50] Alles andere wird unausgeführt bleiben, aber das wenige erlaubt einen Blick hinter die Kulissen, zeigt ein wenig von der Erika, wie sie sich der Welt zeigen wollte.

Was sie der Welt von sich zeigen wollte, hatte mit ihr persönlich im Wortsinne allerdings wenig zu tun. Es war ein Entwurf, der auch ihre Vorträge und ihre Bücher prägte; ein Entwurf in politischer, aufklärerischer Absicht, ohne den Anspruch auf literarische oder autobiographische Originalität. Die eigenen Erfahrungen und Erlebnisse werden in Erika Manns Büchern immer zum Mittel und Material pädagogischer und moralischer Appelle, die eigene und die allgemeine Geschichte ist in ihrem Erzählentwurf immer etwas, woraus man lernen kann und lernen muß. Die Autorin kennt ihre Konstruktionsweise nicht nur genau, sie setzt sie bewußt ein. In einem langen Brief an Klaus vom 10. November 1943 hat sie es dem Bruder detailliert und selbstironisch eingestanden:

»Mein Buch heißt »I, of all people«. Nett? Es ist eine Art Personal History der letzten zehn Jahre (nur viel origineller und übersichtlich-geschlossener halt), des Hitler-Dezenniums, das sich nunmehr dem Ende zuhaspelt und *viel* mehr als eben eine Dekade nie gewesen sein wird. Figürchen E.-Maus, klein aber rein und oho, hat all die Weil' nichts anderes getan als auf ihre minime Manier den Moskito fighter gemacht. Auch war sie, – eben daher –, ja meist zugegen, wenn things were happening, – such as *Spain, Czechoslovakia, Battle of Britain*, – etc. Überdies hat sie so sehr viel in all den kleinen Ländern gewirkt, die nach dem Kriege hübsch indresand sein werden. In Switzerland entfesselte sie den Bürgerkrieg, in der holländischen Kammer ward sie abgehandelt, in Austria forbidden, in der Slowakei von Arbeitern beschützt, wenn die police machtlos war. Ihr approach aber ist von Anfang an rein menschlich gewesen, – ein Kinder-approach, als welcher sich à la longue als nicht unshrewd erwies. [...] Das Persönliche rankt sich, efeugleich, um die Milestones und ich reise, schwatze, schreibe, erlebe mir eins. Lerne wohl auch derweilen, Geduld vor allem.«

Nur aus zwei Worten bestand die Frage in der Kairoer Bar, schwierig und langwierig wird es sein, sie zu beantworten: für sie selbst, für die Leser, für die Nachwelt:

»The story I would have to tell – my story – involves the past ten years, the most critical period in modern history. Amongst the huge forces and events that gave this decade its form, my own tiny figure is hardly discernible. Nor has it left any traces on its way. What, then, should induce me to pursue it back whence it came? Egotism? But I am no egotist. Of all the less amiable traits that may disfigure my soul, egocentricity is the least outspoken. In fact I rather lack interest in myself. Auto-analysis has never played any part in my writings, where even the word ›I‹ appears but rarely. And now, – on a sudden?

The air is thick with smoke. Out of the haze my uniformed image stares at me from a distant mirror. ›Behold!‹ says the image, – ›you look funny! Moreover, you haven't always looked that way. Have you yourself brought about this transfiguration? Or are you not rather the product of something or other, – an effect, however insignificant, that must have a cause?!‹

We both nod. ›Right!‹ I say; ›precisely! And actually it is not so much myself that I am after; it's that cause that preys upon me and that I long to define. What, I ask you, could be so wrong with that? Not much, it would seem, although, in your silly way, you'd have a lot to do with my investigations?‹

I shrug my shoulders, apologetically.

›Go ahead!‹ says the image, shrugging hers, rather encouragingly. ›You'll be alright, I suppose, as long as you insist – INSIST, my dear, honestly and ardently, – that nothing counts because it happened to you, while many a thing may count, because it happened!‹«[51]

Das Ich und sein Spiegelbild, sie können sich einigen, wenn es gilt, die Tatsachen des Weltgeschehens für wesentlicher und wichtiger zu halten als die Personen, die sie erleben. Eine andere Einigung läßt sich nicht so leicht herbeiführen: Das eine Erika-Ich will die aufregende Korrespondentenexistenz »abroad« gegen die langweilige lecture-Tätigkeit in Amerika gar nicht austauschen. Das andere Erika-Ich erinnert sich, daß man Verträge und Absprachen einhalten muß, auch wenn es noch so schwerfällt.

Aber als Erika im Oktober 1943 fürs erste nach Amerika zurückkehrte, da plante sie schon den neuen Aufenthalt bei der Army, da wartete sie ungeduldig und nervös, daß sie an die Kriegsschauplätze zurückkehren könnte. Zunächst aber, für die kommenden sechs Monate, mußte sie durchhalten: bei den lectures, den anstrengenden Reisen, den üblichen, sich indes verschärfenden politischen Streitereien unter den Emigranten.

Unter der Leitung des Theologen Paul Tillich hatte sich 1943 ein »Council for a Democratic Germany« gebildet, der im Mai 1944 mit einem Manifest an die Öffentlichkeit trat und Grundsätze einer deutschen Nachkriegsordnung formulierte.[52] Zu den Unterzeichnern des Manifests gehörten neben Elisabeth Bergner, Bertolt Brecht und Erwin Piscator auch berühmte Amerikaner: der

Theologe Reinhold Niebuhr, die Journalistin Dorothy Thompson. Das Anliegen des Council war ein Doppeltes. Zum einen wollte man dem in Moskau gegründeten und kommunistisch orientierten »Nationalkomitee freies Deutschland« etwas Antistalinistisch-Sozialdemokratisches entgegensetzen. Hauptsächlich aber wollte man eine Art deutsche Exilregierung bilden, die von den Alliierten gehört werden würde. Man reklamierte für sich das Attribut des »anderen Deutschland«, man wollte eine geographische und ökonomische Zerschlagung Deutschlands verhindern. Thomas Mann sollte der Repräsentant der gesamten Initiative werden. Der lehnte heftig und entschieden ab; Erika um ihre Mitarbeit zu fragen erübrigte sich. Ungefragt – wenn auch vom *Aufbau* aufgefordert – ging sie gleich wieder in die Offensive. *Eine Ablehnung* ist ihr Protestschreiben betitelt, in dem sie den Council und sein Manifest aufs schärfste attackierte. Ein öffentliches Briefduell mit Carl Zuckmayer war die Folge; scharfe Töne, geschliffene Argumente:

»Die deutsche Niederlage [...] trachten sie schon heute in eine reinigende, alles sühnende Revolution umzufälschen, – als ob der totale Zusammenbruch eines fürchterlich geschlagenen Volkes mit Revolution auch nur etwas zu tun hätte. Und schon heute vertreten sie, die Bankrotteure der deutschen Republik, die Machtinteressen des ›geläuterten‹ Reiches. Mitten im Krieg und in Ländern, die ihnen Gastfreundschaft gewähren, gründen sie ihre Vereine, verfassen sie ihre Proklamationen und scheuen sich nicht, die Menschheit mit dem dritten deutschen Weltkrieg zu bedrohen, für den Fall nämlich, daß ihre Ratschläge refusiert werden sollten.« [...]

»Das Manifest [...] ist eine mit anti-faschistischen und sozialistischen Schlagworten kärglich verbrämte Liste von deutschen Forderungen. ›Das gute Deutschland‹ meldet seine Ansprüche an. [...] Daß, vorläufig, keinerlei ›gutes Deutschland‹ den bescheidensten Existenzbeweis erbracht hat, daß all unsere Hoffnungen auf deutsche Um- und Einkehr unerfüllt geblieben sind und daß wir einem unbesiegten, in seinem Machtdünkel ungebrochenen, fürchterlichen Koloß gegenüberstehen, den zu überwältigen namenlose Opfer fordern wird, stört die ›Freien‹ nicht. ›Mit dem Gesicht zur Heimat‹ treiben sie Politik.«[53]

Wieder einmal nannte man Erika deutschfeindlich; wieder einmal erntete sie Protestbriefe, aber wieder einmal gab es auch Zustimmung: vom Vater, den sie natürlich zuvor überzeugt hatte,[54] und von einem alten Freund, der früher für die Pfeffermühle getextet, dem sie bei der Flucht aus Frankreich geholfen hatte und der sie jetzt auf seine Weise unterstützte. Am 20. April 1944 schrieb Walter Mehring aus New York an Erika Mann in Pacific Palisades:

»1) Sie sind nicht objektiv genug ...
2) Haben Sie vergessen, daß auch Hans Sachs, die Marlitt und der Struwelpeter Deutsche waren?

3) Die Deutschen sind im Grunde nie Nazis geworden, ihre Zahl ist sehr gering und arbeitet in der überwiegenden Majorität heimlich für die Untergrundbahnbewegung...
4) Das Volk ist irrtümlich verführt worden und hat die Polen, Tschechoslowaken und Juden bloß deswegen ausgerottet, weil es sich so sehr über den Versailjer Schandfrieden und den Oberbürgermeister Böss gekränkt hat.
5) Man muß das deutsche Volk, das im Gegensatz zu andern Völkern unter Hitler so gelitten hat, durch Güte erziehen, damit es wieder ein gleichberechtigtes Mitglied der Aufrüstung wird. Dann können die andern noch was von ihm lernen.
6) Es gibt nicht nur Hitler-Deutschland – es gibt auch ein ›anderes Deutschland‹. Für uns kann es gar nicht genug Deutschlands geben – ...
7) Sie sind nicht objektiv ...«[55]

Thomas, Katia und Erika Mann in Pacific Palisades

Ein Jahr vor dem Ende des Krieges und vor der deutschen Kapitulation stritten sich die Emigranten wie eh und je; Erika Mann traf den wunden Punkt, und sie suchte eine Position jenseits der ausgetretenen oder eingefahrenen Konfliktpfade. Als sie im April 1944 nach aufreibender dreimonatiger lecture-Tournee ins Elternhaus am kalifornischen Strand zurückkehrte, ihr Zimmer bezog und das komfortable Landhausambiente genoß, gab es mit den Eltern, den Freunden, den Nachbarn eigentlich kein Gespräch, das sich nicht um die Politik drehte, um die militärischen Ereignisse und die Nachkriegsplanungen der alliierten Mächte. In Teheran waren Ende November 1943 erstmals Roosevelt, Churchill und Stalin zusammengetroffen, um die militärische Zusammenarbeit, die Aufteilung Deutschlands in Zonen, den polnischen Grenzverlauf im Osten und Westen zu beschließen.

Vor allem die Landung der Westalliierten stand an. Am D-Day, am 6. Juni 1944 war es soweit, und Erika Mann war als Kriegskorrespondentin dabei. Von jetzt an wird sie ein halbes Jahr dabei sein: bei der Befreiung von Paris, in Brüssel und Antwerpen und schließlich auch in Aachen. Uniform und Jeep, Schreibmaschine und Zigaretten, mehr brauchte sie nicht, um leben und arbeiten zu können. Notquartiere und provisorische Pressezentren waren ihr Domizil, Armeekonserven und behelfsmäßige Ausweiskarten garantierten das Überleben. Wieder waren es überwiegend Reportagen und Interviews, die sie nach Amerika schickte. Gespräche in Paris: mit Angehörigen der Résistance und Kollaborateuren, mit dem großen Dichter Paul Eluard über die Frage, wie Frankreich seine schwierige Vergangenheit zwischen Widerstand und Kollaboration wohl werde verarbeiten können. Gespräche aber auch mit ersten deutschen Kriegsgefangenen: mit jungen Deserteuren oder mit Offizieren, die immer noch an die Größe Hitlers und an den Endsieg glaubten.[56]

In London, ihrem Rückzugsort in diesen Monaten, traf Erika jemanden, den sie früher schon verehrt hatte, für den die Bewunderung und die Anteilnahme über die Jahre stetig gewachsen war. Es war der frühere und der zukünftige tschechische Staatspräsident, Eduard Beneš, der Mann, den die Nationalsozialisten 1938 aus dem Amt und in die Flucht getrieben hatten. Erika Mann begegnete ihm im Hochsommer 1944 in England. Das letzte Mal hatte sie ihn im März 1939 in Chicago besucht, an dem Tage, da die deutschen Truppen in Prag einmarschiert waren. Fast übermenschlich gefaßt, gleichsam zuversichtlich war er ihr damals erschienen, felsenfest davon überzeugt, daß dies – der Einmarsch – das letzte Verbrechen sein würde, das die Deutschen ungestraft begingen.[57] Als Präsidenten der tschechischen Exilregierung hatte Erika Beneš auch während des »Blitzkrieges« um England gesprochen, seinen

Erika Mann um 1945

Weitblick und seine Zuversicht, seine politischen Prognosen hatten sie auch damals überzeugt. Was also würde er ihr heute, im August 1944, sagen, wie dachte er über die Zukunft Europas, über die Zukunft seines eigenen Landes, über die Rolle der Sowjetunion?[58] Nach Stalin fragte sie ihn nicht, doch in der Sowjetunion sah Beneš einen guten, einen zuverlässigen Freund. Die europäische Nachkriegsordnung würde und mußte von der Unabhängigkeit und Souveränität der Staaten ausgehen; auch die CSR wird ein souveräner, demokratischer Staat sein. Politisch und ökonomisch soll es pluralistisch und gleichberechtigt zugehen, das Privateigentum bleibt unangetastet, aber auch Staats- und Kollektiveigentum wird es geben. Ein frei gewähltes Parlament, eine Verfassung und – natürlich – die Bestrafung der Quislinge, die Ausschaltung der Nazis wird folgen. In der Tschechoslowakei wird ein Prozeß eingeleitet werden, den andere Staaten auch einleiten, der auch in Deutschland, allerdings unter verschärften Bedingungen und unter alliierter Aufsicht einsetzen muß. So Eduard Beneš im Sommer 1944 im Gespräch mit Erika Mann. Unter sowjetischem Druck wurde im Mai 1948 in Prag eine Verfassung verabschiedet, die die CSR zur »Volksdemokratie« kommunistischen Typs machte. Der Präsident Beneš sah sich außerstande, seine Unterschrift unter die Verfassung zu geben; er trat zurück. Sein Außenminister, Jan Masaryk, hatte sich im Februar des gleichen Jahres das Leben genommen.

Unterwegs in Deutschland

Erst um die Jahreswende 1944/45 war Erika Mann wieder in Amerika, voller Erlebnisse und voller Erzählungen; nur die leidigen lecture-Pflichten zwangen sie zurück. Aber Mitte des Jahres 1945 brach sie wieder auf, und diesmal fand sie für den Winter eine Ausrede, die überdies auch noch ein Körnchen Wahrheit enthielt. Ihr chronischer Stimmbänderkatarrh – so bestätigte ein Schweizer Arzt – mache die Ausübung der lecture-Tätigkeit unmöglich;[59] sie sagte ihrem New Yorker Agenten mit Hilfe dieses »Attests« die ganze Tournee ab und verbrachte erstmals seit zehn Jahren wieder ein Weihnachtsfest in Zürich. Ihre Heimatstadt München und das zerstörte Elternhaus in der Poschingerstraße besuchte sie, sie fuhr durch Berlin und nach Weimar, sah Köln und Frankfurt, Nürnberg und Dachau. Äußerlich glichen sich die Bilder nur zu sehr: Trümmerberge und Schutthalden, dazwischen Menschen in Lumpen und ausgemergelte Gesichter. Auch in Deutschland bewegte Erika Mann sich in amerikanischer Uniform, nur in wenigen Fällen sprach sie Deutsch. Sie versteckte sich, und sie suchte Schutz, sie tarnte sich durch Armeekluft und fremde Sprache. Schutz hatte sie bitter nötig, denn was sie sah und hörte, was sie wahrnahm, und was man ihr erzählte, überstieg ihr Vorstellungsvermögen. Das Ausmaß der äußeren Zerstörungen, aber vor allem die Dimensionen der inneren Zerrüttung der deutschen Bevölkerung, das hatte sie so nicht geahnt. Der »Werwolf«, die in letzter Minute gegründete Partisanenbewegung der Nationalsozialisten, stellte für die alliierten Besatzer zwar keine wirkliche Gefahr dar. Gefährlich und bezeichnend erschien Erika jedoch, daß der »Werwolf« so etwas wie ein nationales Bewußtsein (»a national state of mind«) der Deutschen geworden war.[60] Das spürte sie immer wieder, und sie schrieb es in ihren Reportagen. Daß sie den Krieg verloren hatten, empfanden die Deutschen als Schmach; aber wenn überhaupt, dann könnten nur »die da oben« zur Rechenschaft gezogen werden. Die Deutschen, mit denen Erika Mann sprach, erschreckten sie zutiefst. Wirkliche, überzeugte Nazis, so erfuhr sie beständig, hatte es nur ganz wenige gegeben. Wieso, fragte die amerikanische Reporterin, gab es dann nicht mehr Widerstand, mehr Opposition. Die Antwort war überraschend einfach. Schließlich habe man in einer Diktatur gelebt, und jeder Deutsche sei mindestens von zwei Nazis überwacht worden. Es machte sie tatsächlich sprachlos: das Ausmaß an Selbstrechtfertigung und Selbstmitleid, das ihr entgegenschlug und noch die einfachsten Regeln der Logik ignorierte. Aber Erika war nicht nur sprachlos; ihre Artikel und Berichte aus dem besetzten Deutschland entfalteten genau und nicht ohne Bitterkeit, was sie hörte und sah.[61] Das alles traf sie sehr persönlich und sehr direkt, und ebenso emotional und sarkastisch erzählte sie davon.

»Das garstige, unselige Volk, die Deutschen, sind mittlerweile selbst dem naiven, unberatenen und keineswegs haßerfüllten Fremden (dem Angelsachsen) unleidlich geworden. Wie erst dem Kenner, der auf sie, wie auf die eigene, teuflisch mißratene und entgleiste Familie schaut. Daß sie nicht ›besetzt‹ sein wollen und, zu feige zu offener Revolte, uns mit passiver Resistenz, vereinzelten Sabotage-Akten und Morden und notdürftig caschierten Frechheiten in Presse und Radio kommen, ist noch das netteste an ihnen. Weniger nett ist ihr triefendes Mitleid mit sich selbst, das der Leiden anderer schon deshalb niemals gedenkt, weil solche Leiden von jemandem verschuldet sein müssen, weil dieser jemand am Ende Deutschland heißt und weil Deutschland sich *so uferlos* nicht leid tun *dürfte*, wenn es schuld wäre, an anderer Leute ebenbürtigem Elend. Ein neuer Dichter, der sich dort aufgetan, ein Onkel namens Bergengruen, geht so weit, Deutschland Christo gleichzusetzen. Wie jener blute es für die Sünden der Welt. Bergengruen gilt als das feinste und beste, was die ›innere Emigration‹ hervorgebracht. Das zweitfeinste, Wiechert, ein Wegbereiter, der sich freilich gegen Ende mit den Nazi-Seinen nicht mehr vertrug, gesteht, daß man gesündigt habe, weiß aber selbst aus diesem Tatbestand etwas sehr Steiles, Schönes und Unwahres zu machen: Deutschland, umlodert vom Weltenhaß; vereinzelt unter den Völkern: aufschreiend, wie noch nie ein Land geschrieen; verachtet und bespuckt; O Haupt, voll Blut und Wunden...«[62]

Wie auf eine mißratene Familie schaute Erika auf die Deutschen. Als »Aussteigerin« und mit neuer Familie erschien sie in Deutschland. Mit ihrer amerikanischen Uniform, ihrem bewußt amerikanischen Akzent, mit allem wollte sie demonstrieren, daß sie Amerikanerin war und zur Befreiungs- bzw. Besatzungsmacht gehörte. Nie – weder früher noch später – hat man Erika Mann so oft das Wörtchen »wir« sagen hören wie in diesen Monaten in Deutschland. Wenn sie Interviews gab oder an Radiodiskussionen teilnahm, sprach sie stolz und ohne ironische Einschränkung im Plural der Sieger.

Die Freude darüber, daß Hitler besiegt und das Tausendjährige Reich untergegangen war, währte indes nicht lange. Zuviele Fehler wurden gemacht, gerade »wir«, die Alliierten, machten einen ungeheuren Fehler mit dem Entnazifizierungsprogramm. Man hätte es wissen können; ein ganzes Volk war nicht binnen weniger Jahre umzuerziehen, und eine Besatzungsmacht konnte ohne Kooperation mit den Besiegten nicht auskommen.[63] Also kooperierte man mit den Repräsentanten und Organen der alten Macht; mit der Demokratisierung wurde es schwierig unter solchen Umständen.

Nicht einmal neue Schulbücher standen zur Verfügung. Erika Mann traute ihren Augen nicht. Die Fibeln für die Grundschüler waren auf primitive Weise überklebt worden. Nun saßen die Kinder in ihren Bänken, bohrten – sehr natürlich – das Verklebte auseinander und lasen nach wie vor Geschichten aus dem Leben des »Führers«.[64]

Nürnberg, 20. November 1945: In der Stadt der »Bewegung« und des »Führers« wurde der erste Prozeß gegen die Hauptkriegsverbrecher eröffnet. »Die Amerikanerin mit dem schmalen Kopf und dem dunklen, glatt anliegenden, kurzgeschnittenen Haar ist Erika Mann, die Tochter Thomas Manns. Sie ist für die Londoner Zeitung *Evening Standard* hier.«[65]

Mit knapp 400 anderen Journalisten aus aller Welt, unter ihnen Emigranten wie Peter de Mendelssohn und »Innere« wie Wilhelm Emanuel Süskind und Erich Kästner, berühmte Schriftsteller wie John Dos Passos und William Shirer, verfolgte Erika Mann die ersten Prozeßwochen in Nürnberg. Für sie wie für weite Teile der Öffentlichkeit blieb unfaßbar, daß der Seniorchef des Krupp-Konzerns, Gustav Krupp von Bohlen-Halbach, wegen Krankheit jetzt und auch in der Zukunft nicht erscheinen würde. Auch konnte man nicht einmal an seiner Statt den Juniorchef vorladen, so daß die deutsche Kriegswirtschaft, an erster Stelle der IG-Farben-Konzern, nicht vor die Schranken des Internationalen Gerichtshofes gerufen werden würde. Aber niemand der 22 jetzt Angeklagten hätte »ohne die gewaltige Beihilfe der deutschen Kriegsindustrie« zum Kriegsverbrecher werden können.[66] Erika verstand es nicht, es empörte sie. Andere Ereignisse im Verlauf des Prozesses hingegen amüsierten sie.

Niemand vermochte hinterher zu sagen, wie es möglich war; tatsächlich hatte sich zwei Wochen nach Prozeßbeginn die Frau des ehemaligen Innenministers Frick auf die Besuchertribüne des Gerichtssaales geschlichen. Damit nicht genug; in dem Augenblick, da der englische Chefankläger die Anklageschrift gegen Frick vortrug, stand seine Frau auf, ging die Treppe zum Gerichtssaal herunter und warf ihrem Mann Kußhände zu. Noch ehe die Sicherheitsdienste Frau Frick entfernen konnten, hat der so Begrüßte erfreut geantwortet. Makabrer Zwischenfall, persönliche Sabotage, skandalöser Beweis für die unzulänglichen Sicherheitsmaßnahmen rund um den Prozeß? Es gab Diskussionsstoff für ein paar Tage und für einen Augenzeugenbericht Erika Manns an den *Evening Standard*, ihren neuen Auftraggeber in London.[67]

In Nürnberg gab es viele Augenzeugen; Journalisten und Reporter, unter ihnen solche, die sich aus früheren Zeiten kannten. Wilhelm Emanuel Süskind war anwesend, der in den zwanziger Jahren mit Erika und Klaus befreundet gewesen war. Ihr Portrait hatte er in einer seiner ersten Novellen, *Das Morgenlicht*, zu zeichnen versucht, heftig war er in sie verliebt und hätte sie gern geheiratet. Er war ein großer Verehrer Thomas Manns, ein Liebhaber der Literatur. Am 1. Juli 1933 hatte er die Leitung einer in der Weimarer Republik hochangesehenen literarischen Zeitschrift, *Die Literatur*, übernommen. 1943 wurde er Feuilletonchef der *Krakauer Zeitung* im »Generalgouvernement« des berüchtigten Hans Frank. Die Geschwister Erika und Klaus hatten den Kontakt mit dem »Dagebliebenen« abgebrochen. W.E.S. – wie er im Jargon der Geschwister hieß – hatte in den ersten Jahren nach der Machtübernahme versucht, Erika und Klaus zur Rückkehr nach Deutschland zu bewegen. In Nürnberg trafen Erika und Süskind sich erstmals wieder. Er versuchte sich ihr zu nähern, wollte sie begrüßen, den durch zwölf Jahre unterbrochenen Kontakt wieder aufnehmen. Sie übersah ihn schlichtweg, kannte ihn gar nicht, hatte ihn nie gekannt. »Sie war eine Unversöhnliche«, hat Süskind 1969 im ersten Satz seines Nachrufs auf Erika Mann geschrieben. Und: »Es könnte sein, daß sie sich meinen Nachruf verbeten hätte«, fährt er fort. Was seine Person betrifft, so hatte er mit beiden Vermutungen recht.[68]

Schon Wochen vor Beginn des Prozesses in Nürnberg war Erika Mann etwas gelungen, was bisher keiner Frau gelungen war. Sie verschaffte sich als Korrespondentin und Journalistin Zutritt bei den »großen 52«. Im luxemburgischen Mondorf-les-Bains saßen die Repräsentanten des Naziregimes, streng bewacht und abgeschirmt. Wollte sie wirklich diese Gestalten von Angesicht zu Angesicht sehen? Was trieb sie dazu, eine Nacht lang mit ihrem klapprigen Auto von Paris nach Luxemburg zu fahren? War es Sensationslust, Reporterpflicht oder böse Neugier? Im Grunde – so hat sie nachträglich geschrieben – wußte sie es selbst nicht, und noch dazu wußte sie nicht, ob man sie überhaupt hereinlassen würde. Man ließ sie zunächst auch nicht. Sie solle nach Frankfurt weiterfahren, denn was sie dem Gefängniskommandanten an Papieren vorwies, das reichte nicht. Also zum Headquarter der Amerikaner nach Frankfurt, dort gab es neue Papiere, mit denen versuchte sie es ein zweites Mal. Mit Erfolg. Sie besichtigte alles sehr genau; sie sah sie leibhaftig: die Göring und Rosenberg, die Ley und Streicher. Beschlich sie Triumph, empfand sie Ekel, überwog das Gefühl des Unwirklichen?[69]

»Meine letzte Fahrt ging nach Bad Mondorf, wo ich den ›Big 52‹ einen Besuch abstattete. Ein gespenstischeres Abenteuer ist nicht vorstellbar. Göring, Papen,

Rosenberg, Streicher, Ley – tout le horreur monde[sic] (einschließlich Keitel, Dönitz, Jodl etc.) eingesperrt in einem ehemaligen Hotel, das zum Gefängnis wurde und aus dem seine Insassen ein regelrechtes Irrenhaus gemacht haben. Da ich mit den Idioten nicht selbst sprechen durfte, schickte ich hinterher Vernehmungsbeamte zu ihnen und ließ sie wissen, wer ich (die erste und einzige Frau, die je den Ort betreten hat) war. Ley schrie: ›Assez!‹ und schlug die Hände vors Gesicht; Rosenberg murmelte: ›Pfui Deubel!‹ und Streicher lamentierte: ›Du *lieber* Gott, und diese Frau ist in meinem Zimmer gewesen!‹ Göring war am erregtesten. Hätte ich mich doch nur vorgestellt, sagte er, dann hätte er alles erklärt; und hätte *er* den Fall Mann bearbeitet, dann hätte er die Sache anders gehandhabt. Ein Deutscher von T.M.s Format hätte dem Dritten Reich sicherlich angepaßt werden können. Ich kabelte all dies und vieles mehr an den *London Evening Standard*, der es auf der Titelseite groß herausbrachte.«[70]

Über die »Begegnung« zwischen Erika Mann und Julius Streicher gibt es noch ein anderes Zeugnis. Der wichtigste Vernehmungsoffizier der Amerikaner in Mondorf, Captain John Dolibois, hat 1973 einem amerikanischen Historiker über seine Vernehmungstätigkeit berichtet. In ihrem »üblichen männlichen Aufzug« mit Hemd, Krawatte, Zigarillo sei Erika Mann erschienen und er, der Captain, habe – etwas »zögernd« – mit ihr die Runde durch die Zellen gemacht. »An das, was während des Besuchs in Streichers Zelle geschah, erinnert er sich lebhaft und genau: ›Streicher stand in der Zelle. Gewöhnlich drehte er der Türe den Rücken zu und stand mit gespreizten Füßen da; es war eine für ihn charakteristische Pose, forciert, aggressiv, eine Haltung in der Art von James Cagney. Ich machte die Tür auf und ging hinein...; als er meine Stimme hörte, drehte er sich um, und dann sah er Erika Mann in der Tür stehen und wußte sofort, wer sie war. Er spreizte die Beine noch etwas weiter, kreuzte die Arme, lächelte höhnisch und sagte: ›Na, Sie sind also gekommen, um all die wilden Tiere im Zoo anzustarren‹, und er sagte: ›Dann können Sie auch gleich alles sehen!‹ Dabei ... ließ er seine Hose herunter und entblößte sich. Erika Mann zeigte sich wenig erschüttert. Sie schnippte die Asche von ihrer Zigarre, drehte sich um und ging weiter zum nächsten Raum.«[71]

Deutschland nach der Niederlage – Deutschland nach der Befreiung. Ein ganzes Jahr reiste Erika Mann durch ihr »alien homeland« und schrieb Reportagen. Sie besuchte Leute, mit denen man entweder nicht sprach oder die kaum einer kannte. Sie sah sich um und fand erschreckend Komisches und bestürzend Tragisches. Der große Münchener Komiker Karl Valentin, den die Amerikaner interniert hatten, sagte nur den Satz: »Jetzt sind die andern die andern«.[72]

Die Frau des ehemaligen Führer-Stellvertreters Rudolf Hess traf Erika in ihrer ausgebombten Villa in Geiselgasteig.[73] Ilse Hess verstand die Welt nicht mehr. Keine Enttäuschung war ihr erspart geblieben, alle haben sie gemieden, nachdem sie durch des Mannes geheimnisvolle England-Mission in Ungnade gefallen war. Nur Himmler war wirklich ein treuer Freund und hatte zu Weihnachten immer ein Päckchen geschickt. Und nun auch noch dies: Eine junge amerikanische Journalistin hat ihr, der freundlich ernsten Frau Ilse Hess, doch tatsächlich vor einigen Wochen glaubhaft machen können, daß an den Horrorgeschichten über Konzentrationslager wohl etwas stimmte. Welch eine furchtbare Enttäuschung, entfuhr es ihr mehrfach.

Erika Mann saß ihr gegenüber, schrieb mit, beobachtete, spielte die harmlos neugierige Journalistin. In neuer Identität war sie aufgetreten, hier in Geiselgasteig und auch früher schon. Wenn sie sich ihrer Reaktionen und der ihrer Gesprächspartner nicht sicher war, dann erschien nicht Erika Mann, sondern Mildred, eine sehr naive, denkbar schlecht informierte Reporterin, die viel fragte und wenig verstand. So auch jetzt: Ilse Hess und Klein-Mildred, die eine tief enttäuscht, die andere ein naives Dummerchen. Journalistenposse und typischer Erika-Auftritt. Auch das Ende war bühnenwirksam. Mildred-Erika eröffnete ihrer Gesprächspartnerin schließlich, daß der so reizende und treue Heinrich Himmler Ende April 1945 über den schwedischen Rotkreuz-Delegierten Graf Bernadotte Friedenskontakte mit dem Westen gesucht und dabei Sturz und Tod Hitlers angeboten hatte. Hysterische Tränen – eine große Szene, Ilse Hess konnte es nicht fassen: »aber sie sind eben alle Verräter, Deutschland ist voller Verräter, in England wäre so etwas nicht möglich«. Dankend verabschiedete sich die Reporterin und kabelte alles an ihre Londoner Zeitung.

»Ausgerechnet ich« – für viele ihrer Reportagen aus dem Nachkriegsdeutschland und dem Nachkriegseuropa wurde der Titel ihrer geplanten Autobiographie zum heimlichen Motto. Ob hinter der Maske der neugierig-naiven Reporterin, ob als uniformiert-rasante Amerikanerin, immer lenkte die Reisejournalistin Erika Mann den Blick auf ungewöhnliche Bilder, auf verstörte Menschen und zerstörte Städte, auf ausgefallene Alltäglichkeiten. So wie sie selbst durch ihre Geschichten, die schrecklichen und die skurrilen, lebte, so lebendig standen plötzlich die »Helden« dieser Geschichten vor dem Leser.

So zum Beispiel Slava Lederer, ein tschechischer Untergrundkämpfer, der in Theresienstadt und Auschwitz gesessen hatte und noch kurz vor der Befreiung durch die rote Armee in SS-Uniform aus dem Vernichtungslager geflohen war. Seine deutschen Bewacher hatte er überfallen und überrumpelt, ihnen die Waffen gestohlen und die eigenen Leute damit ausgerüstet. Es war ein stiller, ein ernster Mann, den Erika traf, der überhaupt keine Zeit hatte und der sowieso nicht so viele Worte machen wollte. Aber die Reporterin war hartnäckig und praktisch, auch sie wollte gar nicht viel reden, sie wollte ihn einfach nur begleiten. Slava Lederer hatte seit dem Ende der deutschen Besetzung und seit dem Ende des Krieges eine neue Aufgabe. Er suchte die Kinder von Lidice, er hatte es sich in den Kopf gesetzt, sie zu finden und zu ihren Müttern in ihre Heimat zurückzubringen.

Als Rache für das Attentat auf Reinhard Heydrich hatte die SS im Juni 1942 den böhmischen Ort Lidice dem Erdboden gleichgemacht. Ein furchtbares Massaker hatte stattgefunden, die gesamte männliche Bevölkerung war ihr zum Opfer gefallen, die Frauen waren als »Fremdarbeiterinnen« verschleppt, über hundert Kinder in einer beispiellosen Aktion »auf dem Marktplatz von Lemberg von SS-Leuten als Sklaven verkauft« worden;[74] andere, die einen »arischen« Eindruck machten, waren in deutsche Familien zur »Aufzucht« gegeben worden. Slava Lederer stammte aus Pilsen, er hatte keine Kinder, und auch mit Lidice verband ihn nichts. Aber er wollte die Kinder finden, und die alliierten Behörden gaben ihm dafür ein Auto, das ihm überall freie Durchfahrt erlaubte. Einen Tag lang fuhr Erika mit. In der Weihnachtsausgabe von *Liberty Magazine* 1945 konnten die Amerikaner die Geschichte von Slava Lederer und der Tragödie in Lidice lesen.[75]

Zwei Monate zuvor, am 9. November 1945: Es war der Tag der Erinnerung an die Revolution von 1918, Tag des Gedenkens an die Pogrome des Jahres 1938 und Erikas 40. Geburtstag. In München, wo sie geboren war, hat sie im November 1945 zwar das Dach des berühmten »Vier Jahreszeiten« über dem Kopf, aber keine Fenster im Hotelzimmer. Im Bedford gab es immer Champagner und eine große Party, wenn sie Geburtstag hatte; im befreiten Deutschland erreichte sie ein Glückwunschbrief des Vaters, sie selbst saß an der Schreibmaschine und schilderte ihre Eindrücke von Berlin, der ehemaligen Reichshauptstadt, der Gespensterstadt aus Trümmern und Schwarzmarkt, aus wiedereröffneten Bars und Theatern, aus Aufbaumentalität und Kalter-Kriegs-Stimmung.[76] Lange schon versuchte sie, den Bruder zu treffen, der seit über einem Jahr mit der US Army in Italien war. Klaus arbeitete als Angehöriger des »Psychological War Battalion«, er schrieb Flugblätter, hielt Radioansprachen gegen die deutschen Durchhalteparolen, und er belieferte regelmäßig die amerikanische Armeezeitung *Stars and Stripes*. Schon im Sommer war er als Berichterstatter in Österreich und Deutschland gewesen, immer hatten sich die Geschwister verpaßt, immer fuhr Erika gerade dort ab, wo Klaus ankam. Sie schrieb, man telegrafierte, aber sie verpaßten sich. Eine knappe, überstürzte

Begegnung in Rom im Oktober 1945, das war seit fast zwei Jahren das einzige.[77] Zufall oder Entfremdung? Erikas Briefe sprechen eine andere Sprache. Sie sehnte die Begegnung herbei, sie sorgte sich um ihn, es gab so viel zu erzählen, so vieles, worüber sie sich mit ihm austauschen mußte. Hatte sie wieder zu viel Erfolg für ihn, glaubte er sie zu sehr mit sich beschäftigt, ohne ausreichende Aufmerksamkeit für ihn? Klaus neigte zu diesen selbstmitleidig-eifersüchtigen Gefühlen; er wußte es selbst, konnte es aber nicht immer kontrollieren. Die Schwester wußte es auch, konnte aber nicht immer darüber hinwegsehen. Tatsächlich hatten sie sich lange nicht gesehen. Für fast zwei Jahre, den entscheidenden des Krieges, da beide in der Army arbeiteten, gab es nur Telegramme, Briefe, Telefongespräche.

Nun aber sollte alles anders werden. Das Weihnachtsfest und den Jahreswechsel 1945 verbrachten die Geschwister in Zürich, im Kreis alter und neuer Freunde. Es war wie immer und als wäre es nie anders gewesen: Gespräche, Geselligkeit, viele Menschen; Freunde und Bekannte, unter ihnen Therese Giehse, die Leute vom Schauspielhaus, das Verlegerehepaar Oprecht.[78] Auch das war wie immer in letzter Zeit und wie früher so oft: Erika sah erbärmlich schlecht aus; sie war krank; etwas zehrte an ihr, wovon sie niemandem etwas mitteilte, was nur einer wußte, wenigstens ahnen konnte. Denn so wie in ihren Geschichten und Reportagen, so lebte Erika auch in ihren Briefen, insbesondere in denen an Klaus. Aber anders als in ihren Geschichten und Reportagen öffnete sie in ihren Briefen an den Bruder bisweilen den Blick auf sich, gab preis und erzählte, was sonst niemand erfuhr und was – nach ihrer tiefen Überzeugung – auch niemanden etwas anging. Was sie Klaus, nur ihm, gegenüber angedeutet hatte, das war eine lange Geschichte, ein besonderes Kapitel.

Der »greise Unhold« und die »Eule«

Die Familie und auch die Freunde spürten, was Albrecht Goes, der schwäbische Pfarrer und Dichter, empfand, als er Erika Mann lange nach Kriegsende persönlich kennenlernte. Eine Atmosphäre von Einsamkeit umgab sie, selbst wenn sie vor Witz sprühte und im Parodieren ihrer Umwelt brillierte. Sie sprach nicht gern über sich, und der von Wilhelm Speyer überlieferte Ausspruch über die Manns, »ihr Ehrenkodex sei, alles auszusprechen«,[79] traf auf Erika gewiß nicht zu. Mit wenigen Gesten vermochte sie eine Schutz- und Tabuzone um sich zu ziehen, die jeden vorwitzigen Frager in seine

Grenzen wies. Es war Marcel Reich-Ranicki, der 1986 schrieb: »Wenn der Eindruck nicht trügt, war es dieser hochbegabten und überaus temperamentvollen Frau nicht gegeben, in Frieden mit sich selber zu leben: Die man einst aus Deutschland vertrieben hatte, ist eine Getriebene geblieben. Überdies wurden ihr vermutlich tiefe persönliche Enttäuschungen nicht erspart.«[80] Der Eindruck trügt nicht, die Vermutung trifft zu, und die Geschichte ist lang.

Sie beginnt bei der Verehrung, bei der Bewunderung einer Zehnjährigen für einen damals fast Vierzigjährigen; für einen, der ihr Vater hätte sein können und der auf seinem Gebiet genauso berühmt und genauso begnadet war wie der Vater.[81] Bruno Walter lebte schon in der Münchener Vorkriegszeit mit seiner Familie in direkter Nachbarschaft zu den Manns, im kalifornischen Exil sollte es wieder so sein. Die Väter und die Kinder waren befreundet; die Begegnung mit der Welt der Musik war für Erika die Begegnung mit Bruno Walter.

Mitte der vierziger Jahre

Zu Beginn der vierziger Jahre, Erika war Mitte Dreißig, Bruno Walter Mitte Sechzig, wurde aus dieser Begegnung Liebe, die große Liebe in Erikas Leben. Eine bedrohte Liebe war es von Anfang an; eine Liebe, die verborgen und peinlich geheimgehalten werden mußte – aus vielen und aus naheliegenden Gründen: Bruno Walters Frau, schon zu Zeiten der Herzogparkbande von den Kindern wegen ihrer ständigen Mäkeleien verulkt und verspottet, war immer und in jeder Situation eifersüchtig, mißgünstig. Die »Waltersche Hölle« nannte Thomas Mann gelegentlich die Ehe zwischen Bruno Walter und seiner Frau. Nicht auszudenken, was geschähe, käme »Muzi« hinter das Geheimnis. Aber damit nicht genug; mit Bruno Walters Tochter, mit Lotte, war Erika seit frühester Kindheit befreundet, wie könnte, wie würde sie reagieren auf die Liebe zwischen dem Vater und der Freundin?[82] Schließlich Erikas eigene Familie, schließlich das Geklatsche und Getratsche in der kalifornischen Emigrantenszene; unvorstellbar das Gerede, unvorstellbar aber auch der Verzicht.

So blieb nur die heimliche, die kurzfristig vereinbarte Begegnung an fremdem Ort zwischen einem Konzert und einer lecture. Es blieb Unrast und Hektik, und es blieb – zumindest bei Erika – Hoffnung. Hoffnung darauf, daß sie sich ihn »aus dem Herzen reißen«, daß sie ihre »Geisteskrankheit«, dies »feiste Stück aus des Teufels Tollkiste« überwinden könnte, wie es sich ja wohl gehörte.[83] Nur Klaus gestand sie ihre Lage, nur dem Bruder gegenüber machte sie – ironisch wie immer – Andeutungen und Anspielungen. Wer, wenn nicht er, sollte sie verstehen und mitempfinden können, wie es im Innern aussah. Klaus wußte es genau, seine ständig bedrohte Liebe zu Thomas Curtiss, seine Abenteuer in Dampfbädern und mit Strichjungen, seine nach wie vor unerfüllte Sehnsucht nach einem wirklichen Partner, all das hatte ihn empfindsam und verletzlich gemacht. Aber zu Erika, zu ihrer Liebe für den »greisen Unhold« fiel ihm nichts ein; seine Briefe und seine Tagebücher sind auffällig stumm in dieser Hinsicht. Dabei brauchte sie seinen Beistand in dieser Lage, immer wieder signalisierte sie es ihm, ihm und niemandem sonst. »Ich bin arm, [...] aber ehrlich, sehr einsam, aber gesellig«,[84] schrieb sie im April 1944, nachdem es trotz aller Vorsicht doch zu heftigen Szenen im Hause Walter gekommen war. Aber sie wäre nicht die Erika, die man kannte, würde sie aufgegeben, würde sie die Hoffnung verloren haben. Die Abreise nach Europa und die vielfältigen Verpflichtungen als Kriegskorrespondentin, kurz die Arbeit und die Realität, halfen ein wenig zu vergessen und die Hoffnung nicht völlig zu begraben.

Dabei machte sie sich keinerlei Illusionen, auch dann nicht, als sie erfuhr, daß Else Walter an den Folgen eines Schlaganfalls, nach mehrmonatigem Siechtum 1945 gestorben war. Änderte dieser Tod etwas? Er befreite Bruno Walter aus einer unglücklichen Ehe, aber er bescherte kein Glück für Erika. Die Konstellationen waren zu vertrackt; Bruno Walter war kein Mann der kühnen Tat, der klaren Entscheidungen in Herzensangelegenheiten. Als Liebende blieben sie Nachbarn, manchmal, wenn ins Haus Thomas Mann in Pacific Palisades zu viel Besuch einfiel, zog Erika wie von ungefähr nach nebenan.

Noch einer hatte sie sich in diesen Monaten anvertraut, ihrer Mutter Katia. Aber was sollte die sagen, sie konnte die Passion der Tochter schwer verstehen, schon gar nicht billigen. Die Mutter war überzeugt, daß das auf die Dauer nicht gutgehen, daß so ein »rechtes Frauenschicksal« für Erika nicht in Erfüllung gehen würde. So unmöglich wie eine Ehe zwischen Vater und Tochter, so unmöglich war auch diese Bindung. Katia wußte es, und Erika wußte es auch. »Ich glaube, im Grunde ist sie tief unbefriedigt von ihrer Existenz, die ja reich und angeregt, aber menschlich eben doch nicht das Richtige ist.« So schrieb Katia an Klaus Mann, und sie hatte nur allzu recht.[85] Erika hatte sich das Leben mit Bruno Walter in den Kopf gesetzt. Über die Jahre wußte sie kaum mehr selbst zu sagen, ob er ihr im Kopf oder im Herzen saß. Sie wurde krank und mußte sich einer Operation unterziehen, ihre durch die Jahre hin überstrapazierte Gesundheit erschwerte den Heilungsprozeß. »Eine Weiberaffäre größeren Stils« habe sie über sich ergehen lassen müssen, denn »das Laster will bestraft sein«, schrieb sie trotzdem bemüht munter an Klaus.[86] Als Bruno Walter mit seiner Tochter zu Konzerten nach Zürich und Wien aufbrach, war sie tief gekränkt und fühlte sich auf herzlose Weise weggeschoben. Es kam zu Szenen, fast zum Bruch mit der langjährigen Freundin.

Aber es sollte noch viel schlimmer, es sollte gegen alle Erfahrungen und Erwartungen für Erika Schlimmstes kommen. Bruno Walter entschloß sich im Herbst 1948, sein Verhältnis zu Erika wieder auf eine »natürliche, d.h. väterliche Basis«[87] zu stellen. Er holte die von ihm 1915 entdeckte Sängerin Delia Reinhardt, mit der er seit langem befreundet war, nach Kalifornien, kaufte ihr in seiner Nähe ein Haus. Auch zwischen der Tochter Lotte und dem Vater kam es deswegen zu heftigen Auftritten. Erika konnte es nicht fassen, schrieb verzweifelte Briefe, brach den Kontakt vollständig ab. Sie wußte sich keinen Rat, ihr blieben nur noch Traurigkeit und Gram, das Gefühl einer großen Leere und einer tiefen Verlassenheit.

Nach dem Tod von Klaus im Jahre 1949 kam es wieder zu brieflichem Kontakt mit Bruno Walter, aber für Erika blieben Verletzungen. In den fünfziger Jahren wird es ein wenig Aussöhnung, und zu Ehren von Thomas Manns 80. Geburtstag wird es eine Wiederbegegnung geben. In den Wochen und Monaten der schwersten Schmerzen hatte Erika Gedichte, einen Zyklus von fünf Sonetten geschrieben. Eines wurde 1952 gedruckt.[88]

»Die Tage jenes Sommers, schwer von Glück
und leicht, wie die Beschaffenheit der Träume -
zerstörbar und zerstört im Augenblick;
versunken Haus und Blumen, Gras und Bäume,

verloren Sonne, Wasser und Gelächter
und Stirn und Mund, geliebtes Angesicht.
Wo wart ihr, Engel, höchst befugte Wächter,
saht ihr die Schatten der Verwüstung nicht?

Zuviel des Glaubens und der hellen Gnade,
der Eintracht und der Zärtlichkeit zuviel;
wie heiter unser Ernst, wie ernst das Spiel;

auf unsrer Haut wie sanft die Luft beim Bade!
All dies zuviel und schon (kein Engel wacht'!)
dem Untergang verfallen und der Nacht.«

»Dem Untergang verfallen und der Nacht« – im Hofmannsthal- und Rilke-Ton blickt Erika zurück; aber noch hat sie ihn nicht völlig verloren, den Blick nach vorn, den Widerstandswillen gegen den Untergang, die Opposition gegen die Nacht. In den Jahren als Korrespondentin und Reporterin, in der Arbeit fing sie sich wieder. Sie gewann Abstand und Auftrieb, ihr Sinn für ausgefallene Menschen und absurde Situationen half ihr dabei.

Zwischen 1944 und 1947, als sie durch ganz Europa reiste, geschah, was sie am wenigsten erwartet hatte und was sie im Grunde auch gar nicht recht wahrhaben wollte. Sie verliebte sich in eine Frau, Kollegin und amerikanische Kriegskorrespondentin wie sie. Mit Betty Knox war Erika schon in Afrika und in der Normandie gewesen, sie fuhren durch Deutschland, in Berlin sah man die beiden uniformierten Frauen im Gespräch mit Johannes R. Becher, zur Silvesterfeier 1944 brachte Erika – wie selbstverständlich – die neue Freundin mit ins Elternhaus. Dort war man nicht wenig erstaunt über die »Eule«, die sich offenbar ziemlich respektlos aufführte, ohne Empfinden für die Würde der heiligen Hallen, in denen der große Thomas Mann lebte.[89] Wild und ausgeflippt scheint Erikas Gefährtin gewesen zu sein, Ablenkung und gemeinsame Arbeit brachte sie, aber keine Zukunft, kein wirkliches Zuhause. Ein Abenteuer, wie Klaus sie so viele hatte, oder doch mehr? Wieder gibt es nur Andeutungen, keine Gewißheit; nur Hinweise, keine Beweise. Wieder sind es die Briefe der Mutter an Klaus, der Schwester an den Bruder, die ein wenig Einblick erlauben. Verblüfft bis irritiert zeigte sich Mutter Katia, daß die Tochter »auf ihre älteren Tage auf dergleichen verfallen« mußte;[90] auch sah die Mutter, daß es Erika viel ernster war, als sie zugab. Zwar tat sie so, als ginge alles gar nicht von ihr aus, als sei Betty die treibende Kraft. Aber warum dann hatte Erika sie mit nach Haus gebracht, sogar zu einer sehr privaten Geburtstagsfeier ins Haus Bruno Walters mitgenommen, »was doch eher unpassend war«.

Erika fand das wahrscheinlich gar nicht, es war ein zweifelhafter Triumph, ein bissig-bitterer Einfall. Machte er sie froh, brachte er Erleichterung? Sie sagte es nicht. Die Kränkungen im Hause Walter zehrten an ihr, und sie war nicht der Typ, der still und im Verborgenen litt. Sie agierte, schmiedete Ränke, verschaffte sich ein wenig Genugtuung; nur eines gelang dabei nicht, sie wurde nicht glücklich. Die neue Liebe vermochte eine alte Leidenschaft nicht zu verdrängen. Auch war die Freundin eher anstrengend, eine »Irrenhäuslerin«, ohne Halt und unberechenbar. Verrückt wie Annemarie Schwarzenbach, eifersüchtig wie Therese Giehse. »Not precisely what the doctor ordered« lautete ihr bitterer Kommentar in einem Brief an Klaus.[91] Auch Klaus lernte »Betsie« kennen, fand sie amüsant, fuhr mit ihr nach Berlin, schlug eine Reise zu dritt nach Prag und Wien vor. Es sollte nichts daraus werden. Es war nicht der einzige Plan, der sich zerschlug, nicht die einzige Hoffnung, die nicht in Erfüllung ging.

Dabei hatten sie viele Pläne; wie immer und noch immer hatten die Geschwister den Kopf voller Ideen. Nach *Escape* und ergänzend zu *The other Germany* wollten Erika und Klaus Mann noch einmal gemeinsam ein Buch schreiben. Ein Buch über Deutschland und Europa nach dem Zusammenbruch der Hitlerdiktatur, über Reiseeindrücke und Begegnungen mit Menschen im befreiten Deutschland. Es sollte journalistisch und autobiographisch sein, persönliche und politische Erfahrungen und Erlebnisse aus den Jahren zwischen 1944 und 1947 verarbeiten. *You can't go home again* hieß der ursprüngliche Titel, aber auch als *Sphinx without secret* wurde es nicht mehr fertiggestellt.[92] In ihrer Sicht der deutschen Dinge, in ihrem Blick auf den seelischen und moralischen Zustand der befreiten Deutschen waren sich Erika und Klaus einig wie lange nicht.

Mit Vergnügen erzählten sie sich und den Lesern ihrer Reportagen die in Deutschland über die Deutschen kursierenden Witze. Unter anderem den: Während der Potsdamer Konferenz vermißt Stalin plötzlich seine kostbare Taschenuhr. Er ruft seinen Adjutanten, befiehlt, man solle sofort zur Feststellung des Diebstahls ein paar Hundert Deutsche festnehmen lassen. Kaum geschehen, findet Stalin plötzlich seine Uhr unversehrt in der Uniformtasche.

Wieder ruft er seinen Adjutanten – er habe sich geirrt, man möge die Verhaftungen rückgängig machen. »Geht nicht«, wird ihm geantwortet. »Wieso?«, fragt Stalin zurück. »Alle haben die Tat gestanden.«[93]

Erschreckt und angewidert diagnostizierte auch Klaus die Mischung aus Selbstmitleid, Ignoranz und ungebrochenem Obrigkeitsdenken in Deutschland. Auch er fühlte, daß weite Teile der deutschen Bevölkerung auf nichts so sehr hofften wie auf einen Krieg zwischen der USA und der UdSSR, auf ein Zerbrechen der Siegerkoalition zugunsten Deutschlands. Wie Erika empfand Klaus Entsetzen über die aggressive Apathie der Deutschen, über ihre Verdrängungsfähigkeit, ihre Schlußstrichmentalität; unversöhnlich wie Erika, warnte auch Klaus seine Eltern dringend vor einer Rückkehr, selbst einem bloßen Besuch.

Früh schon hatte Thomas Mann es zu spüren bekommen. Im August 1945 schrieb ihm Walter von Molo einen öffentlichen Brief mit der Aufforderung, nach Deutschland zurückzukehren. Ausführlich und ebenfalls öffentlich begründete Thomas Mann, warum er sich dazu nicht in der Lage sehe. Die Absage, die Argumente, u.a. der Satz an die drinnen gebliebenen Künstler und ihr Werk (»Es mag Aberglaube sein, aber in meinen Augen sind Bücher, die von 1933 bis 1945 in Deutschland überhaupt gedruckt werden konnten, weniger als wertlos und nicht gut in die Hand zu nehmen. Ein Geruch von Blut und Schande haftet ihnen an; sie sollten alle eingestampft werden«[94]), all das löste scharfen Protest, heftige Polemik aus. Wie Thomas, wie Erika so konnte auch Klaus Mann an einen wirklichen Neuanfang nicht glauben. Aber anders als der Vater und die Schwester war für ihn der ausbleibende Neuanfang der Beginn des Endes. Im September 1945 aus der Army entlassen, wußte er nicht recht, wo leben, was tun, woran arbeiten. Überdies: Niemand in den Westzonen interessierte sich für die im Exil entstandene Literatur. Klaus übersetzte sein englisch geschriebenes Buch über André Gide ins Deutsche, vergeblich hoffte er auf eine Drucklegung seiner großen Exilromane in Deutschland. Er schrieb ein bis heute unaufgeführtes Stück, reiste durch Europa, zwischen den Kontinenten hin und her, fand keine Ruhe, keinen Halt mehr. Im Juli 1948 machte er erneut einen Selbstmordversuch.[95]

Seit Wochen, seit Monaten schon war Erika, selbst durch quälende Krankenhausaufenthalte und nicht minder qualvollen Liebeskummer mit sich im Hader, um Klaus besorgt. Sie plante, machte Vorschläge, versuchte ihn zu ermuntern. Das neue Buch wollten sie in Angriff nehmen, einen lecture-Vertrag für die Sommersaison versuchte sie ihm bei ihrem Agenten Colston Leigh zu verschaffen. Wieder hatte Klaus in diesen Monaten der Enttäuschung, der Verzweiflung am persönlichen und politischen Geschehen zu den Drogen gegriffen, wieder bot Erika auf, was ihr an Ironie und Kraft geblieben war, um ihn zurückzuhalten, zurückzuholen: »Ja, hast Du denn überhaupt keinen Verstand mehr? Was soll denn nun wieder werden? ... und man muß Dich in die Geschlossene verbringen und wie Espenlaub zittern um Dich ...«[96]

Tatsächlich zitterte sie um ihn, mehr vielleicht als um die eigene Gesundheit, als um das eigene Glück. Sie ahnte, daß der Selbstmordversuch vom 11. Juli nicht sein letzter sein würde; aber wie üblich sorgte sie sich zunächst um das Notwendige. Den Presserummel, den es um ihn beziehungsweise seinen Todeswunsch gab, hielt sie, so gut es ging, von ihm fern; im Hause Bruno Walters verschaffte sie ihm eine vorläufige Bleibe, anschließend sollte er zu seinem Bruder Golo, der seit einiger Zeit Professor in Paolo Alto war, ziehen; dann würde man, würde sie weitersehen. Ablenkung, Arbeit, aufbauende Erlebnisse wünschte sie sich für Klaus und auch für sich selbst. Ablenkung sollte es geben, auch Arbeit, aber aufbauend und ermutigend waren die Aufregungen nicht, die im Herbst und Winter des Jahres 1948 auf die Geschwister warteten.

Als »Stalins fünfte Kolonne« denunziert

Sie hätte ihre Teilnahme ablehnen, aber Erika hatte die absurden Konsequenzen in diesem Fall nicht ahnen können. Auch war es nicht ihre Art, sich zu entziehen und Konflikte zu vermeiden. In ihrer jetzigen Lage, bei so viel Kummer um sich und Klaus schon erst recht nicht. Also machte Erika mit: beim »Town Meeting of the Air« im kalifornischen Stockton.

Am 9. August 1948 saß sie vor einigen Tausend Zuhörern auf einem Podium zusammen mit zwei weiteren, in diesem Falle männlichen Experten. Town Meeting war eine der populärsten amerikanischen Rundfunkdiskussionssendungen, wöchentlich diskutierte man in einer größeren amerikanischen Stadthalle ein aktuelles Thema. Die Diskussionen wurden aufgezeichnet und am nächsten Tage für Millionen Amerikaner ausgestrahlt. Während man in der einen Woche über das die amerikanische Nation bedrückende Problem der Wohnungsnot sprach, behandelte man in der nächsten die Frage, ob der College-Fußball subventioniert werden solle. Heute nun, so erklärte der Moderator am 9. August zu Beginn, werde man ein internationales Problem diskutieren: »What should we do in the Berlin Situation?«[97]

In dieser Frage fühlte sich Erika offenbar als Expertin; die Kompetenz der beiden anderen Gesprächsteilnehmer erschreckte sie nicht im mindestens. Es waren der ehemalige persönliche Adjutant Eisenhowers in Marineangelegenheiten, Captain Harry Butcher, und der englische Politikwissenschaftler Denis Brogan aus Cambridge.

Nach der Währungsreform und der Bildung der Westzonen, nach der Blockade Berlins durch die Russen kannte die Weltöffentlichkeit seit Ende Juni 1948 tatsächlich keine brisantere Frage. In Stockton waren klare Standpunkte und kontroverse Ansichten gefragt, auch sollten die im Saale anwesenden Zuhörer Fragen stellen können. Der frühere Militärberater erläuterte die amerikanische Sicht der Lage: Berlin sei der Testfall für die russisch-amerikanische Konfrontation, das Symbol der Nachkriegskonflikte, es den Russen zu überlassen hieße eine Niederlage für Freiheit und Demokratie hinzunehmen. Der englische Wissenschaftler analysierte die amerikanische und die sowjetische Haltung und fand, daß jede Seite ein bißchen recht habe. Erika, die als erste das Wort erhalten hatte, mußte die undankbare, aber für sie durchaus reizvolle Aufgabe übernehmen, den sowjetischen Standpunkt, die russische Berlinpolitik zu vertreten. Mehr als einmal hatte sie sich in Vorträgen und Zeitungsartikeln in den letzten Monaten und Wochen zu diesem Thema geäußert. Für ihre Begriffe sagte sie nichts Neues und schon gar nichts Originelles.

Noch während der Sendung, noch Wochen und Monate danach hagelte es Fragen und Proteste, in der deutschen Presse noch heftiger als in der amerikanischen. Wer die historischen Ereignisse seit Kriegsende und wer Erika Mann kannte, konnte nicht wirklich überrascht sein.

Natürlich – so erklärte sie – sei die Blockade Berlins durch die Russen ein Bruch des Potsdamer Abkommens, aber dieser sei Folge einer nicht minder vertragswidrigen westalliierten Politik, der Währungsreform. Während das Potsdamer Abkommen trotz Besatzungs- und Viermächtestatus von einem einheitlichen Deutschland ausgehe, laufe die Bildung der Westzonen mit gemeinsamer Währung auf einen separaten westdeutschen Staat hinaus. So wenig wie die russische Reaktion, so wenig könne man die Politik der westlichen Alliierten billigen. Gefragt, was die Amerikaner denn nun in der gegenwärtigen Situation in und mit Berlin tun sollten, antwortete Erika Mann: »Wir können eins von drei Dingen tun: entweder aus Berlin herausgehen und dabei riskieren, daß wir, die Amerikaner, eine große Menge wertvollen Prestiges verlieren, oder Krieg wegen Berlin führen und damit die ganze Welt in unvorstellbares Elend stürzen. Oder drittens in Berlin zu einem vernünftigen Preis bleiben, über den man sich mit Moskau einigen müßte. Ich hoffe von ganzem Herzen, daß dieser dritte Weg gewählt wird.«[98]

Erika Manns »dritter Weg«, eine für alle Seiten akzeptable Übereinkunft zwischen Amerikanern und Russen, das war prokommunistische, stalinistische Propaganda, so erfuhr sie wenig später. Im übrigen – auch das las sie in der Zeitung – sei ihr Standpunkt nur allzu verständlich. Schließlich sei sie 1945 Gast von Otto Grotewohl und Wilhelm Pieck in deren komfortabler 20-Zimmer-Villa in Potsdam gewesen. Dort habe sie es sich wohl ergehen lassen, bei den KPD-Honoratioren von Moskaus Gnaden.[99] Zwar war Erika während ihres Berliner Aufenthaltes im Zehlendorfer Pressezentrum der Amerikaner untergebracht gewesen, auch versicherte sie, Pieck und Grotewohl nie gesehen zu haben; es half nichts, in der lizensierten deutschen Presse war Erika Mann seit 1948 eine Agentin Stalins.

Die Rundfunkdiskussion über Berlin enthielt weiteren Zündstoff. Aus dem Publikum heraus war Erika gefragt worden, ob Amerika notfalls einen Krieg um Berlin führen, der russischen Aggression widerstehen und die Deutschen, die doch inzwischen demokratisch geworden seien und den Kommunismus ablehnten, schützen sollte. Mit ihrer Antwort hätte Erika mehr Empörung kaum auslösen können: »Well, I do not think this question is going to arise. How can we save Germans who accept democracy when we do not know of any crowd of Germans who are actually doing any such thing. I do not think there should be war over Berlin, because I don't think Berlin is important to the Western Allies, and I don't think there are enough German democrats in Berlin to be worthy to fight over, actually.«[100]

Nicht nur als »Stalins fünfte Kolonne«, auch als deutschfeindlich hatte Erika Mann sich durch solche Äußerungen erwiesen. Sie hatte ein publizistisches Trommelfeuer ausgelöst, von dem auch Klaus nicht verschont blieb, der diesmal gar nicht beteiligt gewesen war. Im Berliner *Montags Echo* vom 28. September 1948 wurden Töne angeschlagen, die denen des *Völkischen Beobachters* nur allzu ähnlich waren. »Erika ist bekanntlich von frühester Kindheit an das enfant terrible der Familie Mann gewesen, dem, wie das leider bei Dichterfürstens häufig der Fall ist, von Anfang an die – im wahrsten Sinne des Wortes – leitende Hand des väterlichen Erziehers gefehlt hat; nur so ist ihr seit ihrer Pubertät datierender snobistischer Kulturbolschewismus erklärlich, aus dem sie dann mangels anderer Fähigkeiten eine schriftstellerische Einnahmequelle gemacht hat.«

Im *Telegraf* fielen Sätze, die eben das bestätigten, was Erikas Empörung ausgelöst hatte: die Selbststilisierung der Nachkriegsdeutschen zu Märtyrern und Opfern einer »Heimsuchung«; die wütende Abwehr der Emigranten, die in ihrer »dunkelsten Zeit« der »Heimat« den Rücken gekehrt hätten. »Thomas

Mann verließ Deutschland, um dem faschistischen Gesinnungsterror zu entgehen, und kehrte nicht zurück. Ob es Erika Mann unbekannt ist, daß es Hunderttausende von freiheitlich denkenden Deutschen gegeben hat, die nicht wie sie und ihr Vater emigrieren konnten, die ihre Heimat auch in der dunkelsten Zeit nicht verließen und das Martyrium des Hitlerregimes auf sich nehmen mußten? Es ist ihr offenbar unbekannt, daß es gerade diese Menschen sind, die heute erneut für die Demokratie in ihrer Heimat kämpfen. Es kann keinem Menschen zum Vorwurf gemacht werden, wenn er es verschmäht, in seiner Heimat zu leben. Es ist aber eine gewissenlose Dummheit, wenn jemand, der sich der Mitarbeit an dem demokratischen Wiederaufbau in Deutschland versagt, seinen Landsleuten aus seiner gesicherten Existenz im demokratischen Ausland in den Rücken fällt.«[101]

Aber den Höhepunkt bildete der Leitartikel der Münchener Zeitung *Echo der Woche.* Deren Chefredakteur, Harry Schulze-Wilde, war ehemaliger Kommunist, offenbar Mitarbeiter Willi Münzenbergs, nun voller Haß auf den Glauben, dem er einst selbst angehangen hatte. Am 22. Oktober erschien sein Leitartikel unter dicken Lettern: »Vor einem neuen Novemberputsch? Erika Mann als kommunistische Agentin – Stalins 5. Kolonne am Werk«. In den Augen des Leitartiklers betrieb Erika kommunistische Zersetzungsarbeit. Im bisher noch »Kalten Krieg«, den die Sowjets gegen die Demokratien führten, sei es ihnen gelungen, ihre Agenten »bis in die Vorzimmer wichtigster Persönlichkeiten« zu schleusen. Wo und bei wem Erika saß, sagte der Autor zwar nicht, dafür aber vermochte er das gesamte Komplott zu enthüllen, das Erika und Klaus in direktem Auftrag Stalins geschmiedet hatten.

Nach der Politik der Russen in Osteuropa, nach der Berlin-Blockade sei völlig klar, was man in Moskau wolle: ganz Berlin und ein kommunistisch beherrschtes Deutschland. Nur Härte, nur Unnachgiebigkeit, so wisse man seit »München«, verstünden Diktaturen; und nichts nütze ihnen so sehr wie Verhandlungen und Konzessionsbereitschaft. Genau dafür aber habe Erika plädiert, genau damit betreibe sie das üble Geschäft des russischen Gegners in den eigenen Reihen. Nichts könne den Stalinisten in Moskau, Prag und Warschau mehr nützen als das »objektive Gestammel« einer Erika Mann. Alle Zeichen sprächen dafür – so der Münchener Chefredakteur –, daß man kurz vor einem neuen Novemberputsch stehe, die Verhaftungswellen im Osten, die Aufstellung von bewaffneten »SED-Einheiten«, die Gleichschaltung nichtkommunistischer Parteien, das alles lasse nur diesen Schluß zu. Und innerhalb all dieser Putschpläne der Kommunisten spielten Erika und Klaus eine außerordentliche Rolle: »Die Salonbolschewisten vom Schlage der

Mann-Kinder jedoch haben die wichtigere Aufgabe. Sie müssen die Zersetzung der demokratischen Front ins Heim des ›kleinen Mannes‹ tragen. Sie haben in scheinheiliger ›Objektivität‹ – lies konsequenter Verlogenheit – den Boden für die jeweils angesetzte kommunistische Aktion vorzubereiten. Diese ›5. Kolonne‹ des Kreml ist deshalb gefährlicher als die massiven Drohungen eines Wyschinskijs, der nur sät, wo die ›Männer‹ geackert haben!«[102]

Selten hat man Erika fassungslos gesehen, lange wird es auch nicht dauern, bis sie reagiert. Aber ihren Reaktionen war anzumerken: Der Schlag war zuviel, er ging tiefer als sie wahrhaben, als sie sich im Augenblick eingestehen konnte. Zwar wurde sie aktiv, zusammen mit Klaus schrieb sie im *Aufbau* einen bitteren, scharfen Gegenartikel, alle falschen Zitate, alle infamen Unterstellungen, alles legten die Geschwister dar. Zuvor hatte Klaus in dem Münchener Blatt eine Gegendarstellung erwirkt und dem Chefredakteur Klage wegen Verleumdung angedroht. Was Schulze-Wilde zum Anlaß nahm, einen Artikel mit der Überschrift »Klaus Mann macht Männchen« zu schreiben und seine Leser nach ihrer Meinung »zum Fall Erika und Klaus Mann« zu fragen.[103]

Über einen alten Bekannten, den im Londoner Exil lebenden Journalisten, Autor und Vorsitzenden der dortigen Thomas-Mann-Gesellschaft, Wilhelm Sternfeld, versuchte Erika in der deutschen Presse Gegendarstellungen und Richtigstellungen zu erwirken. Die Korrespondenz mit Sternfeld umfaßt fünf dicke Konvolute, Dokumente eines nie bereinigten Presseskandals der unmittelbaren Nachkriegsgeschichte.[104]

Erika versuchte noch vieles; die Gewerkschaft amerikanischer Kriegskorrespondenten, deren Mitglied sie war, nahm sich der Angelegenheit an; Captain Butcher, der ihr während der Radiodiskussion im August heftig widersprochen hatte, bestätigte ihr schriftlich, daß sie selbstverständlich nicht im entferntesten als Kommunistin zu bezeichnen sei, nur weil sie dafür plädiert hatte, in der Berlinfrage mit den Sowjets eine Einigung auf dem Verhandlungswege herbeizuführen. Alle Aktivitäten zur Abwehr der »Wildsau«-Attacke – so Erika in privaten Briefen – liefen auf einen Prozeß hinaus. Über einen Münchener Anwalt versuchte Erika Mann Klage wegen Verleumdung und Beleidigung einzureichen. Außerdem wollte sie, daß dem Blatt und seinem Chef durch die amerikanischen Militärbehörden die Lizenz entzogen würde. Aber sie war auch bereit, von einer Klage abzusehen, falls Schulze-Wilde sich entschuldigte und die Angelegenheit in seinem Blatte richtigstellte.

Nichts von alledem geschah. Die amerikanische Besatzungsbehörde wollte an die Sache nicht recht heran; zwar wurde Schulze-Wilde seines Postens enthoben, nachdem er noch weitere Fehl- und Falschmeldungen in seinem Blatt präsentiert hatte; aber zu einem Verfahren kam es nicht. Erika Manns Anwalt hatte »deutschrechtliche« Bedenken. Er glaubte außerdem, daß Thomas Manns positive Äußerungen über den französischen Wirtschaftsplan Robert Schumans und Erikas Reportagen über Polen und ihr Plädoyer für die Oder-Neiße-Linie als polnische Westgrenze ihr in Deutschland eher weiter geschadet und die Stimmung im Vorfeld des Prozesses eher zugunsten des Münchener Chefredakteurs beeinflußt hätten.[105] Anderthalb Jahre versuchte Erika Mann vergeblich, den Prozeß anzustrengen; am 24. Juni 1950 gab sie auf. Bitter zog sie Bilanz: »Eine Lehre habe ich aus der Veranstaltung gezogen: was immer ich amerikanischen und europäischen Fragern, Westdeutschland und seine Entwicklung betreffend, geantwortet habe – Dinge, die ich meist in Ihrer Presse bis zur Unkenntlichkeit entstellt wiederfand –, war zu optimistisch, zu gutgläubig, es wurde der Wahrheit in keiner Weise auch nur annähernd gerecht.«[106]

Im Nachkriegsdeutschland gab Erika Mann sich geschlagen. Sie war 45 Jahre alt; in den fünf Jahren zwischen 1945 und 1950, seit dem Sieg der Alliierten über Hitler, seit dem Tag, auf den zwölfjährige Anstrengungen, Leidenschaften und Hoffnungen sich gerichtet hatten, war sie sichtbar gealtert. Nur schwer konnte sie ihre Enttäuschung verbergen, noch schwerer ihrer Herr werden. Die politische Enttäuschung über den ausbleibenden Neubeginn war nicht die einzige; verlorene Hoffnungen gab es gleichzeitig auch privat.

Die furchtbare, die Katastrophe, für die es nie einen Trost geben würde und mit der sie doch immer gerechnet hatte, traf sie mitten im Konflikt mit der deutschen Presse, mitten im Bemühen, die Verleumdung abzuwehren. An einer Überdosis Schlaftabletten starb Klaus am 21. Mai 1949 in Cannes. In Schweden, wo sie sich mit ihren Eltern aufhielt, erreichte Erika die Nachricht. Vielleicht hatte sie geahnt, daß ihr ständiger Kampf um seinen Lebenswillen vergeblich sein würde, und vielleicht war ihr bewußt, daß ihre Liebe für den Bruder die seine für sich überwog. Erika war umgeben von selbstmordgefährdeten Freunden, um alle hatte sie gekämpft, um niemanden so sehr wie um Klaus. Ihren eigenen Lebenswillen, ihre Neugier und ihre Vitalität warf sie gegen die Todessehnsucht des anderen in die Waagschale. Sie unterlag.

Auch diesmal wieder setzte sie Arbeit und Aktivität gegen den Schmerz. Auf ihren Rat hin reduzierte Thomas Mann seine schwedischen Vortragsverpflichtungen auf das notwendigste. Da es unmöglich war, rechtzeitig zu Klaus' Beerdigung in Cannes zu sein, blieb die Familie vorerst in Schweden.

Ihre Erschütterung und ihren Schmerz hat niemand so empfunden wie der Vater. Am 14. Juni 1949 schrieb er an Ida Herz: »Für sie [Erika] ist es am traurigsten, aber wer soweit ist, kennt wohl keine Rücksicht«. Einige Wochen später heißt es: »Es ist sehr bitter, ist aber moralisch nicht zu beurteilen, da es eine Todesversessenheit gibt, die offenbar stärker ist als jede Rücksicht, Liebe, Treue, Dankbarkeit, kurz jedes Band.«[107]

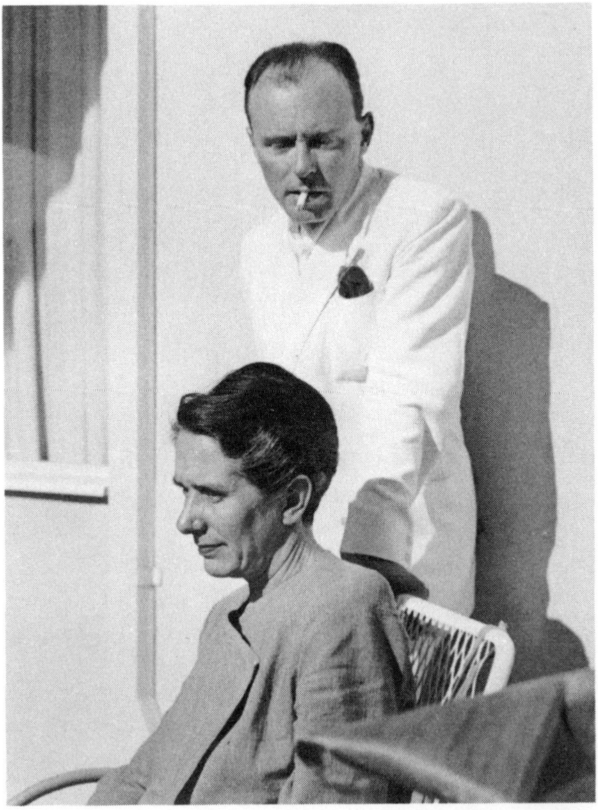

Erika und Klaus Mann in den vierziger Jahren

Erika suchte ihren Schmerz zunächst dadurch zu überwinden, daß sie ihres Bruders letzten großen Essay übersetzte. Unter dem Titel *Die Heimsuchung des europäischen Geistes* erschien er ein Jahr nach seinem Tod in einem von ihr herausgegebenen Gedächtnisband. Das Buch kam in Klaus' altem Exilverlag, bei Querido in Amsterdam heraus. Seine Freunde und Wegbegleiter haben ihm darin ein Denkmal gesetzt, die Herausgeberin und Übersetzerin indes blieb auf der Titelseite ungenannt. Ihre editorische »Trauerarbeit«, die sie bis zu ihrem eigenen Tode fortsetzen sollte, brauchte keine großen Worte. Nur in privaten Briefen formulierte Erika ihre Empfindungen. Am 17. Juni 1949 schrieb sie an Eva Herrmann: »Waren wir doch Teile von einander, – so sehr, daß ich ohne ihn im Grunde gar nicht zu denken bin. Nur, daß mir nicht gegeben und nicht erlaubt ist, mich davon zu machen, und daß ich bleiben muß, wiewohl ich im Entferntesten so reich an Gaben, so liebenswert, so *lebendig* nicht bin wie er es war. Unerfindlich ist das Walten der Oberen. Wenn es aber wahr ist, daß sie züchtigen, wen sie lieben, dann sind sie offenbar *vernarrt* in mich.« Einen Tag zuvor hatte sie seit zwanzig Jahren erstmals wieder an Pamela Wedekind geschrieben. In diesem Brief heißt es: »Wüßte ich meinerseits nichts weiter über den Zustand unseres unseligen Planeten, als daß Klaus nicht mehr leben konnte, auf ihm, mir bangte erheblich.«[108]

Es war ein düsteres, ein schwarzes Jahr – das Jahr 1949. Berufliche Perspektiven und persönliches Glück: Vier Jahre nach Kriegsende hatte sich für Erika alles zerschlagen. Ihr Hang zu Sarkasmus und Bitterkeit, ihre »dunkle Unversöhnlichkeit«, all das fand neue Nahrung. In den Jahren vor der Rückkehr in die Schweiz wirkt sie übermüdet und überreizt, rechthaberisch und unnachsichtig. Kaum jemand, mit dem sie nicht in Streit geriet, nichts, worüber sie nicht wütende Reden führte. Mit ihrer Schwester Medi kam es zu heftigen politischen Zerwürfnissen, mit dem alten Freund Martin Gumpert überwarf sie sich, und erbarmungslos bittere Briefe erhielt, wer entweder zögerte, am Gedenkbuch für Klaus Mann mitzuwirken, oder Dinge über den Bruder schrieb, die ihr nicht gefielen. Daß das Erscheinen des Buches sich insgesamt verzögerte, verärgerte sie erst recht; wütend bis zur Ungerechtigkeit wurde sie in allem, was Klaus betraf und nicht nach ihrem Kopfe ging. Es war schwer mit ihr auszukommen in diesen Jahren, ihr »irrationaler Gram« bedrückte nicht zuletzt den Vater, der in seinem Tagebuch notierte: »... zuviel Charakter macht ungerecht«.[109]

Kapitel VI

Rückkehr in die Fremde
»In Arbeit notdürftig geborgen« (1952-1969)

»Warum ist es so kalt?«

Im Programm der Pfeffermühle gab es einen Song, er hieß *Kälte*, und mit ihm hatte Erika immer besonderen Erfolg gehabt. Im Pierrotkostüm, Kopf und Augen traurig-versonnen nach unten geneigt, mit der Melancholie des Clowns hatte Erika auf der Bühne gestanden und ihr Publikum gefragt: »Warum ist es so kalt?«. Es war die Kälte der Gleichgültigkeit und der Unwissenheit, die sie damals anprangerte und durch das warme Licht der Sonne besiegt sehen wollte.

Die Kälte des »Kalten Krieges« und der Systemkonfrontationen, das Eis der Verdächtigungen und Verleumdungen und die frostige Atmosphäre, die den Emigranten entgegenschlug, all dies spürte Erika Mann in den späten vierziger Jahren. Es enttäuschte sie, machte sie traurig, einsam, unzufrieden. Sie fühlte sich nur noch »in Arbeit notdürftig geborgen«.[1]

Dabei war sie nicht wirklich überrascht; notorische Schwarzseherin seit Beginn des Exils, hatte Erika ihre Familie und ihre Freunde, ihr Publikum und ihre Agenten immer wieder durch ihre Wüsten- und Kassandra-Töne, durch ihren nervösen »herabstimmenden« Pessimismus irritiert.[2] Ihr Humor war in politischen Dingen immer schwarz, ihr Blick auf die zukünftige weltpolitische Entwicklung immer ein wenig sarkastisch, mit einem Hang zu bitterer Rechthaberei. Erika wußte es natürlich, und sie täuschte sich nicht über sich selbst, auch nicht über die Konsequenzen ihres Redens. Weder in beruflicher noch in persönlicher Hinsicht machte sie sich Illusionen. Weder in der einen noch in der anderen Hinsicht war ihr der Spaß am Spiel, die Lust an der Provokation, der Mut zum Nonkonformismus völlig verloren gegangen:

»Sie *ist* ja auch recht unvorsichtig ... Warum *kann* sie denn nicht still sein? ... Stille ist so viel edler als Lärm ... Was Unpolitisches sollte sie schreiben ... Was *hat* sie von all dem Geschrei ... *Sie* wird die Welt nicht ändern ... Ob *gar* nichts dran ist, an dem, was die Leute reden? ... Kein Rauch ohne Feuer ... Die tschechische Presse hat sie ›frei‹ genannt, – ganz, als ob wir's nicht besser wüßten ... Und die jüdischen Mordbanditen hat sie in Schutz genommen, – nicht direkt in Schutz, aber irgendwas war da doch? ... In Polen war sie auch; hat uns weismachen wollen, die dortige Verbrecher-Regierung sei nicht antisemitisch; glaubt dies am Ende gar selbst ... Geht ja alles viel zu weit ... Geht in allem zu weit ... In Deutschland besonders; will den Wiederaufbau nicht und die so dringend gebotene Re-Industrialisierung ... *Was* will sie eigentlich? ... Daß uns der Erdteil in die roten Binsen geht? ... Sieht beinah' so aus ... Beinah genau so ... Und dann wundert sie sich, wenn sie Schwierigkeiten hat ...«[3]

So stellte sie sich vor, daß im Familien- und Freundeskreis von ihr gesprochen würde; sie amüsierte sich und fügte hinzu, natürlich wundere sie sich über gar nichts.

Die Folgen ihrer unkonventionellen Ansichten spürte sie nur allzu schnell und allzu hart. Die lecture-Verpflichtungen des Jahres 1946 waren auf 92 Termine angewachsen, es war ihre triumphalste Tournee gewesen. Ein Jahr später kam sie für die Wintersaison auf knapp zwanzig Termine, zwischen 1949 und 1950 war der Boykott perfekt. Ihr Agent machte Zusagen rückgängig, im Amerika des Kalten Krieges, im Lande McCarthys und der »Ausschüsse für unamerikanische Umtriebe« war Erika Mann nicht mehr gefragt, sie galt als gefährlich, als unamerikanisch. Das Land, dessen Demokratie ihr zur Heimat, zum Vorbild geworden war, in dem sie ein neues Zuhause und einen Garanten gegen Barbarei und Faschismus gesehen hatte, dieses Land beschuldigte Erika in fataler Allianz mit der deutschen Presse des Kommunismus, der Agententätigkeit für Stalin. Daß sie im Sommer 1947 in Polen und in der Tschechoslowakei gewesen war und dabei keinen »Eisernen Vorhang« wahrnehmen, daß sie nicht anders konnte, als in diesem Begriff einen modischen Slogan Churchills zu sehen, dem keine politische Realität entspreche, das hörte man in Amerika nicht gern. Auch fand es ihr lecture-Agent nicht passend, daß Erika Mann am Programm des Marshall-Plans, der auch in ihren Augen richtig und notwendig war, Kritik übte. So notwendig der wirtschaftliche Wiederaufbau Deutschlands und Europas sei, man dürfe nicht übersehen, daß das russische Sicherheitsstreben sich durch die im Marshall-Plan vorgesehene Reindustrialisierung Deutschlands ebenso bedroht fühle wie durch das erklärte politische Ziel dieses Plans: die Eindämmung, die Bekämpfung des östlichen Sozialismus. Der russische Bär – so erklärte Erika Mann in Amerika immer wieder – sei zweifellos schwerfällig, ja provozierend schwerfällig, auch trage sein Sicherheitsdenken durchaus aggressive Züge. Aber davon dürfe sich die Politik der Westalliierten eben gerade nicht provozieren lassen, man müsse verhandeln, entkrampfen, entspannen, nicht alte und nur allzu berechtigte Ängste wiederbeleben. Wenn man es doch tue, und die Politik der Briten und Amerikaner tue nichts anderes, dann dürfe man sich über die Folgen nicht wundern, schon gar nicht über sie jammern.[4]

Was Erika Mann zu sagen hatte, galt im Amerika des Kalten Krieges als unsäglich. Man hörte es nicht nur nicht gern, die es sagte, wollte man überhaupt nicht mehr hören. Nach dem politischen und dem privaten verlor Erika nun auch den beruflichen Halt. Zuversicht und Hoffnung gegen die eisige Kälte, gegen die bitteren, die giftigen Verhältnisse zu setzen gelang nach Klaus' Tod nur noch selten und für kurze Zeit.

Zwar gab es Pläne, es gab Projekte, tastende Versuche, mit dem alten Elan die Mauern aufzubrechen. Mit Lotte Walter wollte sie eine Schule gründen, Deutschkurse für amerikanische Liedersängerinnen sollten dort gegeben, Stimm- und Sprechausbildung für Schauspieler, Sänger, Dolmetscher angeboten werden. Am Geld, an den Behörden, wohl auch ein wenig an ihrer Müdigkeit scheiterte Erikas Idee.[5]

Die alles entscheidende, die alles verändernde Idee kam von anderer Stelle: Thomas Mann, der Vater, der Zauberer, griff ein. Was er vorschlug, hatte schon Geschichte, wurde aber unter den gegenwärtigen Bedingungen für den Dichter und sein Lieblingskind zur Rettung. Seit vielen Jahren hatte Erika sich der väterlichen Manuskripte angenommen: Sie hatte gekürzt, was zu lang geraten, gestrichen, was unnötige Wiederholung war. Bei der Arbeit an den Vorträgen über Nietzsche, Dostojewski, *Deutschland und die Deutschen*, vor allem am *Doktor Faustus* war Erika dem Vater unentbehrlich geworden.[6] Die Figuren der väterlichen Romane und Novellen – Hanno Buddenbrook oder Hans Castorp, der junge Joseph oder Adrian Leverkühn – waren Erika so vertraut wie nur irgendein lebendiger Mensch; sie lebte und litt mit ihnen wie mit dem eigenen Bruder, dem engen Freund.

Kein Termin überdies, den der Vater nicht mit ihr absprach, kein verlegerisches oder vertragliches Angebot, bei dem er nicht ihren Rat einholte. Wenn er im amerikanischen Rundfunk sprechen sollte, übte sie vorher mit ihm die englische Aussprache, wenn er im Anschluß an einen Vortrag Fragen beantworten mußte, formulierte sie auf Englisch und öffentlich, was er ihr auf Deutsch zugeflüstert hatte. Es kam hinzu, daß der Zauberer diese Tochter liebte wie keines seiner sechs Kinder; auch wenn er ihre Ansichten und ihren Lebensstil bisweilen ein wenig »übertrieben« fand, ihre Gegenwart war belebend und amüsant, er konnte Tränen lachen, wenn sie Goebbels imitierte oder nachspielte, wie sie in der Lissaboner Gestapozentrale als sächsische Frau Ruppelt aufgetaucht war. Um keines seiner erwachsenen Kinder hat er sich je so besorgt gezeigt, niemand ging ihm so ans Herz wie sie. Auf seinem Arm hatte sie als Zweijährige die Bücher nach ihrer Farbe zu unterscheiden gelernt, in seiner Nähe, an seiner und der Mutter Seite lernte sie wieder leben.

Thomas und Erika Mann 1947

Am 1. Februar 1948 wurde beschlossen, was schon seit vielen Jahren zur Gewohnheit geworden war: Über kurz oder lang würde Erika den Beruf einer »Sekretärin, Biographin, Nachlaßhüterin, Tochter-Adjutantin«[7] übernehmen und damit für immer bei den Eltern leben. Es gab noch einen anderen, der diese Rolle gern gespielt hätte, der gern der »Eckermann« Thomas Manns geworden wäre. Es war Joachim Maaß, Schriftsteller und Literaturwissenschaftler, der 1939 in die USA emigriert war und sich seit langem mit dem Plan eines Buches über Thomas Mann trug. Aber die Entscheidung fiel für den weiblichen »Eckermann«, und Erikas Entscheidung fiel für ein neues Exil; für die Familie, aus der sie sich im Grunde nie gelöst, gegen Amerika, das sie sich als Exil-, als neues Heimatland gewünscht hatte. Gab es keine anderen, keine eigenen Wege mehr? Bis Ende Juli 1952, bis zu dem Zeitpunkt, da Thomas, Katia und Erika Mann Amerika endgültig verließen, um sich wieder in der Schweiz anzusiedeln, machte Erika durchaus noch Anstrengungen, auch waren Arbeit und Leben mit dem Vater nicht frei von Zerwürfnissen.

Als Thomas Mann im Sommer 1949 die Einladung erhielt, in der Frankfurter Paulskirche den Festvortrag zur Goethe-Feier zu halten, als er beschloß, einer entsprechenden Einladung nach Weimar zu folgen und auch dort zu sprechen, weil Goethe schließlich allen Deutschen gehöre und er diejenigen der Ostzone nicht einfach »links liegen« lassen mochte, kurz, als es darum ging, sechzehn Jahre nach seinem Aufbruch wieder nach Deutschland zu reisen, da machte Erika nicht mit. Sie war strikt dagegen, wollte weder die westliche noch die östliche Goethe-Geburtstagsfeier durch Thomas Mann aufgewertet sehen, am wenigsten wollte sie, daß die Eltern den Fuß in ein Land setzten, in dessen westlichem Teil die Presse ungescholten Erika und Klaus als Kommunisten, den Vater Thomas hingegen als Fahnenflüchtling beschimpfen konnte, der Deutschland in seiner Not allein gelassen habe. Für die Eltern allerdings war die Deutschlandreise beschlossene Sache. Der Vater hielt ihr entgegen, Klaus wäre nicht so unerbittlich, nicht so starrköpfig gewesen. Aber Erika ließ sich nicht beirren: »Darum hat er sich auch umgebracht, was ich nun wiederum nicht tun werde. Das ist ja ein Trost, aber ein dunkler.«[8]

Seit dem großen politischen Streit zwischen Vater und Tochter im Jahre 1936, als es um Thomas Manns öffentliches Bekenntnis zur Emigration und gegen den nationalsozialistischen Staat ging, hat es solch heftigen, solch fundamentalen Disput nicht mehr gegeben. Aber Erika kämpfte nicht mehr so beharrlich, sie schwieg sehr bald, ging für kurze Zeit eigene Wege. In Cannes und anschließend in Amsterdam regelte sie Klaus' Nachlaßangelegenheiten. Mit Fritz Landshoff vereinbarte sie das Gedenkbuch für Klaus. Was sie in diesen Sommermonaten des Jahres 1949 für sich selbst plante, war Arbeit, war »tätige Hoffnung«. Nur eine Anstrengung allerdings scheint sie sich nicht mehr zugetraut zu haben: um Liebe und privates Glück kämpfte sie nicht mehr; im Gegenteil, hier brach sie Brücken ab.

Auch wenn sie sich auseinander-, im Grunde aber ja nie richtig miteinander gelebt hatten, so hätte er doch in diesen späten, schweren Jahren ein Freund, ein Vertrauter sein können: Martin Gumpert, der über Jahre an seiner

Liebe zu ihr festhielt, mußte immer wieder erleben, daß Erika ihn brüsk zurückwies. Als 1947 seine *Berichte aus der Fremde* im Konstanzer Südverlag erschienen und er dafür den Lyrik-Preis des Jahres 1947 erhielt, empfand sie schon das als Verrat. Sie zögerte nicht, ihm Karrierismus und politische Instinktlosigkeit vorzuwerfen, als er 1949 im Auftrag des amerikanischen Magazins *Life* die Europa- und Deutschland-Reise Thomas Manns begleitete. Mühsam versuchte Mutter Katia die Wogen zu glätten; sie sah genau, was mit Erika los war. »[Sie] sieht ja wohl das Unangemessene ihrer Reaktion, die wohl in erster Linie gar nicht Ihnen, sondern der Deutschlandreise ihres Vaters galt, über die sie sich krankhaft aufregt. Es ist schlimm, daß sich bei ihr der Gram in eine maßlose zerstörerische Bitterkeit umsetzt, von der sie wahrscheinlich nur eine wirklich befriedigende, ihren Gaben entsprechende Tätigkeit befreien könnte.«[9] Obwohl der Boykott gegen sie in vollem Gange war, obwohl der Prozeß in der Schulze-Wilde-Angelegenheit nicht in Gang kam, niemals kommen sollte, obwohl die Entscheidung für den neuen Beruf als Adjutantin des Vaters im Grunde längst gefallen war, tat Erika sich schwer damit, die veränderten Bedingungen innerlich zu akzeptieren.

Für die wenigen lecture-Termine, die man noch mit ihr vereinbart hatte, arbeitete sie zwei völlig neue Themen aus. Das eine, *The Continuing Crisis*, analysierte die Entwicklung zwischen Ost und West, prüfte die These der Amerikaner, die Sowjets hätten die Zauberformel für die Atombombe dem Westen gestohlen und wollten Amerika nun mit ihrer Hilfe vernichten. Das zweite, *Intellectuals*, war im Grunde eine Gedenkrede auf den toten Bruder, dessen letzten Essay über die Krise der Intellektuellen sie weitgehend wörtlich vortrug. Sie selbst, so bekennt Erika ihren Zuhörern einleitend,[10] habe in ihrem Leben viele Berufe gehabt: als Schauspielerin, Theaterdirektorin, Rennfahrerin; er aber sei gewesen, was man in des Wortes wahrhaftigstem Sinne einen europäischen Intellektuellen nennen dürfe. So wie andere Menschen atmen und essen, so mußte er schreiben. Was immer sie an wirklichem Einblick ins Weltgeschehen und in die innere Verfassung des europäischen Geistes erworben habe, das verdanke sie ihm, und so müßten die folgenden anderthalb Stunden dieser Vortragsveranstaltung ihm und der Erinnerung an ihn gewidmet sein. Was folgt, ist Klaus Manns verzweifelter, tief melancholischer Blick auf die intellektuelle Nachkriegsszene: auf die Polarisierung zwischen denen, die ihre Heimat im stalinistischen Osten gefunden und denen, die sich der katholischen Kirche zugewendet hatten; zwischen den Verfechtern des Existentialismus und den Anhängern des modernen Naturalismus. Schulen und Lehrmeinungen bekämpfen sich – so resümiert Klaus Mann –, aber niemand spricht wirklich mit dem andern. Dem Kalten Krieg zwischen Ost und West korrespondiert das erstarrte Blockdenken der Intellektuellen: die naive Stalingläubigkeit von Anna Seghers und Johannes R. Becher, der haßerfüllte Antikommunismus Arthur Koestlers und André Malraux'. Niemand, der die Eisblöcke zum Schmelzen bringen könnte, keine wirklichen, überpolitischen großen Köpfe mehr. Keine großen alten Männer, wie sie die Generation von Anatole France und Sigmund Freud, Henri Bergson und H.G. Wells, Maxim Gorki und Paul Valéry hervorgebracht hat. Sprachlosigkeit und Heimatlosigkeit beherrschen die europäische Zivilisation, im Osten reden die Intellektuellen den Mächtigen nach dem Mund, im Westen gehen sie unter in der Beliebigkeit des Geschwätzes. Man müßte ein Zeichen setzen, referiert Erika den Bruder: Die europäischen Intellektuellen, die Musiker und die Dichter, die Philosophen und die Naturwissenschaftler müßten auf eine unüberhörbare Weise Alarm schlagen. Unüberhörbar und ein Fanal wäre es, würden sie sich von der Welt endgültig verabschieden und durch kollektive Selbsttötung ihrem unwürdigen Dasein, ihrer Bedeutungslosigkeit in einer Welt des Geldes und der Macht ein Ende setzen.

Gewiß war anrührend und aufrüttelnd, wenn eine Frau wie Erika Mann, schmal, elegant und schön, am Rednerpult stand und im Gedenken an ihren so ungleich bedeutenderen Bruder dessen leidvolle Ideen über die verlorenen Illusionen der europäischen Intellektuellen vortrug. Aber ihr amerikanisches Publikum, die Collegegirls in Omaha/Nebraska oder die Junior League in Pittsburgh vermochte sie gewiß mit solch trüben Berichten auf die Dauer nicht zu faszinieren. Im Grunde wußte sie es selbst, sie spürte es seit langem: Die Zeit ihrer großen lecture-Erfolge war vorüber.[11]

Manchmal noch in diesen Jahren bis zur Rückkehr in die Schweiz versuchte Erika ein Comeback als politische Journalistin. Als im Juni 1950 der Chef der britischen Nachrichtenagentur Reuter in Berlin, John Peet, nach Ostberlin übersiedelte und dort in einer Pressekonferenz erklärte, er könne im Westen nicht länger leben, für die westlichen »Kriegstreiber«, die den Dritten Weltkrieg gegen den »Sowjetkommunismus« vorbereiteten, wolle er nicht länger den journalistischen Handlanger mimen, da war sich die westliche Öffentlichkeit völlig einig. Hier mußte ein Fall von Spionage, eine Agententätigkeit für Stalin vorgelegen haben.

In Erika Manns Augen hatte hier jemand endlich und sehr berechtigt Alarm geschlagen und ein Signal gesetzt.[12] In einem langen Artikel, gestützt auf Informationen und Tatsachen, versuchte sie hinter die Motive des ehemaligen Kollegen zu kommen.

Den »Fall John Peet« nahm Erika zum Anlaß, die eigene Entwicklung Revue passieren zu lassen; ihr im Manuskript knapp dreizehnseitiger Artikel ist zum Teil politische Autobiographie Erika Manns, zum Teil biographisch-politisches Porträt John Peets und zum Teil offener Brief an den Journalistenkollegen. John Peet selber kannte sie in Wahrheit gar nicht, sie war ihm nie begegnet. Gleichwohl stellt sie sich vor, daß seine politisch-ideologische Entwicklung der ihren sehr ähnlich verlaufen sei. Bisweilen formuliert sie so, als sei ihr in Peet das eigene Spiegelbild begegnet. Das alles ist selbstverständlich Fiktion, Fiktion zum Zwecke der Aufklärung und der Analyse. Denn um die ging es der ehemaligen Reporterin und Journalistin so entschieden wie eh und je, und für beides scheute sie weder illustrierende Geschichten noch teilerfundene Szenen.

Das einzige, wiewohl höchst anfechtbare Indiz, so erklärt Erika gleich zu Beginn, das für eine Agententätigkeit John Peets sprechen könnte, sei seine Teilnahme am Spanischen Bürgerkrieg. Aber – so setzt sie sofort dagegen – man konnte in Spanien für die Republik kämpfen, ohne Kommunist zu sein: »Ja, wär' ich als Mann geboren, ich hätte mich gewiß, wie Peet, den Internationalen Brigaden gestellt, anstatt nur als Kriegs-Berichterstatterin zu arbeiten ...«[13] In Spanien sei damals aktiv gegen den Faschismus gekämpft worden, und man habe dies seinerzeit um so überzeugter und entschiedener getan, als man doch wußte, daß es in Spanien um eine Generalprobe ging. Würde man hier den Faschismus besiegen, so würde dieser weitere Angriffe, er würde den Generalangriff auf die europäischen Demokratien nicht wagen. Natürlich habe es in zahlreichen hohen Funktionen Kommunisten unter den Spanienkämpfern gegeben, aber häufig und zahlreich seien auch die Streitgespräche gewesen, die man mit jenen geführt habe. So wie sie, Erika, mit Hans Kahle oder Ludwig Renn, so oder ähnlich habe gewiß auch John Peet argumentiert:

»›Der Nazi-Faschismus‹, sagte ich wohl, ›ist das Letzte, Äußerste und Infamste an menschlichem Tiefstand. Siegt er hier, so wird sein Vormarsch globalen Charakter annehmen, und fraglich erscheint, ob die demokratische Welt dann die Kraft, den moralischen Elan noch aufbringen wird, ihn zu stoppen. Ihr Kommunisten habt die Tödlichkeit der Gefahr erkannt, wie wir militant anti-faschistischen Demokraten sie erkannt haben. Daß wir gemeinsam *gegen* etwas kämpfen, mag uns einigen, – für den Augenblick. Da aber das, *wofür* wir kämpfen, etwas so völlig anderes ist, bei Euch, als bei uns, kommt unserer temporären Kampfgemeinschaft tiefere Bedeutung nicht zu.‹

Darauf die Stalinisten: ›Wollt nicht auch Ihr den sozialen Fortschritt, eine gerechtere Verteilung der Güter, das Ende eines Massenelends, das unnötig ist und wissentlich verursacht von der verbrecherischen Gewinnsucht einiger Weniger?‹ – Dem nun war ganz so leicht nicht zu erwidern. Immerhin gab es die kommunistische Maxime vom Zweck, der die Mittel heiligt, einen Leitspruch, den abzulehnen man sich umso zorniger beeilte, als die auf kommunistischer Seite verwandten ›Mittel‹ allem ins Gesicht schlugen, woran wir glaubten und *wofür* wir kämpften.

›Gut‹, sagten die Stalinisten, – flexibel in der Diskussion und Schein-Kompromissen nicht abgeneigt – ›gut, mögen sie anfechtbar sein, unsere Mittel. Wie steht es denn aber um die Euren? Und wie, übrigens, um Euren ›Zweck‹? Nicht genug damit, daß Eure Regierungen den Faschismus gewähren lassen und daß sie Euren Geldleuten erlauben, ihn zu finanzieren. Vermittels des Waffen-Embargos intervenieren sie offen zu seinen Gunsten – im Kampfe, nicht etwa gegen den Kommunismus, der zunächst gar nicht im Spiele war, im Kampfe vielmehr gegen die Demokratie, gegen die legale, demokratische, spanische Regierung, die zu schützen und zu verteidigen ihre Sache wäre; eine Sache, die sie verraten, mit den schäbigsten Mitteln und auf die lügenhafteste Art.‹

Eine Bombe fiel, – oder die feindliche Artillerie machte sich neuerdings bemerkbar. Gemeinsam ging man in Deckung, wobei unsereiner sich der heiklen Aufgabe enthoben sah, nochmals zu erwidern.«[14]

Während einer Feuerpause im schwer umkämpften Valencia oder während der Belagerung Madrids – erinnert sich Erika – wurden derartige Diskussionen geführt. Aber schon damals war klar, was durch die außenpolitischen Ereignisse der folgenden Jahre nur noch klarer, was auf erschütternde Weise klar werden sollte. Die Demokratie und die demokratischen Staaten, in deren Namen Erika und – nach ihrer festen Vermutung – John Peet in Spanien »kämpften«, waren nur allzu gewillt, den Faschismus gewähren zu lassen und ihm die gefährlichsten Zugeständnisse zu machen. Statt in Nationalsozialismus und Faschismus den Feind der Demokratie zu erkennen und zu bekämpfen, nährte man die Illusion, man werde ihn befrieden und durch Verhandlungen im Zaume halten können. Auf diese Weise wurden »Österreich« und »München«, es wurden die Zerschlagung der tschechischen Demokratie und der Überfall auf Polen möglich. Auch die weiteren Etappen des Weltgeschehens, insbesondere die Nachkriegsgeschichte, insbesondere die amerikanische Politik gegenüber den Russen, hat John Peet in Erikas Sicht ähnlich erlebt wie sie selbst:

»Die spanische Tragödie; das Leiden an der Kapitulation von München; die gequälte Ruhelosigkeit des Lebens bis zum 3. September 1939; die vielleicht zu hingebungsvolle, zu bedingungslose Teilnahme am 2. Weltkrieg, den wir für einen anti-faschistischen Kreuzzug, den Kampf der Menschheit gegen die Unterwelt, hielten; die heimlich nagende Enttäuschung schon gegen Ende des Krieges, und diejenige der Jahre, die folgten; der Impuls, sich sehr genau umzuschauen, diesseits wie jenseits des sogenannten

›Eisernen Vorhangs‹, wobei vielleicht ein bescheidenster Beitrag zu liefern war zum besseren Verständnis der Völker untereinander, da man doch schreiben konnte, Wahres berichten und Erlebtes treulich wiedergeben, wo immer man war, – all dies war uns gemein.«[15]

Nachgiebig und unglaubwürdig war die Politik der demokratischen Staaten gegenüber der faschistischen Diktatur, aggressiv und ebenfalls unglaubwürdig ist sie – so Erika Mann – seither gegenüber dem totalitären Regime des Ostens. Für einen überzeugten Demokraten wie John Peet, für eine leidenschaftliche Verfechterin demokratischer Prinzipien wie Erika Mann war das machtpolitische Kalkül des Westens schwer erträglich. Daß man die kommunistische Machtübernahme in Prag 1948 akzeptierte, während man in die bürgerkriegsähnlichen Zustände in Griechenland durch Waffen und Geldmittel eingriff und im Sommer 1950 schließlich den Koreakrieg heraufbeschwor, all das war nicht auf einen Nenner zu bringen; höchstens auf den des machtpolitisch motivierten Messens mit verschiedenem Maß.

Hoffnungen und Wünsche auf eine friedliche Weltordnung – so bekräftigt Erika Mann immer wieder – seien durch die Nachkriegspolitik der Amerikaner zunichte gemacht worden, und eine Heuchelei betreibe man mit dem Begriff der »Freiheit« im Amerika der »Ausschüsse für unamerikanische Umtriebe«. Halbherzig habe man die Entnazifizierung in Deutschland betrieben, aus ganzem Herzen plädiere man für die Wiederbewaffung Deutschlands, und offen bedauere man in Amerika, daß man gemeinsam mit Stalin Hitler und nicht im Bündnis mit Hitler Stalin besiegt habe. Erika Manns Kritik an der westlichen Nachkriegspolitik ist die Kritik einer überzeugten, radikalen Demokratin, und diese Kritik findet sie in den von ihr konstruierten Fluchtmotiven John Peets bestätigt.

John Peet hatte auf seiner Pressekonferenz in Ostberlin am 12. Juni 1950 erklärt, er habe nicht etwa für die »Roten«, sondern er habe für den Frieden optiert. Erika zögert nicht, ihrem unbekannten Spiegelbild die Aufrichtigkeit seiner Option zuzubilligen. Aber sie zögert noch weniger, seine Entscheidung naiv und voreilig zu nennen, denn er, der »Reporter von Rang und Ruf«, habe nicht umsonst ein Jahr in Warschau gearbeitet, und ihm »konnten die Greuel [nicht] entgangen sein, die dem totalitären Staate stalinistischer Prägung inhärent sind«. Er werde »frei« sein, im Osten zu sagen, was man im Westen nicht hören wolle und nicht sagen dürfe, ob er aber auf die Dauer werde atmen können, »wo nur der *in allem* Erbötige ›frei‹ und bloß das *durchaus* Genehme ›wahr‹ ist«, das müsse sie heftig bezweifeln. So heftig ist Erikas Zweifel an Peets Entscheidung, daß sie selbst den pathetischen Ausruf nicht scheut:

»Armer, verzweifelter, aus Bravheit fahnenflüchtiger John Peet! Es ist keine glückliche Zukunft, die wir Dir prophezeien. Hat es Dich nicht mehr gelitten, bei uns? Aber es leidet uns selber kaum. Nur, daß wir wenig Sinn darin sehen, den Teufel mit dem Beelzebub austreiben zu wollen. Nur, daß wir ›zu Hause‹, im Westen, zum besseren reden wollen, solange diese Möglichkeit uns noch irgend verbleibt. Und nur, daß wir die essentielle Hoffnungslosigkeit unserer *augenblicklichen* Lage kennen, gründlicher vielleicht noch als Du. An ihr ist mein Bruder gestorben; an ihr ist mancher zugrunde gegangen, um den es bitter schade ist. Wir Überlebenden hängen in der vergifteten Luft zwischen West und Ost, und wissen nicht, wie lange man uns selbst dort noch wird hängen lassen.«[16]

Erika Mann selbst erlebte, was sie in ihrem politisch-autobiographischen Selbstporträt aus Anlaß der Übersiedlung John Peets prophezeit hatte. Ihr Artikel wurde nicht gedruckt. Der Herausgeber der *Neuen Schweizer Rundschau* erklärte ihr, nachdem bereits Hermann Hesse sich vergeblich für sie eingesetzt hatte, ihre Ansichten liefen den seinen so vollständig und restlos entgegen, daß er eine Sondernummer seiner Zeitschrift herausbringen müßte, um alles zu widerlegen und zu entkräften.[17] Selbstverständlich gab es weder die Sondernummer noch Erikas Artikel in der deutschsprachigen oder amerikanischen Presse. Nur ein dänisches, ein holländisches und schließlich ein schwedisches Blatt mutete seinen Lesern zu, den Fall John Peet auch einmal aus anderer Perspektive zu betrachten. Im Fall der konservativen dänischen Zeitung *Information* erschien neben Erika Manns Text ein ausführlicher Leitartikel, der kritisch zu widerlegen und in Frage zu stellen suchte, was sie an historisch-politischen Szenarien entworfen hatte. Das eben war es, was sie sich als »streitbare Demokratin« gewünscht hatte. Aber in Deutschland und in Amerika nannte man ihre politische Haltung, ihren Versuch, die Demokratie durch Beseitigung ihrer Schwächen und Mängel zu stärken, fellow travelling für Stalin, während man ihre stets formulierte Kritik an der »marxistischen Heilslehre« und deren »natürlichem Expansionsbedürfnis« als bloßes Lippenbekenntnis abtat.

Ihr großer Aufsatz über John Peet liest sich auf weite Strecken wie ein persönlicher politischer Rechenschaftsbericht. Er könnte ein Kapitel ihrer nicht vollendeten politischen Autobiographie *I of all people* sein, denn hier wie dort variiert Erika die Frage nach dem »Warum« historischer Abläufe. Hier wie dort ist die Relation zwischen dem Handeln eines Menschen und dem Gang der Weltgeschichte denkbar einfach. Um das Motiv für John Peets verblüffende Tat verstehen zu können, »haben wir uns vor Augen zu führen, was seit dem Kriege in der Welt, und ergo vermutlich in ihm sich zugetragen hat«.[18] So einfach wie dieser Zusammenhang, so einfach wäre – in Erika

Manns bewußt naiver Sicht – auch die Lösung der Weltprobleme. Sie schließt ihren Aufsatz über Peet mit dem Plädoyer für eine friedliche Weltordnung, ähnlich wie sie in den Büchern mit Klaus und in ihren eigenen autobiographischen Büchern das Ideal eines vereinigten Europa entworfen hatte. In ihrem letzten großen politischen Essay geht Erika Mann noch einen Schritt weiter und entwirft einen »runden Tisch« der Systemgegner, ein Abkommen zwischen West und Ost, das die Einflußsphären beider Systeme festlegen und beide Seiten zu einer allmählichen, aber weitgehenden Abrüstung in ihren Sphären verpflichten würde. Dabei hätte die jeweilige Gegenseite das Recht der Kontrolle. Überdies müßte: »die vorläufig Ärmere, weil Unerschlossenere und Unentwickeltere (nennen wir sie ›die Russische‹) eine Haupt- und Generalkonzession ... machen..., im Austausch für die ökonomische Hilfe, derer sie bedarf, und die sie reichlich erhalten müßte. Ausdrücklich hätte die U.S.S.R. darauf zu verzichten, ›fünfte Kolonnen‹ zu bilden, zu ermutigen, oder auch nur zu dulden, in ›unserem‹, dem ›westlichen‹ Lager. Wie strikt derlei ›Abstinenz‹ dem natürlichen Expansionsbedürfnis der marxistischen (und jeder) ›Heilslehre‹ auch zuwiderliefe, es wäre nicht zum ersten Mal, daß die Sowjetunion ›Glaubensdinge‹ hintansetzte zu Gunsten legitimer, nationaler Interessen.«[19]

Zusätzlich müßte die UdSSR sich verpflichten, innerhalb ihrer, der »russischen Sphäre« keinerlei militärische Gewalt anzuwenden »zwecks stalinistischer ›Gleichschaltung‹ der ihr angehörenden Völker«. Umgekehrt würden die USA davon absehen, »innenpolitische Entwicklungen in den von ihnen ›patronisierten‹ Staaten durch Anwendung ökonomischer Druckmittel zu blockieren«.

Man schrieb das Jahr 1950, in Korea wurde Krieg geführt, als Erika Mann diesen von ihr selbst als utopisch bezeichneten Plan entwarf. Es war das Konzept einer friedlichen Annäherung, das Ideal vernünftiger, humaner Verständigung in einer durch Blöcke geteilten Welt. Die Verfasserin selbst räumt ein, daß ihr Vorschlag chancenlos, daß er überdies ohne historisches Vorbild sei. Es ist ein Traum, der Traum einer Moralistin, aber ein notwendiger Traum, mit dem ihr teils historischer, teils biographischer, teils fiktiver Aufsatz über John Peet endet:

»Daß wir Wenigen und Machtlosen, die wir solche Lösung auch nur erhoffen, sie noch werden erleben dürfen, ist unwahrscheinlich aufs Äußerste. Und doch, John Peet, sind wir sehr verpflichtet, festzuhalten an einem Traume, dem höhere und tiefere Realität innewohnt als der ›Realpolitik‹ der Machthaber. Nicht aber ist uns aufgetragen, eine Seite auszuspielen gegen die andere, solange sie beide jede für sich, und auf Grund welcher Irrungen immer die rohe Macht anstreben über die Welt.«[20]

Für Erika Mann galt es, Abschied zu nehmen und sich abzufinden; mit der Kälte, mit dem ungemütlichen politischen und menschlichen Klima in Amerika. Es blieb nur der neuerliche Aufbruch, das »Exil nach dem Exil«, die Rückkehr nach Europa, in die Schweiz. Es wurde ein Abschied und ein Rückzug. Aber völlig kampflos oder gar verstummt verließ sie die amerikanische Bühne nicht. Sie verabschiedete sich öffentlich, denn zu verlieren hatte sie nun nichts mehr.

Seit 1947 hatte Erika Mann versucht, die amerikanische Staatsbürgerschaft zu erwerben. Der Antrag blieb liegen, seine Bearbeitung wurde verschleppt. Die Gründe waren sehr einfach: Die Antragstellerin hatte sich verdächtig gemacht, schließlich war sie während des Bürgerkriegs in Spanien gewesen, irgendwie sympathisierte sie doch wohl mit den Kommunisten. Drei Jahre hatte Erika Geduld; dann, im Januar 1950, wollte sie wissen, was gegen sie vorlag. Sie ahnte, daß das FBI ein Dossier über sie hatte. Aber was stand drin? Es konnte nicht ernstlich die gleiche Geschichte sein, die auch über Klaus vermerkt war; daß es eine Verbindungstür zwischen den Zimmern der beiden Geschwister gegeben habe, früher in München, und daß die inzestuöse Verbindung zwischen Bruder und Schwester bereits literarischen Niederschlag im Werk des Vaters gefunden habe. Tatsächlich steht in Erikas Akte eben dies, obwohl eine entsprechende Tür nicht existierte und obwohl die väterliche Novelle *Wälsungenblut* schon vor Erikas Geburt entstanden war.[21]

Erika Mann hat ihre Akte niemals zu Gesicht bekommen, ein Freund in Washington scheint ihr jedoch Hinweise gegeben zu haben. Liest man nämlich ihr im Januar 1950 verfaßtes »statement«, mit dem sie ihr »battle of citizenship« eröffnete,[22] so zeigen sich erstaunliche Übereinstimmungen zwischen ihren Vermutungen und dem Wortlaut der Akte, und zwar in beiden Komplexen, die Gegenstand der Aktenvermerke und Grund für die Verzögerung ihrer Einbürgerung wurden. Es ging um ihre politischen Ansichten und angeblichen Mitgliedschaften und um ihr Privatleben. Was letzteres betrifft, so variiert die Akte das Inzestmotiv und den Perversionstopos, gelegentlich erweitert durch den Hinweis, sie halte nichts von der Ehe und gelte in ihrem Freundeskreis als sexuell und moralisch extrem korrupt. In Hinsicht auf ihre politischen Ansichten erfährt der Kommunismusverdacht vielfältige Variationen, aber die Liste der »Beweise« ist erheblich länger, als Erika annehmen konnte. Sie selbst ging davon aus, daß Denunziationen und Halbwahrheiten in ihre Akte als »Sachverhalte« Eingang gefunden hätten, etwa die Schulze-Wilde-Affäre oder die Behauptung, sie sei Mitglied des »Paulus-Committees« gewesen. Bekanntlich hatte sie sich von dieser in Moskau gegründeten Gruppierung ehemaliger Wehrmachtsangehöriger öffentlich ebenso entschieden distanziert wie von ihrem »westlichen« Gegenstück, dem Tillich-Komitee. Mit Recht vermutete Erika, daß ihr frühes Auftreten gegen Hitler sie aus der Sicht amerikanischer Behörden der McCarthy-Ära zum »premature antifascist« klassifizierte. Zwar findet sich der Terminus »nur« in den Dossiers über Klaus und Thomas Mann, dafür aber heißt es in einem Bericht der Immigrationsbehörde ans FBI vom 15. September 1948, Erika Mann sei »as an alien possibly subject to deportation« zu betrachten, was zur Folge hatte, daß sie in der Rubrik der »concealed communists« geführt wurde.[23] Datum und Kontext dieser Eintragungen machen es sehr wahrscheinlich, daß Erika Manns Auftreten beim »Town-Meeting« im August 1948 und ihre anschließende Denunziation als »Stalins Agentin« in der deutschen Presse diesen amtlichen Vermerk ausgelöst haben. Auch ihre Teilnahme an der »Cultural and Scientific Conference for World Peace«, die vom 25. bis 27. März 1949 im New Yorker Hotel Waldorf Astoria stattgefunden hatte und die in der amerikanischen Öffentlichkeit schon im Vorfeld als Kommunistenversammlung diffamiert worden war, gilt den Aktenschreibern des FBI als »Beweis« für Erika Manns zweifelhafte, also kommunistische Gesinnung.[24]

Daß mit dem Kommunismusverdacht alte Rechnungen unter ehemaligen Freunden und Bekannten zu begleichen waren, wußte Erika spätestens seit dem Streit um Klaus Manns öffentliche Äußerung zum Hitler-Stalin-Pakt. Erika wußte auch, welche Mittel das FBI besaß, um »Informationen« über Personen zu bekommen, die nicht in die politische Landschaft paßten. In welchem Maße das FBI allerdings von diesen Mitteln Gebrauch machte, konnte sie nur ahnen. Nur in wenigen Fällen wußte sie es konkret. Tatsache ist, daß zwischen März 1949 und April 1950 Vertreter des New Yorker, des Washingtoner und des FBI-Büros von Los Angeles in zumeist monatlichem Rhythmus »Befragungen« in Erika Manns Bekanntenkreis durchführten. Von den vierzehn »Interviews« mit meist »confidential informant(s) of known reliability« wurden Ergebnisprotokolle angefertigt und der Akte beigefügt. Neun der Befragten bestätigten den Zweifel an Erikas »politischer Loyalität« und hielten sie entweder für eine Sympathisantin, einen fellow traveller, für zugehörig zu einer oder mehreren als kommunistisch verdächtigten Organisationen oder einfach nur für eine nützliche Idiotin, die die linke Linie stets verteidigte, dabei auch Vater und Onkel negativ beeinflußte und mindestens von den Kommunisten für deren Zwecke »benutzt« worden sei. Nur fünf der Befragten haben entgegengesetzte Aussagen gemacht und jeglichen Zweifel an Erikas politischer Gesinnung und Loyalität ausgeschlossen. Um Kommunistin zu sein, war sie ganz einfach nicht dumm genug, hat einer der »Informanten« im April 1950 erklärt. Oft – auch das zeigt die Akte – waren die Befragten selbst ehemalige Kommunisten, bisweilen erzählten sie ihren FBI-Besuchern von der Pfeffermühle, von Erikas Bestrebungen, die Volksfront zu neuem Leben zu erwecken, und selbst an wörtliche Aussagen, die viele Jahre zurücklagen, hat sich der eine oder andere plötzlich erinnert. So habe Erika Mann sehr früh und sehr häufig geäußert, jeder Liberale werde über kurz oder lang des Kommunismus verdächtigt werden, und im übrigen, selbst wenn sie nie Mitglied in der KPD gewesen sein sollte, so habe sie doch immer so gehandelt, als sei sie es![25]

Noch während der Befragungen in ihrem Bekanntenkreis wurde Erika selbst befragt. Zwei »Herren« von der Einwanderungsbehörde in Los Angeles wollten ihre Aufenthaltsorte in den letzten dreizehn Jahren wissen, wieso sie in Spanien gewesen und in welchen politischen Organisationen sie Mitglied sei. Sie scheint die Beamten nicht wirklich zufriedengestellt zu haben, denn offenbar hat sie auch in der »Verhör«-Situation das in ihren Augen Absurde der gesamten Befragungs- und Überprüfungsprozedur deutlich zum Ausdruck gebracht. Ausführlich berichtete sie einen Tag später, am 31. März 1950, ihrem New Yorker Anwalt Victor Jacobs von der Unterredung,[26] und wenn nicht bereits zu diesem Zeitpunkt, dann ist gewiß im Laufe der folgenden Monate jene Entscheidung gefallen, die bei ihrem Anwalt die helle Empörung auslösen und in ihrer FBI-Akte eine lakonische Notiz zur Folge haben sollte. Nachdem in Erikas Sicht alle Bemühungen gescheitert waren, ihr »battle of citizenship« zu beschleunigen, beziehungsweise zu einem positiven Abschluß zu bringen, nachdem sie über ihre Schwester Elisabeth Borgese vergeblich versucht hatte, einen Senator für ihre Sache zu gewinnen, nachdem sie sich – ebenfalls vergeblich – um Hilfe an Robert Kempner gewandt hatte, einen der Anklagevertreter beim Nürnberger Prozeß, den sie aus dieser Zeit kannte, und nachdem schließlich auch die Idee, daß Thomas Mann in der Angelegenheit seiner Tochter an Präsident Truman schreiben sollte, fallengelassen worden war, nach all diesen Erfahrungen und Erwägungen entschied Erika Mann schließlich allein und gegen den Rat aller: Am 11. Dezember 1950 zog sie ihren Einbürgerungsantrag zurück. Sie begründete diesen Verzicht schriftlich und öffentlich.[27]

Erikas Abschied von Amerika wurde zur Anklage und zum Appell; noch einmal wurde sie scharf, nicht bitter; klug und präzise, nicht polemisch; souverän, nicht verletzt. Insgesamt dreimal sei sie von amerikanischen Behörden, u.a. vom Kriegsministerium, für ihre Verdienste als Kriegskorrespondentin öffentlich ausgezeichnet worden. Mit Urkunde und Siegel habe man ihren »hervorragenden patriotischen Einsatz an mehreren überseeischen Kriegsschauplätzen« anerkannt. Jetzt aber werde sie seit fast vier Jahren einer Überprüfung unterzogen, »die unvermeidlich dazu führte, Zweifel an meinem Charakter zu wecken, meine berufliche Laufbahn allmählich zu ruinieren, mich meines Lebensunterhalts zu berauben und mich – kurz gesagt – von einem glücklichen, tätigen und einigermaßen nützlichen Mitglied der Gesellschaft zu einer gedemütigten Verdächtigten zu machen.«

Nur haltlose Verdächtigungen und Verleumdungen könnten der Grund für dieses unwürdige Verfahren sein, nicht wirkliche Tatsachen, auch nicht ihre Ansichten. Inzwischen habe das Verfahren in seiner zögerlichen und geheimniskrämerischen Form derartige Ausmaße angenommen, daß sie selbst dann, wenn ihr die amerikanische Staatsangehörigkeit doch noch verliehen würde, auf diese nicht mehr stolz sein könnte:

»Als britische Staatsbürgerin, entschlossen, meinem Land und seinen Freunden und Alliierten nach besten Kräften zu dienen, habe ich nie das Gefühl haben müssen, daß meine Dienste für unbedeutend erachtet wurden. Auch als Einwohnerin der USA sind mir Anerkennung und höchst ermutigender öffentlicher Beifall nicht versagt geblieben. Erst als ›Einbürgerungsbewerberin‹ mußte ich die allmähliche Vernichtung von allem, was ich in mehr als einem Jahrzehnt aufgebaut hatte, mit ansehen. Dieses Schauspiel war um so quälender, als es die dritte Existenz betraf, die ich mir selbst geschaffen hatte. Der Nazismus vertrieb mich aus meinem Geburtsland Deutschland, wo ich ziemlich erfolgreich gewesen war; Hitlers wachsender Einfluß in Europa veranlaßte mich, den Kontinent zu verlassen, in dem ich auf Gastspielreisen mit meiner eigenen Show über tausend Vorstellungen gegeben hatte; und jetzt sehe ich mich – ohne eigenes Verschulden – ruiniert in einem Land, das ich liebe und dessen Staatsbürgerin zu werden ich gehofft hatte.«[28]

Der Anwalt, der das las, schlug die Hände über dem Kopf zusammen; Lion Feuchtwanger, dem sie ihren Absagebrief auch schickte, war begeistert.[29] Erika Mann sprach aus, was viele Emigranten in Amerika, die ähnlichen Verhören, Bespitzelungen und Erniedrigungen ausgesetzt waren, als politische und menschliche Ungeheuerlichkeit empfanden. Die Sieger über Hitler machten nach diesem Sieg aus den Flüchtlingen vor Hitler gefährliche Feinde; sie trieben neuerlich diejenigen in die Flucht, die einst vor Hitler geflohen waren.

Bevor sie verzichtete, und bevor sie ging, sprach Erika es deutlich aus. Etwas aber sagte sie nicht öffentlich, sondern nur im Freundeskreis.[30] Sie wollte den amerikanischen Paß inzwischen auch deswegen nicht mehr, weil sie für den Fall, man bewilligte ihn ihr, unter den Bedingungen des Koreakriegs damit rechnen mußte, daß man sie nur intensiver beobachten und kontrollieren wollte. Mit amerikanischer Staatsbürgerschaft würde, wie die Dinge lagen, ihr Bewegungsspielraum eher enger als größer werden, und überdies mußte der amerikanische Paß alle zwei, der britische nur alle fünf Jahre erneuert werden. Praktische Konsequenzen einer politischen Katastrophe: Erika Mann zog sie persönlich, erläuterte sie öffentlich; sie ging: mit viel Gepäck und wenig Zuversicht, mit ein wenig Theaterdonner und einiger Kälte im Herzen.

»Turbulente Einsamkeit«

»Sie waren wunderschön anzusehen. Es ist bei mir immer dasselbe: Die Intensität meiner Verehrung und die ewige Distanz der tausend Meilen.«[31] Manfred George, der alte Freund aus Berliner und Pfeffermühlen-Tagen und spätere Leiter des New Yorker *Aufbau*, traf Erika im April 1950 wieder und schrieb ihr anschließend diese Zeilen. Er war nicht der einzige, der sie bewunderte, der die Distanz, die sie umgab und die sie mehr denn je um sich verbreitete, schmerzlich empfand. Früher, in den ersten Jahren des Exils, im Trubel des Kabarettlebens und ihrer amerikanischen Anfänge, hatte Erika es genossen, wenn sie den Leuten den Kopf verdrehen, wenn sie mit ihnen spielen, sie um den Finger wickeln konnte. Daß die Verehrer und Bewunderer es meist sehr schnell und sehr ernst mit ihr meinten, hat sie amüsiert und verwundert, bisweilen gelangweilt, manchmal angestrengt. An Verehrern fehlte es auch jetzt, in den Jahren des Abschieds nicht; viele gab es, die ihr beistehen, ihr Trost spenden wollten: für den Verlust des Bruders, in den beruflich-politischen Bedrängnissen. Ludwig Marcuse und Lion Feuchtwanger, Liesl Frank und Eva Herrmann, die Nachbarn in Kalifornien, die Freunde in New York, sie alle kannten Erika gut und lange, und sie alle mußten eine ähnliche Erfahrung machen. Sie zog sich zurück. Nicht von ungefähr hatte Thomas Mann schon 1946 von Erikas »turbulenter Einsamkeit« gesprochen.[32]

Zwar ergaben sich große Freundschaften, etwa mit Siegfried Trebitsch, Hermann Hesse und Hans Habe, aber in ihrem Zorn auf die politische Entwicklung, in ihrer Trauer um den Bruder entwickelte Erika auch eine große Einsamkeit, eine Distanz zur Welt und zu denen, die sie liebten. Nur eine Ausnahme gab es, das war der Vater; nur eine Ausnahme hätte sie liebend gern gemacht, das war Bruno Walter.

Seit Mitte des Jahres 1950 reifte in Thomas Mann der Entschluß zur

Rückkehr nach Europa. Nach seinen Kindern wurde inzwischen auch er selbst prokommunistischer Tendenzen beschuldigt; er verteidigte sich und protestierte, die vergiftete Atmosphäre in Amerika widerte ihn an. Schon die ersten Prozesse wegen »unamerican activities«, die im September 1947 gegen Hans Eisler und einen Monat später gegen Bertolt Brecht angestrengt worden waren, hatten Thomas Mann empört, um wieviel mehr noch der Boykott und die Überwachung der eigenen Tochter durch das FBI.[33]

Dennoch verzögerte sich der Umzug der Manns aus verschiedenen Gründen um fast anderthalb Jahre. In der Zwischenzeit wurde Erika Manns Arbeit für das Werk des Vaters und Bruders immer umfangreicher. Ihr vertraglich vereinbartes Buch für den Londoner Verlag Secker und Warburg über zehn Jahre Exil, ihr autobiographischer Erfahrungsbericht *I of all people*,[34] wird nicht vollendet werden. Stattdessen begann sie wieder Kinderbücher zu schreiben, wenn die Zeit es erlaubte. Für Kinder zu schreiben hatte ihr schon immer den größten Spaß gemacht. Im Münchener Franz Schneider Verlag wurden ihre ersten Kinderbücher, der *Stoffel* und der *Muck* neu herausgegeben, und gleichzeitig vereinbarte sie eine große Kinderbuchserie.[35]

In vier Teilen erzählt Erika Mann die Geschichte vom elfjährigen Till, der in der Schule gar nicht aufpassen, sondern immer nur träumen kann. Er träumt mit offenen Augen, statt auf die Worte der Lehrer hört er auf die Töne in seinem Innern. Er ist hochmusikalisch, der kleine Till, und eines Tages darf er dem Leiter eines berühmten Knabenchores vorsingen: Er hat das absolute Gehör; keine Krankheit, wie den bestürzten Eltern sofort versichert wird, sondern eine Gabe, die nicht brachliegen dürfe. Trotz vieler Hindernisse und Widerstände geht Tills Wunsch in Erfüllung: Er tritt in den berühmten Knabenchor ein, er lebt als Sängerknabe bei den »Zugvögeln«, im Internat auf der »Lachburg«. Mit seinem Chor unternimmt Till große Reisen, ganz Europa und die gesamte europäische Musikliteratur lernt er kennen. Nach Holland und London, nach Stockholm und Paris, nach Zürich und Rom fahren die »Zugvögel«, die ihr Vorbild in den »Thomanern«, in den »Wiener Sängerknaben«, in den »Regensburger Domspatzen« haben. In den großen Metropolen, an den Fluchtpunkten ihres eigenen Exils, läßt die Autorin ihre »Zugvögel« gastieren. Sie führen ein Leben für die Musik, ein Leben im europäisch-internationalen Milieu. Gerade das hat die ehemalige Emigrantin an diesem Stoff gereizt, gerade das wollte sie ihren jugendlichen Lesern nahebringen. Till und seine Freunde sind zwar musikbegeistert, aber sie sind auch voller verrückter Einfälle, sie sind zu Streichen und Dummheiten aufgelegt wie alle Kinder, sie ärgern ihre Lehrer wie alle Schüler; aber sie leben trotz Disziplin und strenger Internatsordnung in einer freien Welt. Die »Lachburg« und die Reisen der »Zugvögel« wurden Erika Manns kindlicher und kindgerechter Gegenentwurf zur glücklich überwundenen Welt der *School for Barbarians*, ihr Gegenentwurf zu einer unglückselig sich etablierenden Welt des Wirtschaftswunders und der Ärmelhochkrempler. Die *Zugvögel*-Serie, die zwischen 1953 und 1959 im Stuttgarter Scherz Verlag noch einmal als Ganzes erschien, war ein Abschied; Erika Manns Abschied von der Politik, vom Streit, von aufreibenden Konflikten.

»Für die Erwachsenen zu schreiben ist mir längst zu blöd«, heißt es 1953 in einem Brief an Curt Bois.[36] Elf Jahre zuvor, während der Arbeit an ihrem amerikanischen Kinderbuch *A Gang of Ten*, hatte sie in einem ihrer letzten Briefe an Annemarie Schwarzenbach geschrieben: »Der Abwechslung halber habe ich nunmehr begonnen, ein Kinderbuch abzufassen, ein politisches Kinderbuch ..., für Knaben und Mädchen von 9 - 15. In Wahrheit hoffe ich, die durch und durch Erwachsenen, die sich, was politische Einsicht angeht, noch immer in rauhen Mengen auf dem Niveau von nicht durchaus gutartigen Knaben und Mädchen tummeln, mit meinem Selbstgemachten zu erreichen. Wenn es mir nur kindisch genug gerät für die Damen und Herren ...«[37]

Kinderbücher für Erwachsene in politischer Absicht; Kinderbücher für Kinder und gegen die Erwachsenen als Folge enttäuschter politischer Hoffnungen: Alles klingt nach Rückzug und nach Resignation, nach Vermeidung von Konflikten, nach Sich-Bescheiden im Harmlosen. Es klingt so, war wohl auch so gemeint, aber es wurde nichts daraus. Denn gerade mit den Erwachsenen kam es zum Krach über die Kinderbücher. Der Franz Schneider Verlag wählte für den *Stoffel* und den *Muck* Titel, die ihr nicht gefielen. Erika Mann wollte – da es sich um Neuauflagen handelte – die alten Titel, die von 1932 und 1934; sie wollte, was zwölf Jahre in Deutschland untergegangen war, wieder präsentieren und nicht mit veränderten Titeln so tun, als fange jetzt alles ganz neu an. Sie setzte sich nicht durch, mehr noch, kaum waren die ersten Bändchen des *Till*, der *Zugvögel*-Serie erschienen, da drohte ein Prozeß wegen Plagiats. Der Augsburger Fotograf Hans Meile hatte unter dem Titel *Pennäler mit dem hohen C* seine Erinnerungen an den Dresdener Kreuzchor geschrieben und behauptete nun, Erika habe die Idee zu ihrer Kinderbuchserie und auch Passagen »beinahe wörtlich« von ihm übernommen. Zwar konnte die Autorin beweisen, daß sie mit Hilfe des ihr aus Münchener Zeiten gut bekannten Organisten und Dirigenten Karl Schleifer recherchiert und Material gesammelt hatte, auch blieb ihr nach einer eidesstattlichen Erklärung, in der sie »die dummdreisten und ehrenrührigen Anwürfe« zurückwies, der Prozeß erspart. Aber wieder gab es, was sie doch gar nicht mehr wollte: Ärger mit den »blöden Erwachsenen«.[38]

Obwohl seit mehr als einem Jahr beschlossen, hatte sich der Umzug der Manns nach Europa verzögert. Das schöne Haus in Pacific Palisades mußte verkauft werden, und überdies wollte die Yale Library sämtliche Manuskripte Thomas Manns kaufen, so daß Katia und Erika über Tage »unter buchstäblich tausenden von Kritzeleien« saßen, um sie für den Verkauf zu sichten und zu kontrollieren.[39] Außerdem hatte Thomas Mann beschlossen, eine Sammlung seiner Essays, *Altes und Neues*, erscheinen zu lassen. Die redaktionelle Arbeit hatte wie üblich die Tochter übernommen. Sie tilgte Wiederholungen und sorgte dafür, daß es nicht zu Überschneidungen kam. Sie selbst litt an völliger Schlaflosigkeit, aber sie zwang sich zur Arbeit, denn für Ende Juni 1952 war der Aufbruch beschlossen.

Nach Vorträgen in Salzburg, nach Lesungen aus dem gerade entstehenden *Krull*, nach Kur- und Erholungsaufenthalten in den Schweizer Bergen und in Bad Gastein zog die Familie Mann Weihnachten 1952 in ein Haus in Erlenbach bei Zürich. Fast fünf Monate waren seit dem Abschied von Amerika vergangen, fünf Monate, während derer Erika an der Seite ihrer Eltern, des Vaters vor allem, ihren neuen Beruf als »Public Relations Officer«[40] des inzwischen siebenundsiebzigjährigen Dichters gründlich kennenlernen konnte. Dabei war ihr das Amt keineswegs fremd, die Rolle der Organisatorin und Managerin, Agentin, Pressesprecherin und Hausbestellerin war ihr auf den Leib geschneidert. Inzwischen organisierte sie ein anderes Bühnengeschehen, sie managte das Großunternehmen Thomas Mann.

Es war für Erika ein allround job, der ihr bis zum Tode Thomas Manns ein neues, ein berufliches Zuhause bot. Sie verzichtete auf einen nochmaligen Neuanfang als Schauspielerin oder Journalistin, aber sie führte auch etwas weiter: Dem Leben, der Arbeit, dem Werk des Vaters stellte sie ihre Begabungen und Talente, ihren Witz und ihre Streitlust zur Verfügung. Sie beriet und sie beruhigte ihn; wenn im *Felix Krull*, dem Hochstaplerroman, Formulierungen sich wiederholten oder erzählerische Einfälle nicht plausibel waren; wenn Thomas Mann nach Abschluß des *Erwählten*, der *Betrogenen* und des *Krull*, nach Essays über Fontane und die Erzählungen Heinrich von Kleists an seiner Produktivität zweifelte und sich Neues nicht mehr zutraute: Immer hatte Erika Vorschläge, sie wußte Beruhigendes, am liebsten und am besten Albernes zu erzählen, um ihn abzulenken und aufzuheitern.

Im Juni 1954 lag sie in einer Klinik in der Nähe von München. Man hatte ihr eine Schlafkur empfohlen, sie selbst wollte vom Rauchen und vom Alkohol loskommen. Sie ließ alles über sich ergehen, aber die Hauptsorge galt dem Vater in Zürich. Dem Parteiorgan der KP Italiens, der *Unità*, hatte Thomas Mann nämlich 1954 ein Interview gegeben, in dem er sich gegen den Krieg und die H-Bombe ausgesprochen hatte. In ihrem Münchener Sanatorium veranstaltete man mit Erika einen »Heilschlaf«, durch den sie sich »gesund« halluzinieren sollte. Was dabei geschah, bestätigte Erika in ihrem Widerwillen gegenüber Ärzten und Kliniken, aber es wurde zu einer Geschichte für den Vater: »Ich selbst erinnere mich mit abscheulicher Deutlichkeit an *alles*. Auch daran, etwa (um vom harmlosesten etwas anzuführen!), daß eine Schweizer Nurse, die, soviel ich wußte und sah, unten in der Halle am »desk« saß, Dir wegen des Interviews für ›Unità‹ (auf *züri*dütsch) widrig am Zeug flickte. Woraufhin ich, – oben, auf der Treppe stehend, mit Donnerstimme hinunter*brüllte*: ›*Halten* Sie den *Mund*, Sie GOTTVERFLUCHTE DRECK-SAU!‹«[41]

Im Traum nicht und noch weniger in der Wirklichkeit dachte die Tochter daran, irgend jemand könne berechtigt sein, auch nur irgend etwas an Thomas Mann, an seiner Person, seinem Werk zu kritisieren. Sie dachte nicht nur nicht daran, sie ertrug es buchstäblich nicht. Wer Kritisches über Thomas Mann sagte, den ereilte der Bannfluch der Tochter. Wer am Werk des Vaters herumkrittelte, bekam es mit ihr zu tun, wer in irgendeiner Absicht der Person und dem Werk des Vaters sich nähern wollte, der kam an Erika nicht vorbei. Das war schon in Thomas Manns letzten Lebensjahren so, nach seinem Tod wurde es Prinzip.

Der Vater selbst war an dieser Entwicklung nicht ganz schuldlos; eine Schuld allerdings wird er darin gar nicht gesehen haben, galt es doch, der geliebten »Erimaus«, die im Amerika des Kalten Kriegs »bei dem völligen Entzug jeder Aktivitätsmöglichkeit einfach verkümmere«,[42] eine neue berufliche Existenz und sich selbst einen »Eckermann« zu verschaffen.

Bis zum Tode Thomas Manns am 12. August 1955 wurden es noch einmal – trotz Krankheit und Arbeitsüberlastung – erfüllte Jahre; Jahre des Glücks und der Zufriedenheit, der Anstrengung und des Erfolgs. Dies gilt für Vater und Tochter gleichermaßen, obwohl der eine auf die achtzig zuging und die andere im Grunde nicht mehr wirklich gesund wurde. Man richtete sich ein, zunächst in Erlenbach, dann in Kilchberg.

Dort in der alten Landstraße 39 lag eine repräsentative Villa hoch über dem Zürichsee. Thomas Manns Arbeitszimmer im Erdgeschoß, auch Erikas »Mädchenzimmer« unterm Dach hatte den weiten Blick auf den See. In einer ruhigen, vornehmen Gegend lag Thomas Manns letzter Wohnsitz, der auch Erikas Wohnsitz bis zu ihrem Tode 1969 bleiben sollte. Bilder, einzelne kleinere Gegenstände, die sie immer mit sich führte, fanden auch in Erikas letztem Zimmer ihren Platz: Photographien von Klaus, Ricki Hallgarten und Bruno Walter; ein bayerisches Wappen aus Wachs, Dokument ihrer ungebrochenen Liebe zum bajuwarischen Freistaat, seinem Dialekt, seinen Menschen; Zeichnungen von Ricki Hallgarten an den Wänden; ein Silbertablett, die Siegestrophäe vom 10.000km-Rennen mit Ricki 1931; ein Bett, ein Schreibtisch, Bücher, Papiere, eine Schreibmaschine, ein Tonbandgerät.[43] So großzügig und luxuriös das Haus, so bescheiden war Erikas Zimmer. Sie liebte den Luxus, aber sie liebte ihn in Gestalt schneller Autos, teurer Kleider und feiner Hotels. Von diesen liebte sie besonders die Münchener »Vier Jahreszeiten«, das Wiener »Imperial«, das »Amstel« in Amsterdam.

Trotz des Schweizer Heims und trotz des festen Wohnsitzes im Hause der Eltern wurde Erika nicht wirklich seßhaft. Es hätte wohl auch ihrer Natur, ihrem Beruf widersprochen. Denn die Sekretärin und Agentin ihres Vaters erhielt gleich nach der Ankunft in Europa außerordentliche väterliche Vollmachten, und die ließen sich nur reisend erfüllen. Es handelte sich um nichts Geringeres als um die Verfilmung von Werken Thomas Manns, für die der Vater seiner Tochter die »Oberaufsicht« übertrug. Das bedeutete: kein Drehbuch, das nicht von Erika abgesegnet, in der Regel aber gleich von ihr selbst geschrieben wurde; keine Rollenbesetzung, auf die sie nicht Einfluß zu nehmen versuchte, keine Drehtermine ohne ihre Anwesenheit. Für Schauspieler, Produzenten, Regisseure, Kameraleute und Statisten war das zu Beginn gewiß nicht leicht. Aber mit ihrem Charme, ihrem Humor und ihrem Temperament hatte sie sich auch sehr bald Sympathien verschafft, aus der Arbeit beim Film entwickelten sich Freundschaften.

Schon beim ersten Film, *Königliche Hoheit*, mit Dieter Borsche und Ruth Leuwerik in den Hauptrollen, ging es ungemütlich zu. Entgegen der vorherigen Vereinbarung zwischen Thomas Mann und der Göttinger Filmaufbau, die die Mitwirkung Erikas vorsah, erhielt Thomas Mann im August 1953 ein fast fertiges Drehbuch, ohne daß seine Tochter hinzugezogen worden wäre. Sofort protestierte er aufs schärfste, weigerte sich, das »Elaborat« zu studieren, und drohte, er werde sich, wenn Regisseur Harald Braun und sein team auf dieser Grundlage den Film drehten, öffentlich von dem gesamten Unternehmen distanzieren.[44] Wenn überhaupt, dann könne man sich auch jetzt noch mit seiner Tochter Erika, z.Zt. »Arosa, Hotel Streiff-Juventas«, in Verbindung setzen.

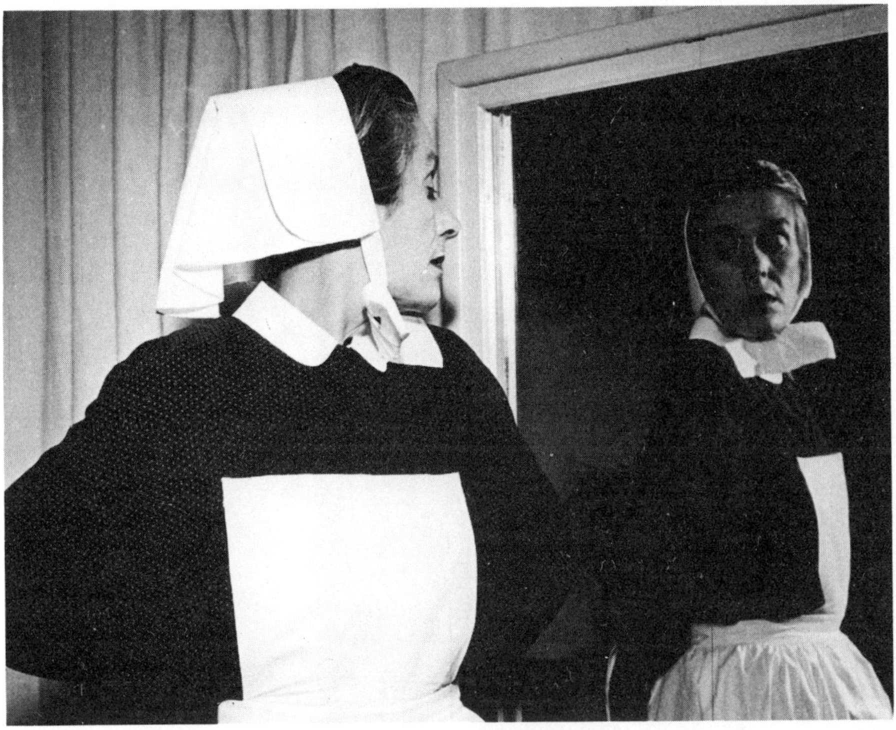

Erika Mann als Oberschwester Amalie in »Königliche Hoheit« 1953

Den verdutzten Filmleuten blieb nichts anderes übrig; Erika, die in ihrem Leben noch kein Drehbuch geschrieben hatte, gestaltete die Filmdialoge weitgehend neu; der Besetzungsplan, Lil Dagover als verwirrte Gräfin Löwenjaul, Heinz Hilpert als gallenleidender amerikanischer Multimillionär Spoelmann, all das war nicht mehr zu ändern, nur zu ergänzen: um Erika Mann als Oberschwester Amalie. Drei Monate dauerten die Dreharbeiten in Göttingen, ein Farbfilm entstand, der das Prädikat »künstlerisch wertvoll« erhielt, der aus Thomas Manns 1909 erschienener Novelle eine schlichte Filmstory über die große Liebe und das große Geld machte. Das Hintergründig-Ironische, das Einfühlend-Psychologische der literarischen Vorlage vermochte der Film nicht umzusetzen, so fand Erika, so fanden die Kritiker. Ruth Leuwerik als Imma Spoelmann hatte nichts von dem burschikosen, schwarzhaarigen girl der Novelle, nur Dieter Borsche glaubte man die Unbeholfenheit, die sich in der Prinzenuniform verbirgt, die Verklemmtheit, die von körperlicher Mißbildung herrührt.

Thomas und Erika Mann bei der Vorführung von »Königliche Hoheit«

Die Stars des bundesrepublikanischen Nachkriegskinos waren versammelt, der Film wurde ein Erfolg.[45] Thomas Mann, der Schlimmstes befürchtet, Erika, die Schlimmstes verhindert hatte, waren zufrieden, überzeugt. Bei der einige Jahre später beginnenden Arbeit am *Krull*, beim zweiteiligen Großunternehmen *Buddenbrooks* war es immer dasselbe. Erika schrieb die Drehbücher, »überwachte« die Dreharbeiten, verschaffte sich Einfluß auf die Besetzungspläne.[46]

Erika Manns Einwände gegen Filmkonzepte, ihre Drehbücher und Dialoge erwecken den Eindruck, als habe es nur ein wirkliches Motiv gegeben. Das Werk des Vaters sollte durch die Verfilmung nicht verändert und entstellt, es sollte nicht verflacht werden. So erklärte Erika Mann nach außen. Zugleich, so erklärte sie ebenfalls gegen alle Vorwürfe und Kritiken, habe der Film seine besonderen Gesetze und Möglichkeiten, die nicht nur respektiert, sondern mit dem Roman in einen fruchtbaren Widerstreit gebracht werden müßten.[47] Aufsicht über das Werk des Vaters, Neugier auf die Möglichkeiten des Films, Wiederbegegnung mit der Welt des Schauspiels, des Theaters, der Bühne: Das alles mag Erika veranlaßt haben, diese letzte Rolle zu übernehmen.

Genoß die einstige Schauspielerin, Kabarettistin und Publizistin diese Rolle, nahm sie sie überhaupt wahr? Sie wirkt, als nähme sie sie nicht wahr, als weigere sie sich, auch nur irgendetwas wahrzunehmen, was sie ins Grübeln, in Zweifel und Unzufriedenheit, in die Traurigkeit zurückstoßen könnte. Die Filme und die Rolle als Wächterin über das väterliche Werk, all das machte ihr Spaß; es füllte sie aus und lenkte sie ab. Wenn in der Zeitung stand, sie sei die »nach Prominenz strebende Tochter eines berühmten Vaters«, dann konnte sie nur lachen, wenn man ihre Kinderbücher »tantenhaft« nannte,[48] dann ließ auch das sie kalt. Und als 1957 eine unsinnige Klage wegen der *Krull*-Verfilmung eingereicht wurde, reagierte sie mit geübt spitzer Feder.[49]

Die erste Verfilmung wurde ein Erfolg, kritische Stimmen gab es, auch von Erika Mann selbst, die noch nach der Fertigstellung bei jeder Gelegenheit öffentlich erklärte, sie sei viel zu spät »hinzugezogen« worden, sonst wäre alles noch viel besser gelungen.[50]

Nach Abschluß der Arbeit an dem Film wurde Erika krank. Eine Magen-Darm-Infektion zwang sie ins Bett, es dauerte Wochen, fast Monate, bis sie sich erholte. Aber auch im Krankenbett wurde gearbeitet. Sie wollte nicht wahrhaben, daß sie inzwischen anfälliger war; es machte sie wütend, daß sich ihr Körper offenbar nicht von ihr ignorieren ließ. Daß Psychologisches, wohl gar Psychosomatisches im Spiel sein könnte, erschien ihr vollends abwegig. Wovor denn sollte sie fliehen, was denn bloß verdrängen: Sie hatte viel zu tun, gewiß, aber sie tat die Arbeit doch gern; sie wüßte gar nicht, was sie lieber täte.[51]

Tatsächlich hielt das »letzte Jahr«, das Jahr 1955 bis zu Thomas Manns Tod, noch Höhepunkte bereit, die Erikas ganze Kraft, ihr Organisationstalent, kurz alles verlangten, worüber sie verfügte. Es war das Jahr der Schillerfeiern. So wie man mit Thomas Mann 1949 in Ost und West des 200. Geburtstages von Goethe gedacht hatte, so erinnerte man sich sechs Jahre später des 150. Todestages des anderen deutschen Klassikers. Wieder gab es repräsentative Feiern, einen westlichen Staatsakt in Stuttgart, ein östliches Pendant in Weimar. Wieder sollte Thomas Mann die Festrede halten, auf Einladung von Bundespräsident Theodor Heuss, auf Einladung Walter Ulbrichts und seines Kulturministers Johannes R. Becher. Thomas Mann hat beide Einladungen angenommen, diesmal fuhr Erika mit, obwohl sie mit Adenauers Bundesrepublik nicht weniger haderte als 1949. Monatelang arbeitete Thomas Mann am Festvortrag, das Manuskript wuchs sich zum Buche aus. 125 Seiten waren es schließlich, aber die vorgesehene Redezeit erlaubte nur 20 Seiten. Die »Meisterin der Auslassung«, Erika glaubte anfänglich selbst nicht, daß die Kürzung gelingen würde. Sie gelang.[52] Noch vieles andere gelang in diesen ersten sechs Monaten des Jahres 1955. Erika Mann schrieb ein Drehbuch nach Gottfried Kellers *Regine*, in München verhandelte sie wegen der *Krull*-Verfilmung, für den Franz Schneider Verlag entstand ein neues *Zugvögel*-Bändchen, und zwischendurch fuhr sie mal eben zum Bayerischen Rundfunk, um an einer nächtlichen Rundfunkdiskussion über »Malerei im 20. Jahrhundert« teilzunehmen. Wie in ihren besten Exilzeiten wirbelte Erika, ungestüm und grenzenlos übermütig warf sie sich in die Arbeit. Neben ihren »kleinen Privatverpflichtungen« lebte sie nur für die großen Auftritte des Vaters.

Am 8. Mai in Stuttgart gab es einen ersten Höhepunkt. In Anwesenheit des Bundespräsidenten, vor ausgewähltem Publikum aus Politik, Wirtschaft und Kultur fand im Württembergischen Landestheater die Schiller-Gedenkfeier statt. Es war ein Montag, am Tag zuvor hatte Erika die Eltern von Zürich nach Stuttgart gefahren, denn am liebsten waren dem Vater die Reisen, die Erika ganz persönlich chauffierte.[53] Während im Festsaal die Prominenz Platz nahm, die Mutter in der Loge, der Vater in der vordersten Reihe, stand Erika hinter der Bühne, um links zwischen den Seitenvorhängen zu verfolgen, wie der Vater an sein Pult trat. Als erste konnte sie ihn beglückwünschen, wenn er nach 55 Minuten »unsere Rede« beendete, und als einzige konnte sie unsichtbar von ihrem Posten aus die Reaktionen im Auditorium beobachten. Es herrschte atemlose Stille, niemand wagte eine Bewegung, so registrierte befriedigt die Tochter; das Mikrofon – sie hatte es schließlich vorher inspiziert – funktionierte ausgezeichnet. Obwohl sie die Rede auswendig konnte, war sie hingerissen, obwohl sie ihn schon oft hatte sprechen hören, war er noch nie so gut wie an diesem sonnigen Maimontag zu Schillers Gedenken. Stehende Ovationen, Glückwünsche, Presserummel, Empfänge: Was sich anschloß, war für den fast achtzigjährigen Thomas Mann eine Strapaze, für Erika ein wunderbares Ereignis. Strapaziös war es auch für sie, denn nach drei Tagen schon fuhr sie die Eltern weiter: diesmal über die Interzonenautobahn.

Zum Glück war der Leiter des Aufbau Verlages, Walter Janka, rechtzeitig eingetroffen, um sie mit einer richtigen Straßenkarte zu versorgen, denn auf der ihren war die Zonengrenze falsch eingezeichnet. Am Grenzübergang Wartha gab es großen Bahnhof: Minister Becher stand zum Empfang bereit. Betriebsgruppen und Schulklassen schwangen Fähnchen und jubelten, über die Straßen waren Banner gespannt: »Wir begrüßen Thomas Mann«. Darunter durch fuhr Erika ihre Eltern, eingerahmt in einen stattlichen Konvoi von

Staatslimousinen. Die Straßen waren miserabel, bis Eisenach dauerte es eine Ewigkeit, Weimar war beflaggt. Am 14. Mai wiederholte sich das Ritual mit charakteristischen Abweichungen: Der Lautsprecher war schlecht, im Publikum wurde gehustet, es waren kaum Studenten anwesend, insgesamt erteilte Erika die Note »quite satisfactory«.[54] Zufrieden war sie vor allem über die Thomas Mann-Verehrung, die ihr im Osten größer, tiefer und ehrlicher schien als im Westen. Die Menschen, die Thomas Mann zujubelten, wenn er sich in der Öffentlichkeit zeigte, kamen ihr alle zufrieden vor. Aber erschreckend arm, erschreckend unterentwickelt sah alles aus. Was Erika vorher nie, was sie hinterher nie getan hat: über die West-Ostreisen im Schillerjahr hat sie ein kleines Journal geführt, das Journal einer Autoreise von Stuttgart nach Weimar; ein Triumphzug für Thomas Mann, die letzte glückliche Fahrt für seine Tochter.[55]

Nur knapp einen Monat später war es Thomas Mann selber, zu dessen Ehren Festveranstaltungen, Empfänge und Zeremonien abgehalten wurden. Mit Gästen aus aller Welt, mit einer Hommage im Zürcher Schauspielhaus – Bruno Walter kam eigens aus Amerika und dirigierte *Die kleine Nachtmusik* –, mit einer Gratulationscour im Kilchberger Haus und mit einem Empfang der Gemeinde Kilchberg beging man zwischen dem 4. und 6. Juni 1955 Thomas Manns 80. Geburtstag. Familie und Freunde, alle Kinder und Enkelkinder waren um ihn versammelt; eine aber, Erika, wich nicht von seiner Seite, ließ ihn nicht aus den Augen. Ängstlich und stolz beobachtete sie, wie gut er alles überstand; in bester Verfassung und auf fast kindliche Weise genoß er ganz offenbar den Rummel um seine Person, die Gäste und die Geschenke.[56]

Erschöpft war er anschließend trotzdem, dennoch absolvierte er in Begleitung von Katia und Erika eine Reise zu Vorträgen und Ehrungen nach Holland. Während die Eltern sich anschließend in Nordwijk erholten, fuhr Erika in ein Sanatorium bei Luzern. Ende Juli stellte man bei Thomas Mann eine Thrombose fest, die sofortige Rückkehr nach Zürich wurde veranlaßt. Noch hielt Erika in Luzern aus, sie wollte den Vater nicht durch den vorzeitigen Abbruch ihrer eigenen Kur zusätzlich beunruhigen. Am 8. August, vier Tage vor Thomas Manns Tod, kam sie aus Luzern zurück; wenigstens konnte sie so tun, als sei ihre Kur nun erfolgreich beendet. Sie sieht ihren Vater, sie weiß, seine Tage sind gezählt. Noch einmal versucht sie, was ihr immer gelungen ist: Sie ist heiter, macht Späße, bringt ihn zum Lachen.

Als Thomas Mann am 12. August starb, war Wirklichkeit geworden, was Erika vierzehn Monate zuvor in einer furchtbaren Nacht geträumt hatte, was sie seither nicht hatte vergessen können: »Der Träumende weiß und spürt *nichts* als die Furchtbarkeit seines Albs. Und *nichts* wußte und spürte ich damals, als: er stirbt!«[57]

»Ich bin nur noch ein bleicher Nachlaßschatten«

Sie hatten gemeinsam noch so viele Pläne: Alter und Krankheit haben Vater und Tochter in seinem letzten Lebensjahr nicht daran gehindert, noch einmal in gemeinsamer Regie öffentliche Wirksamkeit zu planen. Einen großen Friedensappell der westlichen Intellektuellen, ein warnendes Manifest für die Verantwortung der Menschheit gegenüber Leben und Natur wollte Thomas Mann formulieren; einen Aufruf an die Weltöffentlichkeit, getragen von den Repräsentanten des Geistes: Dichtern, Philosophen, Historikern und Naturwissenschaftlern.

Im Juli 1955 galt es, ein vorbereitendes Komitee zu bilden: Erika flog nach London, um Bertrand Russell, E.M. Forster und auch Arnold Toynbee zu gewinnen. Letzterer lehnte ab, die beiden anderen konnte Erika überzeugen; William Faulkner und Pearl S. Buck, Hermann Hesse, Albert Schweitzer und François Mauriac wollte man außerdem für den Plan erwärmen. Nach dem Koreakrieg, nach dem Beitritt der inzwischen souveränen Bundesrepublik zur Nato, nach der Gründung des Warschauer Paktes, kurz im Zeichen der Polarisierung und der sich verschärfenden, friedensgefährdenden Konfrontationen griff Thomas Mann eine alte, mit Erika oft diskutierte Idee auf: Die geistige Elite der nicht-kommunistischen Welt sollte mit einer Stimme sprechen und vor den Gefahren eines Atomkriegs, vor der finalen Katastrophe warnen.[58] Einen Monat vor seinem Tod war Erika noch unterwegs, um für dieses letzte politische Projekt Thomas Manns das Feld zu sondieren. Sein Tod setzte diesen und anderen Plänen ein vorzeitiges, ein für Erika unverwindbares Ende.

Auch mit anderen Plänen ging es so, auch da mußte Erika, was gemeinsame Idee, gemeinsame Aufgabe gewesen war, entweder aufgeben oder allein fortsetzen. Aus Anlaß von Thomas Manns 80. Geburtstag hatten die westdeutschen Kultusminister eine sogenannte Thomas Mann-Spende von 50.000 DM ausgesetzt: zur Unterstützung für bedürftige Schriftsteller, für »intellektuelle Opfer des Nationalsozialismus«. Thomas Mann beziehungsweise seinen Erben stand das Recht zu, die »Bedürftigen« auszuwählen; aus Exilzeiten für Erika eine vertraute Arbeit. Oft hatte sie in Princeton oder in Pacific Palisades mit dem Vater in dessen Arbeitszimmer konferiert, Bewerbungen und Anträge geprüft, Gutachten formuliert, Bittbriefe an die Sponsoren geschrieben. Nun, nach dem Tod ihres Vaters, saß sie mit ihrer Mutter zusammen und versuchte die Thomas Mann-Spende sinnvoll zu verteilen. Bedürftig waren vor allem ehemalige Emigranten, unter diesen solche, die nicht in den Osten und dort zu Ehren, sondern in den Westen kamen und unbeachtet blieben. Vor allem für die alten Freunde, für den Musiker der Pfeffermühle, Magnus Henning, für die Tänzerin Lotte Goslar, für die Malerin und Dichterin Paula Ludwig tat Erika, was irgend ihr möglich war.[59] Um den alten Freund Magnus Henning zu versorgen, stieg sie kurzfristig ins Immobiliengeschäft ein. In Ehrwald in Tirol erwarb Erika ein Haus, die »Pfeffermühle« nannte sie es, dort sollte der alte Freund einen Dauerwohnsitz und sie ein Feriendomizil haben. Magnus Henning plante sogar eine kleine Hotelpension, eine Tirolerhütte in lieblicher Umgebung für gut zahlende Gäste aus der Wirtschaftswunderwelt.[60]

Wie eine Medizin verordnete Erika sich Arbeitsaufträge und Terminsachen, um nicht tatenlos zu sein und in der Leere der Trauer und des Schmerzes zu versinken. Nach dem Tode von Klaus war Arbeit und Leben für den Vater zur Rettung geworden, nun nach dem Tode des Vaters ging Erika in der Vergangenheit auf, um in der Gegenwart nicht unterzugehen. »Ich bin nur noch ein bleicher Nachlaßschatten«, schrieb sie an den holländischen Freund Paul Citroën.[61] Sie sah es selbst nur allzu gut und allzu klar: Alles was sie tat, und sie tat unendlich viel in diesen Jahren bis zu ihrem eigenen Tod, hatte mit Nachlaßangelegenheiten, mit Vergangenem zu tun.

Über Thomas Manns »letztes Jahr«, über die Ereignisse vom Spätsommer 1954 bis zum Tod im August 1955, schrieb sie ein kleines achtzigseitiges Bändchen, das schon 1956 erschien. In viele Sprachen wurde es übersetzt, und es hätte ihr noch mehr Freude gemacht, wäre nicht ihre Schwester Monika auf die »durchaus törichte« Idee verfallen, ihrerseits ein Erinnerungsbuch herauszubringen. Erika war wütend, sie hätte die Schwester liebend gern von ihrem Vorhaben abgebracht, denn sie ahnte, daß der krasse Gegensatz zwischen ihrem eigenen liebend-einfühlsamen Bericht und den eher skeptischen Bekenntnissen der Schwester der Presse ein gefundenes Fressen sein würde.[62] Im Vergleich zu ihren Befürchtungen ging es für beide Schwestern glimpflich ab.

Das größere Echo fand Erikas Buch, das vom Leben und Werk des Vaters in seinem letzten Lebensjahr ein Bild entwirft, an dem sie auch in Zukunft weiter modellieren, an dem sie niemals und niemanden wird rütteln lassen. »Humor, Bescheidenheit und Güte« machen in Erikas Bild das Wesen ihres

Vaters aus; daß die Schwester vor allem die Ichbezogenheit, die einschüchternde Wirkung seines »ichwärts gekehrten Wesens« betonte,[63] fand Erika nicht nur falsch, es ärgerte sie. Daß auch der geliebte Bruder Klaus den Vater als eitlen, egozentrischen, ja fast liebesunfähigen Menschen erlebte, das hat sie ihm wohl vergeblich auszureden versucht.

Ihre Bindung an den Vater war von anderer Art. Sie hat ihn nicht gefürchtet, sie fühlte sich nicht in seinem Schatten; ihren Platz bei ihm, in seinem Herzen, hat sie sich nicht erobern, um seine Liebe hat sie nicht kämpfen müssen. Sie konnte mit ihm streiten, so wie sie ihn amüsieren und zum Lachen bringen konnte; sie bewunderte ihn als Dichter, sie gefiel sich als seine Adjutantin.

Nach seinem Tod verlor Erika einiges von der lässig streitsüchtigen Art und Weise, mit der sie bisher die Tochterrolle gespielt hatte. Den Verlust des Vaters empfand die Tochter über die Jahre hin als immer schmerzhafter;[64] ein einziges Mittel blieb: die »Beschäftigung mit seinen Dingen«. In ihrem Buch heißt es über den Vater einmal:

»Die Arbeit, das Gefühl, damit vorwärts zu kommen und das Begonnene laufend auf gleiche Höhe zu bringen mit der Konzeption, – dies war es, was die *Möglichkeit* abgab *jeder* ›Freude‹, die er erfuhr. Jene vorausgesetzt, war er die Empfänglichkeit selbst. Musik, Theater, hübsche Menschen und Dinge, ein schöner Tag, ein Kind, ein nettes Tier, – er wußte dem allen so viel Freude abzugewinnen, – *vorausgesetzt* immer, daß die Arbeit ihm zur Zeit welche machte. Ohne sie, – ›das heißt, ohne tätige Hoffnung‹, – hätte er nicht zu leben gewußt; und die furchtbarste Erniedrigung hätte ein Leben ihm bedeutet, in dem er, bei reduzierten Kräften, dem eigenen Anspruch Entscheidendes hätte schuldig bleiben müssen.«[65]

Arbeit: eine »tätige Hoffnung«; durch Krankheit oder Alter reduzierte Kräfte: eine »furchtbare Erniedrigung«. Die Wahrheit dieser Sätze über den Vater spiegelt sich in Erika Manns Leben nach seinem Tod. Wenn sie überhaupt irgendetwas von ihm geerbt habe, so erzählte sie, dann dies, daß ein Leben ohne Arbeit ihr schlichtweg unvorstellbar, unerträglich, ja das Chaos wäre.[66]

Mit der Arbeit für die Hinterlassenschaft des Vaters meinte Erika Mann es nicht nur sehr ernst, sie griff dabei ziemlich hoch und in den Augen der Kritiker bisweilen ganz kräftig daneben. Was sie ablenken, was sie trösten sollte, das brachte ihr viel Kritik, viele ungeahnte Probleme.

Schon der Auftakt war schwierig. Als Herausgeberin debütierte die Tochter mit einem der umstrittensten Werke ihres Vaters. Thomas Manns während des Ersten Weltkriegs entstandene und 1918 veröffentlichte *Betrachtungen eines Unpolitischen* erschienen 1956 neu, eingeleitet von Erika Mann.[67] Der konservative, antirepublikanisch gesinnte Thomas Mann spricht aus diesem

Buch. Es ist ein polemisches Manifest gegen die Politik im allgemeinen und gegen den »Zivilisationsliteraten« in Gestalt des Bruders Heinrich im besonderen. Im Vorwort zur Neuausgabe zögert die Tochter nicht, die Leser vor einem allzu wörtlichen Verständnis des Thomas Mannschen Konservatismus zu warnen. Im Grunde habe er das alles, wenn überhaupt, dann eher ironisch gemeint; er, der in ihren Anfängen der Republik und der Demokratie so bissig-skeptisch gegenübergestanden habe, sei schließlich über die Jahre hin zu einem ihrer wichtigsten, prominentesten Verteidiger geworden.[68] »Feindliche Unwissenheit« – befürchtet die Herausgeberin – herrsche über diese große politische Schrift Thomas Manns; die gelte es abzubauen, durch ein positives Bild von diesem Werk und seinem Verfasser zu ersetzen.

Überhaupt sollte am Bild Thomas Manns, das Erika Mann für die Öffentlichkeit entwarf, kein Makel sein. Man sollte ihn beziehungsweise das von ihr gezeichnete Bild lieben und bewundern, verehren, vielleicht und sehr gelegentlich ein wenig belächeln. Erikas Vater war auch der Vater seines Publikums, wie Kinder sollte es sich um ihn scharen und erstaunt oder ungläubig die »Dramatik seiner Existenz«[69] verfolgen.

Mit großem Elan machte Erika Mann sich an ein Unternehmen, das jahrelange Arbeit verlangen, das fertigzustellen alle ihre Kräfte fordern sollte. Obwohl ohne editorische Erfahrung, aber gedrängt von dem Verlag, begann sie 1960 die Briefe ihres Vaters herauszugeben. Schon 1956 hatte der S. Fischer Verlag in einer weltweiten Suchaktion die Empfänger von Thomas Mann-Briefen gebeten, sich zu melden und Photokopien zur Verfügung zu stellen. Die Masse des zu sichtenden Materials schwoll über die Jahre so sehr an, daß die Ausgabe erweitert werden mußte, so daß bis 1965 schließlich drei Bände erschienen. Erika sichtete und wählte aus, am Ende waren von circa 10.000 Briefen, die ihr vorlagen, knapp 1300 gedruckt. Was sie wollte, konnte schwieriger und konfliktträchtiger nicht sein: Den »ganzen« Thomas Mann wollte sie in seinen Briefen portraitieren. Eine Autobiographie in Briefen, die Auskunft geben und Einblick erlauben würde: in den Menschen Thomas Mann, in die Entstehungsgeschichte seiner Werke, in die Zeit und die politischen Umstände, die Leben und Werk bedingten. Ein »Mensch in seinem Widerspruch« sollte sichtbar werden, zumindest in den Widersprüchen, die Erika für zulässig hielt.[70]

Um Wiederholungen und wiederkehrende stilistische und rhetorische Figuren zu vermeiden, nahm sie Striche vor. Immer sollte der Vater »originell« erscheinen, schöpferisch auch in den Briefen, die konventionelle Anlässe hatten. Den Strichen fiel indes auch anderes zum Opfer. Briefliche Hinweise auf seine homoerotischen Neigungen ließ die Tochter dem Vater nicht durchgehen, und obwohl schon im ersten Band zehn Briefe des Vaters an die Tochter-Herausgeberin gedruckt wurden, fehlten diejenigen, die den heftigen politischen Streit zwischen Erika und ihrem Vater aus dem Jahre 1936 zum Gegenstand hatten.

Die Auslassungen und die Anmerkungen der Herausgeberin verärgerten die Kritiker.[71] Mit einigem Recht nannte man ihre Editionsarbeit dilettantisch und wünschte sich vor allem für die Anmerkungen einen ausgewiesenen Philologen an ihrer Seite. Tatsächlich sind Erika Manns Erläuterungen im Anhang der Bände bisweilen bissig und salopp, dann wieder überflüssig, unvollständig oder fehlerhaft. Es war für Kritiker und Leser schwer nachvollziehbar, wenn die Striche der Editorin Äußerungen betrafen, »auf welche die Öffentlichkeit – noch! – kein Anrecht hat«, oder wenn sie Auslassungen in Briefen an die Familie gar nicht erst kennzeichnete. Der Zorn der Kritiker war heftig, aber es fehlte auch nicht an Bewunderern für die enorme kompositorische Leistung, die die Edition der Thomas Mann-Briefe darstellte.

Auch Skandalträchtiges hatte die Edition beziehungsweise der Bericht der Herausgeberin zu Tage gefördert.[72] Aus der Zeit seiner Verlobung und aus den 29 ersten Jahren seiner Ehe mit Katia hatte Thomas Mann – sorglos verwahrt in seinem Münchener Schreibtisch – eine Fülle von »Braut- und Gattenbriefen«. Zusammen mit »anderen Manuskripten« gingen sie nach Thomas Manns Emigration in die Obhut seines Münchener Anwalts, Dr. Valentin Heins, über. Wann immer in den ersten Jahren des Exils versucht wurde, von den deutschen Behörden die Freigabe seines beschlagnahmten Vermögens (Haus, Mobiliar, Konten, Bibliothek) zu erwirken, tat der Rechtsvertreter Thomas Manns sein Bestes. Die Manuskripte – Briefe und Bücher – nahm er zu »treuen Händen« und verwahrte sie in seinem Büro. Dr. Heins erwies sich auch dann noch als treu, als Mitte der dreißiger Jahre ein Mann mit Diplomatenpaß und persönlichem Handschreiben Thomas Manns in seinem Büro auftauchte und die Herausgabe der Briefe und Manuskripte erbat. Dr. Heins weigerte sich, es hätte sich – mit einigem Recht vermutete er so – immerhin um einen Nazispitzel handeln können. Erst nach dem Krieg – so berichtet die Herausgeberin – habe man wieder mit Dr. Heins Kontakt aufgenommen; nun erhielt man die traurige Mitteilung, daß bei einem Bombenangriff auf die Kanzlei des Anwalts alle Thomas Mann-Manuskripte vernichtet worden seien, darunter auch die Briefe. So schrecklich, so unwahrscheinlich doch auch wieder; denn Dr. Heins hatte rechtzeitig sein gesamtes Büro evakuiert, alles hatte er in Sicherheit bringen können, nur die Thomas Mann-Papiere nicht. Noch zu seinen Lebzeiten versuchte Thomas Mann, Licht in die merkwürdige Angelegenheit zu bringen.[73] Der Anwalt verteidigte sich, wies darauf hin, in welch großer Gefahr er gelebt habe in all den Jahren mit den Manuskripten in seinem Safe. Schließlich habe die Gestapo doch das gesamte Thomas Mann-Vermögen beschlagnahmt, er aber habe immer und standhaft geleugnet, vom Verbleib der Manuskripte auch nur irgendetwas zu wissen. Es sei also sehr gefährlich gewesen, die Papiere zu verwahren. Aber dann wäre die Übergabe an die Vertrauensperson Thomas Manns doch seine und der Manuskripte Rettung gewesen, erwiderte die Erbengemeinschaft. Und schließlich, wenn ihm, dem Rechtsanwalt, die Sorge um die Manuskripte Thomas Manns so sehr am Herzen lag, wieso hatte er sie bei der Evakuierung seines Büros nicht zu allererst gesichert? Waren die wertvollen Papiere also etwa doch bei der Gestapo gelandet? Katia und Erika Mann ließen die Sache nicht auf sich beruhen, und im November 1957 mußte der S. Fischer Verlag prüfen, ob nicht in den Trümmern des Hauses Weinstraße 8 in München, der ehemaligen Kanzlei des Anwalts, noch Briefe Thomas Manns oder doch wenigstens Reste von ihnen zu finden waren. Leider vergeblich, auf dem Gelände stand seit 1949 ein Neubau. Auf die meisten Briefe Thomas Manns an Katia mußte der Leser des ersten Bandes seiner Briefe also aus den erwähnten Gründen verzichten, aber die »Hintergründe«, die Erika Mann erzählte, waren dem *Spiegel* immerhin eine Story wert.[74]

Die verlorenen Briefe aus knapp dreißig Ehejahren Thomas Manns boten der Herausgeberin immerhin Stoff für einen kleinen, wiewohl nicht lösbaren Politkrimi. Schon ein einziger vorhandener, aber von der Herausgeberin nicht gedruckter Brief sorgte für unangenehme Schlagzeilen, machte alte Feindschaften noch intimer.

Robert Neumann, guter Feind aus alten Tagen, brachte die Sache auf. Sein *Tagebuch aus einem andern Jahr*, 1968 im Verlag Kurt Desch erschienen, enthielt einen Brief des fünfundvierzigjährigen Thomas Mann an Hanns Johst, ab 1933 Präsident der Reichschrifttumskammer. Mit Datum vom 16. September 1920 hatte Thomas Mann dem späteren Nazi-Dichter geschrieben: »Ich liebe Sie sehr, Herr Hanns Johst, und freue mich Ihres Daseins. Sie stellen Jugend dar, Kühnheit, Radikalismus, stärkste Gegenwart – ohne irgend etwas mit jener gallojüdisch-internationalistischen ›Geistigkeit‹ zu schaffen zu haben, von der das deutsche Geistesleben sich eine Weile tyrannisieren lassen zu müssen glaubte.«[75]

Wer zu Thomas Mann ja sagen will, muß diesen Brief kennen, sagte

Robert Neumann, und wenn eine Herausgeberin ihn einfach unterschlage, so füge sie seinem Verfasser mehr Schaden zu, als daß sie ihm nutzte.[76]

Die Antwort aus Kilchberg kam prompt und scharf.[77] Der Brief an Johst habe ihr nicht vorgelegen, woher, wenn nicht von Herrn Johst selbst, der ihn ihr aber nicht gegeben habe, hätte sie ihn kennen können. Der gute Robert Neumann wolle wohl verklagt werden, aber sie, Erika Mann, werde ihm den Gefallen nicht tun. Und überdies, selbst wenn sie ihn gekannt hätte, so hätte sie Thomas Manns Brief an Hanns Johst vielleicht auch deswegen nicht ausgewählt, weil der Thomas Mann der *Betrachtungen*, der konservativ-antijüdisch sich äußernde Thomas Mann im ersten Band der Briefe deutlich hervortrete. Auch habe sie, die attackierte Herausgeberin, nach Thomas Manns Tod als erstes und in ungekürzter Fassung die *Betrachtungen* vorgelegt.

Bedauerlicherweise werde seine Hoffnung, von ihr verklagt zu werden, nun nicht in Erfüllung gehen, konterte Robert Neumann,[78] aber das sei wohl eine der Enttäuschungen, die man im Leben »mannhaft« ertragen müsse. Etwas anderes hingegen sei Tatsache: Thomas Manns Brief an Johst konnte, ja mußte ihr sogar bekannt sein. Kurt Ziesel habe ihn – faksimiliert – bereits 1957 in seinem Buch *Das verlorene Gewissen* gedruckt. Ziesels Buch enthalte noch weitere Hinweise auf Thomas Mann, und man dürfe doch wohl nicht annehmen, daß die Tochter die »Literatur« über Thomas Mann nicht kenne.[79]

Sieg nach Punkten für Robert Neumann; die öffentliche Korrespondenz bricht ab, der *Münchener Merkur* hatte seine Story in drei Fortsetzungen.

War es die späte Rache für eine nicht verwundene »Niederlage« aus früheren Jahren? Konnte es der über siebzigjährige Robert Neumann der kaum zehn Jahre jüngeren »Erbtochter aus Kilchberg« nicht verzeihen, daß sie 1961 auf seine Kosten triumphiert hatte, so wie er es heute auf ihre tat? Fest steht: Zwei, die sich lange und gut kannten – Robert Neumann war im Londoner Exil gewesen, hatte dort als Journalist und für verschiedene Flüchtlingsorganisationen gearbeitet –, fühlten sich herausgefordert und provoziert voneinander. Sie konnten sich nicht ausstehen und fanden Mittel und Wege, dies öffentlich zu demonstrieren.

Mit einem Paukenschlag war die Sache im Frühjahr 1961 losgegangen. Der Verlag Kurt Desch kündigte Robert Neumanns neuen Roman an. *Olympia* hieß er, und Thomas Mann war er gewidmet. In den Augen der Thomas Mann-Erbengemeinschaft handelte es sich um eine »illegale Fortsetzung«[80] des Hochstaplerromans *Felix Krull*. Bei Robert Neumann schreibt Felix Krulls Schwester Olympia ihre Lebenserinnerungen und gedenkt im letzten Kapitel auch ihres alternden Bruders Felix.

Als genialer Plagiator war Robert Neumann seit 1927, seit seinem Buch *Mit fremden Federn* berühmt. Thomas Mann soll Tränen darüber gelacht haben. Beim Plagiat Thomas Manns jedoch hörte der Spaß für dessen Tochter auf. Als »Ergänzung und heitere Fortsetzung« des Thomas Mannschen *Felix Krull* war Robert Neumanns Roman angekündigt worden. Dagegen erwirkte auf Erika Manns Intervention der S. Fischer Verlag eine einstweilige Verfügung. Der Verlag Kurt Desch solle seine Werbung für Neumanns Roman, sofern sie sich auf Thomas Mann bezog, zurückziehen. Das Gericht beschloß so, und es geschah.[81]

Aber damit nicht genug, kaum hatte Erika mit »leider gebotener Gründlichkeit« Robert Neumanns »Wälzer durchgeackert«, da veranlaßte sie den S. Fischer Verlag, gegen den bereits ausgelieferten Roman vorzugehen. Womit man geworben habe, das gelte eben auch für den Roman, denn der gebe sich als »Fortsetzung«, arbeite mit dem *Felix Krull* Thomas Manns. Er hätte eigentlich gar nicht gedruckt, zumindest nicht ausgeliefert werden dürfen. Das alles sei ein »Einbruch in die Persönlichkeitsrechte einer Mann'schen Romanfigur« und gehöre vor Gericht. Robert Neumann solle seinen Roman umschreiben oder zurückziehen.[82]

Das Stuttgarter Landgericht war bis zum Frühjahr 1962 mit der Affäre befaßt, die außergerichtlich noch ganz andere Kreise zog. Am Ende schrieb Robert Neumann von 340 Seiten neunzehn Zeilen um.

Über die Qualität der *Olympia* gingen die Meinungen zwar heftig auseinander; Hermann Kesten lobte das Buch und fand es witzig. Marcel Reich-Ranicki schrieb einen Verriß; aber alle waren sich einig, daß die »Kilchberger Erbdamen« in ihrer Prozeßwut ein wenig zu weit gingen.[83] Nicht zuletzt fand das natürlich Robert Neumann, der sich in der Münchener Zeitschrift *Das Schönste* mit Erika Mann eine mehrwöchige publizistische Fehde lieferte. Beide Seiten waren nicht zimperlich. Sie nannte ihn einen »professionellen Drollmops«, er zögerte nicht, sie mit Elisabeth Förster-Nietzsche zu vergleichen, dementierte jedoch, daß er sie je eine »Gewitterziege« genannt habe.[84] Unerwartet, aber gerade zur rechten Zeit erhielt Erika Schützenhilfe. Münchener Freunde, der Filmproduzent To Burg und seine Frau, machten Erika darauf aufmerksam, daß Robert Neumann nicht nur den *Felix Krull* Thomas Manns, sondern noch einen anderen, äußerst zweifelhaften Bestseller der fünfziger Jahre plagiiert hatte.

1956 war in Robert Neumanns Verlag Kurt Desch der Roman *Meine schöne Mama* erschienen. Die Autorin, Mathilde Walewska, war ihrem Verleger nur durch einen Brief bekannt, aber der Roman wurde ein Erfolg. In zwölf

Sprachen übersetzt und verfilmt, nannte man ihn das Werk einer deutschen »Sagan«; er wurde um so populärer, je geheimnisvoller sich seine Verfasserin verborgen hielt. Er wurde gelobt und verrissen, einer, der ihn im Londoner *Daily Telegraph* und im Hessischen und Bayerischen Rundfunk ein »wirklich stümperhaftes Anfängerwerkchen« nannte, war Robert Neumann.[85] Die Einkünfte aus dem Welterfolg flossen auf das Konto eines Zürcher Anwalts, auch der gab die Identität seiner Mandantin nicht preis. Niemand hatte Mathilde Walewska je gesehen, ihr Verleger nicht, kein Kritiker, kein begeisterter Leser. Einen einzigen Brief hatte sie zusammen mit ihrem Manuskript an Kurt Desch geschickt und erklärt, daß man vergeblich nach ihr suchen werde; sie versichere aber an Eides Statt, daß sie den Roman allein und ohne fremde Hilfe geschrieben habe.

Sechs Jahre später kam es an den Tag. Robert Neumann hatte auch aus diesem Roman abgeschrieben. Erika Mann veröffentlichte triumphierend die Parallelzitate und behauptete sogleich, kein anderer als Robert Neumann selbst sei der Verfasser von *Meine schöne Mama*. Eine »literarische Perversität«, so lautete ihr Urteil über ein Buch, das sich gleichzeitig Thomas Manns und dieser zweifelhaften Saganimitation bediene. Außerdem: Wenn Robert Neumann – wie sie inzwischen ganz sicher zu wissen behauptete – der Verfasser sei, dürfe sich denn eigentlich ein Autor selbst beklauen, um unter neuem Namen zu verkaufen, was er schon einmal verkauft habe?

Dies – entgegnete Robert Neumann – könne Erika ruhig seine Sorge sein lassen. Etwas anderes aber müsse die Öffentlichkeit nun endlich erfahren. Mathilde Walewska, die junge polnisch-österreichische Gräfin, sei eine alte Freundin Erika Manns, damals neunzehn, heute fünfundzwanzig Jahre, mit einem Legationsrat in Buenos Aires verheiratet und Mutter zweier reizender Kinder. Erika habe doch selbst bei der Entstehung von *Meine schöne Mama* mitgeholfen, vielleicht aber sei sie sogar zur Gänze die Autorin. Auch bleibe durchaus offen, wer von wem abgeschrieben habe, denn passagenweise sei *Meine schöne Mama* von Erika/Mathilde mit Neumanns 1931 entstandener Novelle *Karriere* identisch.

»Wenn der Mensch doch endlich einmal mit sich selber ins Gericht ginge«, stöhnte Erika gelangweilt nach dieser Retourkutsche.[86] Wegen der Behauptung, sie selbst sei die Verfasserin der *schönen Mama*, werde sie ihn nicht auch noch verklagen. Aber der Prozeß um den *Krull* mußte sein: Er endete, ein Jahr, nachdem er begonnen hatte, mit einem Vergleich. Die letzte Runde und damit die Frage nach dem wahren Verfasser und der wirklichen Identität der Mathilde Walewska endete mit einem Sieg nach Punkten für Erika. »Der Täter ist geständig« rief sie aus, nachdem Robert Neumann in einem Brief an die *Münchener Abendzeitung* erklärt hatte, Milda (= Mathilde) Walewska Neumann sei seine Frau gewesen. Sie sei tot. Im Alter von 25 Jahren habe sie das Buch geschrieben, er, Robert Neumann, habe ein wenig geholfen. Sie sei schwer krank gewesen, vor drei Jahren, im Oktober 1958, sei sie gestorben. Letztes Wort von Robert Neumann in dieser Sache. In Erika Manns Augen war das ganze eine makabre Geschichte; hätte sie gewußt, daß nun auch »Meine arme Frau« noch herhalten müsse für Neumanns zweifelhafte Parodiersucht, sie hätte sie nicht hineingezogen und Robert Neumanns »Autor- oder Mitautorschaft« nicht enthüllt.

Einen »bleichen Nachlaßschatten« nannte Erika sich humorvoll in diesen Jahren; viele, die mit ihr zu tun hatten, nannten sie anders: Vom »Protokollchef«, von der »Wotanstochter« auch von »Nibelungentreue« war die Rede. Ihre bisweilen biestige, bisweilen hoheitsvolle Amtsführung als Nachlaßverwalterin des Vaters brüskierte oft, aber zahlreich sind auch die Stimmen derer, die ihre Fairneß, ihre Herzlichkeit und ihre selbstironische Streitlust bewunderten.

Bestimmt hätte er in seinem Leben niemals auch nur einen Brief geschrieben, so tröstete sie sich zwischendurch, hätte der Vater geahnt, wieviel Arbeit er der Tochter damit später machen würde. Mehr als fünf Jahre hatte die Arbeit an der Edition der Thomas Mann-Briefe in Anspruch genommen; als 1965 der letzte Band herauskam, da konnte Erika wahrhaft erleichtert sein.

»Meine Krankheiten liegen miteinander im Kalten Krieg«

Zwar war sie erleichtert, aber Ruhe und Erholung gab es nicht. Neue Pläne, aber auch neue Probleme verhinderten dies. Erikas Lebensweise und die Arbeit als »Nachlaßschatten« forderten ihren Tribut. Eigentlich eher harmlos hatte im Frühjahr 1958 begonnen, was sich zu einer ernsthaften Knochen- und Hüfterkrankung ausweiten sollte. Auf der Treppe des Kilchberger Hauses verfing sie sich im Saum ihres Bademantels; sie stürzte, ein ungewöhnlich komplizierter Bruch des linken Mittelfußknochens war die Folge. Man steckte sie in einen Gips-, später in einen Zinkleimverband. »Progressive Atrophie« wurde diagnostiziert, die Knochen, die Muskeln, auch die Drüsen waren betroffen. Ein Wiener Knochenspezialist wurde konsultiert, durch einen Oberschenkelhalsbruch verschlimmerte sich die Situation im September 1960. Entweder waren es die Knochen, oder es war der Kreislauf, entweder

der Magen oder die Bronchien: »Meine Krankheiten liegen miteinander im Kalten Krieg«, schrieb sie im September 1962 an den alten Freund Paul Citroën.[87]

Im gleichen Jahr wurde im Kantonsspital Sankt Gallen eine große Operation durchgeführt, kaum ein Jahr später hatte die Krankheit auch das bis dahin gesunde Bein erfaßt. Eine weitere Operation in Oxford, im Mai 1964, hatte katastrophale Folgen: Erika konnte nicht mehr gehen.

Was war es, das den Ausschlag gegeben hatte? Ein dummer Zufall im Badezimmer? Die Tabletten oder die ›kleine Spritze‹, die sie sich nach wie vor in großen, aber regelmäßigen Abständen gönnte? Tabletten zum Schlafen oder zum Wachwerden – die »niedlichen kleinen Dinger« hatte sie seit den lecture-Tagen gebraucht. Das andere, was die Augen glänzen lassen und den Blick trüben konnte, war mehr als Aufputsch- oder Beruhigungsmittel; es schien ihr heilsam, und Erika glaubte sicher, daß sie den Drogengenuß fest und ordentlich im Griff hätte.[88] Wie vieles glaubte sie im Griff zu haben: sich selbst ganz unbedingt, das Funktionieren ihres Körpers nicht minder. Die alte Londoner Freundin, Edith Löwenberg, die seit 1955 regelmäßig zu Weihnachten und gelegentlich auch im Sommer nach Kilchberg zu Besuch kam, erlebte, wie Erika sich bisweilen samstags eine kleine Dosis genehmigte, wie sie kurzfristig im Badezimmer verschwand und mit verändertem Blick zurückkehrte.

Vermutlich war sie nicht abhängig; ungefragt bestätigen es alle, die sie kannten; aber gewöhnt war sie eben doch an das »kleinbürgerliche Laster«, und selbst wenn sie es im Griff hatte, der Körper und die Krankheiten zahlten es ihr heim. Sie, die in Dingen der Politik und der Arbeit, die für Vater und Bruder eine fast besessene Energie entwickeln konnte, brachte für sich selbst in diesen Jahren nicht mehr genügend Energie auf. Für sich selbst war sie der Kämpfe müde. Für ihre Gesundheit und ihr Glück zu kämpfen, war ohnehin ihre Sache nie gewesen.

Es rächte sich, denn die Krankheiten nahmen von ihr Besitz. Sie waren ihr verhaßt, aber sie nahm sie nicht zum Anlaß, radikal Bilanz zu ziehen. Was hätte es auch genutzt, es gab – noch die schwerkranke Erika Mann erklärte es rundheraus – es gab Wichtigeres als die eigene Person.

I of all people sollte der Titel ihrer Autobiographie lauten, die sie 1943 zu schreiben begonnen hatte. Womöglich hätte sie den Titel beibehalten für die Autobiographie, die der Verleger Berthold Spangenberg sie in den sechziger Jahren zu schreiben aufforderte[89]. Auch ein Buch über ihr »Lieblingskind«, über die Pfeffermühle wurde erwogen, für einen Film über die

»Mühle« schrieb sie die outline. Sie sah selbst, daß es gut wäre, würde sie sich Tätigkeiten zuwenden, die ihr Spaß machten, die sie ganz persönlich und allein betrafen. Aber sie warf, kaum hatte sie den Gedanken ein wenig bewegt, alles wieder fort. Für die Pfeffermühle glaubte sie das bundesrepublikanische Fernsehpublikum nicht empfänglich;[90] ehe sie das eigene Leben erzählte, mußte das Werk von Klaus, seine Romane, seine Essays, seine Briefe verlegt werden. Und schließlich war da auch noch die Biographie Thomas Manns, für die es seit 1960 einen Vertrag mit dem S. Fischer Verlag gab. Das alles war wichtiger.[91]

Flucht vor sich selbst, Flucht in die Arbeit; so schmerzhaft, so lästig und so deprimierend die Krankheiten waren, irgendwie richtete sich Erika mit ihnen ein. Sie deutelte nicht an ihnen herum, gezwungenermaßen nahm sie sie ernst, aber Grund zu ernsthaftem Nachdenken gaben sie nicht. »Ich werde so alt, wie der Westerwald« erklärte sie ihrer Umgebung bemüht albern. Freunden wie Hermann Hesse, Hans Habe und Curt Bois sagte sie es anders: »Wir sind alle ›in meiner Generation‹ zu häufig krank, ein schwächlich Geschlecht, dem freilich erheblich mitgespielt worden ist«.[92]

Ungebrochen waren Erikas Humor und ihre Phantasie. Sie schrieb alberne Gedichte und Parodien. Vor allem Enzensberger, Heißenbüttel und Peter Weiss hatten es ihr angetan. Aus dessen Text »Der Schatten des Körpers des Kutschers« wurde bei ihr »Der Schatten des Körpers des Leichenbeschauers«, und Heißenbüttel gab Veranlassung zu folgendem:

> Wenn ich das sage
> und sage dass es eintrifft
> dann sage ich das damit es nie
> dann kann es doch gar nicht
> weil ich noch das jetzt gesagt
> das dass es nicht
> weil ich noch das
> und das und das und das und das eifrig gesagt
> eifrig nicht brütend
> und das noch und das das das das
> und sollte es doch
> ich habe mir jedenfalls
> keinerlei Vorwurf.[93]

Nach einem Besuch an ihrem Krankenbett schrieb 1960 Ludwig Marcuse: »Als wir zurückfuhren, fragten wir uns, ob es anständig war, daß wir uns bei Dir so wohlgefühlt haben. Ganz genau und im vollen Ernst: man geniert sich eigentlich, daß Du einen in so gute Stimmung bringst. Du nährst sehr die Selbstsucht Deiner Mitmenschen. Hoffentlich ist es bald soweit, daß man auch ohne schlechtes Gewissen in Deiner Gesellschaft lustig sein kann.«[94]

Sie kaufte sich einen weißen Mustang mit knallroten Kunstledersitzen, um damit nachmittags zur Tristanpremiere nach München und anschließend zurück nach Kilchberg zu rasen. Als »neugeborene Greisin« bedankte sie sich 1965 für Berge von Glückwünschen, Briefen und Geburtstagsgeschenken zum sechzigsten Geburtstag. Den Sportwagen liebte sie, auch wenn man ihn mit automatischer Schaltung hatte ausstatten müssen, denn mit dem sportlichen Fahren war es vorbei. »Schalten und dann mit Vollgas in die Kurve, das war meine Devise. Jetzt heißt es bremsen und nochmals bremsen...«[95]

So schrieb sie 1966, elf Jahre nach Thomas Manns Tod, drei Jahre vor ihrem eigenen. Dabei war ihre Arbeitswut so ungebremst wie eh und je, es mangelte nicht an spektakulären Konflikten, die Prozesse lösten sich ab, um Thomas Mann und seine Tochter wurde es nicht still. Was mit den Verfilmungen begonnen hatte, setzte sich bei der Briefedition fort und machte auch vor Person und Werk des Bruders nicht halt.

Schon zu seinen Lebzeiten und erst recht nach seinem Tod hatte Erika in Klaus den Begabteren von ihnen beiden, den Schriftsteller im reinsten Wortsinne gesehen und dies auch öffentlich erklärt. Zwar gab es vor allem in den vierziger Jahren nicht selten Streit zwischen den Geschwistern, wenn Erika an den Werken des Bruders herummäkelte. Seinen »Roman unter Emigranten«, den *Vulkan*, fand sie gut und gelungen, aber an vielen Stellen eben auch mißglückt. Dringend hat sie zur Überarbeitung vor allem jener Passagen geraten, die Klaus' tiefe und intime Kenntnis der Drogen, ihrer Wirkung und ihrer Verwendung verraten. Sein Buch über André Gide erschien ihr passagenweise unverständlich und theoretisch. Abstrakt nannte sie, was der Bruder über den großen Franzosen geschrieben hatte.[96] Klaus selbst konnte von der Schwester nichts weniger ertragen als Kritik, und sie ihrerseits änderte ihm gegenüber den Ton, wenn es Kritisches zu äußern galt. Beim Vater waren sanfte Ironie, gespielte Demut angesagt, wenn Passagen zu lang geraten oder ganze Kapitel – wie im *Krull* – in ihren Augen überflüssig waren. Mit Klaus sprach sie witzig und albern, manchmal wie eine Gouvernante, nicht selten wie die Mutter zum Kind. Sie warnte ihn, nahm kein Blatt vor den Mund, wollte ihn vor der Kritik der Welt und vor sich selbst beschützen und erlaubte ihm doch immer wieder die Illusion, sie hielte ihn für groß.

All das spielte in den Jahren nach Klaus' Tod keine Rolle mehr, unermüdlich setzte sie sich dafür ein, daß des Bruders Werk in Deutschland wieder bekannt wurde. Bis 1963 waren in der Bundesrepublik aus Klaus Manns umfangreichem Œuvre nur vier Titel wieder aufgelegt worden: *Der Wendepunkt, Der Vulkan*, der Tschaikowski-Roman *Symphonie Pathétique* und die Novelle über den Bayernkönig Ludwig II., *Vergittertes Fenster.*

Erst vierzehn Jahre nach seinem Tod fand Erika einen Verlag und einen überzeugten Lektor für Klaus. Die Nymphenburger Verlagshandlung des Verlegers Berthold Spangenberg und sein Cheflektor Martin Gregor-Dellin wollten Klaus Manns Werk übernehmen und neben den weiteren Romanen auch die Essays und eine Auswahl der Briefe von und an Klaus Mann herausbringen. Auch wenn damit neue Arbeit auf sie zukam, war Erika Mann beglückt und begeistert von diesem Angebot.[97]

Auf ein Buch hoffte sie ganz besonders, für das schon mehrere bundesrepublikanische Verlage sich interessiert hatten, um im letzten Moment wieder einen Rückzieher zu machen. 1956 hatte der Aufbau-Verlag der DDR Klaus Manns »Roman einer Karriere«, den *Mephisto*, verlegt; in der Bundesrepublik war der »Schlüsselroman« über Hendrik Höfgen alias Gustaf Gründgens bisher nicht erschienen.[98] Zu Lebzeiten des ehemaligen Staatsintendanten der Berliner Bühnen wagte sich kein Verlag an diesen Roman.

Als nach Gründgens' Tod 1963 die Nymphenburger Verlagshandlung *Mephisto* als einen der ersten Romane ihrer neuen Klaus Mann-Edition ankündigte, reichte Gründgens' Adoptivsohn Peter Gorski Klage gegen die Veröffentlichung ein. Gutachter wurden aufgeboten und Stellungnahmen verfaßt; der Roman sei ein »Kunstwerk« und kein »Schlüsselroman«; er portraitiere nicht Gustaf Gründgens, sondern gestalte in künstlerischer Freiheit einen Helden, der einige Züge mit Gustaf Gründgens gemeinsam habe. In erster Instanz wies das Hamburger Landgericht die Klage gegen die Veröffentlichung ab. Mit *Mephisto* handele es sich um ein Kunstwerk, das den Schutz des Grundgesetzes habe, während der ebenfalls grundgesetzlich garantierte Schutz der Persönlichkeit mit dem Tode der Person, in diesem Falle Gustaf Gründgens', ende. Die Popularität des Romans wurde durch dieses Urteil nur befördert, 10.000 Exemplare konnte der Verlag binnen kurzem verkaufen. Erika, die das Geschehen aktiv verfolgte, an Freunde wegen der »Kunstwerk«-Gutachten schrieb,[99] den Anwälten und dem Verlag Argumentationshilfen gab und Honorare aus der Klaus Mann-Edition für die Prozeßkosten zur Verfügung stellte, triumphierte nach dem ersten Sieg zu früh. Gorski ging in die Revision, das Hamburger Oberlandesgericht hob im März 1966 die erstinstanzliche Entscheidung auf, hielt *Mephisto* für eine »Schmähschrift in Romanform« und stellte unter anderem fest: »Die Allgemeinheit ist nicht daran interessiert, ein falsches Bild über die Theaterverhältnisse nach 1933 aus der Sicht eines Emigranten zu erhalten«.[100]

In der Rechtsgeschichte der Bundesrepublik war der Fall einmalig, denn es ging aus Anlaß eines zweifellos mittelmäßigen Romans aus dem Jahre 1936 und eines zweifellos außergewöhnlichen Schauspielers, der von Görings Gnaden eine außergewöhnliche Karriere gemacht hatte, zwischen 1964 und 1968 um nichts Geringeres als um die juristische Abwägung zwischen zwei Grundrechten, dem Persönlichkeitsschutz und der Freiheit der Kunst. Auch das Revisionsbegehren des Verlags vor dem Bundesgerichtshof entschied gegen *Mephisto*, gegen die Freiheit der Kunst für den Schutz der Persönlichkeit Gustaf Gründgens', der auch über dessen Tod hinaus gelten müsse.

Die Feuilletons der großen Zeitungen verfolgten die Angelegenheit in allen Stadien; Erika Mann schrieb an Bundesjustizminister Heinemann; nach Ablehnung des Revisionsverfahrens durch den Bundesgerichtshof blieb nur noch die Verfassungsbeschwerde beim Bundesverfassungsgericht. Dessen Spruch am 24. Februar 1971 erlebte sie nicht mehr, aber sie hatte sich auch vorher keine Illusionen gemacht.

Für sie brauchte es nicht erst die *Mephisto*-Prozesse, viel länger schon war ihr klar, »daß in der Bundesrepublik nie wahrhaft ein Schlußstrich gezogen worden ist unter die Naziherrschaft« – zumindest nicht, was Richter und Staatsanwälte betraf.[101] Bis heute gilt das Karlsruher Urteil, das die Rechtmäßigkeit des *Mephisto*-Verbots aus dem Jahre 1966 bestätigt; trotz der Verfilmung des Romans, trotz Ariane Mnouchkines Theaterfassung, trotz der Taschenbuchausgabe. Da der Gründgenserbe die Befolgung des Verbots ganz offensichtlich nicht verlangt hat, lebt Klaus Manns Roman mit einem doppelten Skandal: einem Verbot und seiner späteren Nichtbeachtung. Erika Mann hätte ihre helle Freude an diesem Umstand gehabt, laut und öffentlich hätte sie gelacht, so wie sie in Sachen *Mephisto* auf einem Nebenschauplatz noch einmal laut lachen konnte.

Die Angelegenheit selbst war gar nicht lächerlich, denn wieder galt es einen Prozeß zu führen. Bereits nach dem ersten Entscheid des Hamburger Landgerichts, der im August 1965 zugunsten des *Mephisto* ausgefallen war, war der Presserummel um den Roman, um seine moralische, ästhetische, seine zeitgeschichtliche Bedeutung groß. Es war nicht zu bestreiten, und Klaus Mann selbst hatte in den verschiedenen Fassungen seiner erstmals 1942 erschienenen Autobiographie *The Turning Point* bestätigt, daß *Mephisto* die satirische Abrechnung mit dem alten Freund und Schwager, mit dem Typ des begabten, aber charakterlosen, ruhmsüchtigen, aber gesinnungslosen »Mitläufers« gewesen sei. Den »ruchlos brillanten«, »zynisch rücksichtslosen Karrieremacher«, der einmal sein Freund war, in einem literarisch-»zeitkritischen Versuch« nicht als Einzelfall, sondern als Typ zu portraitieren, sei reizvoll, sei eine Herausforderung gewesen.[102] Passagen über Gründgens aus der englischen und aus der deutschen Fassung seiner Autobiographie sind teilweise noch viel schärfer gewesen, einige hat Erika, als es 1952 um eine Neuausgabe des *Wendepunkt* ging, gestrichen oder wesentlich entschärft.[103] Um sein Erscheinen zu ermöglichen, hat die Schwester Konzessionen gemacht, beim *Wendepunkt* war dies immerhin möglich, beim *Mephisto* hingegen nicht.

Auch in anderer Hinsicht war Erikas Konzessionsbereitschaft, ohnehin keines ihrer hervorstechenden Charaktermerkmale, erschöpft, und zwar restlos. Nach dem ersten Urteil in Sachen *Mephisto* stellte Ulrich Schnapauf in einem Kommentar für die *Welt* die Frage: »Hat Gründgens das Verhältnis Klaus-Erika zerstört, das mehr als bloß geschwisterlich war?«[104] In der *Kölner Rundschau* las man von »der mißglückten Ehe Gustafs mit Erika Mann (deren wahre Frau eben doch Klaus war)«. *Mephisto* war also ein Akt privater Rache, persönlichen Ressentiments und kein Kunstwerk, geschweige denn ein literarischer Beitrag zur Zeitgeschichte. So unterstellten bereits die Kläger und nun auch die Journalisten. Als Gründgens' Erbe gegen die Veröffentlichung des Romans vorging, war es Sache des Verlages, dagegen anzutreten; als hingegen Journalisten zweifelhafte Sätze über sie und Klaus verbreiteten, trat Erika Mann selbst dagegen vor die Schranken des Gerichts.

Gegen die beiden Journalisten reichte sie über die Hamburger Anwaltskanzlei Bussmann Klage wegen Persönlichkeitverletzung ein. Begleitmusik zum *Mephisto*-Prozeß, eine Posse, die die Gerichte bis Ende 1966 beschäftigte. Die beklagten Journalisten beziehungsweise deren Rechtsvertreter suchten mit Hilfe langer Gutachten zu beweisen, daß die zitierten Sätze keineswegs eine »sexuelle Auslegung« nahelegten, sondern lediglich das Besondere der Geschwisterbeziehung zwischen Erika und Klaus betonten. Demgegenüber machte Erika mit sichtlichem Vergnügen vor allem auf den Relativsatz in der *Kölner Rundschau* aufmerksam. Wie man ihn auch wende, ihr oder Klaus werde mit diesem Satz Perversion unterstellt, und dagegen stellte sie Strafantrag beziehungsweise Antrag auf Schmerzensgeld. Das Gericht stimmte ihr zu, nach Revision erkannte es in beiden Fällen auf je 10.000 DM Schmerzensgeld. Seit den Tagen, da sie Ende 1932 gegen das Weißenburger Bergwaldtheater erfolgreich prozessiert habe, sei ihr kein Prozeß und keine durch Gerichtsentscheid erstrittene Entschädigungssumme mehr so willkommen gewesen, erklärte sie anschließend im privaten Kreis.

In den letzten Jahren ging es gesundheitlich noch einmal aufwärts. Kuraufenthalte in Leukerbad hatten Wunder gewirkt, es begann ein neues Leben. Erika Mann machte eine große Rundfunksendung *Mein Vater. TM*, schrieb im Almanach des S. Fischer Verlags über die Erzählung *Der Erwählte*, verfaßte einen Beitrag über Lotte Lehmann. Ein Band *Autobiographisches* von Thomas Mann und *Eine Auslese* von Werken Thomas Manns für Jugendliche wurden vorbereitet. Erika konnte noch einmal richtig loslegen: in der Arbeit und in der Politik. Verdienter Lohn für ungeahnte Mühe und unerwartet gutes Omen für die Zukunft war, was Martin Gregor-Dellin ihr während der Vorbereitungen zum zweiten Band der Klaus Mann-Essays im März 1969 schrieb: »Fast ist man versucht zu sagen: die besten Manuskripte Klaus Manns seien diejenigen, die Erika Mann übersetzt hat ... was natürlich ungerecht ist gegenüber Ihrem Bruder, aber Sie leisten in der Tat Unglaubliches!«[105]

Das letzte Jahr

Ein halbes Jahr vor ihrem Tod erreichten Erika diese Zeilen, die sie für vieles entschädigten, was sie sich in den letzten Jahren hatte anhören müssen. Trotz der ungeklärten Situation in Sachen *Mephisto* gab es vieles in den beiden letzten Lebensjahren, was ihr Auftrieb gab, sie ermunterte und neue Ideen und Pläne entwickeln ließ.

Im Januar 1968 strahlte das deutsche Fernsehen ein Interview aus. F.J. Raddatz fragte Erika Mann nach ihren Exilerfahrungen, nach der Pfeffermühle, nach ihrem Leben.[106] »Aufklärung«, so stellte Raddatz fest, sei wohl die beste Bezeichnung für das, was sie im Exil und bis zum Beginn der fünfziger Jahre in Amerika getan habe, was sie ihr Leben lang habe tun wollen. Aufklärung mit den Mitteln des Kabaretts und mit spitzer Feder; Aufklärung über den Mißbrauch von Erziehung im nationalsozialistischen Deutschland, Aufklärung über subtile, alltägliche Formen der Anpassung an diktatorische Systeme, Aufklärung über die Stimmung unter den Deutschen in den Jahren 1945/46.

Wieso, fragte Raddatz, sei die Autorin Erika Mann in den Jahren seit 1952 so sehr zurückgetreten, die Notwendigkeit von Aufklärung bestehe doch fort, und jemand mit ihrer Integrität, mit ihrer Artikulationsfähigkeit, der müßte sich doch äußern: zur Weltpolitik, zu den Verhältnissen in der Bundesrepublik, zu den Studentenunruhen.

»Ich bin ein sehr gebranntes Kind«, antwortete Erika Mann sehr freimütig, sehr ehrlich. Nach den Erfahrungen im europäischen und anschließend im amerikanischen Exil, nach dem Schock der McCarthy Zeit habe sie nach der Rückkehr nicht noch ein viertes Mal anfangen können; sie habe es sich abgewöhnt, ihre Stimme öffentlich gegen die gefährlichen Tendenzen in der Weltpolitik zu erheben. Das sei eine »traurige Wahrheit«, inzwischen sei ihr Platz »zwischen allen Stühlen«, aber der Platz sei vielleicht gar nicht so schlecht. Wenn man sie aber aufforderte, wenn man sie riefe, gewiß würde sie sich nicht weigern, um zu appellieren, um aufzuklären; sie würde gegen den Vietnamkrieg sprechen und den Protest der Studenten gegen die amerikanische Politik in Südostasien unterstützen.

Die »traurige Wahrheit«, die Erika Mann ihrem Interviewpartner gestand, war nicht die ganze Wahrheit. Auch nach der Rückkehr hatte sie den Versuch gemacht, als politische Publizistin zu arbeiten. Unaufgefordert hatte sie das Wort ergriffen. Als 1956 im Staat des real existierenden Sozialismus der ehemalige Spanienkämpfer und Leiter des Aufbau Verlages Walter Janka wegen »Boykotthetze« in einem ungeheuerlichen Schauprozeß zu einer langjährigen Zuchthausstrafe verurteilt wurde, da war es Erika Mann, die sofort nach Jankas Verhaftung an den Kulturminister Johannes R. Becher schrieb:

»Und was nun gar Sie betrifft, der Sie in stetem politisch-beruflichen Umgang die Integrität des Inhaftierten bis zur Neige erprobt haben müssen, so glaube ich meiner guten Sache sicher zu sein: Sie werden – nicht wahr? – Ihr Äußerstes tun für die Aufhebung einer Maßnahme, die, weit über alles Individuelle hinaus, geeignet ist, das Ansehen ihrer Republik bei allen Gutgesinnten auf das schwerste zu schädigen, die Advokaten der Uneinigkeit und des Hasses zu stärken und die ›westlichen‹ Vorkämpfer für die Wiedervereinigung Deutschlands, das Ende des ›Kalten Krieges‹ und eine friedliche Koexistenz aufs Haupt zu schlagen.«[107]

Während 1958 in den Diskussionen um die atomare Aufrüstung und den Bau nuklearer Abschußrampen in Westeuropa die Wogen hochschlugen, als die ersten Ostermärsche stattfanden und Karl Jaspers für sein Buch *Die Atombombe und die Zukunft* mit dem Friedenspreis des deutschen Buchhandels ausgezeichnet wurde, wagte Erika Mann zum wiederholten Male den »Appell an die Vernunft«. Öffentlich äußerte sie Zweifel an der Kriegslüsternheit der UdSSR. Die Vermutung, die Russen wollten dem Rest der Welt mit Atombomben das Glück des Kommunismus bescheren, mochte sie nicht teilen. Sie seien gewiß keine Edelpazifisten, die Kommunisten in Rußland und China, aber innen-, außen- und vor allem wirtschaftspolitisch wollten sie keinen Krieg, könnten ihn gar nicht wollen. 1958 schrieb sie:

»Was im übrigen die weitere Aufhäufung atomaren Kriegsmaterials hüben wie drüben betrifft, und hier wie dort die Fortsetzung der Experimente, so haben Hunderte von weltberühmten Fachgelehrten nachgewiesen, daß wir – auch ohne Krieg – höchst gefährdet seien, ja, daß im Laufe der Zeit alles Leben auf Erden ein Ende nehmen möchte. Ich sage ›im Laufe der Zeit‹, wohl wissend, daß genau diese Prägung uns so stumpf und so dumpf, so gleichgültig und ›atomergeben‹ macht. *Wüßten* wir nämlich, daß in zehn oder zwanzig Jahren ein unausdenkbar schauriges und schandvolles Ende uns selber, wie unsere lieben Kinder und Kindeskinder erwarte – es sei denn, wir handeln *jetzt* –, kein Zweifel: wir wachten auf aus unserer Lethargie und handelten auf der Stelle.
[...]
Die Forderung also, die wir an unsere regionalen Machthaber und welche die Länder Europas an ihre gemeinsamen Machthaber, die USA, zu richten hätten – meiner Überzeugung nach lautete sie wie folgt: Sofortige Einstellung sämtlicher Atomexperimente auf unserer Seite unter gleichzeitiger Verhandlung mit der Sowjetunion zwecks dauernder Einstellung der Experimente auch dort.«[108]

Wie schon gegen Ende des Krieges, so paßten auch in den fünfziger Jahren Erika Manns Ansichten nicht in die politische Landschaft. Nach wie vor nannte man sie einen »fellow traveller« der Kommunisten, oder man empfahl ihr den Psychiater. So geschehen 1959, als sie in einem großen und vielbeachteten Artikel zur Auseinandersetzung um den russischen Schriftsteller Boris Pasternak Stellung nahm.[109] Bekanntlich war Pasternak 1958 der Literaturnobelpreis verliehen worden, die sowjetischen Behörden indes ließen den in seinem Lande verfemten, schwerkranken Dichter zur Entgegennahme des Preises nicht ausreisen. Einmütig war die Empörung in der westlichen Welt über diesen neuerlichen Beweis sowjetischer Willkür. In der Münchener Zeitschrift *Die Kultur* schlug Erika Mann eine andere Perspektive vor:

»Mein Glaube, nun, geht dahin, daß Pasternak zu retten gewesen wäre, und daß ihm vielleicht sogar vergönnt gewesen wäre, den Preis in Empfang zu nehmen, hätte unsere gute ›Freie Welt‹ sich etwas weniger töricht betragen. Aber so ist es nun einmal bei uns: unser Interesse geht weniger dahin, einen guten Mann und einen, der gewissermaßen zu uns gehört, zu ehren und zu retten, als dahin, unter allen Umständen die UdSSR blöde vor den Kopf zu stoßen, unter Aufopferung desjenigen oder derjenigen, die zu beschützen und zu erhalten in unserem besten Interesse läge.«[110]

Für die Kritiker lag hier ein klarer Fall von Antiamerikanismus und gefährlicher Verharmlosung der russischen Politik vor. Auch daß Erika konsequent »Freie Welt« schrieb, empörte die Kritiker. Der »Fall Pasternak« wurde zum »Fall Erika Mann«, die sich zwar verteidigte wie immer, aber anschließend und für fast zehn Jahre wieder zurückkehrte zur Arbeit für ihre »lieben Toten«.[111] Sie nannte sich eine »militant Liberale« und definierte diese Haltung als »konservativ mit sozialem Gewissen«. Von der Politik hat sie sich nie wirklich verabschiedet, aber beruflich hat sie anders gewählt.

Im »letzten Jahr«, unter dem Eindruck des Vietnamkriegs, erwog sie noch einmal die Rückkehr zur Politik. Dem Hamburger Journalisten und Chefredakteur der Zeitschrift *Deutsches Panorama*, Gert von Paczensky, bot sie Artikel über die amerikanische Nachkriegspolitik an.[112]

Es ging ihr besser in diesem letzten Jahr, in diesen zwei letzten Jahren, aber große Sprünge konnte sie nicht machen; eigentlich gar keine Sprünge, denn ohne Krücken konnte sie nicht mehr laufen. Voller Sympathie verfolgte sie die Anti-Vietnamkriegs-Kampagnen. Im Oktober 1967 reiste sie nach Berlin. Das Fernsehen des SFB produzierte eine große Lesung aus Thomas Manns *Zauberberg*, in der Erika eine einstündige Einleitung sprach.[113] Ein komisches Bild muß sie abgegeben haben, als sie während dieser Woche in eine große Antikriegsdemonstration auf dem Kurfürstendamm geriet – sehr einverstanden war sie, aber sehr ärgerlich, daß sie nicht wirklich mitmarschieren konnte.

Aber sie unterstützte die Anti-Vietnamkriegs-Bewegung auf andere, auf ihre Weise. Im Juni 1967 schrieb sie an Pablo Picasso, den großen Künstler, den sie im August 1944 als erster amerikanischer Kriegskorrespondent im befreiten Paris aufgesucht hatte. Damals hatte der Meister ihr ein selbst erfundenes und konstruiertes Warmwassergerät gezeigt, erst anschließend durfte sie seine Bilder und Skulpturen bewundern. Jetzt, 23 Jahre später, wandte Erika Mann sich mit einem ganz anderen Anliegen an ihn.[114] Es sei ihr, schrieb sie, aus der Presse bekannt geworden, daß verschiedene Anti-Vietnamkriegs-Gruppen mit der Bitte an Picasso herangetreten seien, er möge sein Bild *Guernica*, das er dem »Museum of Modern Art« für einige Zeit zur Verfügung gestellt hätte, aus Protest gegen die amerikanische Aggression in Vietnam zurückziehen. Ganz zweifellos wäre eine solche Aktion spektakulär und ein wichtiges Signal. Aber sie habe noch eine andere, eine bessere Idee. Picasso solle sein Bild ruhig in Amerika lassen, aber er solle einen offenen Brief an jene Gruppen schreiben und seine Haltung erläutern. Diesen Brief könne man vielleicht als ganzseitige Anzeige in der *New York Times* verbreiten lassen. Zweifellos werde der »cher maître« einen ganz wunderbaren Brief schreiben, aber zu seiner Entlastung und mit gehörigem Respekt schlage sie ihm schon einmal einen möglichen Wortlaut vor: »Ihren Vorschlag, mein Bild zurückzuziehen, habe ich mit Freude zur Kenntnis genommen; dennoch möchte ich ihn nicht befolgen. *Guernica*, damals ein Protest gegen Hitlers Bombenangriffe auf Spanien, ist heute leider aktueller denn je. Was die Vereinigten Staaten Vietnam antun, ist bestimmt nicht besser als das Vorgehen der Nazis in Spanien. Mein Bild stellt die amerikanischen Aktionen in Vietnam dar, und mich erfüllt eine aufrichtige Befriedigung bei dem Gedanken, daß so viele Amerikaner jetzt die Gelegenheit haben, mein *Guernica* zu sehen.«[115]

Picasso hat nie geantwortet. Hätte sie gekonnt, wie sie gewollt hätte, dann hätte sie noch vieles in Angriff genommen, vieles hätte sie bewirken können. Den Studenten der 68er Bewegung galt Erikas ganze Sympathie, gewiß weniger ihren antiautoritären Kinderläden als ihrer vehementen Forderung nach Auseinandersetzung mit der verdrängten Geschichte, mit Nationalsozialismus und Exil. Daß die Bücher von Klaus Mann mit zu dem ersten gehörten, was diese Generation wiederentdeckte, war nicht zuletzt Produkt ihrer Bemühungen, es war ihr Genugtuung, die Bestätigung dessen, was sie immer geahnt, worauf sie immer gehofft hatte. Geschichten aus ihrem Leben, Geschichten aus dem Exil hätte sie dieser Generation sicher gern erzählt, und sie wäre in dieser Generation mit dem auf Verständnis gestoßen, was man ihr in ihrer eigenen Generation so übel nahm. Politischen Starrsinn, private Rachsucht, unversöhnlichen Rigorismus nannten es die Altersgenossen, wenn sie mit Wilhelm Emanuel Süskind nichts mehr zu tun haben wollte, wenn sie daran festhielt, daß zwischen ihr und einem, der unter den Nationalsozialisten Karriere gemacht hatte, Abgründe klafften. Die bisweilen gnadenlose Radikalität, mit der die 68er ihre Elterngeneration für die Vergangenheit zur Rechenschaft zogen, hätte Erika Mann wohl gebilligt und bekräftigt.

In anderer Beziehung indes hätte es keinen Pardon zwischen ihr und der außerparlamentarischen Opposition gegeben. Den »bürgerlichen Großschriftsteller Thomas Mann«, dessen Romane in den Seminaren der Berliner »Kritischen Universität« mit der Agitpropliteratur Walter Schönstedts oder Willi Bredels verglichen und für überflüssig befunden wurden, diesen und anderen akademischen Unsinn hätte Erika Mann ihr nicht durchgehen lassen. Auch die philosophischen »Götter« der Studentenbewegung hätte sie ihr vermutlich gern ausgeredet. Theodor W. Adorno zum Beispiel hat Erika Mann nie leiden können. Schon zu Thomas Manns Lebzeiten und schon während dessen Arbeit am *Doktor Faustus* hatte sie gegen Adornos Anteil an der »Geschichte des deutschen Tonsetzers Adrian Leverkühn« Einwände erhoben. Vor allem die zahlreichen Passagen im »Roman eines Romans«, in denen Thomas Mann die gemeinsamen und für ihn vielfach höchst anregenden Diskussionen mit Adorno detailliert schilderte, zum Beispiel anläßlich von Adrians Violinkonzert und seines Oratoriums »Apokalypse«, hat Erika offenkundig heftig kritisiert.[116] Wie sich aus Thomas Manns Tagebüchern ergibt, haben Katia und Erika nachdrücklich und mit Erfolg darauf hingewirkt, daß

Thomas Mann die »Adorno-Bekenntnisse« in der *Entstehung des Doktor Faustus* wesentlich gekürzt hat. Die »Frage des autobiographischen Taktes und (die) Gefahr unnötiger Desillusionierung« war es offenbar, die in diesem Zusammenhang erörtert wurde. Dies alles führte zu Streichungen und Veränderungen in der *Entstehung*, durch die Adornos Anteil an den musikalischen Kompositionen Adrian Leverkühns wesentlich geringer erscheint, als er in Wirklichkeit war. Mühsam und verärgert hat Thomas Mann sich auf die Kürzungsprozedur eingelassen.[117]

Dies alles wußte Erika Mann ganz sicher, als sie 1962 an Adorno schrieb und zu einem Vortrag Stellung nahm, in dem dieser erstmals öffentlich geschildert hatte, wie sich die musikalisch-kompositorische Mitarbeit an Thomas Manns *Doktor Faustus* vollzogen hatte: »Daß Sie, lieber Freund, sich sämtliche Kompositionen des Adrian Leverkühn mutterseelensolo ausgedacht haben, wußte ich allerdings nicht, und auch in der ›Entstehung‹, dankerfüllt, wie sie doch ist, steht das nicht zu lesen. Nun, vielleicht sehen Sie's so, und er sah das anders.«[118] Auch wenn sie es besser wußte, noch immer galt für sie die Devise, daß die herausragende Schöpferkraft Thomas Manns bestenfalls der Anregung, aber gewiß nicht der Mitarbeit bedurfte. Wenn das Gegenteil der Fall war, dann mußte die »Gefahr unnötiger Desillusionierung« ganz unbedingt vermieden werden.

Erika mochte Adorno nicht, sie ertrug nicht, daß jemand ihren Vater beeindruckte, noch dazu durch eine »gemeine Intelligenz«[119] und durch komplizierte Theorien, in denen sie nur eitles Gerede sehen konnte. Als 1963 die Frankfurter Studentenzeitung *Diskus* die Kontroverse um Adorno und seine fragwürdigen Äußerungen in einer nationalsozialistischen Musikzeitschrift auslöste, da fand Erika Mann sich in ihrer Antipathie nur allzu bestätigt, und allzu gern hätte sie die Angelegenheit publizistisch weitergetrieben.[120]

Erika Manns »letztes Jahr«, das so gut begonnen hatte und in dem so vieles, was ihr am Herzen lag, Gestalt annahm – die Klaus Mann-Edition, die intensiv einsetzende Erforschung des Exils in der bundesrepublikanischen Wissenschaft, die durch die Studentenbewegung ausgelöste öffentliche Diskussion über die Geschichte der Bundesrepublik und ihre verdrängte Vergangenheit –, brachte eine unerwartete Katastrophe, es endete jäh.

Im März des Jahres 1969 fuhr sie noch – wie schon in den früheren Jahren – nach Klosters in Graubünden. Kopfschmerzen ganz unbekannter Art waren es, die sie beunruhigten. Was die Ärzte kurz darauf feststellten, war ein Schock. Ein Gehirntumor verlangte sofortige Operation. Im April wurde sie im Zürcher Kantonsspital vorgenommen.

Einem, der in den letzten Jahren fast ein Freund und ebenfalls nun sehr krank geworden war, Albrecht Goes, schrieb sie: »Herr Ritter, gestorben wird jetzt nicht«.

Erika Mann um 1950

Am 27. August 1969 starb Erika Mann im Zürcher Kantonsspital. Albrecht Goes wurde gebeten, die Trauerrede zu halten. Er selbst war gerade erst wieder gesund geworden, aber er fuhr nach Kilchberg, und während er sich in der Bahn auf seine Rede vorbereitete, mußte er an seine Spaziergänge mit Erika auf dem Kilchberger Friedhof denken.

Es ist ein heller, moderner Friedhof, der abseits vom Dorf, hoch über dem Zürichsee liegt, das Massiv der Schweizer Alpen wirkt wie ein Schutzwall im Hintergrund. Häufig hatten sie das Grab des Schweizer Schriftstellers Conrad Ferdinand Meyer, das von Thomas Manns Grab nicht weit entfernt liegt, besucht und sich dabei der Worte C.F. Meyers erinnert. »Ich bin kein ausgeklügelt Buch/Ich bin ein Mensch mit seinem Widerspruch«. Erika liebte diese Zeilen, sie waren zum Leitmotiv für die Edition der Thomas Mann-Briefe geworden.

Bei der Trauerfeier in der Kilchberger Kirche am 30. August 1969 zitierte Albrecht Goes zu Erikas Gedenken Heinrich Heines »guten Tambour«, dessen »heilige Unruhe« die Leute aus dem Schlaf trommelt.

Gert Westphal las aus Briefen Thomas Manns an sein »kühnes, herrliches Kind«, und Roland Hermann sang das vierte von Gustav Mahlers »Kindertotenliedern«. Es war Musik, die Erika Mann oft mit Lotte Lehmann und Bruno Walter gehört hatte; das Schwermütig-Düstere und zugleich Heiter-Melodiöse dieser Lieder hatte sie immer besonders ergriffen. Auch Martin Gregor-Dellin sprach, er schilderte die Stationen ihres Lebens und beschrieb ihr Wesen: »Sie sah Trübsal nicht gern, sie wurde unwillig dabei, und sie würde uns nicht gern trübselig sehen. Wer könnte sie sich auch anders vorstellen als jugendlich elastisch, von unverdüstertem Geist, ironisch schrill, hell, behende, vielseitig und unermüdbar.«[121]

Nach ihrem Tod setzte man fort, was sie selbst am liebsten getan hatte. Man erzählte Geschichten von ihr und über sie.[122] Albrecht Goes hatte schon bei der Trauerfeier damit begonnen. Er erzählte noch einmal die Geschichte, die Erika zunächst ihrem Vater und dann auch ihm erzählt hatte. Es ist eine Geschichte vom Tod und von der Liebe einer Tochter zum Werk ihres Vaters; und eine Geschichte von Erika Manns Gespür für Geschichten.[123]

Silvester 1946: Sie sitzt in einem New Yorker Friseursalon und läßt sich für die bevorstehende Party zurechtmachen. Von der anderen Seite des Kontinents, aus Kalifornien, hat Thomas Mann die letzten Kapitel des *Doktor Faustus* geschickt. Erika liest und liest und kann nicht aufhören; sie merkt gar nicht mehr, was um sie herum und was mit ihr geschieht. Das »Echo-Kapitel«, die Erzählung vom Tod des kleinen Nepomuk Schneidewein, der einzigen Liebe im Leben des Teufelsbündlers Adrian Leverkühn, rührt sie zu Tränen, so sehr, daß die »soeben vom Friseur für Silvester fein aufgepinselte Augentusche in schwarzen Bächen über die Wangen« läuft.

Einen einfachen, ungeschliffenen Granitblock hatten Katia und Erika Mann 1955 als Grabstein für Thomas Mann ausgesucht. Eine schlichte Steinplatte mit Erikas Namen legte man 1969 links daneben.

Abkürzungen

Publikationen, die in der Bibliographie verzeichnet sind, werden in den Anmerkungen nur mit Kurztiteln angegeben. Außerdem werden folgende Abkürzungen verwendet:

AA	Auswärtiges Amt
AdK	Archiv der Akademie der Künste, Berlin/West
BAK	Bundesarchiv Koblenz
DB	Deutsche Bibliothek, Frankfurt
DLM	Deutsches Literaturarchiv, Marbach
DRA	Deutsches Rundfunkarchiv/Historisches Archiv der ARD, Frankfurt
EM	Erika Mann
EM, Briefe I u. II	Erika Mann, Briefe und Antworten, hrsg. von Anna Zanco Prestel, 2 Bände, München 1984/85.
EM, PM	Helga Keiser-Hayne (Hrsg.), »Beteiligt euch, es geht um eure Erde.« Erika Mann und ihr politisches Kabarett ›Die Pfeffermühle‹ 1933-1937. München 1990.
EMA	Erika Mann-Archiv in der Handschriftenabteilung der Stadtbibliothek München (unveröffentlichte Manuskripte werden zitiert: EM und laufende Nummer)
ERC	European Rescue Committee
KM	Klaus Mann
KM, Briefe	Klaus Mann, Briefe und Antworten, hrsg. von Martin Gregor-Dellin, München 1987.

KM, Tagebücher, I-VI	Klaus Mann, Tagebücher Band I: 1931-1933; Band II: 1934/35; Band III: 1936/37; Band IV: 1938/39; Band V: 1940-1943; Band VI: 1944-1949. 6 Bände, hrsg. von Joachim Heimannsberg, Peter Laemmle und Wilfried F. Schoeller, München 1989-1991.
KMA	Klaus Mann-Archiv in der Handschriftenabteilung der Stadtbibliothek München (Unveröffentlichte Manuskripte werden zitiert: KM und laufende Nummer).
TM	Thomas Mann
TM, Briefe I-III	Thomas Mann, Briefe (I) 1889-1936; (II) 1937-1947; (III) 1948-1955 und Nachlese hrsg. von Erika Mann, Frankfurt/M. 1961, 1963, 1965.
TM, Reg. I-V	Hans Bürgin/Hans Otto Mayer (Hrsg.), Die Briefe Thomas Manns. Regesten und Register. Band I: Die Briefe von 1889-1933, Frankfurt/M. 1976; Band II: Die Briefe von 1934-1943, Frankfurt/M. 1980; Band III: Die Briefe von 1944-1950, Frankfurt/M. 1982; Band IV: Die Briefe von 1951-1955 und Nachträge, Frankfurt/M. 1984; Band V: Empfängerverzeichnis, Gesamtregister, Frankfurt/M. 1987.
TM-GBF	Thomas Mann, Briefwechsel mit seinem Verleger Gottfried Bermann Fischer, hrsg. von Peter de Mendelssohn, Frankfurt/M. 1973.
TM-HM	Thomas Mann/Heinrich Mann, Briefwechsel 1900-1949, hrsg. von Hans Wysling. Erweiterte Neuausgabe, Frankfurt/M. 1984.

Anmerkungen

Vorwort

1 Walter A. Berendsohn, Thomas Mann und die Seinen, S. 167.
2 Golo Mann, Meine Schwester Erika. In: EM, Briefe II, S. 245.
3 EM, Gedanken im Tee-Salon. In: Die Zeitung vom 28. Mai 1943, S. 4.

Kapitel I: Kindheit und Jugend in München (1905-1923)

1 Hierzu und auch zum folgenden vgl. Peter de Mendelssohn, Der Zauberer, Bd. 1, S. 553ff. sowie S. 583ff.
2 Katia Mann, Meine ungeschriebenen Memoiren, S. 21f. sowie Peter de Mendelssohn, Der Zauberer, Bd. 1, S. 584f.
3 Über Alfred Pringsheim vgl. auch EM, Glückwunsch an den Großvater Pringsheim. In: Münchener Neueste Nachrichten, 83. Jhg. Nr. 237 v. 1.9.1930.
4 Peter de Mendelssohn, Der Zauberer, Bd. 1, S. 602.
5 TM-HM, Briefwechsel, S. 62. Weniger enttäuscht, dafür umso erschütterter vom Wunder des Lebens und der Geburt zeigte sich TM in anderen Briefen, in denen er die Geburt seines ersten Kindes mitteilte. Vgl. TM, Reg. I, Nr. 05/25-05/31; insbesondere im Brief an Ida Boy-Ed v. 11.11.1905. In: TM, Briefe an Otto Grautoff und Ida Boy-Ed, S. 157f.
6 Zitiert nach Peter de Mendelssohn, Der Zauberer, Bd. 1, S. 633f.
7 Vgl. EM, Rund um das Haus (Typoskript EM 75) sowie: EM, Thomas Mann. Die letzte Adresse. In: Schöner Wohnen, April 1965, S. 82-91.
8 KM, Kind dieser Zeit, S. 15.
9 Ebd., S. 21.
10 Ebd., S. 44 sowie KM, Der Wendepunkt, S. 111.
11 Peter de Mendelssohn, Der Zauberer, Bd. 1, S. 897.
12 Ebd., S. 896.

13 EM, Brief an Peter Pringsheim vom 15.3.1953 (EMA).
14 Zitiert nach: Peter de Mendelssohn, Der Zauberer, Bd. 1, S. 898.
15 Ebd., S. 896 sowie S. 906; vgl. außerdem Erika Manns Erinnerungen in EM 251.
16 EM, Als wir noch Kinder waren ... (EM 4); teilweise gedruckt in: EM, Briefe I, S. 7.
17 Monika Mann, Vergangenes und Gegenwärtiges, S. 138.
18 EM über ihren Vater TM. Rundfunkgespräch (SRG Basel) mit Roswitha Schmalenbach v. 29.4.1968. DRA Nr. 57.1608.
19 KM, Kind dieser Zeit, S. 18.
20 Ebd., S. 32f.
21 Ebd., S. 134ff.
22 Interview mit Friederike Schmitt-Breuninger von Helga Keiser-Hayne für ihren Fernsehfilm über EM, der erstmals 1984 im 3. Programm des Bayerischen Fernsehens ausgestrahlt wurde: »Ich bin ein sehr gebranntes Kind«. Porträt der Schauspielerin und Kabarettistin Erika Mann.
23 KM, Kind dieser Zeit, S. 139f.
24 Ebd., S. 142.
25 Ebd., S. 136.
26 EM, Briefe I, S. 8.
27 KM, Kind dieser Zeit, S. 96.
28 TM-HM, Briefwechsel, S. 145.
29 KM, Kind dieser Zeit, S. 165ff. Vgl. Fredric Kroll (Hrsg.), Klaus-Mann-Schriftenreihe, Bd. 2, S. 41ff.
30 EM, Briefe I, S. 9f.
31 EM, Wenn ich an meine Mutter denke..., S. 89. Vom »Kampf um das Nicht-Durchfallen« ist in zahlreichen unveröffentlichten Briefen Erika Manns an Lotte Walter aus dem Jahre 1923 die Rede. In einem Brief an Gretel und Lotte Walter v. 23.5.1924 heißt es: »Und ich bin also in Berlin. Das Sau Sau Sau Sau-Kotz-Abitur ... habe ich glücklich hinter mir, und jetzt lebe ich hier wie ein Halbgott. Ich studiere, filme und bin zum Herbst am deutschen Theater engagiert – für garstige kleine Röllülein –, aber immerhin. Es ist ja so komisch! Der Kontrakt ist so herrlich feierlich, und wenn ich in meinem Zimmer sitze und ganz allein frühstücke und ab und an meine Miete bezahle und mir Spirituskocher kaufe, denke ich doch manchmal mich laust der Affe.« (EMA). Das Zeugnis befindet sich im EMA.
32 KM, Kind dieser Zeit, S. 195.
33 Unter dem Titel »Kinder-Theater« erschien am 28.9.1928 Erika Manns Glosse über den »Mimikbund« in der Berliner Tageszeitung »Tempo«. Es handelt sich um die erste nachweisbare journalistische Arbeit Erika Manns. Zum »Mimikbund« vgl. außerdem: KM, Kind dieser Zeit, S. 99ff. und ders., Der Wendepunkt, S. 110. Vgl. außerdem: George W.F. Hallgarten, Als die Schatten fielen, S. 104ff. sowie Bruno Walter, Thema und Variationen, S. 273f.
34 TM, Eine Liebhaberaufführung im Hause Mann. In: TM, Das essayistische Werk, Bd. Autobiographisches. S. 44.
35 EM, Kinder-Theater, Vgl. Anm. 33.

36 Dies war der Titel einer der ersten Glossen, die EM für die Berliner Tageszeitung »Tempo« geschrieben hat. Gedruckt auch in: Deutsche Zeitung Bohemia Nr. 231 v. 4.10.1931 sowie in: Kasseler Neueste Nachrichten v. 14.10.1931.

37 KM, Der Wendepunkt, S. 196.

Kapitel II: Bühne – Schreibtisch – Automobil (1924-1932)

1 KM, Kind dieser Zeit, S. 205.

2 Ebd., S. 256.

3 Für die Zeit zwischen 1924 und 1929 zeugen davon 35 handschriftliche, unveröffentlichte Briefe Erika Manns an Pamela Wedekind. Während der Zeit der Emigration war der Kontakt zwischen beiden völlig abgebrochen, erst nach Klaus Manns Tod, 1949, begann eine vorsichtige Wiederannäherung. Die Korrespondenz zwischen 1949 und 1969 umfaßt knapp 70 Briefe, mit zwei Ausnahmen (vgl. EM, Briefe I, 260f. und S. 264f.) ebenfalls unveröffentlicht. In den frühen fünfziger Jahren und während der Auseinandersetzungen um Klaus Manns Roman »Mephisto« empfand Erika Mann das Trennende zwischen ihr und der ehemaligen Freundin wiederum sehr stark, obwohl Pamela Wedekind sich nachdrücklich um eine Verständigung bemühte. Unvereinbar waren die Ansichten über die Emigration, Gustaf Gründgens und die politische Landschaft der Nachkriegszeit. Sie habe immer bereut, nicht emigriert zu sein, schrieb Pamela Wedekind im Januar 1952, aber aus der bloßen Tatsache der Emigration bzw. Nichtemigration den moralischen Lob- bzw. Schuldspruch abzuleiten, das könne nicht angehen. Schon damit konnte Erika Mann sich nicht einverstanden erklären; als dann im Jahre 1957 Pamela Wedekind es »wagte«, einen Vortragsabend mit Walter Kiaulehn zu veranstalten, kam es neuerlich zum Zerwürfnis. Kiaulehn hatte am Tag von Thomas Manns Beerdigung, am 16.8.1955, im »Münchener Merkur« den Artikel »Die Heimkehr des Proteus oder: Das Unbehagen an Thomas Mann« erscheinen lassen (vgl. Münchener Merkur Nr. 195 v. 16.8.1955, S. 10). Erika Mann war über den Artikel, der mit Thomas Manns Ansichten und Äußerungen über »Deutschland und die Deutschen« heftig ins Gericht ging, aufs äußerste erbost, zumal sie Walter Kiaulehn wegen seiner Haltung im Dritten Reich ohnehin ablehnte. Vgl. zu letzterem: Hans Habe, Im Jahre Null, S. 122.

4 TM, Briefe I, S. 216.

5 TM, Reg. I 24/46 v. 27.4.1924.

6 Klaus Völker, Elisabeth Bergner, S. 146f.

7 TM, Briefe I, S. 216.

8 Friedrich Lorenz, Gespräche mit Erika Mann. In: Neues Wiener Journal, März 1926.

9 Briefe Erika Manns von Anfang und Ende März 1925 an Pamela Wedekind (EMA).

10 EM an Pamela Wedekind vom August 1925 (EMA).

11 KM, Anja und Esther. In: Ders., Der siebente Engel, S. 59.

12 Über dieses und auch die anderen frühen Theaterstücke Klaus Manns vgl.: Fredric Kroll, Klaus-Mann-Schriftenreihe, Bd. 2, S. 128ff. und S. 160ff. sowie: Michael Töteberg, Eine unglückliche Liebe zum Theater, S. 14-36.

13 KM, Briefe, S. 12f.

14 KM, Anja und Esther, S. 62.

15 Herbert Jhering, Von Reinhardt bis Brecht, Bd. 2, S. 191ff. Der Wortlaut der hessischen Landtagsanfrage ist zitiert nach: Ausbürgerungsakte KM, Politisches Archiv des AA, Bonn.

16 Gustaf Gründgens, Über Klaus Mann. In: Blätter der Hamburger Kammerspiele Jhg. 8, Nr. 2 (1925/26).

17 Thomas Mann, der die Münchener Aufführung besucht hatte (vgl. TM, Briefe I, S. 248f.), sah das offenbar ähnlich. Auf die für ihn charakteristische Weise schwanken seine Äußerungen über das Erstlingswerk des Sohnes zwischen leicht pikierter Irritation, amüsierter Anteilnahme und ironischem Einverständnis mit den Kritikern. Vgl. z.B. im Brief an Margarete Hauptmann (Reg. I, 26/28 v. 27.2.): »[Klaus] läßt seiner Jugend zuklatschen und sein Stück spielen«.

18 KM, Der Wendepunkt, S. 186.

19 Curt Riess, Gustaf Gründgens, S. 60f.

20 Briefe Erika Manns an Pamela Wedekind vom April und Mai 1926 (EMA).

21 Curt Riess, Gustaf Gründgens, S. 67.

22 KM, Briefe, S. 26f.

23 Brief von Hedwig Pringsheim an EM v. 19.4.1926 (EMA); auch TM selbst scheint die »Lebensentscheidung« seiner Tochter nicht sehr ernst genommen zu haben. Über seinen Schwiegersohn schreibt er nach der Hochzeit an Félix Bertaux: »Der junge Gatte ist übrigens ein sympathischer Mensch und sehr begabt als Künstler« (TM, Reg. I 26/129 v. 1.8.1926).

24 EM, Briefe I, S. 13.

25 Zahlreiche Presseausschnitte zu diesen Inszenierungen vom Oktober und Dezember 1926 finden sich im EMA.

26 KM, Revue zu Vieren. In: Ders., Der Siebente Engel, S. 85. Zu den Konflikten vor, während und nach der Inszenierung vgl. Fredric Kroll, Klaus-Mann-Schriftenreihe, Bd. 2, S. 160ff. sowie Eberhard Spangenberg, Karriere eines Romans, S. 28ff.

27 KM, Der Wendepunkt, S. 195.

28 Herbert Jhering, Theater in Aktion, S. 274f.; vgl. auch: Franz Servaes, Die Tragikomödie berühmter Kinder. In: Berliner Lokal-Anzeiger vom 3.5.1927; Kurt Pinthus, Revue zu Vieren. In: 8-Uhr-Abendblatt v. 3.5.1927.

29 KM, Briefe, S. 13.

30 KM, Sonja. In: Ders., Letztes Gespräch, S. 45.

31 Samuel und Hedwig Fischer, Briefwechsel mit Autoren, S. 741ff.

32 KM, Revue zu Vieren, S. 83.

33 EM an Pamela Wedekind v. September 1927 (EMA).

34 KM, Der Wendepunkt, S. 203.

35 Vgl. Anm. 33.

36 Zur Weltreise der Geschwister vgl. Fredric Kroll, Klaus-Mann-Schriftenreihe, Bd. 3, S. 7ff. sowie KM, Der Wendepunkt, S. 203ff.

37 Erika und Klaus Mann, Rundherum, S. 57.

38 Ebd., S. 31f.

39 Ebd., S. 39.

40 Ebd., S. 92f. Zum Presseecho auf das erste gemeinsame Buch von Erika und Klaus Mann vgl. Fredric Kroll, Klaus-Mann-Schriftenreihe, Bd. 1, S. 127-130.

41 Über Erika Manns Engagement an den Münchener Bühnen gibt die im Bayerischen Hauptstaatsarchiv verwahrte Personalakte Erika Mann Auskunft. Sie enthält Korrespondenz, Engagementsverträge und Pressestimmen aus der Zeit zwischen 1926-1935. Signatur: Staatstheater Nr. 2011. Einzelheiten s.u. S. 48f.

42 KM, Der Wendepunkt, S. 219.

43 EM, Briefe I, S. 15. Vgl. auch zum »Ursprung« ihrer schriftstellerischen Tätigkeit ihr Interview für die Schweizer Zeitung »Radio und Fernsehen« 1964, im EMA.

44 Zu »Tempo« vgl. Christian Ferber, Hundert Jahre Ullstein, Bd. 4, S. 197 sowie Peter de Mendelssohn, Zeitungsstadt Berlin.

45 Vgl. dazu: Ursula Krechel, Linksseitig kunstseidig, S. 96-117.

46 EM, Frau und Buch. In: Tempo v. 21.3.1931. (Gedr. auch in: Wiener Neueste Nachrichten; Zeitungsausschnitt o.D. (EMA).

47 EM, Hotel-Marmelade. In: Tempo v. 1.7.1931.

48 Fredric Kroll, Klaus-Mann-Schriftenreihe, Bd. 3, S. 65.

49 Zahlreich sind die Glossen zum »Hotel«-Thema. Vgl. u.a.: EM, Hotels. In: Tempo v. 14.3.1929; EM, Hotel-Nachbarn. In: Bayerische Staatszeitung v. 26./27.6.1932.

50 Franz Hessel, An die Berlinerin. In: Vogue v. 13.3.1929.

51 EM, An den Berliner. In: Vogue v. 8.5.1929.

52 Annette Kolb an EM v. 5.3.1931 (EMA).

53 EM, Geht die Kunst nach Brot? In: Deutsche Zeitung Bohemia Nr. 112 v. 11.5.1932; sowie in: Bayerische Staatszeitung v. 29.4.1932.

54 TM, Reg. I 29/102 und 29/148.

55 Zeitungsausschnitte zur »Fiorenza«-Aufführung im EMA (undatiert). Ihre Erlebnisse während dieser Aufführung fanden Eingang in Erika Manns Glosse, Die Naive als Kardinal. Theaterfahrt ins Polnische. In: Tempo v. 9.3.1929.

56 EM, Ganz kleine Provinz. In: Tempo v. 2.3.1929.

57 KM, Briefe, S. 60f.

58 Dienstvertrag mit Erika Mann v. 18.6.1929. Bayerisches Hauptstaatsarchiv, Personalakte EM [Staatstheater Nr. 2011].

59 Ebd. Zeitungsausschnitte o.O. und o.D. Alle Angaben entstammen der Akte des Bayerischen Hauptstaatsarchivs.

60 EM, Briefe I, S. 23.

61 Hanns Braun in der »Münchener Zeitung«. Undatierter Zeitungsausschnitt im EMA.

62 EM an Alfons Pape v. 27.11.1929 (EMA).

63 Brief von Alfons Pape an Erika Mann v. 31.1.1932. Bayerisches Hauptstaatsarchiv, Staatstheater Nr. 2011.
64 EM, Geht die Kunst nach Brot? (Anm. 53).
65 TM, Briefe I, S. 256 und S. 258. Die Lesung fand am 19.10.1926 in der »Berliner Funk-Stunde« statt. Vgl. Der Deutsche Rundfunk 4. Jhg., Heft 42 v. 17.10.1926, S. 2955f.
66 KM, Tagebücher I, S. 12,23. Ein »Kurzdrama« zum Jahreswechsel 1931 strahlte der Bayerische Rundfunk am 31.12.1931 aus [EM, Ein Jahr geht zu Ende]. Über weitere Engagements vgl.: Bayerische Radiozeitung v. 24.6.1929, 12.11.1929, 4.5.1931. Sowie: Der deutsche Rundfunk, 9. Jhg., Heft 42, 1931 (Erika und Klaus Mann lesen unter dem Titel, Allerlei Erlebnisse). Sämtliche Angaben verdanke ich dem DRA Frankfurt/Main.
67 EM, Briefe I, S. 22.
68 Ludwig Marcuse, Mein zwanzigstes Jahrhundert, S. 115.
69 Eberhard Spangenberg, Karriere eines Romans, S. 52f; dort auch weitere Belege.
70 Von Erika Mann lassen sich folgende Artikel in diesem Zusammenhang nachweisen: »Im Auto durch spanische Dörfer« (Tempo v. 5.5.1930); »Chaud, hot, heiß, caliente« (Tempo v. 16.6.1930); »Up to date« (Tempo v. 26.6.1930); »Nach einer afrikanischen Reise« lautet der Untertitel von Erika Manns »Liebeserklärung an Bayern« (Münchener Neueste Nachrichten v. 23.7.1930). Im Zusammenhang mit dem zweiten »Rundherum« sind wahrscheinlich auch die beiden Artikel »Abenteuer im Auto« und »So trifft man sich« entstanden, die vermutlich im Berliner 8-Uhr-Abendblatt gedruckt wurden.
71 EM, Wie ich Auto-Monteur lernte. In: Tempo v. 20.2.1930.
72 KM, Der Wendepunkt, S. 277ff.
73 Fredric Kroll, Klaus-Mann-Schriftenreihe, Bd. 3, S. 97. »Euka« bezeichnet die Droge »Eukodal«.
74 KM, Kind dieser Zeit, S. 177.
75 Erika und Klaus Mann, Das Buch von der Riviera, München 1931.
76 Vgl. dazu die zahlreichen Notate im ersten Band von Klaus Manns Tagebüchern. Schon im November 1931 diskutierte man in der Poschingerstraße offenbar die Frage der »Auswanderung«. KM, Tagebücher I, v. 19.11.1931, 21.11.1931, 12.3.1932, 25.4.1932.
77 Völkischer Beobachter Nr. 272 v. 15.11.1930. Weitere Pressenotizen zur Aufführung in: Slg P5236 [= Sammlung Rehse] des Bayerischen Hauptstaatsarchivs.
78 KM, Jugend und Radikalismus. Eine Antwort an Stefan Zweig. In: Ders., Heute und Morgen, S. 11.
79 Der Gedanke, daß die Intellektuellen der Weimarer Republik die Gefahren, die dieser Republik von Anfang an drohten, verharmlost bzw. ignoriert hätten, taucht in Erika Manns amerikanischen Vorträgen, Rundfunkreden und autobiographisch gefärbten Artikeln immer wieder auf. Insbesondere bestimmt er ihre große Gesprächserzählung »Don't make the same mistakes« aus dem Jahre 1940. Vgl. Kap. IV, S. 179f.

80 EM, Die Briefangst des Autlers. In: Tempo v. 12.9.1930.

81 Die Unterlagen zu diesem ersten Prozeß in Erika Manns Leben befinden sich im Konvolut »Biographische Dokumente« im EMA.

82 Druckort und -datum bisher nicht nachgewiesen. Undatierter Zeitungsausschnitt im EMA.

83 Das Ereignis ist dokumentiert in: Ford im Bild Nr. 7, Jhg. 1931.

84 Vier Berichte entstanden unterwegs. Sie erschienen in: »Tempo« v. 24.5.1931 (»Und nun Platz für uns Große«), 27.5.1931 (»Fahrt ohne Schlaf«), 2.6.1931 (»Rom? – nur eine Waschgelegenheit«) und 6.6.1931 (»Der Weg zurück«).

85 Gedruckt in: Uhu, 8. Jhg., Heft 2, 1931, S. 91-95 und S. 108/9.

86 KM, Der Wendepunkt, S. 110.

87 EM, Fridolin mit dem guten Herzen. In: Tempo v. 18.12.1930.

88 Angaben nach: Die Deutsche Bühne. Amtliches Blatt des deutschen Bühnenvereins 23. Jhg., Heft 14 v. 24.10.1931, S. 296. Das Stück selbst erschien im Oesterheld-Verlag.

89 Unveröffentlichter Brief im EMA.

90 Münchener Neueste Nachrichten v. 17.12.1932.

91 EM, Stoffel fliegt übers Meer, Stuttgart 1932. Pressestimmen (z.T. undatiert) im EMA.

92 Für Kinder und für Erwachsene debütierte Erika Mann als Regisseurin. Am 13. April 1932 wurde im Münchener Cherubimsaal Mozarts Schuloper »Appollo und Hyazinth« erstaufgeführt. Regiekonzept und deutsche Übersetzung des lateinischen Textes stammten von Erika Mann, die musikalische Leitung hatte Karl Schleifer. Der Erfolg führte dazu, daß das auf diese Weise wiederentdeckte und neu eingerichtete Jugendwerk Mozarts im September 1932 auch in Bayreuth aufgeführt wurde. Vgl. das Material in EM 95 und EM 224 sowie Erika Manns Artikel: Eine »neue« Mozart-Oper. In: Tempo v. 26.2.1932.

93 KM, Tagebücher I, S. 52.

94 KM, Der Wendepunkt, S. 310ff.

95 TM, Briefe I, S. 317ff. sowie EM, Briefe I, S. 24f.

96 KM, Ricki Hallgarten. Radikalismus des Herzens. In: Ders., Prüfungen, S. 360.

97 KM, Heute und Morgen, S. 353.

98 KM, Kind dieser Zeit, S. 171.

99 Zu Leben und Werk Annemarie Schwarzenbachs vgl. vor allem: Roger Perret, Annemarie Schwarzenbach, S. 6ff. sowie Charles Linsmayers Nachwort zur Neuausgabe von A. Schwarzenbach, Das glückliche Tal.

100 Auch die große »Nordlandfahrt« der Geschwister im Sommer 1932 hat Annemarie Schwarzenbach teilweise begleitet. Über ihre und Klaus' »nördliche Abenteuer« (EM1), ihre Verhaftung in Stockholm als »Hochstaplerin« bzw. »Falschgeldhändlerin« schrieb Erika Mann u.a. in Tempo v. 27.7.1932. Vgl. dazu auch die Korrespondentenberichte im 8-Uhr-Abendblatt v. 27.7.1932 sowie die Nachricht in der Bayerischen Staatszeitung vom 29.7.1932 Slg. Staatstheater Nr. 2014, (Zeitungsausschnitt im Bayerischen Hauptstaatsarchiv).

101 Mit einer Ausnahme sind Erika Manns Briefe an Annemarie Schwarzenbach verloren. Sie wurden nach Annemaries Tod, 1942, von deren Mutter Renée Schwarzenbach vernichtet. Eine repräsentative Auswahl von Briefen Annemarie Schwarzenbachs an Erika und Klaus Mann ist, hrsg. von Uta Fleischmann, soeben erschienen.

Kapitel III: Spaß am Spiel – Ernst im Spiel (1933-1936)

1 W.E. Süskind, Die tänzerische Generation. In: Der Neue Merkur VIII, Heft 7 (April 1925), S. 586-597. Vgl. in diesem Zusammenhang: EM, Die Bohème ist tot. In: Tempo v. 12.1.1929 und Deutsche Zeitung Bohemia v. 1.12.1929.

2 Siehe dazu beispielsweise Robert Neumanns Parodie auf »Revue zu Vieren« zitiert bei Fredric Kroll, Klaus-Mann-Schriftenreihe, Bd. 3, S. 32f. sowie Kaspar Hauser, Die lieben Kinder. In: Die Weltbühne, Bd. 8, 1929, S. 304f.

3 EM, Briefe I, S. 25.

4 Klaus Manns Tagebücher belegen vielfach politische Diskussionen und Meinungsverschiedenheiten zwischen den Geschwistern. Mitte März 1932, ein Jahr vor der Emigration, hat Erika offenbar heftig bezweifelt, daß die Jugend im kommunistischen Rußland glücklicher sei als die deutsche Jugend nach dem 1. Weltkrieg. KM spricht in diesem Zusammenhang von »E's Glaubenslosigkeit« KM, Tagebücher I, S. 44.

5 TM, Deutsche Ansprache. In: TM, Politische Schriften und Reden, Bd. 2, S. 185ff.

6 Jürgen Kolbe, Heller Zauber, S. 384f.

7 KM, Heute und Morgen, S. 38.

8 EM, Briefe I, S. 26.

9 Vgl. z.B. die ausführliche Würdigung ihres 1930 in Frankreich erschienenen Buches »Des hommes passèrent« (Paris, éditions du Tambourin) von Helmut Schilling in: Die Literatur, Heft 7 (April) 1931, S. 379f.

10 Zu Vorgeschichte, Verlauf und Folgen dieses Abends vgl. Hiltrud Häntzschel, »Pazifistische Friedenshyänen«? S. 307-332.

11 So etwa die Schilderung in folgenden Typoskripten: EM 137, Peace. Deutsche Ansprache im Vassar College 1937. EM 187, Our War, our victory, our Peace. EM 203, What price fascism. Vgl. auch EM, Don't make the same mistakes, S. 32. Ähnlich dramatisch und in den Details unzutreffend sind die Schilderungen von Klaus Mann. Vgl. The turning point, S. 240f.; Der Wendepunkt, S. 296ff. Demgegenüber trifft Klaus Manns Tagebucheintragung die Wahrheit (KM, Tagebücher I, S. 31).

12 Völkischer Beobachter v. 16.1.1932, S. 1.

13 Wichtige Einzelheiten über den Prozeß bzw. aus der Prozeßakte finden sich bei H. Häntzschel (Anm. 10), der ich entscheidende Informationen und Hinweise zu diesem Komplex verdanke.

14 Berliner Tageblatt v. 29.9.1932, vgl. auch Münchener Neueste Nachrichten vom 28.9.1932 (Zeitungsausschnitt im Bayerischen Hauptstaatsarchiv, Slg. Staatstheater 2011).

15 Die Brennessel 2. Jhg., Folge 5 v. 3.2.1932, S. 51.

16 Klaus Mann verteidigt seine Schwester. In: 8-Uhr-Abendblatt v. 4.2.1932 (vgl. auch KM, Tagebuch I, S. 32 und S. 37).

17 Die Brennessel 2. Jhg., Folge 7 v. 17.2.1932, S. 75, vgl. auch die weiteren Angriffe in: Die Brennessel v. 13. und 15.7.1932 sowie v. 17.5.1933.

18 Golo Mann, Erinnerungen und Gedanken, S. 358f. (Tagebuchnotiz v. 27.11.1931).

19 Schon unmittelbar nach der von Erika Mann und Karl Schleifer besorgten Erstaufführung von »Appollo und Hyazinth« in München (12.4.1932) hatte sich Egon Schmid an Erika Mann gewandt. Er wollte sowohl Mozarts Oper in Weißenburg aufführen als auch Erika Mann selbst z.B. mit einer Rolle im »Sommernachtstraum«, im »Wallenstein« oder im »Götz« engagieren. Schreiben v. 22. und 28.4.1932 Stadtarchiv Weißenburg, Konvolut »Verkehrsverein«.

20 Hildegard Brenner, Die Kunstpolitik des Nationalsozialismus, S. 7ff.

21 Deutsche Kultur-Wacht. Blatt des Kampfbundes für Deutsche Kultur, Heft 4, 1933.

22 Brief von Egon Schmid an Dr. Stang (Kampfbund für Deutsche Kultur) v. 24.5.1932 sowie vom 1. Bürgermeister Dr. Fitz an die Leitung der Ortsgruppe Nürnberg des »Kampfbundes« v. 15.6.1932. Stadtarchiv Weißenburg, Konvolut »Verkehrsverein«.

23 Schreiben des Intendanten v. 15.7.1932 (Anm. 22), Stadtarchiv Weißenburg, Verkehrsverein.

24 Schreiben der Ortsgruppe Nürnberg des »Kampfbundes« an Dr. Fitz v. 7.11. bzw. v. 17.11.1932. Um »eine Front gegen die Familie Mann zu schaffen«, schlug die Nürnberger Landesleitung des »Kampfbundes«, vertreten durch Hans Hagemeier, folgenden »Feldzugsplan« vor: »1. Es erhalten sämtliche Landtagsabgeordnete meines Landesbereiches eine kurze Denkschrift über den Fall ›Erika Mann‹ allerdings in verkürzter Form, wie Sie sie brachten. 2. Ein Rundschreiben geht an die mir bekannten Persönlichkeiten und an die Ortsgruppen des KfdK im ganzen Reich. 3. teilen wir der gesamten Nat. Presse als Landesleitung (Weißenburg gehört ja bekanntlich zu meinem Bereich) den Vorfall gleichfalls mit; 4. werde ich mit der hiesigen Gauleitung Rücksprache nehmen, und versuchen, daß der Fall Erika Mann in das Rednermaterial der Gauredner von Mittelfranken, vielleicht auch in das Rednermaterial des ganzen Reiches eingeführt wird, d.h., daß 1000de von Rednern in allen Städten Deutschlands diesen Fall besprechen. Zu diesem Zweck würde ich mich auch mit Herrn Dr. Goebbels, dem Reichs-Propagandawart in Verbindung setzen.« Stadtarchiv Weißenburg, Verkehrsverein.

25 Schreiben von Dr. Fitz an die Nürnberger Landesleitung des »Kampfbundes« v. 3. bzw. 5.10.1932. Stadtarchiv Weißenburg, Verkehrsverein.

26 Julius Riedmüller, Staatsschauspieler, Obmann der Genossenschaft deutscher Bühnenangehöriger, an das Arbeitsgericht Ingolstadt v. 24.12.1932 und 3.1.1933. EMA, Biographische Dokumente XI. Schon einige Monate zuvor muß es innerhalb der Münchener Abteilung der Genossenschaft deutscher Bühnenangehöriger über

den »Fall Erika Mann« zu heftigen Auseinandersetzungen gekommen sein, denn die dem »Kampfbund« angehörenden Mitglieder der Genossenschaft hatten offenbar den Auftrag erhalten, den Bezirksobmann in ihrem Sinne zu beeinflussen. Zwar ließ dieser sich, wie die Briefe v. 24.12.1932 und 3.1.1933 beweisen, nicht von seiner Haltung abbringen und hatte auch am 7.11.1932 vor Gericht zu Gunsten von Erika Mann argumentiert. Das eigentliche Interesse des »Kampfbundes« am »Fall Erika Mann« zeigt sich in der Korrespondenz mit dem Weißenburger Oberbürgermeister ganz ungeschminkt: »Es liegt zweifellos im Interesse des ›Kampfbundes für Deutsche Kultur‹, daß die ihm angehörigen oder auch nur nahestehenden Künstler sich innerhalb der Bühnengenossenschaft den gebührenden Einfluß verschaffen.« Stadtarchiv Weißenburg, Verkehrsverein. Brief von Dr. Fitz v. 22.10.1932 an die Münchener Zentrale des »Kampfbundes«.

27 Schreiben von Dr. Fitz v. 26.12.1932 sowie v. 3. und 13.1.1933. Stadtarchiv Weißenburg, Verkehrsverein.

28 Schreiben von Dr. Fitz v. 24.1.1933. Stadtarchiv Weißenburg, Verkehrsverein.

29 EMA, Biographische Dokumente XI.

30 Zeitungsausschnitt Slg. Rehse. Bayerisches Hauptstaatsarchiv Signatur P 5042.

31 Noch ein Jahr nach der Emigration der Familie Mann war für den Weißenburger Verkehrsverein die Angelegenheit nicht abgeschlossen. Vgl. die Notiz in TM, Tagebücher 1933-1934, v. 6.3.1934 (S. 349).

32 Die Entstehungsgeschichte der »Pfeffermühle« hat Helga Keiser-Hayne nach dem im EMA verwahrten Material anschaulich rekonstruiert. Im folgenden zitiert als: EM, PM. Zur Geschichte der »Pfeffermühle« vgl. ebd., S. 13f.

33 Therese Giehse, »Ich hab' nichts zum Sagen«, S. 32ff. sowie: Detta Petzet, Theater in München 1918-33. In: Die Zwanziger Jahre in München, S. 75-91 (dort weitere Literaturhinweise).

34 KM, Der Wendepunkt, S. 322ff. Vgl. außerdem: EM, Briefe I, S. 32; Hans Sahl, Das Exil im Exil, S. 46f; Wolfgang Koeppen, Vorspruch 1983 zur Neuausgabe von »Die Mauer schwankt«.

35 EM, PM, S. 16.

36 Die Zwanziger Jahre in München (Anm. 33), S. 89f.

37 Dr. E.H. (d.i.: Dr. Ernst Heimeran) Die Pfeffermühle – Eine neue Münchener Kleinkunstbühne. In: Münchener Neueste Nachrichten v. 3.1.1933.

38 EM, PM, S. 33.

39 Gedruckt in: EM, PM, S. 28.

40 EM, Briefe I, S. 30.

41 Vgl. dazu im einzelnen S. 106-108 dieser Arbeit.

42 Tempo v. 10.1.1933. Unter der Rubrik »Wie wir hören«.

43 TM, »Die Pfeffermühle«. In: TM, Das essayistische Werk. Bd. Autobiographisches, S. 299.

44 Schon das erste »Pfeffermühlen«-Programm wurde im zukünftigen Exilland Schweiz aufmerksam und positiv registriert. Vgl. den Premierenbericht »Münchener Chronik« in: *Neue Zürcher Zeitung* v. 15.1.1933, S. 5: »Man läßt sich die Frauen-

emanzipation gern gefallen, wenn sie mit so viel lächelnder Eleganz verbunden ist«, schreibt der Rezensent, der zugleich und zurecht kritisiert, daß Klaus Mann im Berliner 8-Uhr-Abendblatt (Ausgabe v. 10.1.1933) für das Unternehmen der Schwester heftig die Werbetrommel gerührt hatte (Abschrift von Klaus Manns Artikel im KMA 317).

45 Jürgen Kolbe, Heller Zauber, S. 410. Kolbes Darstellung beruht auf den Forschungen von Paul Egon Hübinger, Thomas Mann und Reinhard Heydrich, S. 111-143.

46 KM, Der Wendepunkt, S. 326f.

47 EM, Briefe I, S. 30, sowie EM, PM, S. 48.

48 KM, Briefe, S. 85.

49 EM, Briefe I, S. 33f. sowie EM an Katia Mann v. 18.2.1933 (EMA).

50 Die Gedanken und Empfindungen dieser Tage schilderte Erika Mann zehn Jahre später im Einleitungskapitel ihrer Fragment gebliebenen Autobiographie »I of all people«. Typoskript EM 138, S. 9ff.

51 Uwe Naumann, Klaus Mann, S. 58ff. Zusammenfassend und eindrücklich findet sich Klaus Manns erste Exilzeitschrift charakterisiert in: Lieselotte Maas, Hdb. d. deut. Exilpresse, Bd. 4, S. 184-191. Vgl. außerdem und mit anderer Akzentuierung: Hans Albert Walter, Deutsche Exilliteratur, Bd. 4, S. 424-445.

52 KM, Tagebücher I, S. 135.

53 KM, Der Wendepunkt, S. 325f.

54 TM, Tagebücher 1933-1934, S. 5. Peter de Mendelssohn kommentiert S. 605 den Vorgang in ähnlicher Weise. Demgegenüber hält seine Darstellung in: Der Zauberer, Bd. 2, S. 131, an der Variante fest, Erika Mann sei viel später noch einmal heimlich und »kaum länger als zwei Stunden« in München gewesen. Der einzige Beleg dafür ist eine Tagebucheintragung von Golo Mann, für die es jedoch keine genaue Datierung gibt.

55 Golo Mann, Erinnerungen und Gedanken, S. 516. Auch Thomas Mann erzählte 1948 von der »tapferen Tochter, die die Rückkehr in das schon beschlagnahmte Münchener Haus gewagt hatte, um ihm das Manuskript nach Südfrankreich zu bringen«. TM, Autobiographisches, S. 362. Dramaturgisch wirkungsvoll schilderten die Geschwister Erika und Klaus Mann in späteren Jahren Erikas Coup. KM, A family against a dictatorship. Typoskript KM 141. Erika und Klaus Mann, Escape to life. Deutsche Kultur im Exil, S. 18f. Die »Legende« hat auch in die Überlieferungsgeschichte von Thomas Manns Roman-Tetralogie Eingang gefunden. Vgl. z.B. Albert v. Schirnding im Nachwort der Frankfurter Ausgabe von »Joseph in Ägypten«, S. 617; Jürgen Kolbe, Heller Zauber, S. 416.

56 Den Reiseantritt vermerkt Thomas Mann im Tagebuch vom 9.4.1933, beschlossen war diese Reise spätestens seit Ende März, so daß Erika Mann nur zwischen dem 21. und 28.3. ihre »kühne Tat« vollbracht haben kann. Am 20.3. notiert Thomas Mann, Erika plane, für einen Tag nach München zu fahren, habe dies aber verschoben. Hätte sie den Plan verwirklicht, so wäre es dem Vater gewiß nicht verborgen geblieben, und sein Tagebuch enthielte einen Hinweis. Dies umso mehr, da es sich um eine höchst gefährliche Unternehmung der geliebten Ältesten handelte.

57 Diese Vermutung äußert auch Peter de Mendelssohn. Vgl. TM, Tagebücher 1933-1934, S. 605.

58 EM, PM, S. 49.

59 EM, PM, S. 50f.; vgl. auch den Brief Erika Manns an Max Werner Lenz v. 17.8. 1933. Gedruckt in: Fluchtpunkt Zürich, S. 32.

60 Werner Mittenzwei, Exil in der Schweiz, S. 350ff.

61 Erika Mann an Katia Mann am 28.8.1933; zitiert nach EM, PM, S. 50f.

62 EM, Briefe I, S. 39ff.

63 EM an Katia Mann v. 5.9.1933 (EMA).

64 EM, Briefe I, S. 43ff.

65 Inge Jens (Hrsg.), Thomas Mann an Ernst Bertram, S. 179ff.

66 EM, Briefe I, S. 35.

67 Ebd., S. 45.

68 EM, I of all people, Kap. I Nightmare. Typoskript, EM 138, S. 13.

69 EM, PM, S. 59f.

70 Edwin Arnet, Die Pfeffermühle. In: Neue Zürcher Zeitung v. 2.10.1933.

71 Die Schweizer Pressereaktionen auf die Vorstellungen und Gastspiele der »Pfeffermühle« hat gründlich untersucht: Susanne Gisel-Pfankuch, Die Pfeffermühle in der Schweiz. Unveröffentlichte Baseler Licenciatsarbeit 1987 (EMA). Vgl. dies., Das Kabarett »Die Pfeffermühle« in der Schweiz. In: Neue Zürcher Zeitung v. 15.3. 1991, S. 39.

72 Vgl. dazu Werner Mittenzwei, Exil in der Schweiz, S. 199-208. Den politischen Anspruch und Erfolg unterstreicht: Shelley Frisch, ›Die Pfeffermühle‹, S. 141-153. Eher kritisch dagegen: Rolf Kieser, Die Legende von der Pfeffermühle, S. 23-36.

73 KM, Tagebücher II, S. 97. Aufmerksam und z.T. auch skeptisch reagierte man in Emigrantenkreisen auf die »Pfeffermühle«. Vgl. z.B. Ludwig Marcuses Kritik an einer »milden Pfeffermühle« im *Pariser Tageblatt* vom Januar 1934 (auszugsweise gedruckt in: EM, PM, S. 84). Erika Mann reagierte ziemlich wütend: »Wer wird ausgewiesen, er oder wir, wenn wir mehr pfeffern?« Brief an Klaus Mann v. 16.1.1934 (EMA).

74 EM an KM v. 30.3.1933 bzw. 29.3.1934 (EMA).

75 Von den annähernd 130 Briefen Erika Manns an ihren Bruder Klaus aus den Jahren 1933-1949, die – mit vier(!) Ausnahmen – unveröffentlicht im EMA liegen, stammen 22 aus den Jahren 1933 und 1934. In ihnen spiegeln sich sowohl die Schwierigkeiten, die Erika Mann mit ihrem Kabarett hatte, als auch die Zweifel, die sie selbst immer wieder überkamen. Ob sie mit ihrer »Mühle« wirklich Sand ins Getriebe des brutalen Weltlaufs würde streuen können, erschien ihr immer wieder und trotz der glänzenden Erfolge fraglich.

76 Vergeblich hatte Erika Mann von Zürich aus versucht, das Tänzerpaar Claire Eckstein/Edwin Demby für die Schweizer Premiere am 30.9.1933 und die anschließende Tournee zu gewinnen (EM an Claire Eckstein v. 17.8.1933, EMA). Zwar könne man, so Erika Mann an die Münchener Kollegen, finanziell noch keinerlei feste Zusage machen, aber nach Abzug aller Unkosten sei pro Person und

Abend mit einer Gage zwischen 12-18 Sfr. zu rechnen. Wie üblich werde die Tageseinnahme gleich unter allen Mitwirkenden geteilt; damit niemand in der Luft hänge, habe man sich eine tägliche minimale Mindestgage von 5 Sfr. garantiert.

77 EM, PM, S. 86.

78 EM, PM, S. 78.

79 EM, PM, S. 77 (dort auch die Abbildung).

80 EM an KM v. Juni 1934. Auszugsweise gedruckt in: EM, PM, S. 87f.

81 Rheinisch-Westfälische Zeitung v. 13.1.1934.

82 TM, Tagebücher 1933-1934, S. 192 und S. 227. Die gründlichen Recherchen von S. Gisel-Pfankuch (Anm. 71) haben für diese Eintragungen keine Bestätigung ergeben.

83 TM, Tagebücher 1933-1934, S. 326. Im Bericht des Deutschen Generalkonsulats Bern an das Auswärtige Amt in Berlin v. 18.8.1934 heißt es: »Ich habe übrigens bei dem erwähnten Besuch auf dem Generalkonsulat den Eheleuten Mann nahegelegt, sie möchten auf ihre Tochter dahin wirken, daß sie künftig die böswillige Kritik deutscher Verhältnisse bei ihren Kabarettvorstellungen unterläßt; ich erhielt zur Antwort, eine solche Einflußnahme sei leider nicht möglich, da die Tochter ihre eigenen Wege gehe.« (Politisches Archiv des AA Bonn, Dossier Thomas Mann).

84 Hedwig Fischer an Thomas Mann v. 10.4.1934; Thomas Mann an Hedwig Fischer v. 12.4.1934. In: Samuel und Hedwig Fischer, Briefwechsel mit Autoren, Nr. 526 und 527. Vgl. auch TM, Tagebücher 1933-1934, S. 387.

85 EM an KM v. 14.2.1934 (EMA).

86 EM, PM, S. 96.

87 Wortlaut der erwähnten Texte in: EM, PM, S. 103, 106, 109f.

88 Schreiben des Reichsministers des Innern an das Auswärtige Amt v. 25.5.1935 (Politisches Archiv des AA Bonn, Dossier Erika Mann).

89 Ebd., 4. Ausbürgerungsliste, bekanntgegeben am 8.6., veröffentlicht am 11.6.1935.

90 TM, Tagebücher 1933-1934, S. 565. Hierfür sowie für die folgende Darstellung vgl. S. Gisel-Pfankuch (Anm. 71), S. 28ff.

91 Zu den Familien Wille und Schwarzenbach vgl.: Niklaus Meienberg, Die Welt als Wille und Wahn, S. 91ff.

92 Ebd., S. 109-124.

93 EM, Briefe I, S. 36.

94 Text des Liedes in: EM, PM, S. 96. Zum Verlauf der Krawalle siehe ebd., S. 112f.

95 TM, Tagebücher 1933-1934, S. 565 sowie S. 568ff.

96 Zu den Auseinandersetzungen um diese Aufführung vgl. Werner Mittenzwei, Exil in der Schweiz, S. 357ff. sowie S. Gisel-Pfankuch, S. 31f.

97 EM, Briefe I, S. 60f. sowie S. Gisel-Pfankuch, S. 46f.

98 EM, Briefe I, S. 60. sowie S. Gisel-Pfankuch, S. 107/08.

99 Wortlaut von Erika Mann öffentlicher Erklärung in: Briefe I, S. 57-59.

100 Erika Mann an Klaus Mann v. 1.12.34. Briefe I, S. 60.

101 Wortlaut des Briefes in: Fluchtpunkt Zürich, S. 34.

102 Hartnäckig hat sich in diesem Zusammenhang die Behauptung gehalten, der

Zürcher Kantonsrat habe in Verbindung mit den Pfeffermühlen-Krawallen eine »Lex Pfeffermühle« erlassen, »die ausländischen Kabaretts mit politischer Tendenz das Auftreten in Zürich untersagt«. Ein Gesetz in dieser Form existiert nicht, wie S. Gisel-Pfankuch, S. 81, belegt. Vielleicht jedoch war ein Verbot während des Winters 1935/36 nur mündlich ausgesprochen worden. Bereits die legendenfreudige Erika Mann hat daraus eine »Lex Pfeffermühle« gemacht. Vgl. den von Erika Mann ausdrücklich autorisierten Text über die »Pfeffermühle« von: Jürg Kaufmann, Die »Pfeffermühle«, S. 48.

103 EM, Briefe I, S. 57.

104 EM, PM, S. 118f.

105 EM, Briefe I, S. 66.

106 EM an Manfred Georg am 14.11.34. In: EM, Briefe I, S. 56f. Vom gleichen Tage datiert auch ein Brief Erika Manns an Max Brod, in dem sie ihn bat, dem Direktor des Prager Hotel »Ambassador« kräftig den Rücken zu stärken, denn er mußte bei den Prager Behörden die Auftrittsgenehmigung für das Kabarett in seinem Hause erwirken. Wie schon in der Schweiz und wie später in den Niederlanden hatte Erika Manns Kabarett auch in der CSR sowohl mit arbeitsrechtlichen als auch mit politischen Schwierigkeiten zu kämpfen. Die Vermutung drängt sich auf, daß die Behörden häufig die »arbeitsrechtlichen« Einwände betonten, um Bedenken, die Folge politischer Rücksichtnahme auf deutsche Gesandtschaften waren, zu kaschieren. Erika Mann selbst scheint dies sehr wohl durchschaut zu haben, wie sich aus den unveröffentlichten Briefen an Manfred Georg (DLM) ergibt.

107 Zur Exilsituation in der CSR und in Prag vgl.: Hansjörg Schneider, Exil in der Tschechoslowakei, S. 17-143 sowie den Katalog zur Ausstellung: Drehscheibe Prag.

108 Im Archiv der Hauptstadt Prag sowie im Staatlichen Zentralarchiv Prag finden sich in den Akten der Polizeidirektion sowohl das Genehmigungsersuchen des Ensembles als auch Erika Manns Verlängerungsantrag für das Prager Gastspiel. Das amtliche Erlaubnisschreiben vom 18.1.1935 enthält die erwähnten Zensurauflagen. Zeitungsartikel über die Leiterin, Berichte über die Schweizer Krawalle um die Pfeffermühle und schließlich das private Schreiben eines Schweizer Bürgers an die Prager Behörden, in dem auf den kommunistischen Charakter des Ensembles hingewiesen wird, gehören außerdem zum Prager Aktenmaterial über Erika Mann und ihr Kabarett. An anderer Stelle findet sich die Behauptung, EM sei in Deutschland Mitglied der kommunistischen Partei gewesen, sowie mit Bezug auf die Zürcher Krawalle um die Pfeffermühle der Hinweis: »An den kommunistischen Unruhen(!), die 1933/34 in der Schweiz ausbrachen, waren angeblich Mitglieder dieses Kabaretts beteiligt«. Nach jahrelangen vergeblichen Bemühungen erhielt ich im Juni 1991 von den genannten Prager Archiven diese Auskünfte. Für Hilfe bei der Beschaffung sowie für die Übersetzung des tschechischen Materials danke ich Lisette Buchholz.

109 EM, PM, S. 124.

110 EM, Zugegeben. In: Der Simpel. 2. Jhg., Nr. 6 v. 6.2.35, S. 68. Deutsche Zeitung

Bohemia v. 18.1.35, S. 5. Die »Geschichte« vom Gerichtsvollzieher hatte es Erika Mann offenbar besonders angetan. Vgl. ihre Glosse in »Tempo« v. 20.7.1931: »Oginsky kann sich nicht fassen«.

111 EM, PM, S. 65.

112 Zur Tournee der Pfeffermühle durch die böhmischen Bäder vgl. EM, PM, S. 119-122.

113 EM, PM, S. 120.

114 Text des Liedes in: EM, PM, S. 110. Vgl. außerdem Wolfgang Mieder, Zwei moderne lyrische Bearbeitungen des Märchens »Von dem Fischer und syner Fru«, S. 63-69.

115 Franz Theodor Csokor an Erika Mann v. 8.12.1964 (EMA).

116 EM, PM, S. 140f.

117 Als Erika Mann im Februar 1936 wieder nach Prag kam, hat sie in einem Vortrag »Unterwegs mit der Pfeffermühle – über Herkunft und Hoffnung eines kleinen Zeittheaters« (Typoskript im EMA) die Geschichte und die Zielsetzung ihres Unternehmens erzählt. Vgl. auch das Interview mit ihr: »Die Pfeffermühle will nur Theater sein«. In: Deutsche Zeitung Bohemia. Jhg. 109, Nr. 28 v. 2.2.1936, S. 7-8.

118 Auftritte und Presseecho der Pfeffermühle in Luxemburg hat ausführlich untersucht: Mars Klein, Literarisches Engagement wider die totalitäre Dummheit, S. 543-579.

119 Hugo Fetting/Klaus Hermsdorf, Exil in den Niederlanden, S. 17ff.

120 Fritz H. Landshoff, Erinnerungen eines Verlegers, S. 37ff.

121 Menno ter Braaks Kritiken in: EM, PM, S. 124ff.

122 Im EMA befinden sich 40 Briefe Erika Manns an P. Citroën aus der Zeit zwischen 1955-1967 und 32 Briefe sowie 13 Karten von Citroën an EM aus den Jahren 1961-1969.

123 Reproduktion des Bildes in: EM, PM, S. 121. Weitere Fotografien in: Paul Citroën, Retrospektive Fotografie 1978 (Nr. 10, 25, 45). Die Formulierung in: TM, Tagebücher 1935-1936, S. 116.

124 Der Text des Sketches ist nicht veröffentlicht. Typoskript im EMA (Konvolut Pfeffermühle).

125 EM, PM, S. 129.

126 Schreiben v. 24.4. und 17.6.1935, Politisches Archiv des AA, Dossier Erika Mann.

127 Niederschrift zur 4. Ausbürgerungsliste v. 8.6.1935. Ebd.

128 Schreiben des Reichsministers des Innern an das AA v. 23.5.1935. Ebd.

129 Die Unbedenklichkeitserklärungen stammen vom 17.5. (Den Haag), 20.5. (Bern) und 21.5.1935 (Prag). Das deutsche Generalkonsulat in Zürich hatte schon am 13.12.1934 in einem Schreiben an die Bayerische Politische Polizei die Aberkennung der deutschen Staatsbürgerschaft für Erika Mann befürwortet. Ebd.

130 EM, Briefe I, S. 69f.

131 EM an KM v. 18.10.1934 (EMA).

132 Brian Finney, Christopher Isherwood, S. 119f.

133 Humphrey Carpenter, W.H. Auden, S. 176.
134 Ebd., S. 177.
135 Brian Finney, Christopher Isherwood, S. 120.
136 KM, Tagebücher II, S. 136 (Eintragung v. 12.10.1935).
137 EM, Briefe I, S. 92ff.
138 EM, Briefe I, S. 62f. Zu den vergeblichen Bemühungen, mit dem Kabarett in Österreich zu gastieren, vgl. KM, Tagebücher II, S. 125f.
139 Dies ergibt sich aus zahlreichen, unveröffentlichten Briefen Erika Manns an ihre Mutter und an Klaus.
140 EM, PM, S. 129.
141 Therese Giehse, »Ich hab' nichts zum Sagen«, S. 188f.
142 EM, Briefe I, S. 95f. sowie EM an Katia und Thomas Mann v. 26.5.1936 (EMA).
143 TM, Tagebücher 1935-1936, S. 323.
144 EM an KM v. 10./11.8.1933 (EMA). Das Titelzitat aus: KM, Tagebücher III, S. 16 sowie EM, Briefe I, S. 74.
145 Zu Thomas Manns Gedanken, Überlegungen und Entscheidungen im Jahre 1933 vgl. neuerdings Peter de Mendelssohn, Der Zauberer, Bd. 2, S. 99-272.
146 Zum Verhältnis zwischen G.B. Fischer und Thomas Mann vgl. insbesondere: TM, Briefwechsel mit seinem Verleger, 1932-1955. G.B. Fischer, Bedroht-Bewahrt, S. 72ff. sowie Peter de Mendelssohn, S. Fischer Verlag, S. 424f.
147 Von den zahlreichen Tagebuchnotaten vgl. u.a.: TM, Tagebücher 1933-1934, S. 199, 207, 210, 370. Vgl. auch Thomas Manns Brief an Eduard Korrodi in: TM, Briefe I, S. 403ff, in dem er ausdrücklich betont, wie sehr Erikas Lied »Kälte« ihn ergriffen und berührt habe.
148 Vgl. den bei Peter de Mendelssohn, S. Fischer Verlag, S. 445 abgedruckten Brief von Hanns Johst an Heinrich Himmler v. 10.10.1933.
149 Zur Geschichte dieser »Erklärung« sowie zur Sektion für Dichtkunst der preußischen Akademie vgl. Inge Jens, Dichter zwischen rechts und links, S. 181ff. sowie: Peter de Mendelssohn, Der Zauberer, Bd. 2, S. 127ff.
150 Gottfried Bermann Fischer, Bedroht-Bewahrt, S. 78f.; Jürgen Kolbe, Heller Zauber, S. 402f. sowie Peter de Mendelssohn, Der Zauberer, Bd. 2, S. 137ff.
151 EM an KM v. 17.7.1933 (EMA), teilweise zitiert bei Peter de Mendelssohn, Der Zauberer, Bd. 2, S. 192.
152 TM, Tagebücher 1933-1934, S. 130.
153 Zur »Sammlung« vgl. die Angaben in Anm. 51. Zu Thomas Manns Haltung: Peter de Mendelssohn, S. Fischer Verlag, S. 440. Außerdem KM, Briefe, S. 122ff. und S. 132ff. Fritz H. Landshoff, S. 60ff. sowie die präzise und abwägende Darstellung bei Peter de Mendelssohn, Der Zauberer, Bd. 2, S. 213ff.
154 EM an KM v. 10./11.8.1933 (EMA). Zum Kontext: Peter de Mendelssohn, Der Zauberer, Bd. 2, S. 201f.
155 TM, Tagebücher 1933-1934, S. 196f.; vgl. auch S. 130, 132, 136, 149, 175f.
156 EM, Briefe I, S. 50ff. sowie Peter de Mendelssohn, Der Zauberer, Bd. 2, S. 204ff.
157 EM, Briefe I, S. 50f.

158 EM, Briefe I, S. 66ff.
159 In einem unveröffentlichten Brief an TM von Ende September 1933 (TMA Zürich) erklärt EM ihrem Vater rundweg, niemals und von niemandem würde sie sich solche Reden über Thomas Mann anhören, wie der sie ganz offenbar über Heinrich und Klaus Mann seinem Verleger durchgehen lasse.
160 Leopold Schwarzschild, Samuel Fischers Erbe. In: Das Neue Tage-Buch v. 11.1. 1936, S. 30. Zu den Hintergründen und Plänen des Fischer Verlags vgl. Peter de Mendelssohn, S. Fischer Verlag, S. 456ff.
161 TM, Tagebücher 1935-1936, S. 240.
162 Georg Bernhard, Der Fall S. Fischer. In: Pariser Tageblatt v. 19.1.1936.
163 EM, Briefe I, S. 72ff. Der Briefwechsel zwischen Thomas Mann und seiner Tochter wurde erstmals veröffentlicht und ausführlich kommentiert durch Hans Wysling in: Schweizer Monatshefte 63, 1983, S. 615-631.
164 Thomas Manns Privatbrief an Leopold Schwarzschild ist verlorengegangen. Schwarzschild beantwortete ihn jedoch öffentlich: Antwort an Thomas Mann. In: Das Neue Tage-Buch v. 25.1.1936, S. 82-86. Die zitierten Passagen ebd., S. 82. Auch gegenüber Annette Kolb hat Thomas Mann sich ähnlich über seinen Verleger und dessen Haltung geäußert.
165 EM, Briefe I, S. 73f.
166 Ebd., S. 77.
167 TM, Tagebücher 1935-1936, S. 246.
168 TM, Briefe I, S. 83.
169 Ebd., S. 84.
170 Ebd., S. 78f.
171 Ebd., S. 87.
172 Leopold Schwarzschild, Antwort an Thomas Mann, (Anm. 164), S. 82.
173 Eduard Korrodi, Deutsche Literatur im Emigrantenspiegel. In: Neue Zürcher Zeitung v. 26.1.1936. Gedruckt in: G.B. Fischer, Bedroht-Bewahrt, S. 114f.
174 KM, Briefe, S. 243.
175 KM hatte andererseits in einem ausführlichen Briefwechsel mit Hermann Hesse seinen Standpunkt in dem Konflikt erläutert. Vgl. ebd., S. 242ff. sowie zum gesamten Komplex den materialreichen Kommentar S. 711ff.
176 TM, Briefe I, S. 409ff.
177 EM, Briefe I, S. 89f.
178 Ebd., S. 90. Vgl. auch: KM, Briefe, S. 248f.
179 Zu Thomas Manns Entscheidung im Jahre 1936 vgl. u.a. Paul Egon Hübinger, Thomas Mann, die Universität Bonn und die Zeitgeschichte; Rolf Kieser, Erzwungene Symbiose, S. 25-79; Theo Stammen, Thomas Mann und die politische Welt. In: Helmut Koopmann (Hrsg.), Thomas Mann-Handbuch S. 18-58.

Kapitel IV: Neues Heimatland (1937-1939)

1 Thomas Mann über Erika Mann und die »peppermill« in Amerika. In: TM, Das essayistische Werk, Bd. Autobiographisches, S. 301.

2 Über die Pfeffermühle in Amerika vgl. EM, PM, S. 131ff.

3 Die Details dieses Vertrages sowie Einzelheiten der Pfeffermühlen-Geschichte in Amerika ergeben sich aus der für das FBI 1941 angefertigten Synopse der Einwanderungsbehörde in New York. Die Zusammenstellung informiert über sämtliche von EM beantragten Einreise- bzw. Wiedereinreisevisa, über Termine, Aufenthaltsorte und Begründungen für den jeweiligen Antrag. Den Erläuterungen der Behörde für Dezember 1936 ist zu entnehmen, daß der Vizepräsident der Columbia Concert Corporation, F.C. Coppicus, mit Erika Mann eine dreiwöchige Spielzeit in New York sowie 50 % aller Einnahmen als Gage vereinbart hatte. Für eine Zeit von zwei Jahren wollte die Columbia Concert Corporation sich die Option auf die Pfeffermühle in Amerika sichern, denn – so erklärte der Vizepräsident gegenüber der Einwanderungsbehörde – etwas mit der Pfeffermühle Vergleichbares existiere in Amerika nicht, und deswegen seien auch die weiteren Ensemblemitglieder Henning, Simpson (d.i. Therese Giehse), Schloss und Goslar ganz unersetzlich. Die Einwanderungsbehörde erteilte daraufhin Aufenthalts- und Arbeitsbewilligung bis 31.3.1937. Die Angaben entstammen dem FBI Dossier über Erika und Klaus Mann, Aktenzeichen 65-17395-4, S. 4f.

4 EM, Briefe I, S. 98ff.

5 Ebd., S. 100.

6 KM, Tagebücher III, S. 86, sowie passim.

7 TM, Das essayistische Werk, ebd. S. 300.

8 KM, Tagebücher III, S. 97f.

9 Gerhart H. Seger, Die Pfeffermühle. In: Neue Volkszeitung New York v. 9.1.1937.

10 Über das weitere Schicksal der anderen Ensemblemitglieder vgl. EM, PM, S. 134f.

11 Sämtliche Zitate aus: EM, Briefe I, S. 109ff.

12 Dietrich Aigner, Zum politischen Debüt der Familie Mann in den USA, S. 29-42. Vgl. außerdem TM, Tagebücher 1937-1939, S. 38 und S. 569.

13 EM, Briefe I, S. 118f. Die folgende Schilderung entstammt den autobiographischen Aufzeichnungen »Profit by my experience«. Typoskript EM 142. Der Wortlaut von Thomas Manns Grußbotschaft in: TM, Briefe II, S. 17f.

14 Zur nationalsozialistischen Frauenpolitik sowie zur Rolle der Frauen im nationalsozialistischen Deutschland vgl. umfassend: Gisela Bock, Zwangssterilisation im Nationalsozialismus sowie dies., Gleichheit und Differenz, S. 275-308.

15 So – in bewußt boshafter Überspitzung – sieht Erika Mann die Rolle der Frauen in Deutschland bereits in einem privaten Brief an Manfred Georg v. 3.12.1933 (DLM). Ihre Rede ist im Protokoll der Veranstaltung abgedruckt: Hitler a menace to World Peace – Addresses and Messages delivered at the Peace and Democracy Rally at Madison Square Garden. March 15th, 1937. New York 1937, S. 22-30.

16 Vgl. Dietrich Aigner (Anm. 12) S. 32 sowie Joachim Radkau, Die deutsche Emigration in den USA, S. 61f.

17 Typoskript EM 21 in deutscher und englischer Fassung. Das Zitat folgt – auszugsweise – der deutschen Fassung.

18 EM, Briefe I, S. 110.

19 KM, Tagebücher III, S. 106, S. 171.

20 Die Darstellung beruht auf den im Martin-Gumpert-Archiv der AdK Berlin erhaltenen unveröffentlichten Briefen Erika Manns an Martin Gumpert aus den Jahren 1936-1949.

21 Undatierter Brief von EM an Martin Gumpert (Archiv der AdK, Berlin).

22 EM an Martin Gumpert v. 12.1.1940 (Archiv der AdK, Berlin).

23 KM, Tagebücher III, S. 122, S. 136.

24 The European Scene. Typoskript EM 150.

25 KM, Tagebücher III, S. 145. Trotz ihrer Abneigung gegen die extreme Position Schwarzschilds war Erika Manns Einstellung zur kommunistischen Orthodoxie nicht weniger eindeutig und scharf. Auch in den grundsätzlichen Ansichten gab es zwischen Leopold Schwarzschild und Erika Mann durchaus Übereinstimmungen. Vgl. zu Leopold Schwarzschild: Lieselotte Maas, Verstrickt in die Totentänze einer Welt, S. 56-85.

26 EM, Briefe I, S. 122f. Den Wortlaut des Interviews mit der »New York Herald Tribune« teilte die Deutsche Botschaft Washington am 5.8.1937 an das Berliner Auswärtige Amt mit (Politisches Archiv des AA, Bonn, Dossier Erika Mann).

27 EM 150 (wie Anm. 24).

28 EM, Briefe I, S. 120f.

29 EM an Katia Mann v. 4.2.1938 (EMA).

30 Fragmentarischer Brief an Katia Mann vom August 1937 (EMA) sowie EM an KM v. 14.8.1937 (EMA).

31 EM, Zehn Millionen Kinder, München 1986.

32 EM an Katia Mann v. 12.9.1937 (EMA).

33 EM an KM v. 14.8.1937 (EMA).

34 EM, Zehn Millionen Kinder, S. 18.

35 Ebd., S. 26f.

36 Ebd., S. 73f.

37 Victor Klemperer, LTI (= Lingua Tertii Imperii) S. 25ff. und passim. D. Sternberger/ G. Storz, W.E. Süskind, Wörterbuch des Unmenschen, S. 70ff.

38 TM, Briefe II, S. 78.

39 Pressestimmen über Erika Manns erstes Buch liegen z.T. undatiert im EMA. Für den Verkaufserfolg der Taschenbuchausgabe war wahrscheinlich die große Besprechung in »Time« v. 10.10.1938 sowie Harold Nicolsons Rezension im »London Daily Telegraph« (April 1939) bedeutend. Vgl. TM, Tagebücher 1937-39, S. 401.

40 EM, Zehn Millionen Kinder, S. 20f.

41 Ebd., S. 120.

42 Vgl. z.B. EM 35 (Typoskript), Children in Germany today; EM66 (Typoskript), Women and children as Hitler's victims; EM 199 (Typoskript), Studierende Frau im Dritten Reich.

43 EM an KM v. 27.3.1938 (EMA) sowie TM, Tagebücher 1937-1939, S. 199 und passim. Über ihre gemeinsamen lecture-Erlebnisse erzählte Erika Mann gern und häufig öffentlich. Vgl. ihren Beitrag: Thomas Mann and his family. In: Vogue v. 15.3.1939.

44 TM, Tagebücher 1937-1939, S. 194.

45 Zur Entstehung und Geschichte der »Guild« siehe: Volkmar Zühlsdorff, Die Deutsche Akademie der Künste und Wissenschaften im Exil und die American Guild for German Cultural Freedom, S. 10-13 sowie: Klaus Amann, Die ›American Guild for German Cultural Freedom‹, S. 181-204, mit ausführlicher Darstellung und Auswertung des Archivbestands zur »Guild« im Deutschen Exilarchiv, Frankfurt.

46 KM, Tagebücher III, S. 167 sowie EM, Briefe I, S. 125f.

47 Vgl. Klaus Amann (Anm. 45), S. 188f. sowie EM an KM v. 25.4.1938 (EMA). Erika Mann scheint auch dem »Board of Directors« der »Guild« angehört zu haben, wie sich aus einem Schreiben an Hubertus Prinz zu Löwenstein vom 13.10.1939 ergibt (DB, Deutsches Exilarchiv, Teilnachlaß Prinz Löwenstein, Signatur EB86/2). Mit diesem Schreiben legte EM sämtliche Ämter in der »Guild« nieder; die Entscheidung stand wohl im Zusammenhang mit der von K. Amann, S. 199 beschriebenen »Krise« der »Guild«.

48 TM, Tagebücher 1937-1939, S. 189f. und S. 202. Erika Manns Rede ist als Typoskript (EM 197) erhalten.

49 Aus der umfangreichen Literatur zum Spanischen Bürgerkrieg sei hier verwiesen auf: Silvia Schlenstedt, Exil und antifaschistischer Kampf in Spanien, S. 191ff. Patrik v. zur Mühlen, Spanien war ihre Hoffnung.

50 Dies war auch die Sicht der Geschwister Erika und Klaus Mann. Vgl. KM, Tagebücher III, S. 89 sowie: Uwe Naumann, Mit den Waffen des Geistes. S. 209-220.

51 KM, Tagebücher IV, S. 46-53. Zur Spanienreise der Geschwister vgl. auch die ausführliche Darstellung bei: Fredric Kroll, Klaus-Mann-Schriftenreihe, Bd. 5, S. 61ff.

52 Die gemeinsam verfaßten zehn Reportagen der Geschwister aus Spanien erschienen zwischen dem 2.7. und 18.8.38 in der »Pariser Tageszeitung«. Der Beitrag »Zurück von Spanien« in: Das Wort, Heft 10, 1938, S. 39-43.

53 Erika Manns Artikel in der »Neuen Volkszeitung« sind erschienen unter der Rubrik »Spanisches Tagebuch« am 16.7.1938: Reisebrief aus Spanien; 6.8.1938: An der spanischen Front mit ›Hans‹; 13.8.1938: Brennpunkt Valencia; 20.8.1938: Schulen für Soldaten; 27.8.1938: Spaniens Kinder.

54. KM, Tagebücher IV, S. 49.

55 Erika Mann über Hans Kahle in: Neue Volkszeitung v. 6.8.1938.

56 Ein Gedicht EMs für Hans Kahle vom Juli 1938 sowie ein Brief Hans Kahles an EM sind gedruckt in: Alfred Kantorowicz, Spanisches Tagebuch, S. 480f. u. 486ff.

57 Erika Mann, Gerüchte um Thomas Mann. In: Das Neue Tage-Buch v. 4.6.1938, S. 547f.

58 Sehr zur Sorge und zum Entsetzen von Vater und Bruder (TM, Tagebücher 1937-1939, S. 304. KM, Tagebücher IV, S. 66) war Erika Mann im Oktober 1938 nach

Prag und ins okkupierte Sudetenland gereist. Wie zuvor in Spanien und wie immer wieder während des Zweiten Weltkriegs schrieb sie als Reporterin und Kriegsberichterstatterin mit britischem Paß Originalberichte für verschiedene Zeitungen. Vgl. z.B. Tragedy of the Homeless. In: Independant Woman v. Dezember 1938, S. 374/5 sowie S. 388-390. Besonders Klaus war über Erikas geheime Mission nach Prag tief bestürzt und kritisierte die »eigensinnig-launische« Abenteuersucht der Schwester heftig: »Du bist stets sehr energisch, wenn andere sich in Gefahr begeben... und nun, Deinerseits, diese Wildheiten...« (Undatierter Brief im EMA).

59 Thomas Mann an Hans Kahle v. 24.12.1938. Gedruckt in: A. Kantorowicz, Spanisches Tagebuch, S. 481. Hans Kahle an Erika Mann, o.D. 1939, ebd., S. 486ff.

60 EM an KM v. 3.7.1939 (EMA).

61 EM, Reisebrief aus Spanien. In: Neue Volkszeitung v. 17.7.1938. Der Gedanke taucht in ähnlicher Formulierung auch in dem Artikel auf: Erika und Klaus Mann, Zurück von Spanien. In: Das Wort, Heft 10, 1938, S. 39.

62 TM, Tagebücher 1937-1939, S. 262f.

63 Joachim Radkau, Die deutsche Emigration in den USA, S. 120; vgl. auch Peter de Mendelssohns Anmerkungen in: TM, Tagebücher 1937-1939, S. 667.

64 TM, Tagebücher 1937-1939, S. 878f.

65 Ebd., S. 286, S. 291. Über den Verlauf der Sitzung vom 16. September, mit der für alle Beteiligten auch die Hoffnung auf Erneuerung bzw. Wiederbelebung der Volksfront verbunden war, vgl. die Erinnerungen von: Franz Dahlem, Am Vorabend des Zweiten Weltkriegs. Bd. I, S. 251 sowie: Friedrich Stampfer, Mit dem Gesicht nach Deutschland, S. 111f.; über Erika Manns Bemühungen: Fredric Kroll, Klaus-Mann-Schriftenreihe, Bd. 5, S. 76f.

66 TM, Reg. II Nr. 38/241. Aus dem Brief an Karl Barth geht im übrigen hervor, das Geld sei Thomas Mann von »englischen Freunden« zugegangen.

67 EM an TM v. 8.2.1939 (EMA).

68 Ebd.

69 Brief v. J. Deutsch an Fr. Stampfer v. 12.10.1938 (Archiv der sozialen Demokratie, Nachlaß Stampfer).

70 Brief v. Hans Staudinger an Fr. Stampfer v. 20.5.1939 (Archiv der sozialen Demokratie, Nachlaß Stampfer).

71 Zahllose, häufig heftige Debatten zwischen den Geschwistern, die Klaus Mann in seinen Tagebüchern vermerkt, aber auch viele (unveröffentlichte) Briefe Erikas an den Bruder belegen das.

72 EM an Thomas und Katia Mann v. 12.7.1939 (EMA).

73 EM an KM v. 24.4.1938 (EMA).

74 KM, Tagebücher IV, S. 75f.

75 Das Deutsche Generalkonsulat San Francisco berichtete sofort über die Deutsche Botschaft Washington nach Berlin. Dem Brief wurde auch der Leitartikel des »Monitor« vom 17.12.1938 beigefügt; es sei eindeutig, so heißt es in dem Bericht, daß Erika Mann ihr amerikanisches Gastrecht für prokommunistische Propaganda mißbrauche (Politisches Archiv des AA. Dossier Klaus Mann).

76 Wortlaut der Antwort in: KM, Briefe, S. 368ff.
77 Joachim Radkau, Die deutsche Emigration in den USA, S. 85ff.
78 Ebd., S. 89.
79 Miss Mann's Views on World Affairs. In: World-Telegram v. 27.1.1939 (Zeitungsausschnitt im EMA).
80 EM an KM v. 25.3.1939 (EMA).
81 Politisches Archiv des AA, Dossier Erika Mann. Bis 1941 wurden von den deutschen Konsulaten bzw. der deutschen Botschaft annähernd zehn Berichte verfaßt.
82 Das mir vom FBI überlassene Material ist teilweise geschwärzt, einzelne Stücke wurden völlig zurückgehalten. Für maßgebliche Hilfe bei der Beschaffung bzw. Beantragung des Materials in Washington danke ich Fredric Kroll.
83 FBI Aktenzeichen 65-17395-1 und 65-17395-2 v. 10.7.1940.
84 FBI Aktenzeichen 65-17395-8.
85 FBI Aktenzeichen 65-17395-4, S. 2.
86 H.A. Walter, Deutsche Exilliteratur Bd. 2, S. 212-218. KM, Der Wendepunkt, S. 383.
87 Über die Rahmenbedingungen ihrer lecture-Tätigkeit hat Erika Mann vielfach erzählt und auch geschrieben. Vgl. u.a.: Lecturer's Lot. In: Liberty Magazine v. 24.3.1945, S. 24/25 sowie 61/62. Dies., Lecturer in Amerika. In: SIE und ER v. 22.8.1947.
88 EM 33 (Typoskript EMA), S. 1f.
89 Brief bzw. Telegramm Erika Manns v. 6.1.1938 an KM (EMA).
90 TM, Tagebücher 1937-1939, S. 378 und passim.
91 Neben den Briefen an die Eltern und den Bruder Klaus belegen dies zahllose, überwiegend unveröffentlichte Briefe an Lotte Walter und Eva Herrmann.
92 KM, Tagebücher IV, S. 108f.
93 Erika Mann besorgte das Geld bei der »Guild«. Vgl. K. Amann (Anm. 45) S. 190.
94 KM, Tagebücher IV, S. 108 und passim.
95 Die folgende Darstellung beruht auf Erika Manns brieflichen Berichten an Klaus Mann. Die Ereignisse selbst hat F. Landshoff in seiner »Autobiographie« nicht erwähnt.
96 TM, Tagebücher 1937-1939, S. 423.
97 Zitiert nach dem Typoskript im EMA.
98 Bericht im »Aufbau« New York v. 15.9.1939; TM, Tagebücher 1937-1939, S. 454f.
99 Die Darstellung folgt Erika Manns unveröffentlichten Briefen an die Eltern, an Klaus Mann und an Martin Gumpert von Ende August 1939.
100 TM, Tagebücher 1937-1939, S. 458ff.
101 EM an Martin Gumpert v. 31.8.1939 (Archiv der AdK, Berlin). Ihre Erlebnisse, Mißgeschicke, Alpträume bei Kriegsausbruch machte Erika – wie üblich – zum Gegenstand ihrer nächsten lecture. Vgl. EM 192 und EM 203: What price Fascism (Typoskript/EMA).
102 EM an KM v. 2.9.1939 (EMA).

103 EM an Martin Gumpert v. 31.8.1939 (Archiv des AdK, Berlin).

104 EM an Martin Gumpert v. 2.9.1939 (Archiv des AdK, Berlin).

105 Martin Gumperts sechsteiliger Gedichtszyklus »Berichte aus der Fremde« wurde erst 1947 vollständig veröffentlicht. Die Auszüge aus dem 2. Teil werden nach dem handschriftlichen Manuskript zitiert (Martin-Gumpert-Archiv, AdK, Berlin).

106 Die erste deutsche Ausgabe neuerdings als: Erika und Klaus Mann, Escape to life – Deutsche Kultur im Exil. München 1991.

107 Ebd., S. 95ff., Portrait of our father. Das Kapitel ist passagenweise mit Klaus Manns Vortrag »A family against a dictatorship« (KM 141) identisch.

108 Ebd., S. 334-341. Das Kapitel stammt von Erika Mann, wie sich aus dem Briefwechsel mit Hubertus Prinz zu Löwenstein ergibt. Vgl. EM an Löwenstein v. 24.8. 1938 und dessen Antwort v. 29.8.1938 (DB, Deutsches Exilarchiv, Am. Guild, Signatur EB 70/117), sowie die Briefe vom 25.10. und 31.10.1938 (BAK, Nachlaß 222 Löwenstein Bd. 3).

109 Aus unveröffentlichten Briefen Erika Manns (z.B. v. 21.8.1938) sowie aus Klaus Manns Tagebüchern, IV, S. 60 und passim ergibt sich, daß u.a. das einleitende Interview, das »Bildnis des Vaters« und das Kapitel »Aus dem Tagebuch eines deutschen Studenten« von Erika stammten. Aus Erika Manns Briefen an den Bruder ergibt sich außerdem, daß es neben dem breiten und positiven Presseecho privat heftige Kritik, z.T. sogar Zerwürfnisse gab. So haben in persönlichen Gesprächen Annette Kolb und Rudolf Serkin und wohl auch Leopold Schwarzschild heftig gegen die Beschreibung protestiert, die sie im Buch der Geschwister erfahren. »Was ein Glück, was ein Glück, daß das Ding auf Deutsch nicht zu haben. Wir dürften unseres Lebens nicht mehr sicher sein«, EM an KM v. 28.7.1939 (EMA).

110 EM an KM v. 28.7.1939 (EMA): »schlecht darf das Buch nicht sein, lieber spät«. Im gleichen Brief äußert EM sich ausführlich über die thematischen und die aktuellen, politischen Schwierigkeiten, die die Veröffentlichung des Buches mit sich bringen werde: »Eine Gefahr ist auch, daß ›Are the Germans‹ uns als antikapitalistisch angekreidet werden möchte. Hab doch darauf, bitte recht sehr, ein urteilssicheres Auge! Nur spricht eben leider alles so *sehr* zu Ungunsten des Geldsacks ...«.

111 Ebd. »Fiction« und »non-fiction« vermöge sie – Erika – in ihrer Darstellung kaum zu trennen, eins greife ins andere; und überdies, so gab Erika mehrfach zu bedenken, sollte das Buch vielleicht am besten »Why not learn from history« heißen, denn vor allem gehe es doch um die historischen »Parallelen«, so etwa zwischen dem politischen Desinteresse des deutschen Durchschnittsbürgers aus der Zeit vor 1933 und einer ähnlichen Gleichgültigkeit der amerikanischen Bevölkerung, beispielsweise an den Ereignissen in Spanien.

112 EM und KM, The other Germany, Kapitel 3, »How was it possible«, S. 147ff.

113 KM, Tagebücher IV, S. 107 und passim.

114 KM, Tagebücher I, S. 64; KM, The turning point, S. 236, bzw. KM, Der Wendepunkt, S. 289f. bzw. The other Germany, S. 160f.

115 EM und KM, The other Germany, S. 85ff.

116 EM an KM v. 11.6.1939 (EMA). Im gleichen Brief teilte Erika Mann dem Bruder auch die wichtigsten »Quellen« für ihr Buch mit; es waren u.a. Arthur Rosenbergs 1935 erschienene »Geschichte der Deutschen Republik« und das Zahlen- und Faktenmaterial aus der Dokumentation »Die wahren Herren Deutschlands«. Quintessenz des »fürchterlich aufschlußreichen Materials« für Erika Mann: »Man wird deutlich machen müssen, in welchem Grade Schwerindustrie und Großgrundbesitz an allem Elende Schuld sind zusammen mit der politischen Verblasenheit der Landsleute und dem schlechten Material, aus dem, im ganzen, die linken Führer geschnitzt waren...«.

117 EM und KM, The other Germany, S. 243ff.

118 Ebd., S. 266ff. sowie KM, Tagebücher IV, S. 137. Wie seine Tagebücher belegen, ist Klaus Mann in dieser Zeit auf den Roman »Union Now« von Clarence Streit gestoßen, aus dem er gemeinsam mit Erika ein Filmdrehbuch entwerfen wollte. Typoskripte liegen im EMA (= EM 174); vgl. Fredric Kroll, Klaus-Mann-Schriftenreihe, Bd. 5, S. 216ff.

119 EM an Katia Mann v. 12.7.1939 (EMA).

120 EM, Briefe I, S. 133f. Zur Arbeit an ihren »1,5 Bücher(n)«, die in der Schweiz geleistet werden sollte, kam eine weitere inhaltlich und organisatorisch aufwendige Arbeit, deren Initiatorin Erika Mann selber war. Es handelte sich um den mit Klaus entworfenen »Broschüren«-Plan, durch den innerhalb eines Jahres zum Zwecke der »moral aid« ca. 24 Broschüren berühmter Repräsentanten der Emigration nach Deutschland eingeschleust werden und damit die Verbindung zwischen Emigranten und Innerdeutschen hergestellt werden sollte. Im Anschluß an die gescheiterten Pariser Versuche um den Thomas Mann-Fonds hatte Erika diesen Plan entworfen, für den Thomas Mann die Schirmherrschaft übernahm (vgl. TM, Briefe II, S. 95f.; TM-HM, Briefwechsel, S. 266ff). Im KMA befindet sich ein Typoskript, in dem Klaus Mann die Intention des Unternehmens charakterisiert, das überparteilich und auf die »politische Aufklärung« der im Dritten Reich eingesperrten Menschen ausgerichtet sein sollte (KM 617). Es war ein Versuch, die in Deutschland lebenden Menschen vor dem Krieg zu warnen, ihn mit den Mitteln des Geistes in letzter Sekunde abzuwehren. Auf illegalem Wege, z.T. mit Hilfe englischer Piloten, gelangten die Flugschriften nach Deutschland, so u.a. auch Klaus Manns »An die Schriftsteller im Dritten Reich« sowie »An die deutschen Intellektuellen« (gedruckt in: Heute und Morgen, S. 244ff). Nicht nur der Kriegsausbruch und die finanziellen Schwierigkeiten, sondern auch die Unterschiedlichkeit und die politischen Differenzen der Mitarbeiter – Thomas und Heinrich Mann, Bruno Frank, Ludwig Renn, Hermann Rauschning – bedrohten das »Broschüren«-Unternehmen, in das Erika Mann bis Anfang 1940 viel Energie investierte. Vgl. EM, Briefe I, S. 133ff. In einem ihrer unveröffentlichten Briefe an die Eltern (15.10.1939, EMA) heißt es: »Ihr wißt, daß einer der englischen Flieger, vom Deutschland-Fluge zurückkehrend, zugegeben hat, daß es nicht immer möglich war, in der Eile die Papierbündel auseinanderzunehmen, und daß er manche von

ihnen paketchenweise abwerfen mußte. ›My Lord‹, – sagte da der Oberkommandierende, ›man, do you realize: you might have hurt somebody!!‹ – Krieg ist Krieg«.

121 Einzelheiten in meinem Aufsatz: »Gegen den Alltag – Erzählungen aus dem Alltag«, S. 159ff. Aus unveröffentlichten Briefen an Klaus v. 3.7., 6.7. und 7.8.1939 geht hervor, daß Erika Mann mit der Fülle des Materials für »Lights« außerordentliche Mühe hatte, daß sie es im Prinzip aber so anlegen wolle wie »Schools«, d.h. als fiktive Dokumentation aus »Fakten und illustrierenden Geschichtchen«.

122 EM, The lights go down, S. 82.

123 KM, Tagebücher IV, S. 150. »Rührend« und »geschickt« lautete immer wieder das Urteil des Vaters und des Bruders über den Erzählzyklus Erika Manns.

124 EM, Don't make the same mistakes. In: Zero Hour. A Summons to the Free. New York 1940, S. 13-76.

125 Typoskript im EMA (EM 40).

126 Bericht im »Aufbau«, New York, v. 24.5.1940.

127 Wolfgang Leonhard, Der Schock des Hitler-Stalin-Paktes, 1989.

128 EM, Briefe I, S. 144. Am 2.11.1939 heißt es in einem unveröffentlichten Brief an Klaus (EMA): »Alles ganz wie anno '32 in Germany: erst die Demokratie erledigen, – wenn's auch dem Hitler frommt, dann selbst an die Macht, – auf dem kleinen Umweg über die faschistische Weltherrschaft ...«

129 Zitiert nach Fredric Kroll, Klaus-Mann-Schriftenreihe, Bd. 5, S. 185. Zum weiteren Verlauf der Auseinandersetzung, vgl. ebd. sowie Uwe Naumann, Klaus Mann, S. 106f. Klaus Manns Stellungnahmen in: KM, Heute und Morgen, S. 268ff.

130 Telegramm Erika Manns v. 5.11.1939 (EMA) sowie Brief v. 11.11.1939 an KM (EMA). Vgl. auch KM, Tagebücher IV, S. 142f.

131 Fredric Kroll, Klaus-Mann-Schriftenreihe, Bd. 5, S. 189f.

132 EM, Briefe I, S. 161ff. Noch ein Jahr später hat Erika Mann Leopold Schwarzschild aufgefordert, sich bei Klaus zu entschuldigen. Dieser Aufforderung ist Schwarzschild am 29.12.1940 nachgekommen. Der gesamte Briefwechsel zwischen Erika Mann und Leopold Schwarzschild liegt im Leo-Baeck-Institut, New York.

133 KM, Briefe, S. 402ff.

134 Zum gleichen Thema hatte Klaus Mann schon bei anderer Gelegenheit gesprochen, vgl. KM, Tagebücher IV, S. 141. Das Konzept für die gemeinsame lecture zu diesem Thema mit charakteristischen Aktualisierungen entwarf Erika in einem unveröffentlichten Brief v. 3.12.1939 (EMA).

135 Die Angaben sind den im EMA verwahrten Listen über Erika Manns lecture-Termine im Jahre 1939/40 entnommen. Sie stammen von Erika Mann selbst und waren für die amerikanischen Finanzämter bestimmt.

136 KM, Tagebücher IV, S. 148.

Kapitel V: An allen Fronten (1940-1951)

1 Golo Mann, Meine Schwester Erika. In: EM, Briefe II, S. 241.
2 TM, Tagebücher 1940-1943, S. 85.
3 Ebd., S. 287. Zur Geschichte von »Decision«, auf die hier nicht näher eingegangen werden kann, vgl. Fredric Kroll, Klaus-Mann-Schriftenreihe, Bd. 5, S. 253ff sowie S. 270ff.
4 TM, Tagebücher 1940-1943, S. 62 sowie S. 726.
5 Waiting for a Lifeboat, Typoskript EM 182.
6 Die Geschichte schildert EM ausführlich in ihrem unveröffentlichten Brief an KM vom 4.7.1941 (EMA); vgl. auch TM, Tagebücher 1940-1943, S. 344.
7 Monika Mann, Versuch über Erika Mann. In: Neue deutsche Hefte 31. Jhg. Heft 4, 1984, S. 830.
8 EM, Briefe I, S. 152f. sowie EM an KM v. 26.3.1940 (EMA).
9 Zur Rundfunkarbeit im Exil vgl.: Ernst Loewy, Freier Äther – freies Wort? S. 238-256 sowie I. v.d. Lühe, Die Publizistin Erika Mann im amerikanischen Exil, S. 65-84.
10 Zahlreiche Reaktionen dazu in: TM, Tagebücher 1940-1943, S. 125, S. 129 und passim; sowie KM, Tagebücher V, S. 51 und passim.
11 EM, Briefe I, S. 173.
12 EM, Eine Nacht in London. In: Aufbau v. 8.11.1940, S. 3 sowie: Dies., They don't know London. In: The Nation v. 19.11.1940, S. 361 und S. 364. Ihre Erlebnisse im BBC-Studio wurden auch Grundlage eines szenischen Dialogs »That burning sky«. Typoskript im EMA (= EM 162). Über ihre Erfahrungen im »Blitz« sprach EM auch im WMCA New York. Der Interviewer war John Steele. DRA Nr. X46 v. 31.10.1940. Vgl. außerdem die Typoskripte EM 3, 49 und 158.
13 Für deren Rettung war in Amerika das European Rescue Committee (ERC) gegründet worden, das Gelder für Affidavits, Visa und Tickets besorgte und durch Varian Fry in Südfrankreich praktische Fluchthilfe organisierte. Schon in den Monaten vor ihrer ersten Londoner Reise, im August 1940, hatte EM die Arbeit des ERC tatkräftig unterstützt. Vgl. TM, Tagebücher 1940-1943, S. 104 und S. 117, passim. Mehrere Hilfs- und Unterstützungsschreiben Erika Manns an das ERC in: DB, Deutsches Exilarchiv, Signatur EB73/21. Zur Arbeit des ERC siehe außer den Darstellungen von Lisa Fittko und Varian Fry: Elisabeth Warburg-Spinelli, Erinnerungen 1910-1989, S. 105 sowie H.A. Walter, Deutsche Exilliteratur Bd. 3, S. 318ff.
14 KM, Tagebücher V, S. 51.
15 In einer Serie von Artikeln in »Die Zeitung«. Einzelnachweis im Anhang.
16 Sie stammen vom 30.7., 23.8. und 4.9.1941 und befinden sich im Written Archives Centre der BBC in London. Ihre Ansprache vom 30.7.1941 eröffnete Erika Mann so: »Deutsche Hörer – es steht schlecht um die schlechte Sache Eures schlechten Führers. Er selber weiß das – auch seine Generäle fangen an, es zu begreifen, und die hunderttausende von jungen deutschen Soldaten, die auf Nimmerwiederkehr in

den verbrannten Steppen Rußlands verschwunden sind, spüren es an den eigenen zerfetzten verdurstenden, hungernden Leibern. Nur sie hofft man im Dunkeln lassen zu können. Sie belügt man, auf Ihre unterwürfige Leichtgläubigkeit meint man zählen zu dürfen. Die Wahrheit aber hat es an sich, schließlich an den Tag zu kommen, und wer lange im Dunkel gesessen hat, beginnt selbst im Dunkeln zu sehen. Gewiß *sieht* man in Deutschland *Teile*, wenigstens, der Wahrheit. Man sieht sich eingesperrt, umgeben und umstellt von Feinden – von Hitlers Feinden, den Feinden seines Regimes, seiner Untaten, seiner Kriegsmaschine, seiner pathologischen und kriminellen Welteroberungs- und Weltvernichtungsträume.«

17 Völkischer Beobachter v. 8.10.1940, S. 2. Gezeichnet ist der Artikel »Der Fall Mann« mit »Lancelot«; von diesem stammten auch die Invektiven gegen Erika und Klaus Mann 1932 in »Die Brennessel«.

18 W.A. Boelke (Hrsg.), Kriegspropaganda 1939-1941, S. 554f.

19 Carl Brinitzer, Hier spricht London, S. 95.

20 EM, A Gang of Ten, New York (L.B. Fischer) 1942. Vgl. auch die positive Reaktion in: Aufbau v. 22.1.1943. Der Plan einer Verfilmung dieses Kinderbuches zerschlug sich ebenso wie im Falle von »Zehn Millionen Kinder«. Vgl. Fredric Kroll, Klaus-Mann-Schriftenreihe, Bd. 5, S. 180.

21 Typoskript EM 145 und in erweiterter Fassung als EM 181.

22 »Germans past and present« lautet der Untertitel des Buches, das Dorothy Thompson gewidmet ist und nicht nur unter den deutschen Emigranten heftige Reaktionen auslöste. Zum Gesamtkomplex vgl. Joachim Radkau, Die Exil-Ideologie vom »anderen Deutschland«, S. 31-48.

23 EM, First interview with Lord Vansittart. In: Vogue v. 1.1.1942, S. 60-61.

24 So etwa in einer Debatte mit Fritz Sternberg in: The Nation v. 11.3.1944, S. 318f.

25 So in einem Brief v. 19.2.1944, den Lord Vansittart am 25.2.1944 beantwortete (EMA) und in dem er sich gegen Erika Manns Kritik an seinen Büchern verteidigte.

26 EM, First interview with Lord Vansittart. In: Vogue v. 1.1.1942, S. 60-61.

27 Ebd.

28 Zu Erika Manns Auftreten beim PEN-Kongreß in London finden sich Einzelheiten und Belege in meinem in Anm. 9 genannten Aufsatz.

29 Vgl. KM, Tagebücher V, S. 74 und passim; EM an KM v. 8./9.6.1942 (EMA). Über ihre Einstellung zum Krieg und zum militärischen Engagement gegen Hitler vgl. auch Erika Manns Brief an Berthold Viertel in: Briefe I, S. 145ff.

30 TM, Tagebücher 1940-1943, S. 394. Unveröffentlichte Briefe v. 5. und 20.3.1942 zwischen EM und R. Sherwood (EMA).

31 So hatte EM bereits in Verbindung mit den deutschen Sendungen der BBC argumentiert. Vgl. Typoskript (EM 27), Broadcasting to German Women.

32 Sendemanuskript als EM 144, S. 1 (EMA). Vgl. zum Sachverhalt EM, Briefe I, S. 181f.

33 Erika Manns Protest erschien in der New York Times v. 9.2.1942. Die folgende Darstellung basiert auf dem Konvolut EM 125 (Music in War Time).

34 EM 125 (Music in War Time), Typoskript S. 6f.

35 EM 125, zitiert nach Erika Manns Leserbrief für die New York Times. Vgl. auch TM, Tagebücher 1940-1943, S. 395.

36 EM in: New York Times v. 9.2.1942.

37 Zum European Film Fund und zum Engagement emigrierter Schriftsteller als Drehbuchautoren in Hollywood vgl. u.a.: John Russell Taylor, Fremde im Paradies, S. 227ff. sowie Hans Albert Walter, Deutsche Exilliteratur Bd. 3, S. 468ff.

38 Ermunternd, aufrüttelnd und anekdotenreich gestaltete Erika Mann ihre lectures nach der Rückkehr aus London im Winter 1940 und 1941. Ein Prinzip, das sie nach Pearl Harbour beibehielt und verfeinerte, gerade weil ihr sehr häufig eine Stimmung entgegenschlug, die die schnelle Beendigung, den baldigen Rückzug der Amerikaner vom Kriegsschauplatz wünschte. Umgekehrt waren ihre auch aus Amerika fortgesetzten Radioansprachen an deutsche Hörer authentisch konstruierte und ebenfalls pädagogisch inszenierte Stimmungsberichte: »Deutsche Hörer: Ihr Irreführer hat schon manches Wunder vollbracht ... das größte Wunder aber, das entscheidende, ist ihm gelungen, da er Amerika, das vielsprachige, vielrassige, weitentfernte, pazifistische Amerika in den Krieg brachte als eine geeinte und zum äußersten entschlossene Nation ...« (EM 143). Es folgen Erlebnisschilderungen von Studenten der Universität Missouri, die sich früher nur fürs Fußballspiel interessierten und heute nur noch danach fragen, was sie tun können, um »diesen Krieg gegen den Feind der Menschheit zu gewinnen«. Erika Mann ihrerseits tat das verschiedenste, um den Amerikanern diesen Krieg gewinnen zu helfen. Die ehemalige Schauspielerin ließ sich von Ernst Lubitsch für einen Anti-Nazi-Propagandafilm anwerben (TM, Tagebücher 1940-1943, S. 469 und 475). Der Film trug den Titel »Know your enemy«, wurde jedoch weder aufgeführt noch in der Army verwendet. Er ist offenbar verloren gegangen. Vgl. Bonnie Rowan (Hrsg.), Scholar's Guide to Washington, D.C., Film and Video Collections, Washington 1980, S. 367ff.; außerdem Jan-Christopher Horak, Wunderliche Schicksalsfügung, S. 257-270.

39 EM an TM v. 29.1.1943 sowie an die Eltern v. 24.3.1943 (EMA). Zu den »russischen Plänen« vgl. TM, Tagebücher 1940-1943, S. 548 sowie S. 974. TM, Reg. II, Nr. 43/76.

40 EM an KM v. 28.6.1943 und 4.8.1943 (EMA).

41 Die Darstellung folgt Erika Manns Bericht, Waiting for the General. In: Liberty v. 9.10.1943.

42 EM an KM v. 28.6.1943 (EMA).

43 Mehrere undatierte Zeitungsausschnitte zu Erika Manns Jerusalem- und Palästinareise im EMA.

44 Bericht im Aufbau v. 14.1.1944, S. 17.

45 Über ihre Eindrücke, Erfahrungen und Gedanken zur Palästinafrage schrieb EM zwei Berichte: The Powder Keg of Palestine. In: Liberty v. 8.1.1944, S. 15 und S. 58f. sowie: Momentaufnahmen vom gelobten Land. In: porvenir No. 14/15, September 1944, S. 231-234 (in spanischer Sprache).

46 Zitiert nach EM, The Powder Keg of Palestine, S. 58.

47 Ebd.

48 EM an KM v. 13.11.1943 (EMA).
49 Die Darstellung folgt dem »Prolog« aus Erika Manns geplanter Autobiographie (EM 38). Typoskript S. 5 sowie »Prelude« in einer längeren Fassung.
50 Im EMA befinden sich als EM 138 (I of all people) und EM 142 (Profit by my experience) die erhaltenen Fragmente. Es handelt sich um eine detaillierte, kapitelweise gegliederte »outline«, die einen Überblick über den Gesamtinhalt des geplanten Buches geben soll. Ausgeführt ist von diesem nur der Prolog, der in Kairo spielt, und das 1. Kapitel des ersten Teils (»Nightmare«), das die Flucht aus München und die ersten Erlebnisse im Exilort Zürich beschreibt. Ob das als EM 142 (Profit by my experience) erhaltene Teilstück, das eine Episode aus der Kindheit und die ersten Erfahrungen als lecturer erzählt, Bestandteil der großen Autobiographie werden sollte, ist nicht genau zu sagen. Möglich ist auch, daß es sich um eine autobiographisch gefärbte Schilderung des lecture-Berufs handelt, die als solche wiederum Thema einer lecture werden sollte.
51 EM, I of all people (EM 138) S. 4f. EM an KM vom 10.11.1943 (EMA).
52 Zum »Council« vgl. u.a.: Ehrhard Bahr, Paul Tillich und das Problem einer deutschen Exilregierung, S. 31-42.
53 EM, Briefe I, S. 190 und S. 195.
54 TM, Tagebücher 1944-1946, S. 45 und S. 405f.
55 EM, Briefe I, S. 189.
56 EM, Paris Now. In: Liberty v. 2.12.1944, S. 24/25 und S. 73/74. EM, Meet the Supermen. Ebd. v. 16.9.1944, S. 13. Ihren Bericht vom D-Day schrieb EM für Toronto Star Weekly (Ausgabe v. 8.7.1944).
57 TM, Tagebücher 1937-1939, S. 394 erwähnt Erika Manns Interview mit Beneš für die Chicago Daily News. Der Wortlaut des Interviews konnte bisher nicht ermittelt werden.
58 Die Darstellung folgt Erika Manns Interview: The future – as Beneš sees it. In: Toronto Star Weekly v. 12.8.1944, S. 14.
59 EM an KM v. 11.11.1945 (EMA).
60 EM 38 (Citizen Werewolf) sowie: EM, Leaderless Reich resists as Team. In: Chicago Daily News v. 21.5.1946.
61 EM, Our Newest Problem – German Civilians. In: Liberty v. 3.2.1945, S. 15, S. 50, S. 53/54. Diese und weitere Berichte und Reportagen bilden die Grundlage eines zweiten, Fragment gebliebenen autobiographischen Buches. Es sollte »Alien Homeland« heißen und in 30 Kapiteln die Geschichte eines Jahres erzählen (Frühjahr 1945 bis Frühjahr 1946). Lediglich fünf Kapitel liegen ausgeführt vor (EM 84). Zahlreiche Manuskripte können allerdings als Vor- bzw. Teilstudien für dieses Buch angesehen werden, u.a. »On my way back from Europe« in: EM 203.
62 EM, Briefe I, S. 215.
63 Sofort nach ihrer Rückkehr in die USA, im Frühjahr 1946, wurde aus diesem Problem ein lecture-Thema. Vgl. »Occupation, trial or error« (EM 133) sowie den offenen Brief an die Besatzungssoldaten. Typoskript (EM 70).
64 EM 84 (Alien Homeland). Typoskript Kap. XII.

65 Erich Kästner, Streiflichter aus Nürnberg. Zitiert nach: Klaus R. Scherpe (Hrsg.). In Deutschland unterwegs, S. 318.

66 Typoskript EM 97, S. 10.

67 Typoskript EM 77 v. 6.11.1945. Der Vergleich zwischen den Typoskripten von 21 Artikeln, die Erika Mann für den »Evening Standard London« zwischen Spätsommer 1945 und Frühjahr 1946 geschrieben hat, und den entsprechenden Tagesausgaben der Zeitung ergibt, daß Erika Manns Artikel offensichtlich in der Mehrzahl nicht gedruckt bzw. nur in veränderter Fassung als anonyme Korrespondentenberichte verwendet wurden. Dies gilt auch für Erika Manns Berichte von den Nürnberger Prozessen; von dort schrieb regelmäßig und namentlich Richard McMillan für den »Evening Standard«. Lediglich Erika Manns Bericht von ihrem Besuch in Mondorf les Bains erschien – ebenfalls in veränderter, d.h. gekürzter und politisch entschärfter Form – in der Ausgabe des »Evening Standard« vom 13.8.1945. Diese Befunde verdanke ich den Recherchen von Dr. M. Malet, London.

68 W.E. Süskind, Thomas' Tochter. In: Deutsches Allgemeines Sonntagsblatt Nr. 37 v. 14.9.1969. Vgl. auch Erika Manns Brief an W.E. Süskind. In: EM, Briefe II, S. 49f.

69 EM berichtete von ihrem »Mondorf«-Abenteuer sowohl für die Londoner Zeitung »Evening Standard« (13.8.1945) als auch unter dem Titel »They who live by the sword«. In: Liberty v. 27.10.1945, S. 19ff. Im ausgeführten 1. Kapitel von »Alien Homeland« schildert sie vor allem die nächtliche Fahrt nach Luxemburg und die Selbstgespräche, die sie unterwegs führte.

70 EM, Briefe I, S. 206f.

71 Jay W. Baird, Das politische Testament Julius Streichers, S. 663f.

72 Zitiert in: EM 84 (Alien Homeland), Kap. XIII, S. 1.

73 Die Darstellung folgt Erika Manns Reportage für »Evening Standard«, EM 77.

74 Diese Behauptung entstammt Erika Manns Bericht, sie stimmt mit der historischen Wahrheit nicht überein. Vgl. Günther Deschner, Reinhard Heydrich, S. 299f. sowie Martin Gilbert, Der Zweite Weltkrieg, S. 330. Womöglich hat Erika Mann sich auf zeitgenössische Schilderungen und Augenzeugenberichte gestützt. In einer Fernsehdokumentation des BR über Lidice aus dem Jahre 1987 kommt eine Überlebende des Massakers bzw. der Verschleppung zu Wort, die sich daran erinnert, daß 50RM gegen Quittung für sie bzw. andere Kinder bezahlt wurden. Der Marktplatz von Lemburg taucht in diesem Zusammenhang jedoch niemals auf. Diese Hinweise verdanke ich Heide Musahl und Wolfgang Zierau.

75 EM, Tragedy's Children. In: Liberty v. 22.12.1945, S. 28 und S. 91/92.

76 Typoskript EM 18 »Berlin« – womöglich handelt es sich um das geplante Kapitel XXII von »Alien Homeland«.

77 KM, Tagebücher VI, S. 98.

78 Ebd., S. 104f.

79 Zitiert nach: Annemarie Schwarzenbach, Lyrische Novelle. Nachwort des Herausgebers S. 138.

80 Marcel Reich-Ranicki, Thomas Manns treue Tochter. In: Frankfurter Allgemeine Zeitung v. 18.1.1986.

81 EM hat in zahlreichen Artikeln ihre Kindheitserinnerungen an Bruno Walter beschrieben. Vgl. u.a.: Erste Begegnungen mit Berühmtheiten. In: Deutsche Zeitung Bohemia, Prag, v. 4.10.1931 sowie: For Bruno Walter. In. Tomorrow Magazine, März 1944, S. 24.

82 Albrecht Joseph, Zu Tisch bei Romanoffs, S. 216.

83 EM an KM v. 20.3. und 27.3.1941 (EMA).

84 EM an KM v. 12.4.1944 (EMA).

85 Die Darstellung und die Zitate entstammen den unveröffentlichten Briefen Katia Manns an KM (EMA).

86 EM an KM v. 19.4.1948 (EMA).

87 Katia Mann an KM v. 22.11.1948 (EMA).

88 Gedruckt in: Inspiré 3. Jhg. Nr. 33, Januar 1952, S. 24. Mit Bezug auf Bruno Walter ist auch geschrieben: »Auf verlorenem Posten«. In: Inspiré 1. Jhg. Nr. 19, November 1950, S. 42.

89 TM, Tagebücher 1944-1946, S. 141f.

90 Katia Mann an KM v. 14.3.1946 (EMA).

91 EM an KM v. 15.1.1945 (EMA).

92 Im EMA und KMA befinden sich lediglich Gliederungsentwürfe und eine 8-seitige Kapitelübersicht. KM 405 und KM 406 sowie KM 292.

93 Zitiert nach dem Typoskript: »On my way back from Europe«. In: EM 203.

94 TM, Briefe II, S. 443. Zum »Streit um Thomas Mann« im Nachkriegsdeutschland vgl. neben den ausführlichen Kommentierungen in den einschlägigen Tagebüchern: Klaus Schröter (Hrsg.), Thomas Mann im Urteil seiner Zeit, Hamburg 1969.

95 Zu Klaus Manns letzten Lebensjahren und Arbeitsplänen vgl. außer Bd. 6 der Tagebücher: Uwe Naumann, S. 121ff.

96 EM an KM v. 13.4.1948 (EMA).

97 Die Darstellung folgt dem gedruckten Bericht der Veranstaltung, der die Reden der Diskussionsteilnehmer und des Moderators enthält. In: EM 194 (dort auch weiteres Material).

98 Zitiert nach EM 122.

99 Montags-Echo v. 28.9.1948.

100 Town Meeting v. 10.8.1948 (Anm. 97), S. 15.

101 Antwort an EM. In: Telegraf v. 3.11.1948.

102 Echo der Woche v. 22.10.1948, S. 1 und 2 (Zeitungsausschnitt in EM 122).

103 »Klaus Mann macht Männchen«. In: Echo der Woche v. 12.11.1948. Die Verteidigung der Geschwister erschien unter dem Titel »Klaus und Erika Mann, Beispiel einer Verleumdung«. In: Aufbau v. 11.3.1949.

104 Das Material befindet sich in DB, Deutsches Exilarchiv, Nachlaß W. Sternfeld, Signatur EB 75/177.

105 Vgl. die Korrespondenz zwischen Dr. Herbert Lersch und Erika Mann; insbesondere die Briefe v. 25. und 31.8. sowie 27.11.1949 (EMA). In der deutschen Presse war zwischen 1947 und 1949 auch aus anderen Gründen häufig gegen Erika Mann Stimmung gemacht worden. Ihre große Reportage über »The polish Dream«

(Collier's v. 27.12.1947; deutsche Fassung »Können die Polen ihren deutschen Landzuwachs verdauen?« In: SIE und ER v. 10.10.1947) war ebenso heftig kritisiert worden wie ihr Artikel gegen Wilhelm Furtwängler in der New York Herald Tribune v. 13.6.1947. Vgl. auch EM, Briefe I, S. 250f.

106 EM an Walter Lersch v. 24.6.1950, Briefkopie in DB, Deutsches Exilarchiv, Nachlaß W. Sternfeld (EB 75/177).

107 TM, Reg. III, 49/347 und 49/366.

108 EM, Briefe I, S. 260f.

109 TM, Tagebücher 1949-1950, S. 67 und passim.

Kapitel VI: Rückkehr in die Fremde (1952-1969)

1 EM an Lion Feuchtwanger v. 17.9.1955. In: H.v. Hofe (Hrsg.), Lion Feuchtwanger, Briefwechsel mit Freunden, Bd. 1, S. 173-175.

2 EM, Briefe I, S. 175.

3 EM an Lotte Walter v. 6.10.1947 (EMA).

4 EM 122 (Typoskript bzw. gedrucktes Material zum »Town Meeting«) S. 18f. sowie weitere Zeitungsausschnitte zu Erika Manns lectures in den Jahren 1945-1947 (EMA).

5 TM, Reg. III Nr. 48/42 sowie Tagebücher 1946-1948, S. 207.

6 Erste Hinweise auf Erika und ihr »blutiges Geschäft« bzw. auf die »Meisterin der Auslassung« in: TM, Tagebücher 1933-1934, S. 386 und 399. Über Erika Manns Korrektur- und Kürzungsvorschläge zum »Doktor Faustus« vgl. TM, Tagebücher 1946-1948, Textanhang Nr. 1, 2, 3, 5, 6, 7, 10, 12, 13.

7 TM, Tagebücher 1946-1948, S. 219. Offenbar verfolgte Erika Mann in dieser Zeit ernsthaft den Plan, ein Buch über Thomas Mann zu schreiben. Ebd., S. 214.

8 TM, Reg. III Nr. 49/347. Zu Erika Manns Kritik an der Deutschlandreise der Eltern auch: TM, Tagebücher 1949-1950, S. 55 und passim.

9 Katia Mann an Martin Gumpert v. 8.7.1949 sowie undatierter Brief von EM an Martin Gumpert (Archiv der AdK, Berlin). Außerdem: TM, Tagebücher 1949-1950, S. 67.

10 Typoskript EM 87 (EMA).

11 Spektakuläre Auftritte und Erfolge, wie sie TM, Tagebücher 1949-1950, S. 45, S. 178 und passim, erwähnt, änderten an dieser Situation im Grunde nichts.

12 Typoskript und Material zu diesem Sachverhalt als EM 34 im EMA. Der langjährige Kollege und Freund John Peets, Paul Moor, hat 1989 in einem großen Artikel (Die Zeit Nr. 8 v. 18.2) den weiteren Lebensweg Peets beschrieben und aus dessen unveröffentlichten Memoiren zitiert. Daraus ergibt sich, daß John Peet tatsächlich während des Spanischen Bürgerkriegs von einem sowjetischen Agenten angeworben werden sollte. Über die Hintergründe seines Weggangs in die DDR, 1950, berichtet Paul Moor jedoch nichts.

13 EM 34, S. 2.

14 Ebd., S. 2f.
15 Ebd., S. 5f.
16 Ebd., S. 9f.
17 EM an Hermann Hesse v. 28.8.1950 (EMA). Vgl. auch EM, Briefe I, S. 272f. Thomas Mann, dessen 1950 entstandener Essay »Die Erotik Michelangelos« für die NSR vorgesehen war, scheint sogar bereit gewesen zu sein, seinen Beitrag zurückzuziehen, um »eine Kollision mit Erikas politischer Arbeit ... zu vermeiden.« TM, Tagebücher 1949-1950, S. 235.
18 EM 34, S. 5.
19 Ebd., S. 11f.
20 Ebd., S. 13.
21 Diese und ähnliche Geschichten wurden zu Beginn ihres amerikanischen Exils mehr oder weniger öffentlich über die Geschwister kolportiert. Vgl. EM an KM v. 22.2. 1937 (EMA). Das erste Stück der Ausbürgerungsakte von Klaus Mann (Politisches Archiv d. Auswärtigen Amtes, Bonn) ist das Schreiben der Reichsschrifttumskammer v. 10.4.1934. Schon hier wird auf das »mehr als geschwisterliche Verhältnis« hingewiesen.
22 Die Einzelheiten ergeben sich aus der unveröffentlichten Korrespondenz zwischen Erika Mann und ihrem Anwalt Victor Jacobs aus dem Jahre 1950 (EMA). Das erwähnte »statement« ist eine von Erika Mann verfaßte Zusammenstellung der möglichen Gründe, die ihre Einbürgerung verhindern. Es befindet sich in der Anlage zu einem Brief an die Schwester Elisabeth Borgese v. 30.1.1950 (EMA).
23 FBI, Aktenzeichen 65-17395; Schreiben v. 15.9. und 21.12.1948 sowie v. 24.5.1950.
24 Zur Friedenskonferenz im Hotel Waldorf Astoria vgl. TM, Tagebücher 1949-1950, S. 386.
25 FBI, Aktenzeichen 65-17395-36, S. 1-9.
26 EM an Victor Jacobs vom 31.3.1950 (EMA).
27 EM, Briefe I, S. 275-280.
28 Ebd., S. 279f.
29 Ebd., S. 281.
30 EM an Victor Jacobs v. 9.9.1950 (EMA).
31 Manfred George an EM v. 27.4.1950 (DLM).
32 TM, Briefe II, S. 510f.
33 Als die »Neue Schweizer Rundschau« Erika Manns Aufsatz über John Peet abgelehnt hatte, schrieb TM in seinem Tagebuch: »Niemand von uns wird mehr zu Wort kommen.« TM, Tagebücher 1949-1950, S. 245.
34 Fragment blieb auch das Deutschlandbuch »Alien homeland« sowie das gemeinsam mit Klaus geplante »Sphinx without secret«. Aus anderen, für Erika Mann höchst ärgerlichen Gründen hatte sie bereits 1941/42 ein mit dem L.B. Fischer Verlag vertraglich vereinbartes Buch nicht schreiben können. Es sollte Rudolf Hess und seinen spektakulären England-Flug im Mai 1941 behandeln. Wie Thomas Mann, so hat auch Erika Mann dieses Ereignis als außergewöhnlich ermutigend und aufregend empfunden. Auf dem Höhepunkt der Kriegserfolge Hitlers sei die Tat

seines engsten Vertrauten eine Niederlage für den »Führer« und ein Schock für die Deutschen. Es beweise die Instabilität in Hitlers Umgebung, und es werde den Deutschen gewiß die Augen öffnen, daß ein so wichtiger Mann den »Schutz der Engländer« gesucht habe. Vgl. TM, Tagebücher 1940-1943, S. 1051f. Zu Erika Manns Plan eines Buches über Hess vgl. ihren Brief an Katia Mann v. 24.11.1941 und an Klaus Mann v. 5.12.1941 (EMA). Die Verwirklichung des Plans scheiterte offenbar nicht zuletzt an den englischen Behörden, die Erika Mann die notwendigen Hintergrundinformationen nicht geben und ein solches Buch im angelsächsischen Sprachraum verhindern wollten. Vgl. TM – GBF, Briefwechsel, S. 292, 294, 296.

35 Über ihre Kinderbücher vgl. das Typoskript EM 189, »Warum ich Kinderbücher schreibe.« Über die Vertragsverhandlungen mit dem Franz Schneider Verlag informiert die erhaltene Korrespondenz zwischen Erika Mann und Luise Schneider (EMA).

36 EM, Briefe II, S. 14.

37 EM an Annemarie Schwarzenbach v. 1.5.1942 (EMA).

38 Das Material über den Plagiat-Vorwurf befindet sich in der Korrespondenz mit Luise Schneider (EMA). Zur Materialsammlung für die *Zugvögel*-Serie vgl. die Briefe von und an Karl Schleifer im Konvolut EM 206.

39 TM, Briefe III, S. 179f.

40 EM, Briefe I, S. 223.

41 EM, Briefe II, S. 32f.

42 TM, Reg. VI, Nr. 52/111.

43 Mitteilung von Anita Naef.

44 TM, Briefe III, S. 302f.

45 Das Kino und Thomas Mann, S. 32ff.

46 Ebd., S. 39. Einen dreieinhalbmonatigen »Galeerendienst« nannte Erika Mann die Dreharbeitszeit für die »Buddenbrook«-Verfilmung im Sommer 1959. Es war das aufwendigste Filmprojekt, an dem Erika Mann mitgewirkt hat und zugleich auch das umstrittenste. Vgl. die Presseberichte in: Das Kino und Thomas Mann, S. 44ff. sowie EM, Dorniger Weg zum »Buddenbrook-Film«. In: Weser-Kurier v. 5.9.1959 und dies., Bericht über die Dreharbeiten zum »Buddenbrook«-Film. In: Frankfurter Illustrierte Nr. 43, 1959, S. 12.

47 Vgl. u.a. die Artikel und Interviews von EM in: Münchener Merkur v. 23.10.1953; Die Welt v. 31.3.1956 sowie v. 23.2.1957.

48 Deutsches Allgemeines Sonntagsblatt Nr. 35 v. 28.8.1959.

49 Im Mai 1957 hatte der Drehbuchautor John Kafka beim Westberliner Landgericht eine einstweilige Verfügung beantragt und gefordert, im Vorspann des Films »Bekenntnisse des Hochstaplers Felix Krull« als Mitautor genannt zu werden. Thomas Mann habe mit seinem 1954 erschienenen Roman John Kafkas Erzählung »Welt und Kaffeehaus« plagiiert. Dem Antrag wurde nicht stattgegeben, im anschließenden Prozeß unterlag John Kafka. Vgl. EM 230 (Prozeßakte) sowie EM: Ein Toter vor Gericht. In: Stuttgarter Zeitung v. 3.9.1957. Vgl. auch EM, Warum dem Film das Spiel verderben? In: Stuttgarter Zeitung v. 22.2.1957.

50 Das Kino und Thomas Mann, S. 21 u. S. 39.
51 EM an Hans Habe v. 27.7.1958 (EMA).
52 Für die Kürzungen am »Versuch über Schiller« s. EM 207.
53 Zur folgenden Darstellung vgl.: EM, Das letzte Jahr, S. 33ff.
54 Ebd., S. 41.
55 Ob Erika Mann dieses Reisetagebuch tatsächlich geführt oder nur als fiktives Dokument für ihren »Bericht« (vgl. Anm. 53) entworfen hat, ist nicht zu entscheiden.
56 EM, Das letzte Jahr, S. 54.
57 Ebd., S. 76f.
58 Ebd., S. 61ff.
59 Zur »TM-Spende« sowie zum späteren Plan einer »Thomas Mann-Gesellschaft« vgl. die unveröffentlichte Korrespondenz mit Ernst Schnabel, Rudolf Hirsch, Paula Ludwig und Lotte Goslar (EMA). Zahlreiche Hinweise ergeben sich auch aus der Korrespondenz mit W. Sternfeld (DB, Deutsches Exilarchiv).
60 EM an Adrienne Thomas-Deutsch v. 11.1.1960 (EMA).
61 EM an Paul Citroën v. 13.9.1963 (EMA).
62 EM an Rudolf Hirsch v. 14.5.1956 (EMA).
63 Monika Mann, Vergangenes und Gegenwärtiges, S. 52. Zum Presseecho auf die Bücher der beiden Schwestern vgl. Klaus W. Jonas, Die Thomas Mann-Literatur Bd. II, S. 37 und S. 38.
64 EM, Briefe II, S. 47 und passim.
65 EM, Das letzte Jahr, S. 15.
66 EM an Paul Citroën v. 13.4.1966 (EMA).
67 Zur Entstehung der »Betrachtungen« vgl. das umfangreiche Kapitel in: Peter de Mendelssohn, Der Zauberer, Bd. 1, S. 1070ff.
68 Joachim Fest, Die unwissenden Magier, S. 65ff, spricht vom »retuschierenden Vorspruch« der Tochter. Verharmlosend-relativierend klingen im übrigen auch die Passagen in »Escape to life«, die den »Betrachtungen« gewidmet sind. Ebd., S. 113-115.
69 EM, Briefe II, S. 101.
70 Vgl. die Einleitung der Herausgeberin in: TM, Briefe I, S. V-XII.
71 Mit Nachdruck und mit Erfolg hat Erika Mann die Kürzungen in Briefen Thomas Manns an Heinrich Mann aus den Jahren 1910-1914 verteidigt, die »finanzielle Dinge« betrafen. Thomas Mann hatte Heinrich Mann eine größere Summe geliehen, die jener nach dem Kriegsausbruch 1914 zurückverlangte. Vgl. TM, Briefe I, S. 81, S. 92, S. 97, S. 112 und im Vergleich dazu TM-HM, Briefwechsel, S. 106, S. 119, S. 125, S. 132ff. Vgl. auch EM an Rudolf Hirsch v. 14.2.1961 (EMA). Zur Kritik an der Edition der TM-Briefe vgl. vor allem I. und W. Jens in: Die Zeit v. 26.1.1962; 24.7.1964; 4.2.1966.
72 TM, Briefe I, S. Vff.
73 TM, Tagebücher 1946-1948, S. 294 und 786.
74 »Verlorene Handschrift«. In: Der Spiegel Nr. 20, 1962, S. 81ff.
75 TM, Reg. I Nr. 20/92. Der Wortlaut des Briefes erschien faksimiliert in: Kurt Ziesel, Das verlorene Gewissen, S. 197f.

76 Robert Neumann, »Was für ein unglaubliches Getue«. In: Münchener Merkur v. 10./11.8.1968.
77 »EM antwortet Robert Neumann«. Ebd. v. 24./25.8.1968.
78 »Thomas Manns Brief an Johst«. Ebd. v. 31.8./1.9.1986.
79 Tatsächlich hatte Erika Mann das Buch 1958 gelesen, wie sich aus einem Brief an Rudolf Hirsch v. 17.4.1958 ergibt. Ziesels Buch sei »wie alles deutsche Denunziantentum in Deutschland sehr beliebt« schrieb sie (EMA).
80 EM an Rudolf Hirsch v. 5.2.1961 (EMA).
81 Das Material zum Prozeß S. Fischer gegen Desch befindet sich im Konvolut EM 231.
82 EM, Mit eigener Feder. In: Das Schönste VII. Jhg. Nr. 7, 1961, S. 32f. Robert Neumanns Antwort: Ebd., Nr. 8.
83 Marcel Reich-Ranicki über »Olympia«. In: Die Zeit v. 28.4.1961. Hermann Kesten in: Die Kultur, Mai 1961. Vgl. auch: Robert Neumann, Ein leichtes Leben. München 1963, S. 486f. und S. 506f.
84 Das Schönste Nr. 9 und Nr. 10, 1961.
85 Robert Neumann, Die Mathilde Walewska-Story, ebd.
86 EM, Ein frei entlehnbarer Klassiker. Ebd. Die ganze Olympia-Walewska-Affäre wurde in der Presse genüßlich beobachtet. Vgl. z.B. die Schilderungen im »Spiegel« Nr. 14, 41, 44, 46 und 47 des Jahres 1961 sowie EM, Ein Skandal, der einer ist. In: Die Welt v. 4.11.1961.
87 EM an Paul Citroën v. 18.9.1962 (EMA).
88 TM, Tagebücher 1949-1950, S. 207f.
89 EM, Briefe II, S. 210f.
90 EM, PM, S. 136ff.
91 Die Konkurrenz, in die sie sich mit einem Buch über ihren Vater begeben hätte, hat sie nicht im geringsten gefürchtet: »Um ein wirklich ›eingeweihtes‹ Buch über Thomas Mann schreiben zu können, muß man ihm zufällig so nahe gestanden haben, wie ich dies tat. Alles andere ist bestenfalls literarhistorisches Gerätsel und äußerlich biographisches Machwerk, kann aber nie bis zum Kern seines Wesens gedeihen.« EM an Rudolf Hirsch v. 26.2.1959 (EMA).
92 EM an Hermann Hesse v. 10.10.1956 (EMA).
93 Typoskript EM 42.
94 Harold von Hofe (Hrsg.), Briefe von und an Ludwig Marcuse, S. 172.
95 EM, Briefe II, S. 176.
96 EM an KM v. 5.12.1941, 19.2.1943 (EMA).
97 EM, Briefe II, S. 118ff.
98 Zum folgenden vgl. Eberhard Spangenberg, Karriere eines Romans, S. 182ff.
99 Zahlreiche Freunde und alte Bekannte bat Erika Mann um solche gerichtsverwertbaren »Gutachten«. Häufig formulierte sie ihnen den Wortlaut bereits vor. Vgl. z.B. EM an Paul Citroën v. 18.2.1965 (EMA). Nach Erika Manns Vorschlag sollten Paul Citroën und Viktor von Vriesland ungefähr folgendermaßen argumentieren: Beide kannten 1936, da sie Klaus Manns Roman lasen, Gustaf Gründgens gar nicht. Zwischen einer konkreten Person und dem Romanhelden konnten sie daher auch

keinerlei Beziehung herstellen. In Klaus Manns Roman sahen sie »ein kämpferisches Zeitdokument auf hohem literarischen Niveau«, das einen leider nur zu gängigen »Typus« im damaligen Deutschland portraitierte, den Typus des intellektuellen Verräters und opportunistischen Mitläufers, der zum Verräter seiner eigenen, besseren Vergangenheit wurde. Auch Franz Theodor Csokor, Albrecht Goes und Hans Mayer hat Erika Mann erfolgreich um derartige Äußerungen gebeten.

100 Zitiert nach: Eberhard Spangenberg, Karriere eines Romans, S. 224.

101 Ebd., S. 235f.

102 KM, Der Wendepunkt, S. 384f.

103 Eberhard Spangenberg, Karriere eines Romans, S. 169ff.

104 Zitiert nach dem Prozeßmaterial im Konvolut EM 232 (Klage wegen Persönlichkeitsverletzung).

105 EM, Briefe II, S. 227.

106 Der Wortlaut des Interviews befindet sich als Typoskript EM 159 im EMA. Eine Rundfunkfassung des Gesprächs befindet sich im DRA, Bd. Nr. 89 U 4980/1.

107 EM, Briefe II, S. 57f. Vgl. auch Walter Janka, Schwierigkeiten mit der Wahrheit, S. 91.

108 EM, An die Vernunft appellieren. In: Das Schönste, Heft Oktober 1958.

109 EM, Der Fall Pasternak. In: Die Kultur v. 1.12.1958. Die Reaktion auf diesen Artikel war heftig. Vgl.: Curt Riess, Der Fall Pasternak und Erika Mann. In: Die Kultur v. 15.12.1958; Dagegen: Erika Mann verteidigt sich. Ebd. v. 1.1.1959. Außerdem: Anon., Erika und die ›Katastrophe‹ Pasternak. In: Die Tat v. 10.1.1959. E.B., Der Fall Erika Mann. In: Der Monat 11, Heft 124, 1958/59, S. 80-82.

110 EM, Briefe II, S. 85.

111 EM an Paul Citroën v. 13.9.1963 (EMA).

112 EM, Briefe II, S. 181f. sowie EM an G.v. Paczensky v. 31.12.1966 (EMA).

113 DRA Nr. X69 (Bd. Nr. 73 U 2151).

114 EM, Briefe II, S. 186f.

115 Ebd.

116 Vgl. TM, Tagebücher 1946-1948, S. 304 und S. 320 sowie passim.

117 Ebd. S. 322, S. 334 und S. 338. Die auf diese Weise ausgeschiedenen Passagen aus der »Entstehung des Doktor Faustus« sind im Anhang der Tagebücher 1946-1948 unter No. 47-50 und No. 55-62 abgedruckt.

118 EM, Briefe II, S. 109.

119 So die Formulierung Ludwig Marcuses. In: EM, Briefe II, S. 132.

120 Zum Sachverhalt vgl. ebd. S. 124ff., S. 130f.

121 EM, Briefe II, S. 236ff.

122 Das Material ist im EMA gesammelt. Verwiesen sei vor allem auf: Martin Gregor-Dellin, »Kühnes, herrliches Kind«. In: Süddeutsche Zeitung v. 29.8.1969; Hermann Heckmann, Anmut und Zorn. In: Frankfurter Allgemeine Zeitung v. 29.8.1969; Albrecht Goes, Des Vaters Tochter. In: Stuttgarter Zeitung v. 28.9.1969; J. Hellmut Freund, Erika Mann. In: Frankfurter Rundschau v. 1.9.1969.

123 Vgl. TM, Tagebücher 1946-1948, S. 83f. sowie EM, Briefe I, S. 220.

Danksagung

Bei der Arbeit an diesem Buch begegnete ich vielen Menschen, ohne deren selbstverständliche und in einigen Fällen aufwendige Hilfe es nicht hätte geschrieben werden können.

An erster Stelle danke ich Frau Ursula Hummel und Frau Gabriele Weber von der Handschriftenabteilung der Stadtbibliothek München, die mich während meiner Arbeit im Erika und Klaus Mann-Archiv unterstützten. Für Hilfe und Auskünfte danke ich weiterhin Frau Marie-Luise Passera, Exilarchiv der Deutschen Bibliothek Frankfurt, Frau Dr. Inge Belke, Deutsches Literaturarchiv Marbach, Herrn Reiner Kammerl, Stadtarchiv Weißenburg, sowie den Mitarbeiterinnen und Mitarbeitern der im Anhang genannten Archive und Institutionen.

Im Laufe der mehrjährigen Arbeit habe ich zahlreiche Gespräche mit Freunden und Zeitgenossen Erika Manns führen können. Mein Dank gilt in diesem Zusammenhang vor allem Frau Anita Naef, deren Hilfe, Auskunftsbereitschaft und unermüdlicher Rat diese Arbeit in allen ihren Stadien gefördert hat. Für Gespräche und hilfreiche Hinweise danke ich außerdem Frau Marianne Breslauer (Zürich), Frau Lisa Fittko (Chicago), Frau Edith Loewenberg (London), Herrn Albrecht Goes (Stuttgart) sowie Herrn Dr. Ernst Loewy (Frankfurt). Weiterhin danke ich Frau Lisette Buchholz (Mannheim), Frau Dr. Marian Malet (London) und Herrn Dr. Fredric Kroll (Freiburg) für konkrete Hilfe bei der Beschaffung oder Übersetzung von Material aus ausländischen Archiven. Herrn Charles Regnier danke ich für die Erlaubnis, die unveröffentlichten Briefe Pamela Wedekinds an Erika Mann einsehen zu dürfen, und Herrn Dr. Eberhard Spangenberg für die freundliche Genehmigung zum Abdruck zahlloser unveröffentlichter Materialien aus dem Nachlaß Erika Manns.

Dieses Buch ist auch im Kontext des seit 1987 am Fachbereich Germanistik angesiedelten, von der Forschungskommission der Freien Universität Berlin geförderten Forschungsprojekts »Der Brief als kommunikatives und literarisches Faktum« entstanden. Neben materieller Unterstützung habe ich durch die Forschungsdiskussionen innerhalb dieses Projekts vielfältige Anregungen erhalten. Für Hilfe bei der Materialbeschaffung und bei der bibliographischen Erfassung entlegener Dokumente danke ich vor allem den Hilfskräften des Briefprojekts: Imma Hendrix, Ute Pott, Jutta Raulwing und Irmgard Kizilgün.

Über Jahre hin hat Gisela Gaebel die Arbeit an diesem Buch begleitet, bei der Quellensuche geholfen und die verschiedenen Fassungen des Manuskripts erstellt. Ihr und Gisela Bock, die durch genaue Lektüre und praktischen Rat die Fertigstellung erheblich erleichterte und die das Buch für die Reihe »Geschichte und Geschlechter« vorschlug, sei an letzter, an entscheidender Stelle gedankt.

Quellen und Literatur

I. Archive und Sammlungen

Archivalische Quellen: Nachlässe

Nachlässe Erika und Klaus MANN. Stadtbibliothek München, Handschriftenabteilung.
Nachlaß Erich EBERMAYER. Staatsbibliothek zu Berlin (Haus 2), Handschriftenabteilung.
Nachlaß Manfred GEORG(E). Deutsches Literaturarchiv, Marbach.
Nachlaß Martin GUMPERT. Archiv der Akademie der Künste, Berlin (West).
Nachlaß Hans KAHLE. Bundesarchiv, Außenstelle Potsdam.
Nachlaß Hubertus Prinz zu LÖWENSTEIN. Bundesarchiv, Koblenz sowie Deutsche Bibliothek Frankfurt, Deutsches Exilarchiv 1933-1945.
Nachlaß Leopold SCHWARZSCHILD. Leo Baeck-Institut, New York.
Nachlaß Wilhelm STERNFELD. Deutsche Bibliothek Frankfurt, Deutsches Exilarchiv 1933-1945.

Weitere Archive:

Archiv der Akademie der Künste, Berlin (Ost); Politisches Archiv des Auswärtigen Amtes, Bonn; Bayerisches Hauptstaatsarchiv und Staatsarchiv, München; Handschriftenabteilung der Bibliothek der Ungarischen Akademie der Wissenschaften, Budapest; Written Archives Centre der BBC, London; Berlin Document Center; Dumont-Lindemann-Archiv, Düsseldorf; Evangelisches Zentralarchiv, Berlin; Archiv der sozialen Demokratie, Bonn; Feuchtwanger Institute for Exile Studies, Los Angeles; Staatsbibliothek zu Berlin (Haus 1); Stadtarchiv Fulda; US Departement of Justice, Federal Bureau of Investigation, Washington; Thomas Mann-Archiv, Zürich; Archiv der Hauptstadt Prag und Staatliches Zentralarchiv Prag; Deutsches Rundfunkarchiv und historisches Archiv der ARD, Frankfurt; Ullstein Textarchiv, Berlin; Stadtarchiv Weißenburg; Institut für Zeitgeschichte, München; Institut für Zeitungsforschung, Dortmund.

Gespräche mit:

Lisa FITTKO (Chicago)	am	3.4.1989
Albrecht GOES (Stuttgart)	am	18.3.1989
Edith LOEWENBERG (London)	am	10.9.1989
Marianne BRESLAUER (Zürich)	am	2.2.1990

II. Veröffentlichungen Erika Manns:

1. *Bücher:*

Zehn Millionen Kinder. Die Erziehung der Jugend im Dritten Reich. Mit einem Geleitwort von Thomas Mann, Amsterdam (Querido) 1983. ND: München (edition spangenberg im Ellermann Verlag) 1986.

Engl. Ausgabe: *School for Barbarians.* Education under the Nazis. Introduction by Thomas Mann, New York (Modern Age Books) 1938.

The Lights Go Down. Translated by Maurice Samuel. New York (Farrar & Rinehart) 1940. Einzelne Kapitel dieses Buches sind in loser Folge in französischer Übersetzung in Broschürenform erschienen unter dem Titel: Ténèbres sur l'Allemagne. Lahore: The Civil and the Military Gazette, 1943(?).

Das letzte Jahr. Bericht über meinen Vater, Frankfurt/M. (S. Fischer Verlag) 1956.

Briefe und Antworten, hrsg. von Anna Zanco-Prestel, 2 Bände, München (edition spangenberg im Ellermann Verlag) 1984/85. (= EM, Briefe)

»Beteiligt euch, es geht um eure Erde«. Erika Mann und ihr politisches Kabarett »Die Pfeffermühle« 1933-1937, hrsg. von Helga Keiser-Hayne, München (edition spangenberg) 1990. (= EM, PM)

2. *Bücher zusammen mit Klaus Mann:*

Rundherum. Das Abenteuer einer Weltreise, Berlin (S. Fischer Verlag) 1929.

Das Buch von der Riviera. Was nicht im »Baedeker« steht, München (Piper Verlag) 1931. ND: Mit einem Nachwort von Martin Ripkens. Berlin (Silver und Goldstein Buchverlag) 1989.

Escape to Life, Boston (Houghton & Mifflin) 1939.

Deutsche Ausgabe: Escape to Life. Deutsche Kultur im Exil. Hrsg. und mit einem Nachwort von Heribert Hoven. München (edition spangenberg) 1991.

The Other Germany. Translation by Heinz Norden, New York (Modern Age Books) 1940.

3. *Kinderbücher:*

Jan's Wunderhündchen. Ein Kinderstück in sieben Bildern von Erika Mann und Richard Hallgarten, Berlin (Oesterheld) 1931.
Stoffel fliegt übers Meer, Stuttgart (Levy und Müller) 1932.
Muck, der Zauberonkel, Basel (Philographischer Verlag) 1934.
A Gang of Ten, New York (L.B. Fischer) 1942.
Deutsche Ausgabe: *Zehn jagen Mr. X.* Aus dem Englischen von Elga Abramowitz. Mit einem Nachwort von Golo Mann, Berlin (Kinderbuchverlag der DDR) 1990.
Unser Zauberonkel Muck, Augsburg (Franz Schneider Verlag) 1952.
Christoph fliegt nach Amerika, München (Franz Schneider Verlag) 1953.
Wenn ich ein Zugvogel wär; Till bei den Zugvögeln; Die Zugvögel auf Europa-Fahrt; Die Zugvögel singen in Paris und Rom, München (Franz Schneider Verlag) 1953-1955.
Die Zugvögel. Sängerknaben auf abenteuerlicher Fahrt, Bern (Alfred Scherz Verlag) 1959.

4. *Beiträge in Büchern, Zeitschriften und Zeitungen:*

a. *Glossen und Zeitschriftenbeiträge aus der Zeit vor 1933:*

Kinder – Theater. In: Tempo vom 28.9.1928.
Kormorane. In: Tempo vom 3.10.1928.
Das kleine Mädchen von Honolulu. Eine Reiseerinnerung aus der Südsee. In: Tempo vom 11.10.1928.
Hollywood bei Nacht. In: Tempo vom 19.10.1928.
Literatur in Amerika. In: Tempo vom 29.10.1928.
Student-girls und Student-boys. In: Tempo vom 2.11.1928.
Generalprobe. In: Tempo vom 24.11.1928.
Charles Lindbergh. In: Tempo vom 22.12.1928.
Silvesterbrand in Hollywood. In: Tempo vom 31.12.1928.
Die Bohème ist tot. In: Tempo vom 12.1.1929. Gedruckt auch in: Deutsche Zeitung Bohemia, Prag, vom 1.12.1929.
Ganz kleine Provinz. In: Tempo vom 2.3.1929.
Die Naive als Kardinal. In: Tempo vom 9.3.1929.
Hotels. In: Tempo vom 19.3.1929.
Pfiffe und Reklamen. In: Tempo vom 27.3.1929.
Auch nicht wahr. In: Tempo vom 11.4.1929.
An den Berliner. In: Vogue vom 8.5.1929, S. 25.
Ich spiele mit. In: Tempo vom 14.5.1929.
Zwergentee. In: Tempo vom 31.5.1929.
Nacht in der Bauernstube. In: Tempo vom 15.6.1929.
Verflixtes Regenwetter. In: Tempo vom 10.7.1929.
Großes Prominententummeln. In: Tempo vom 27.7.1929.

Verführer am Nebentisch. In: Tempo vom 13.8.1929.
Zwei Kinder und ein Zwerg. In: Die Wochenschau Nr. 30, 1929, S. 18f.
Jannings und das Oktoberfest. In: Tempo vom 26.9.1929. Gedruckt auch in: Die Wochenschau Nr. 41, 1929, S. 17.
Oberammergau mobilisiert. In: Tempo vom 22.10.1929.
Die Kakteen-Hexe. In: Tempo vom 8.11.1929.
Bettler-Phantasie. In: Tempo vom 30.1.1930.
Wie ich Auto-Monteur lernte. In: Tempo vom 20.2.1930.
Reise im Vorfrühling. In: Tempo vom 7.3.1930. Gedruckt auch in: Deutsche Zeitung Bohemia, Prag, vom 6.3.1931.
Es wirkt. In: Tempo vom 28.3.1930.
Im Auto durch spanische Dörfer. In: Tempo vom 5.5.1930.
Chaud, hot, heiß, caliente. In: Tempo vom 16.6.1930.
Up to date. In: Tempo vom 25.6.1930.
Amerika enttäuscht München. In: Tempo vom 23.7.1930.
Liebeserklärung an Bayern. In: Münchener Neueste Nachrichten vom 23.7.1930.
Bridge – unschicklich und altmodisch. In: Tempo vom 7.8.1930.
Glückwunsch an den Großvater Pringsheim. In: Münchener Neueste Nachrichten vom 1.9.1930, S. 3.
»Gesloten« und »verboden«. Holländische Spazierfahrt. In: Tempo vom 4.9.1930.
Die Briefangst des Autlers. In: Tempo vom 12.9.1930.
Zugspitz-Gipfel mit allem Komfort. In: Tempo vom 11.12.1930.
Fridolin mit dem guten Herzen. In: Tempo vom 18.12.1930.
Reise-Abenteuer. In: Tempo vom 15.1.1931.
Nordpolfahrt nach Leipzig. In: Tempo vom 16.2.1931. Gedruckt auch in: Deutsche Zeitung Bohemia, Prag, vom 10.1.1932.
Frau und Buch. In: Tempo vom 21.3.1931. ND: Anna Rheinsberg (Hrsg.), Bubikopf. Aufbruch in den Zwanzigern. Texte von Frauen. Darmstadt 1988, S. 11/12.
Meckere nicht. In: Tempo vom 22.5.1931.
Und nun Platz für uns Große. Der zweite 10.000km-Start. In: Tempo vom 24.5.1931.
Fahrt ohne Schlaf. Erster 10.000km-Bericht. In: Tempo vom 27.5.1931.
Rom? – nur eine Waschgelegenheit. Zweiter 10.000km-Bericht. In: Tempo vom 2.6.1931.
Der Weg zurück. Letzte Etappen der 10.000km. – Vor den Toren Berlins. In: Tempo vom 6.7.1931.
Hotel-Marmelade. In: Tempo vom 1.7.1931. Gedruckt auch in: Deutsche Zeitung Bohemia, Prag, vom 10.4.1932.
Oginsky kann sich nicht fassen. In: Tempo vom 10.7.1931. Gedruckt auch in: Düsseldorfer Nachrichten vom 16.11.1931.
Geteilte Pleite – halbe Pleite. In: Tempo vom 10.9.1931. Gedruckt auch in: Münchener Neueste Nachrichten vom 20.12.1931.
Erste Begegnungen mit Berühmtheiten. In: Deutsche Zeitung Bohemia, Prag, vom 4.10.1931. Gedruckt auch in: Kasseler Neueste Nachrichten vom 14.10.1931.
Alles kopiert Berlin. In: Tempo vom 3.11.1931, S. 7.

Gine (Novelle). In: Velhagen und Klasings Monatshefte, November 1931, S. 261-264.
Im Schlaf durchs Ziel ... Zwei auf Europafahrt. In: Uhu, 8. Jhg. Heft 2, November 1931, S. 91-95 und S. 108f.
Weihnachtliche Stadt. In: Tempo vom 23.12.1931.
Der Unstern (Gedicht). In: Uhu, 8. Jhg. Heft 5, Februar 1932, S. 94.
Eine »neue« Mozart-Oper. In: Tempo vom 26.2.1932.
Dein Schicksal künd' ich – eins, zwei, drei... Psychologie ist keine Hexerei. In: Tempo vom 6.4.1932.
Lied vom April (Gedicht). In: Tempo vom 12.4.1932.
Geht die Kunst nach Brot? In: Bayerische Staatszeitung vom 29.4.1932. Gedruckt auch in: Deutsche Zeitung Bohemia, Prag, vom 11.5.1932.
Hotel-Nachbarn. In: Bayerische Staatszeitung vom 26./27.6.1932.
Als Hochstaplerin verhaftet. In: Tempo vom 27.7.1932.
Fremdes Nordland. In: Tempo vom 12.8.1932.
Die älteste Frau, die ich sah. Besuch bei Björnsons Witwe. In: Tempo vom 1.9.1932.
Halt! Hier hört die Welt auf! In: Tempo vom 7.10.1932, S. 5.
Brief um die Weihnachtszeit. In: Bayerische Staatszeitung und Bayerischer Staatsanzeiger vom 18./19. Dezember 1932.
Der Dennoch-Fasching Münchens. In: Deutsche Zeitung Bohemia, Prag, vom 27.1.1933.

Artikel, deren Druckort und/oder -datum bisher nicht ermittelt werden konnten (Zeitungsausschnitte im EMA):

Sport und Charakter
Abenteuer im Auto
So trifft man sich
Geborene Verführerin
H.E. Jacob. Jacqueline und die Japaner
Vor der Premiere (Oktober 1932)
Hund im Schnee

b. *Beiträge in Sammelbänden, Zeitungen und Zeitschriften aus der Zeit von 1936-1949:* (Einzelveröffentlichungen von Texten aus der »Pfeffermühle« sowie Leserbriefe Erika Manns wurden nicht aufgenommen)

Die Pfeffermühle will nur Theater sein. In: Deutsche Zeitung Bohemia, Prag, vom 2.2.1936.
Address delivered at the Peace and Democracy Rally am 15.3.1937. In: Hitler a Menace to World Peace. New York, 1937, S. 22-30.
Gerüchte um Thomas Mann. In: Das Neue Tage-Buch vom 4.6.1938, S. 547-548.
The Artist in Exile and Action, o.O., 1938.
Reisebrief aus Spanien. In: Neue Volks-Zeitung, New York, vom 16.7.1938.
An der spanischen Front mit ›Hans‹. Ebd., v. 6.8.1938.
Brennpunkt Valencia. Ebd., vom 13.8.1938.
Schulen für Soldaten. Ebd., vom 20.8.1938.

Spaniens Kinder. Ebd., vom 27.8.1938.
Tragedy of the Homeless. In: Independent Woman, Dezember 1938, S. 374-376; S. 388-390.
A last Conversation with Karel Capek. In: The Nation vom 14.1.1938, S. 68f.
Thomas Mann and his Family. In: Vogue vom 15.3.1939.
Open Letter to Nora Waln. In: The Nation vom 1.4.1939, S. 379-380.
They don't know London. In: The Nation vom 19.10.1940, S. 361 und 364. Deutsche Fassung: Eine Nacht in London. In: Aufbau vom 8.11.1940, S. 3. ND: Claudia Schoppmann (Hrsg.), Im Fluchtgepäck die Sprache, Berlin 1991, S. 145-147.
Don't make the same Mistakes. In: Zero Hour. A Summons to the Free, New York (Farrar & Rinehart) 1940, S. 13-76.
In Lissabon gestrandet (= EM 182 »Waiting for a Lifeboat«), deutsche Übersetzung in: Claudia Schoppmann (Hrsg.), Im Fluchtgepäck die Sprache, Berlin 1991, S. 148-160.
Der Riese ist wach. In: Die Zeitung (London) vom 12.4.1941.
Blitze überm Ozean. Ebd., vom 30.4.1941.
Die öffentliche Meinung. Ebd., vom 22.5.1941.
Reise nach England. Ebd., vom 18.7.1941.
In England Now. Rezension von »War Letters from Britain. Edited by Diana Forbes-Robertson und Roger W. Straus. In: Decision I, Nr. 3 (März 1941) S. 73-75.
Has Britain won the War of Nerves? In: Liberty Magazine vom 27.9.1941, S. 15 und S. 58.
Rede beim XVII. Internationalen Pen-Kongreß in London (10.-13.9.1941). Gedruckt in: Hermann Ould (Hrsg.), Writers in Freedom. London 1941. (ND: 1970), S. 84-86. Auszugsweiser Nachdruck mit deutscher Übersetzung in: Der Deutsche Pen-Club im Exil 1933-1948. Eine Ausstellung der Deutschen Bibliothek. Bearbeitet von Werner Berthold und Brita Eckert. Frankfurt/M. 1980, S. 365f.
Rescue Boats. In: Liberty Magazine vom 25.10.1941, S. 30, S. 40-42.
First Interview with Lord Vansittart. In: Vogue vom 1.1.1942.
No Gloom in this Hospital. In: Toronto Star Weekly vom 23.5.1942.
Marianne Lorraine. In: Aufbau v. 6.3.1942.
Gedanken im Tee-Salon. In: Die Zeitung vom 23.5.1943.
Waiting for the General. In: Liberty Magazine vom 9.10.1943, S. 14/15 und S. 58.
The Powder Keg of Palestine. In: Liberty Magazine vom 8.1.1944, S. 15 und S. 58/59.
In Defense of Vansittart. In: The Nation vom 11.3.1944, S. 318.
For Bruno Walter. In: Tomorrow Magazine, März 1944, S. 24. [Zum 50. Dirigentenjubiläum von Bruno Walter].
Eine Ablehnung. In: Aufbau vom 21.4.1944. Wieder abgedruckt in: Ernst Loewy (Hrsg.), Exil, Literarische und politische Texte aus dem deutschen Exil 1933-45, Stuttgart 1979, S. 1160 sowie in Erika Mann, Briefe I, S. 189f.
Offene Antwort an Carl Zuckmayer. In: Aufbau vom 12.5.1944. Dort auch: Offener Brief von Carl Zuckmayer; beides wieder abgedruckt in: Ernst Loewy (Hrsg.), Exil, Literarische und politische Texte aus dem deutschen Exil 1933-1945, Stuttgart 1979, S. 1161ff. sowie in: Erika Mann, Briefe I, S. 191ff.

A Rebuttal. In: Prevent World War III, June-July 1944, S. 14.
Back from Battle. In: Toronto Star Weekly vom 8.7.1944.
Only Regret is Medics Can't Fix his Watch, too. In: Ebd. vom 5.8.1944.
The Future – as Beneš sees it. In: Ebd. vom 12.8.1944.
Instántaneas de la Tierra Prometida [Momentaufnahmen vom Gelobten Land]. In: porvenir. No. 14/15, 1944, S. 231-234.
Meet the Supermen. In: Liberty Magazine vom 16.9.1944, S. 13.
The German Prisoners. In: The Sunday Chronicle vom 5.11.1944.
Paris Now. In: Liberty Magazine vom 2.12.1944, S. 24/25 und S. 73/74.
Two Worlds. In: They were there. The Story of World War II and how it came about. By America's Foremost Correspondents. Edited by Curt Riess, New York 1944, S. 547-551.
Lecturer's Lot. In: Liberty Magazine vom 24.3.1945, S. 24/25 und S. 61/62.
Why the Germans fight on. In: Prevent World War III, Nr. 8, 1945, S. 11f.
My Fatherland, The Pullman. In: Vogue, o.D.
Brief an meinen Vater [Zum 70. Geburtstag von Thomas Mann]. In: Aufbau vom 8.6.1945, S. 7. Wieder abgedruckt in: Erika Mann, Briefe I, S. 201-205.
They who live by the sword. In: Liberty Magazine vom 27.10.1945, S. 19-21 und S. 91-93.
Tragedy's Children. In: Ebd. vom 22.12.1945, S. 28 und S. 91/92.
Our Newest Problem – German Civilians. In: Ebd. vom 3.2.1945, S. 15 und S. 48, 50, 53-54.
Also doch! Hat Prof. Burckhardt keine Rolle im »Fall Hess« gespielt? In: Die Nation vom 20.2.1946.
Deutsche Bücher – noch verbannt. In: Kurier (Berlin) vom 1.3.1946, S. 3.
U.S. Officers lured to Nazi Principles. In: Chicago Daily News vom 20.5.1946.
Leaderless Reich resists as Team. In: Ebd. vom 21.5.1946.
The Furtwaengler Ovation. In: New York Herald Tribune vom 13.6.1947.
Lecturer in Amerika. In: SIE und ER vom 22.8.1947.
Können die Polen ihren deutschen Landzuwachs verdauen? In: SIE und ER vom 10.10.1947. Englische Fassung: The Polish Dream. In: Collier's vom 27.12.1947.
The Mysterious Czech Turnabout. In: New York Herald Tribune (vermutlich September 1947).
Woran glaubt die europäische Jugend? o.O.o.D. (vermutlich zweite Hälfte 1949).

Gemeinsam mit Klaus Mann:

Zurück von Spanien. In: Das Wort, Heft 10, 1938, S. 39-43.
Reportagen aus dem Spanischen Bürgerkrieg. In: Sinn und Form. Januar/Februar 1987, S. 23-40. [Zu den Spanienartikeln in der Pariser Tageszeitung siehe: Grunewald Nr. 503-513].
Portrait of our Father. In: The Atlantic Nr. 163, 1939, S. 441-451 [= Vorabdruck aus »Escape to Life«].

Solidarität. Freunde in allen Ländern. In: Die Zukunft, Jhg. II, Heft 6 vom 10.2.1939, S. 6 [= Vorabdruck aus »Escape to Life«]

In spite of the Gestapo. In: The Nation vom 25.3.1939, S. 343-345 [= Vorabdruck aus »Escape to Life«].

Beispiel einer Verleumdung. In: Aufbau vom 11.3.1949.

c. *Aufsätze und Artikel seit 1950:*

Rondom het geval – John Peet. In: Vrij Nederland vom 30.9.1950, S. 3f. Gedruckt auch in: Information, Kopenhagen vom 9.8.1950.

Ich wollt', ich wäre dreizehn Jahr' (Gedicht). In: National-Zeitung Basel, vom 10.9.1950.

Auf verlorenem Posten (Gedicht). In: Inspiré Nr. 19, November 1950, S. 42.

Hans Feist zum Gedächtnis. In: Schweizer Nationalzeitung 1952.

Sonett. In: Inspiré Nr. 33, Januar 1952, S. 24.

Thomas Mann verfilmt. In: Aufbau vom 8.1.1954.

Der Dirigent Bruno Walter. In: Die Weltwoche vom 15.4.1954.

Professor Zauberer. In: Münchener Illustrierte vom 2.10.1954.

Der Vater. In: Du. Schweizer Monatsschrift, Jhg. 15, Nr. 6 (Juni) 1955, S. 4-14.

Erika Mann meint: Ja. Die Tochter des Schriftstellers zur Verfilmung seiner Werke. In: Die Welt vom 31.3.1956.

Der Zauberer. In: Münchener Illustrierte vom 27.8.1956.

Herr über alle Musik. Bruno Walter zum 80. Geburtstag. In: Aufbau vom 14.9.1956. Gedruckt auch in: Stuttgarter Zeitung vom 15.9.1956 sowie: Der Bund vom 15.9.1956.

»Ist das schon Herbst?« Gruß an Hermann Hesse zum 80. Geburtstag. In: Neue Zürcher Zeitung vom 30.6.1957.

Ein Toter vor Gericht. Ein Plädoyer. In: Stuttgarter Zeitung vom 3.9.1957.

Festlied. Hermann Hesse zum 2. Juli 1958. In: Neue Zürcher Zeitung vom 2.7.1958.

Thomas Mann – eine Antwort. In: Welt am Sonntag vom 17.8.1958. [Antwort auf Curt Riess: Thomas »Mann« auf Menschenjagd. In: Welt am Sonntag vom 1.6.1958; und: Buddenbrooks verklagen Thomas Mann. Ebd. vom 8.6.1958].

An die Vernunft appellieren. In: Das Schönste, Oktober 1958.

Der Fall Pasternak. In: Die Kultur vom 1.12.1958.

Die Buddenbrooks. In: Frankfurter Illustrierte, Nr. 43, 1959.

Dorniger Weg zum Buddenbrooks-Film. In: Weser-Kurier vom 5.9.1959.

Johannes R. Becher – Stimmen der Freunde. In: Sinn und Form, 2. Sonderheft 1959, S. 567f.

Bruno Frank – ein liebenswerter Mensch. In: Kölnische Rundschau vom 22.5.1960.

Mit eigener Feder. In: Das Schönste, VII. Jhg. Nr. 7, 1961, S. 32f. [betrifft Robert Neumanns Roman »Olympia«].

Ein frei entlehnbarer Klassiker. In: Ebd. Nr. 9, 1961.

Ein Skandal, der einer ist. In: Die Welt vom 4.11.1961 [Antwort auf Robert Neumann. Ebd. vom 28.10.1961].

Wenn ich an meine Mutter denke. In: Die Quick, Jhg. 18, Nr. 18 vom 2.5.1965, S. 87-89.

Thomas Mann: Die letzte Adresse. In: Schöner Wohnen, April 1965, S. 82-91.
Das Rätsel um Rudi. In: Der Spiegel, Jhg. 19 vom 8.12.1965, S. 148-151.
Wer läutet? In: Fischer-Almanach auf das 80. Jahr, 1966, S. 48-55.
In memoriam Hans Reisiger. In: Jahresring 1968/69, S. 323-325.
Ein Brief an Therese Giehse (Zum 70. Geburtstag). Zuhause im Exil. In: Süddeutsche Zeitung vom 2./3.3.1968, sowie in: Die Weltwoche vom 8.3.1968. Gedruckt auch in: Briefe II, S. 204-209.
Liebeserklärung an Bayern. In: Münchener Abendzeitung vom 22.3.1968.
Der Brief an Hanns Johst war mir unbekannt. In: Münchener Merkur vom 23./24.8.1968 [Antwort auf Robert Neumann, Was für ein unglaubliches Getue. Ebd. vom 10./11.8.1968].
Über die Sängerin Lotte Lehmann. In: Berndt W. Wessling, Lotte Lehmann – mehr als eine Sängerin. Salzburg 1969, S. 18-28.
Erika und Michael Mann, Der kleine Bruder und der große. Zum 60. Geburtstag Golo Manns. In: Süddeutsche Zeitung vom 22./23.3.1969.

5. *Übersetzungen und Editionen:*

Klaus Mann, Europe's Search for a new Credo. In: Tomorrow Magazine VIII, Nr. 10, 1949. Deutsch in: Neue Schweizer Rundschau vom 3.7.1949.
Klaus Mann, L'Europe est finie. Deutsch von Erika Mann. In: Tintenfaß Nr. 5, 1982, S. 88-101.
Klaus Mann zum Gedächtnis. Mit einem Vorwort von Thomas Mann, Amsterdam (Querido) 1950 [EM wird auf dem Titelblatt nicht genannt].
Thomas Mann, Betrachtungen eines Unpolitischen (Einleitung von Erika Mann S. IX-XXV), Frankfurt (S. Fischer Verlag) 1956.
Thomas Mann, Briefe 1889-1936, Frankfurt/M. (S. Fischer Verlag) 1961.
Thomas Mann, Briefe 1937-1947, Frankfurt/M. (S. Fischer Verlag) 1963.
Thomas Mann, Briefe 1948-1955 und Nachlese, Frankfurt/M. (S. Fischer Verlag) 1965
Thomas Mann, Wagner und unsere Zeit. Aufsätze, Betrachtungen, Briefe, Frankfurt/M. (S. Fischer Verlag) 1963.
Thomas Mann, Autobiographisches, Frankfurt/M. (S. Fischer Verlag), 1968.
Thomas Mann – Eine Auslese, Wien (Ueberreuter Verlag) 1969.

III. Autobiographien, Korrespondenzen, Memoiren, Tagebücher

Gottfried Bermann Fischer, *Bedroht – Bewahrt. Der Weg eines Verlegers*, Frankfurt/M. 1971.
Carl Brinitzer, *»Hier spricht London«*, Hamburg 1969.

Elisabeth CASTONIER, *Stürmisch bis heiter. Memoiren einer Außenseiterin*, Frankfurt/Berlin 1988.

Duff COOPER, *Old men forget*, New York 1954.

Franz DAHLEM, *Am Vorabend des Zweiten Weltkriegs. 1938 bis August 1939. Erinnerungen*, 2 Bände, Berlin (DDR) 1977.

Julius DEUTSCH, *Ein weiter Weg. Lebenserinnerungen*, Zürich 1960.

Erich EBERMAYER, *Denn heute gehört uns Deutschland. Persönliches und politisches Tagebuch*, Hamburg/Wien 1959.

Samuel und Hedwig FISCHER, *Briefwechsel mit Autoren*, Frankfurt/M. 1990.

Lisa FITTKO, *Mein Weg über die Pyrenäen. Erinnerungen 1940/41*, München 1985.

Marta FEUCHTWANGER, *Nur eine Frau. Jahre – Tage – Stunden*, München 1983.

Varian FRY, *Auslieferung auf Verlangen. Die Rettung deutscher Emigranten in Marseille 1940/41*, München 1986.

Therese GIEHSE, *Ich hab' nichts zum Sagen. Gespräche mit Monika Sperr*, München/Gütersloh/Wien 1973.

Gustaf GRÜNDGENS, *Briefe, Aufsätze, Reden*. Hrsg. von Rolf BADENHAUSEN und Peter GORSKI, Hamburg 1967.

Hans HABE, *Ich stelle mich. Meine Lebensgeschichte*, München 1986.

Hans HABE, *Im Jahre Null. Ein Beitrag zur Geschichte der deutschen Presse*, München 1966.

George W.F. HALLGARTEN, *Als die Schatten fielen. Erinnerungen*, Frankfurt/Berlin 1969.

Harold von HOFE (Hrsg.), *Briefe von und an Ludwig Marcuse*, Zürich 1975.

Harold von HOFE/Sigrid WASHBURN (Hrsg.), *Lion Feuchtwanger. Briefwechsel mit Freunden*, 2 Bände, Berlin/Weimar 1991.

Walter JANKA, *Schwierigkeiten mit der Wahrheit*, Hamburg 1989.

Albrecht JOSEPH, *Zu Tisch bei Romanoffs. Erinnerungen*, Mönchengladbach 1991.

Alfred KANTOROWICZ, *Spanisches Kriegstagebuch*, Frankfurt/M. 1982.

Alfred KANTOROWICZ, *Deutsches Tagebuch*, 2 Bände, Berlin 1978 und 1980.

Hermann KESTEN (Hrsg.), *Deutsche Literatur im Exil. Briefe europäischer Autoren 1933-1949*, Frankfurt/M. 1973.

Fritz H. LANDSHOFF, *Erinnerungen eines Verlegers*, Berlin/Weimar 1991.

Hubertus Prinz zu LÖWENSTEIN, *Botschafter ohne Auftrag. Lebensbericht*, Düsseldorf 1972.

Klaus MANN, *Briefe und Antworten*, hrsg. von Martin GREGOR-DELLIN, München 1987.

Klaus MANN, *Tagebücher 1931-1949*. 6 Bände, hrsg. von Joachim HEIMANNSBERG, Peter LAEMMLE und Wilfried F. SCHOELLER, München 1989-1991.

Klaus MANN, *Kind dieser Zeit*, mit einem Nachwort von William L. Shirer, München 1965.

Klaus MANN, *Der Wendepunkt. Ein Lebensbericht*, München 1976.

Klaus MANN, *The Turning Point*, with a new introduction by Shelley L. Frisch. New York 1984.

Golo MANN, *Erinnerungen und Gedanken. Eine Jugend in Deutschland*, Frankfurt/M. 1986.

Heinrich MANN, *Ein Zeitalter wird besichtigt*, Düsseldorf 1974.

Katia MANN, *Meine ungeschriebenen Memoiren*, hrsg. von Elisabeth PLESSEN und Michael MANN, Frankfurt/M. 1974.

Michael Mann, *Fragmente eines Lebens*, hrsg. von Frederic C. und Sally P. Tubach, München 1983.

Monika Mann, *Vergangenes und Gegenwärtiges. Erinnerungen*, München 1956.

Monika Mann, *Wunder der Kindheit.* Bilder und Impressionen, Köln 1965.

Thomas Mann, *Tagebücher 1918-1921*, hrsg. von Peter de Mendelssohn, Frankfurt/M. 1979.

Thomas Mann, *Tagebücher 1933-1934*, hrsg. von Peter de Mendelssohn, Frankfurt/M. 1977.

Thomas Mann, *Tagebücher 1935-1936*, hrsg. von Peter de Mendelssohn, Frankfurt/M. 1978.

Thomas Mann, *Tagebücher 1937-1939*, hrsg. von Peter de Mendelssohn, Frankfurt/M. 1980.

Thomas Mann, *Tagebücher 1940-1943*, hrsg. von Peter de Mendelssohn, Frankfurt/M. 1982.

Thomas Mann, *Tagebücher 1944-1946*, hrsg. von Inge Jens, Frankfurt/M. 1986.

Thomas Mann, *Tagebücher 1946-1948*, hrsg. von Inge Jens, Frankfurt/M. 1989.

Thomas Mann, *Tagebücher 1949-1950*, hrsg. von Inge Jens, Frankfurt/M. 1991.

Thomas Mann/Heinrich Mann, *Briefwechsel 1900-1949*, hrsg. von Hans Wysling. Erweiterte Neuausgabe, Frankfurt/M. 1984.

Thomas Mann, *Briefwechsel mit seinem Verleger Gottfried Bermann Fischer*, hrsg. von Peter de Mendelssohn, Frankfurt/M. 1973.

Thomas Mann, *An Ernst Bertram. Briefe aus den Jahren 1910-1955*, hrsg. von Inge Jens, Pfullingen 1960.

Thomas Mann, *Briefe an Otto Grautoff 1894-1901 und Ida Boy-Ed 1903-1928*, hrsg. von Peter de Mendelssohn, Frankfurt/M. 1975.

Thomas Mann – Agnes E. Meyer. *Briefwechsel 1937-1955*, hrsg. von Hans Rudolf Vaget, Frankfurt/M. 1992.

Thomas Mann, *Briefwechsel mit Autoren*, hrsg. von Hans Wysling, Frankfurt/M. 1988.

Viktor Mann, *Wir waren fünf. Bildnis der Familie Mann*, Frankfurt/M. 1976.

Ludwig Marcuse, *Mein zwanzigstes Jahrhundert. Auf dem Weg zu einer Autobiographie*, Zürich 1975.

Erich Matthias (Hrsg.), *Mit dem Gesicht nach Deutschland. Eine Dokumentation über die sozialdemokratische Emigration.* Aus dem Nachlaß von Friedrich Stampfer, Düsseldorf 1968.

Hans Mayer, *Ein Deutscher auf Widerruf. Erinnerungen I*, Frankfurt/M. 1982.

Hertha Pauli, *Der Riß der Zeit geht durch mein Herz. Ein Erlebnisbuch*, Wien/Hamburg 1970.

Gottfried Reinhardt, *Der Liebhaber. Erinnerungen seines Sohnes an Max Reinhardt*, München 1973.

Curt Riess, *Das war ein Leben! Erinnerungen*, München 1986.

Curt Riess, *Meine berühmten Freunde. Erinnerungen*, Freiburg 1987.

Curt Riess, *Gustaf Gründgens*, Freiburg 1988.

Hans Sahl, *Memoiren eines Moralisten. Erinnerungen* Band I, Zürich 1983.

Hans SAHL, *Das Exil im Exil. (Memoiren eines Moralisten* II), Frankfurt/M. 1990.
Roswitha SCHMALENBACH, *Musik für einen Gast. Rückblick auf eine Radioserie mit prominenten Zeitgenossen*, Basel 1971.
»Wir werden es schon zuwege bringen, das Leben.« Annemarie Schwarzenbach an Erika und Klaus Mann. Briefe 1930-1942, hrsg. von Uta FLEISCHMANN, Pfaffenweiler 1993.
Anna SEGHERS/Wieland HERZFELDE, *Gewöhnliches Leben und gefährliches Leben. Ein Briefwechsel aus der Zeit des Exils 1939-1946*, Darmstadt/Neuwied 1986.
Hilde SPIEL, *Die hellen und die finsteren Zeiten. Erinnerungen 1911-1946*, München 1989.
Hilde SPIEL, *Welche Welt ist meine Welt. Erinnerungen 1946-1989*, München 1990.
Lord VANSITTART, *Lessons of my Life*, London 1943.
Friedelind WAGNER/Page COOPER, *Nacht über Bayreuth. Die Geschichte der Enkelin Richard Wagners*, Bern 1946.
Bruno WALTER, *Thema und Variationen. Gedanken und Erinnerungen*, Frankfurt/M. 1988.
Ingrid WARBURG-SPINELLI, *Die Dringlichkeit des Mitleids und die Einsamkeit, nein zu sagen*, Hamburg 1990.
Kurt ZIESEL, *Das verlorene Gewissen*, München 1957.
Carl ZUCKMAYER, *Als wär's ein Stück von mir. Horen der Freundschaft*, Frankfurt/M. 1969.

IV. Weitere Literatur

Dietrich AIGNER, *Zum politischen Debut der Familie Mann in den USA:* Das »Peace and Democracy Rally« im New Yorker Madison Square Garden vom 15. März 1937. In: Heinrich-Mann-Mitteilungsblatt. Sonderheft 1981, S. 29-42.
Eberhard ALEFF (u.a.), *Das Dritte Reich*, Hannover 1970 (Edition Zeitgeschehen).
Klaus AMANN, *Die ›American Guild for German Cultural Freedom‹ und die ›Deutsche Akademie‹ im Exil (1935-1940).* In: Johann Holzner, u.a. (Hrsg.), Eine schwierige Heimkehr. Österreichische Literatur im Exil 1938-1945, Innsbruck 1991, S. 181-204.
Heinz Ludwig ARNOLD (Hrsg.), *Klaus Mann.* Text und Kritik, Heft 93/94 Januar 1987 München 1987.
Heinz Ludwig ARNOLD (Hrsg.), *Thomas Mann.* Sonderband der Zeitschrift Text und Kritik, 2. Auflage, München 1982.
Heinz Ludwig ARNOLD (Hrsg.), *Heinrich Mann*, Sonderband der Zeitschrift Text und Kritik, 4. Auflage, München 1986.
Ehrhard BAHR, *Paul Tillich und das Problem einer deutschen Exilregierung in den Vereinigten Staaten.* In: Exilforschung Band 3, 1985, S. 31-42.
Jay W. BAIRD, *Das politische Testament Julius Streichers.* Ein Dokument aus den Papieren des Hauptmanns Dolibois. In: Vierteljahreshefte für Zeitgeschichte, 26. Jhg. 1978, Nr. 3, S. 660-693.
Walter A. BERENDSOHN, *Thomas Mann und die Seinen.* Porträt einer literarischen Familie, Bern/München 1973.

Biographisches Handbuch der deutschsprachigen Emigration nach 1933. 4 Bände, München 1980-1985.

Manfred BOBROWSKY (Hrsg.), *Geschichte spüren*. Österreichische Publizisten im Widerstand, Wien 1990.

Gisela BOCK, *Zwangssterilisation im Nationalsozialismus*. Studien zu Rassenpolitik und Frauenpolitik, Opladen 1986.

Gisela BOCK, *Gleichheit und Differenz in der nationalsozialistischen Rassenpolitik*. In: Geschichte und Gesellschaft 19. Jhg. 1993, Heft 3, S. 275-308.

Karl Dietrich BRACHER (u.a.), *Nationalsozialistische Diktatur 1933-1945*. Eine Bilanz, Bonn 1984 (Schriftenreihe der Bundeszentrale für politische Bildung Band 192).

Hildegard BRENNER, *Die Kunstpolitik des Nationalsozialismus*, Reinbek 1963.

Klaus BUDZINSKI, *Die Muse mit der scharfen Zunge*, München 1961.

Klaus BUDZINSKI, *Pfeffer im Getriebe*. So ist und wurde das Kabarett, München 1982.

Hans BÜRGIN/Hans Otto MAYER, *Thomas Mann. Eine Chronik seines Lebens*, Frankfurt/M. 1974.

Hans BÜRGIN/Hans-Otto MAYER (Hrsg.), *Die Briefe Thomas Manns*. Regesten und Register. Band I: Die Briefe von 1889-1933, Frankfurt/M. 1976; Band II: Die Briefe von 1934-1943, Frankfurt/M. 1980; Band III: Die Briefe von 1944-1950, Frankfurt/M: 1982; Band IV: Die Briefe von 1951-1955 und Nachträge, Frankfurt/M. 1984; Band V: Empfängerverzeichnis, Gesamtregister, Frankfurt/M. 1987.

Humphrey CARPENTER, *W.H. Auden*. A Biography, London 1981.

Günther DESCHNER, *Reinhard Heydrich. Statthalter der totalen Macht*, Frankfurt 1987.

Drehscheibe Prag. Deutsche Emigranten 1933-1939, hrsg. vom ADALBERT STIFTER VEREIN, München 1989.

Christian FERBER, *Hundert Jahre Ullstein 1877-1977*, Vier Bände, Berlin 1977.

Joachim FEST, *Die unwissenden Magier*. Über Thomas und Heinrich Mann, Berlin 1985.

Brian FINNEY, *Christopher Isherwood*. A Critical Biography, London 1979.

Fluchtpunkt Zürich. Materialien zu einer Ausstellung, hrsg. von der STADT NÜRNBERG und der SCHWEIZER KULTURSTIFTUNG PRO HELVETIA, 1990.

J. Hellmut FREUND, EM. *Notiz vom 28. August*. In: Frankfurter Rundschau vom 1. September 1969.

Shelley FRISCH, ›*Die Pfeffermühle*‹: Political Dimensions of a Literary Cabaret. In: Alexander Stephan (Hrsg.), Exil. Literatur und Künste nach 1933, Bonn 1990, S. 141-153.

Shelley FRISCH, ›*Alien Homeland*‹: Erika Mann and the Adenauer Era. In: The Germanic Review Band 63, Nr. 4, 1988, S. 172-182.

Wolfgang FRÜHWALD/Wolfgang SCHIEDER (Hrsg.), *Leben im Exil*. Probleme der Integration deutscher Flüchtlinge im Ausland 1933-1945, Hamburg 1981.

Martin GILBERT, *Der Zweite Weltkrieg*. Eine chronologische Gesamtdarstellung, München 1991.

Susanne GISEL-PFANKUCH, *Die »Pfeffermühle« in der Schweiz 1933-1936*. Unveröffentl. Licenciatsarbeit, Basel 1987.

Susanne Gisel-Pfankuch, *Das Kabarett »Die Pfeffermühle« in der Schweiz*. In: Neue Zürcher Zeitung vom 15.3.1991, S. 39.

Albrecht Goes, *Des Vaters Tochter.* Zum Tode Erika Manns. In: Stuttgarter Zeitung vom 29. August 1969.

Martin Gregor-Dellin, *Wotanskind*. Erika Mann zum 60. Geburtstag. In: Frankfurter Allgemeine Zeitung vom 9.11.1965.

Martin Gregor-Dellin, *»Kühnes, herrliches Kind«*. Zum Tode von Erika Mann. In: Süddeutsche Zeitung vom 29. August 1969.

Heinz Greul, *Bretter, die die Zeit bedeuten*. Die Kulturgeschichte des Kabaretts. Zwei Bände, München 1971.

Michel Grunewald, *Klaus Mann 1906-1949*. Eine Bibliographie, München 1984.

Hermann Haarmann, *In der Fremde schreiben*. Aspekte der Exilpublizistik. Eine Problemskizze. In: Exilforschung Band 7, 1989, S. 11-20.

Hans Habe, *Brief nach Kilchberg*. Zum 60. Geburtstag von Erika Mann. In: Aufbau vom 5. November 1965.

Hiltrud Häntzschel, *»Pazifistische Friedenshyänen«?* Die Friedensbewegung der Münchener Frauen in der Weimarer Republik und die Familie Mann. In: Jahrbuch der deutschen Schillergesellschaft 36, 1992. S. 307-332.

Herbert Heckmann, *Anmut und Zorn*. Zum Tode von Erika Mann. In: Frankfurter Allgemeine Zeitung vom 29. August 1969.

Anthony Heilbut, *Kultur ohne Heimat*. Deutsche Emigranten in den USA nach 1930, Weinheim/Berlin 1987.

Klaus Hermsdorf (u.a.), *Exil in den Niederlanden und in Spanien*, Leipzig 1981 (= Band 6 der Reihe »Kunst und Literatur im antifaschistischen Exil 1933-1945«).

Reinhard Hippen, *Satire gegen Hitler.* Kabarett im Exil, Zürich 1986.

Jan Christopher Horak, *Wunderliche Schicksalsfügung*: Emigranten in Hollywoods Anti-Nazi-Film. In: Exilforschung Band 2, 1984, S. 257-270.

Paul Egon Hübinger, *Thomas Mann, die Universität Bonn und die Zeitgeschichte*, München/Wien 1974.

Paul Egon Hübinger, *Thomas Mann und Reinhard Heydrich in den Akten des Reichsstatthalters von Epp*. In: Vierteljahreshefte für Zeitgeschichte, 28. Jhg, Heft 1, München 1980, S. 111-143.

Herbert Ihering, *Von Reinhardt bis Brecht*, 3 Bände, Berlin 1961.

Herbert Ihering, *Theater in Aktion*. Kritiken aus drei Jahrzehnten 1913-1933, Berlin 1987.

Inge Jens, *Dichter zwischen rechts und links*. Die Geschichte der Sektion für Dichtkunst der Preußischen Akademie der Künste, München 1971.

Inge Jens, *Vom Fin de siècle zum amerikanischen Exil*. Thomas Manns Briefe – seine Autobiographie. In: Die Zeit vom 26. Januar 1962.

Walter Jens, *Wachsam, hellsichtig und ohne Illusionen*. Thomas Manns Briefe aus den Jahren der Emigration und des Krieges. In: Die Zeit vom 24. Juli 1964.

Walter Jens, *Die Maske des gelassenen Zelebrierers*. Der dritte und letzte Band der Briefe Thomas Manns. In: Die Zeit vom 4. Februar 1966.

Klaus W. Jonas, *Die Thomas-Mann-Literatur.* Band I: Bibliographie der Kritik 1896-1955, Berlin 1972; Band II: 1956-1975, Berlin 1980.

Jürg Kaufmann, *Kleine Geschichte des Schweizer Kabaretts.* In: Femina Nr. 25 vom 6.12. 1963.

Rolf Kieser, *Erzwungene Symbiose.* Thomas Mann, Robert Musil, Georg Kaiser und Bertolt Brecht im Schweizer Exil, Bern/Stuttgart 1984.

Rolf Kieser, *Die Legende von der Pfeffermühle.* In: Helmut F. Pfanner (Hrsg.), Der Zweite Weltkrieg und die Exilanten. Eine literarische Antwort, Bonn 1991, S. 23-36.

Das Kino und Thomas Mann. Eine Dokumentation. Hrsg. von der Stiftung Deutsche Kinemathek, Berlin 1975.

Mars Klein, *Literarisches Engagement wider die totalitäre Dummheit.* Erika Mann's Kabarett »Die Pfeffermühle« 1935 und 1936 in Luxemburg. In: Galerie 3 (1985) No 4, S. 543-579.

Erich Kleinschmidt, *Schreiben und Leben.* Zur Ästhetik des Autobiographischen in der deutschen Exilliteratur. In: Exilforschung Band 2, 1984, S. 24-40.

Victor Klemperer, LTI: *Notizbuch eines Philologen,* ND: Köln 1987.

Thomas Koebner u.a. (Hrsg.), *Deutschland nach Hitler.* Zukunftspläne im Exil und aus der Besatzungszeit 1939-1949, Opladen 1987.

Jürgen Kolbe, *Heller Zauber.* Thomas Mann in München 1894-1933, Berlin 1987.

Helmut Koopmann (Hrsg.), *Thomas Mann-Handbuch,* Stuttgart 1990.

Gabriele Kreis, *Frauen im Exil.* Dichtung und Wirklichkeit, Düsseldorf 1984.

Ursula Krechel, *Linksseitig kunstseidig.* Dame, Girl und Frau. In: Industriegebiet der Intelligenz. Texte aus dem Literaturhaus Berlin, hrsg. v. Herbert Wiesner, Berlin 1990, S. 96-117.

Fredric Kroll (Hrsg.), *Klaus-Mann-Schriftenreihe.* Band I: Bibliographie, Wiesbaden 1976; Band II: Unordnung und früher Ruhm (1906-1927); bearbeitet von Fredric Kroll und Klaus Täubert, Wiesbaden 1977; Band III: Vor der Sintflut (1927-1933), Wiesbaden 1979; Band V: Trauma Amerika (1937-1942), Wiesbaden 1986; Bd. IV, 1: Der Repräsentant des Exils (1933-1934), Wiesbaden 1992.

Wolfgang Leonhard, *Der Schock des Hitler-Stalin-Paktes,* München 1989.

Charles Linsmayer, Biographisches Nachwort zu: Annemarie Schwarzenbach, *Das glückliche Tal,* Frauenfeld 1987.

Peter M. Lindt, *Schriftsteller im Exil.* Zwei Jahre deutsche literarische Sendungen am Rundfunk in New York, New York 1944 (ND: 1974).

Ernst Loewy, *Freier Äther – freies Wort?* Die Rundfunkarbeit deutscher Autoren im Exil 1933-1945. In: Exilforschung Band 2, 1984, S. 238-256.

Irmela von der Lühe, *»Wegstreben vom Einst?«* Überlegungen zu Erika Manns Arbeit nach der Rückkehr aus dem Exil. In: Exil Nr. 1, 1988, S. 22-38.

Irmela von der Lühe, *Die Publizistin Erika Mann im amerikanischen Exil.* In: Exilforschung Band 7, 1989, S. 65-84.

Irmela von der Lühe, *Gegen den Alltag – Erzählungen aus dem Alltag.* Erika Manns »The Lights go down« (1940). In: Helmut F. Pfanner (Hrsg.), Der Zweite Weltkrieg und die Exilanten. Eine literarische Antwort, Bonn 1991, S. 159-168.

Lieselotte Maas, *»Verstrickt in die Totentänze einer Welt«*. Die politische Biographie des Weimarer Journalisten Leopold Schwarzschild, dargestellt im Selbstzeugnis seiner Exilzeitschrift »Das Neue Tage-Buch«. In: Exilforschung Band 2, 1984, S. 56-85.

Lieselotte Maas, *Handbuch der deutschen Exilpresse 1933-1945*. Vier Bände, München 1976, 1978, 1981, 1990.

Erika und Klaus Mann, Bilder und Dokumente. Katalogbuch zur Ausstellung, München 1990.

Klaus Mann, *Der siebente Engel*. Die Theaterstücke, hrsg. von Uwe Naumann und Michael Töteberg, Hamburg 1989.

Klaus Mann, *Abenteuer des Brautpaars*. Die Erzählungen, hrsg. von Martin Gregor-Dellin, München 1976.

Klaus Mann, *Letztes Gespräch*. Erzählungen, hrsg. von Friedrich Albrecht, Berlin/Weimar 1988.

Klaus Mann, *Der Vulkan*, hrsg. und mit einem Nachwort von Martin Gregor-Dellin, München 1977.

Klaus Mann, *Prüfungen*. Schriften zur Literatur, hrsg. von Martin Gregor-Dellin, München 1968.

Klaus Mann, *Heute und Morgen*. Schriften zur Zeit, hrsg. von Martin Gregor-Dellin, München 1969.

Klaus Mann, *Mit dem Blick nach Deutschland*. Der Schriftsteller und das politische Engagement, hrsg. und mit einem Nachwort von Michel Grunewald, München 1985.

Thomas Mann, *Gesammelte Werke in dreizehn Bänden*, Frankfurt/M. 1974.

Thomas Mann, *Das essayistische Werk*, hrsg. von Hans Bürgin, 8 Bände, Frankfurt/M. 1968.

Ludwig Marcuse, *Die graziöse Amazone*. Erika Mann wird am 9. November 60 Jahre alt. In: Die Zeit vom 5. November 1965.

Hans Mayer, *Des Zauberers Tochter und Gehilfin*. Erinnerungen an Erika Mann. In: Frankfurter Allgemeine Zeitung vom 8. November 1975.

Niklaus Meienberg, *Die Welt als Wille und Wahn*. Elemente zur Naturgeschichte eines Clans, Zürich 1987.

Peter de Mendelssohn, *Zeitungsstadt Berlin*, 2. Auflage, Berlin 1982.

Peter de Mendelssohn, *S. Fischer Verlag*. Von der Gründung bis zur Rückkehr aus dem Exil. (Marbacher Katalog Band 40), 2. Auflage, Marbach 1986.

Peter de Mendelssohn, *Der Zauberer*. Das Leben des deutschen Schriftstellers Thomas Mann. 1. Teil 1875-1918, Frankfurt 1975 (= Der Zauberer Bd. 1).

Peter de Mendelssohn, *Der Zauberer*. Jahre der Schwebe: 1919-1933. Nachgelassene Kapitel und Register, Frankfurt/M. 1992 (= Der Zauberer, Bd. 2).

Peter Mertz, *Und das wurde nicht ihr Staat*. Erfahrungen deutscher Schriftsteller mit Westdeutschland, München 1985.

Eike Middell (u.a.), *Exil in den USA*, Leipzig 1979 (= Band 3 der Reihe »Kunst und Literatur im antifaschistischen Exil 1933-1945«).

Wolfgang Mieder, *Zwei moderne lyrische Bearbeitungen des Märchens »Von dem Fischer und siner Fru«*. In: Schweizer Archiv für Volkskunde 75, 1979, S. 63-69.

Klaus Mittenzwei, *Exil in der Schweiz*, Frankfurt 1979 (= Band 2 der Reihe »Kunst und Literatur im antifaschistischen Exil 1933-1945).

Patrik v. zur Mühlen, *Spanien war ihre Hoffnung.* Die deutsche Linke im Spanischen Bürgerkrieg 1936 bis 1939, Berlin/Bonn 1985.

Klaus Müller-Salget, *Zum Dilemma des militanten Humanismus im Exil.* In: Exilforschung Band 4, 1986, S. 196-207.

Helmut Müssener, *Exil in Schweden.* Politische und kulturelle Emigration nach 1933, München 1974.

Uwe Naumann, *Klaus Mann*, Reinbek 1984.

Uwe Naumann, *Mit den Waffen des Geistes:* Klaus Mann im Zweiten Weltkrieg. In: Helmut F. Pfanner (Hrsg.), Der Zweite Weltkrieg und die Exilanten. Eine literarische Antwort, Bonn 1991, S. 209-220.

Roger Perret, *Annäherungen an ein Porträt.* Annemarie Schwarzenbach. In: Der Alltag Nr. 2, 1987, S. 7-33.

Roger Perret, *Nachwort zu* Annemarie Schwarzenbach, Lyrische Novelle, Basel 1988.

David Pike, *Deutsche Schriftsteller im sowjetischen Exil* 1933-1945, Frankfurt/M. 1981.

Conrad Pütter, *Rundfunkpropaganda der Alliierten im 2. Weltkrieg.* In: Ders., Alliierte Flugblattpropaganda im 2. Weltkrieg, Frankfurt 1980, S. 63-75.

Conrad Pütter, *Rundfunk gegen das »Dritte Reich«*, München 1986.

Joachim Radkau, *Die deutsche Emigration in den USA.* Ihr Einfluß auf die amerikanische Europapolitik 1933-1945, Düsseldorf 1971.

Joachim Radkau, *Die Exil-Ideologie vom »anderen Deutschland« und die Vansittartisten.* Eine Untersuchung über die Einstellung der deutschen Emigranten nach 1933 zu Deutschland. In: Aus Politik und Zeitgeschichte Heft 2, 1970, S. 31-48.

Marcel Reich-Ranicki, *Thomas Mann und die Seinen*, Stuttgart 1987.

Marcel Reich-Ranicki, *Thomas Manns treue Tochter.* In: Frankfurter Allgemeine Zeitung vom 18. Januar 1986.

Maria Ruetz, *Sand ins Getriebe der Kriegstreiber.* Magnus Henning und »Die Pfeffermühle«. In: Mit der Ziehharmonika. Zeitschrift der Theodor Kramer Gesellschaft 6. Jhg., Heft 3, November 1989, S. 5-7.

Klaus R. Scherpe (Hrsg.), *In Deutschland unterwegs.* Reportagen, Skizzen, Berichte, Stuttgart 1982.

Dieter Schiller (u.a.), *Exil in Frankreich*, Leipzig 1981 (= Band 7 der Reihe »Kunst und Literatur im antifaschistischen Exil 1933-1945«).

Hansjörg Schneider (u.a.), *Exil in der Tschechoslowakei, in Großbritannien, Skandinavien und Palästina*, Leipzig 1980 (= Band 5 der Reihe »Kunst und Literatur im antifaschistischen Exil 1933-1945«).

John Spalek, *Verzeichnis der Quellen und Materialien der deutschsprachigen Emigration in den USA*, The University Press of Virginia 1978.

Eberhard Spangenberg, *Karriere eines Romans.* Mephisto, Klaus Mann und Gustaf Gründgens, München 1982.

Alexander Stephan, *Die deutsche Exilliteratur 1933-1945.* Eine Einführung, München 1979.

Alexander Stephan/Hans Wagener (Hrsg.), *Schreiben im Exil.* Zur Ästhetik der deutschen Exilliteratur 1933-1945, Bonn 1985.

D. Sternberger, G. Storz, W.E. Süskind, *Aus dem Wörterbuch des Unmenschen.* Erw. Ausg. Hamburg 1968.

Wilhelm Sternfeld/Eva Tiedemann, *Deutsche Exil-Literatur 1933-1945.* Eine Bio-Bibliographie, Heidelberg 1962.

W.E. Süskind, *Thomas' Tochter.* Zum Tode Erika Manns. In: Deutsches Allgemeines Sonntagsblatt vom 14. September 1969.

John Russell Taylor, *Freunde im Paradies.* Emigranten in Hollywood 1933-1945, Berlin 1984.

Klaus Völker, *Elisabeth Bergner.* Das Leben einer Schauspielerin, Berlin 1990.

Klaus Voigt (Hrsg.), *Friedenssicherung und europäische Einigung.* Ideen des deutschen Exils 1939-1945, Frankfurt/M. 1988.

Hans-Albert Walter, *Bedrohung und Verfolgung bis 1933.* Deutsche Exilliteratur 1933-1950, Band 1, Darmstadt/Neuwied 1972.

Hans-Albert Walter, *Deutsche Exilliteratur 1933-1950,* Band 2: Europäisches Appeasement und überseeische Asylpolitik, Stuttgart 1984. Band 3: Internierung, Flucht und Lebensbedingungen im Zweiten Weltkrieg, Stuttgart 1988. Band 4: Exilpresse, Stuttgart 1978.

–Wb.–, *Gedenkblatt für Erika Mann.* In: Neue Zürcher Zeitung vom 31. August 1969.

Matthias Wegner, *Exil und Literatur.* Deutsche Schriftsteller im Ausland 1933-1945, Frankfurt/M.-Bonn 1967.

Lutz Winckler, *Klaus Mann: Mephisto.* Schlüsselroman und Gesellschaftssatire. In: Exilforschung Band 1, München 1983, S. 322-342.

Joseph Wulf, *Kultur im Dritten Reich.* 5 Bände, Frankfurt/Berlin 1989.

Hans Wysling, *»... eine fast tötliche Bereitschaft«.* Thomas Manns Entscheidung von 1936 im Spiegel seines Briefwechsels mit Erika Mann. In: Schweizer Monatshefte 63, 1983, S. 615-631.

Anna Zanco Prestel, *Graziöse Amazone.* Erika Mann zum Gedenken. In: Literatur in Bayern. Nr. 12, September 1990, S. 36-37.

Volkmar Zühlsdorf, *Die Deutsche Akademie der Künste und Wissenschaften im Exil und die American Guild for German Cultural Freedom.* In: der freie beruf 3, 1988, S. 10-13.

Die Zwanziger Jahre in München. Katalog zur Ausstellung im Münchener Stadtmuseum 1979.

Bildnachweise

Die Abbildung auf S. 68 befindet sich in der Staatsbibliothek zu Berlin, Haus 2. Alle anderen Abbildungsoriginale befinden sich in der Handschriftenabteilung der Stadtbibliothek, München.

Register

Reihe »Geschichte und Geschlechter«

Karin Hausen/Heide Wunder (Hg.)
Frauengeschichte – Geschlechtergeschichte
1992. Band 1. 183 Seiten

Ursula Baumann
Protestantismus und Frauenemanzipation in Deutschland 1850 bis 1920
1992. Band 2. 384 Seiten

Hanna Schissler (Hg.)
Geschlechterverhältnisse im historischen Wandel
1993. Band 3. 206 Seiten

Marion Kobelt-Groch
Aufsässige Töchter Gottes
Frauen im Bauernkrieg und in den Täuferbewegungen
1993. Band 4. 213 Seiten

Christiane Eifert
Frauenpolitik und Wohlfahrtspflege
Zur Geschichte der sozialdemokratischen »Arbeiterwohlfahrt«
1993. Band 5. 386 Seiten

Susanne Rouette
Sozialpolitik als Geschlechterpolitik
Die Regulierung der Frauenarbeit nach dem Ersten Weltkrieg
1993. Band 6. 374 Seiten

Campus Verlag · Frankfurt / New York